U0637984

中国社会科学院重大课题
国家"十五"重点出版项目

列国志

GUIDE TO THE WORLD STATES

中国社会科学院《列国志》编辑委员会

卢旺达 布隆迪

于 红 吴增田 编著

社会科学文献出版社
SOCIAL SCIENCES ACADEMIC PRESS (CHINA)

卢旺达、布隆迪行政区划图

卢旺达国旗

卢旺达国徽

布隆迪国旗

布隆迪国徽

卢旺达街头雕塑

卢旺达妇女在田间劳动

卢旺达的集市

卢旺达大屠杀的亡灵在哭泣

卢旺达大屠杀的见证——累累白骨

布隆迪的民族团结纪念碑

布隆迪前总统思达耶齐耶

布隆迪的三口之家

布隆迪的鼓者

布隆迪的特佤族妇女

中国驻布隆迪大使馆

前　言

　　自 1840 年前后中国被迫开关、步入世界以来，对外国舆地政情的了解即应时而起。还在第一次鸦片战争期间，受林则徐之托，1842 年魏源编辑刊刻了近代中国首部介绍当时世界主要国家舆地政情的大型志书《海国图志》。林、魏之目的是为长期生活在闭关锁国之中、对外部世界知之甚少的国人"睁眼看世界"，提供一部基本的参考资料，尤其是让当时中国的各级统治者知道"天朝上国"之外的天地，学习西方的科学技术，"师夷之长技以制夷"。这部著作，在当时乃至其后相当长一段时间内，产生过巨大影响，对国人了解外部世界起到了积极的作用。

　　自那时起中国认识世界、融入世界的步伐就再也没有停止过。中华人民共和国成立以后，尤其是 1978 年改革开放以来，中国更以主动的自信自强的积极姿态，加速融入世界的步伐。与之相适应，不同时期先后出版过相当数量的不同层次的有关国际问题、列国政情、异域风俗等方面的著作，数量之多，可谓汗牛充栋。它们对时人了解外部世界起到了积极的作用。

当今世界，资本与现代科技正以前所未有的速度与广度在国际间流动和传播，"全球化"浪潮席卷世界各地，极大地影响着世界历史进程，对中国的发展也产生极其深刻的影响。面临不同以往的"大变局"，中国已经并将继续以更开放的姿态、更快的步伐全面步入世界，迎接时代的挑战。不同的是，我们所面临的已不是林则徐、魏源时代要不要"睁眼看世界"、要不要"开放"问题，而是在新的历史条件下，在新的世界发展大势下，如何更好地步入世界，如何在融入世界的进程中更好地维护民族国家的主权与独立，积极参与国际事务，为维护世界和平，促进世界与人类共同发展做出贡献。这就要求我们对外部世界有比以往更深切、全面的了解，我们只有更全面、更深入地了解世界，才能在更高的层次上融入世界，也才能在融入世界的进程中不迷失方向，保持自我。

与此时代要求相比，已有的种种有关介绍、论述各国史地政情的著述，无论就规模还是内容来看，已远远不能适应我们了解外部世界的要求。人们期盼有更新、更系统、更权威的著作问世。

中国社会科学院作为国家哲学社会科学的最高研究机构和国际问题综合研究中心，有11个专门研究国际问题和外国问题的研究所，学科门类齐全，研究力量雄

厚，有能力也有责任担当这一重任。早在 20 世纪 90 年
代初，中国社会科学院的领导和中国社会科学出版社就
提出编撰"简明国际百科全书"的设想。1993 年 3 月
11 日，时任中国社会科学院院长的胡绳先生在科研局的
一份报告上批示："我想，国际片各所可考虑出一套列
国志，体例类似几年前出的《简明中国百科全书》，以
一国（美、日、英、法等）或几个国家（北欧各国、印
支各国）为一册，请考虑可行否。"

中国社会科学院科研局根据胡绳院长的批示，在调
查研究的基础上，于 1994 年 2 月 28 日发出《关于编纂
〈简明国际百科全书〉和〈列国志〉立项的通报》。《列
国志》和《简明国际百科全书》一起被列为中国社会科
学院重点项目。按照当时的计划，首先编写《简明国际
百科全书》，待这一项目完成后，再着手编写《列国
志》。

1998 年，率先完成《简明国际百科全书》有关卷编
写任务的研究所开始了《列国志》的编写工作。随后，
其他研究所也陆续启动这一项目。为了保证《列国志》
这套大型丛书的高质量，科研局和社会科学文献出版社
于 1999 年 1 月 27 日召开国际学科片各研究所及世界历
史研究所负责人会议，讨论了这套大型丛书的编写大纲
及基本要求。根据会议精神，科研局随后印发了《关于
〈列国志〉编写工作有关事项的通知》，陆续为启动项目

拨付研究经费。

为了加强对《列国志》项目编撰出版工作的组织协调，根据时任中国社会科学院院长的李铁映同志的提议，2002年8月，成立了由分管国际学科片的陈佳贵副院长为主任的《列国志》编辑委员会。编委会成员包括国际片各研究所、科研局、研究生院及社会科学文献出版社等部门的主要领导及有关同志。科研局和社会科学文献出版社组成《列国志》项目工作组，社会科学文献出版社成立了《列国志》工作室。同年，《列国志》项目被批准为中国社会科学院重大课题，新闻出版总署将《列国志》项目列入国家重点图书出版计划。

在《列国志》编辑委员会的领导下，《列国志》各承担单位尤其是各位学者加快了编撰进度。作为一项大型研究项目和大型丛书，编委会对《列国志》提出的基本要求是：资料翔实、准确、最新，文笔流畅，学术性和可读性兼备。《列国志》之所以强调学术性，是因为这套丛书不是一般的"手册"、"概览"，而是在尽可能吸收前人成果的基础上，体现专家学者们的研究所得和个人见解。正因为如此，《列国志》在强调基本要求的同时，本着文责自负的原则，没有对各卷的具体内容及学术观点强行统一。应当指出，参加这一浩繁工程的，除了中国社会科学院的专业科研人员以外，还有院外的一些在该领域颇有研究的专家学者。

　　现在凝聚着数百位专家学者心血，共计 141 卷，涵盖了当今世界 151 个国家和地区以及数十个主要国际组织的《列国志》丛书，将陆续出版与广大读者见面。我们希望这样一套大型丛书，能为各级干部了解、认识当代世界各国及主要国际组织的情况，了解世界发展趋势，把握时代发展脉络，提供有益的帮助；希望它能成为我国外交外事工作者、国际经贸企业及日渐增多的广大出国公民和旅游者走向世界的忠实"向导"，引领其步入更广阔的世界；希望它在帮助中国人民认识世界的同时，也能够架起世界各国人民认识中国的一座"桥梁"，一座中国走向世界、世界走向中国的"桥梁"。

《列国志》编辑委员会

2003 年 6 月

CONTENTS
目　录

6

CONTENTS

目　录

CONTENTS
目　录

CONTENTS

目 录

CONTENTS

目　录

CONTENTS

目 录

CONTENTS

目　录

CONTENTS

目　录

布隆迪（Burundi）

CONTENTS

目 录

CONTENTS

目 录

CONTENTS

目　录

CONTENTS

目 录

CONTENTS

目　录

CONTENTS

目 录

导　言

　　卢旺达和布隆迪是位于非洲中部地区的两个小国，虽地处非洲的心脏地带，但因其地势较高，又分别濒临基伍湖和坦噶尼喀湖，而拥有温和凉爽的气候，全年平均气温在 20℃ 左右，有"非洲的瑞士"之称。卢旺达和布隆迪像是孪生的兄弟，在很多方面非常相似，不仅其民族构成完全相同，历史发展进程亦极为相似，地理、人文、历史和现实的因素将这两个国家的命运紧紧地联系在一起。卢旺达和布隆迪都属于世界上最不发达的国家，它们国土狭小，土地紧缺，资源匮乏，人口众多，发展经济、减轻贫困是两国面临的最迫切的任务。

　　卢旺达和布隆迪原本鲜为人知，但 1994 年卢旺达大屠杀使其成为全球关注的焦点。"20 世纪后半段最恐怖血腥的 100 天"内，80 多万无辜的平民被杀，200 多万人背井离乡，潮涌国外，沦为难民。由于缺吃少穿、长途跋涉、瘟疫流行，十几万难民死于非命。英国广播公司（BBC）的一名记者曾这样形容道：所有的魔鬼都挣脱了地狱中的桎梏，来到了卢旺达。大屠杀造成的财产损失更是无法估量的，卢旺达的经济和社会发展瞬间倒退了许多年。惨绝人寰的卢旺达大屠杀震惊了整个世界，而布隆迪在独立后也曾经数次发生大规模的种族仇杀，发生在 1972 年的大屠杀就造成了 20 万~30 万人遇难，数十万人沦为难民。

　　卢旺达和布隆迪的悲剧有着深刻的历史根源，两个国家最早的居民都是特侊人，胡图人和图西人也先后来到这一地区。尽管胡图人的人口众多，数倍于图西人，但图西人在卢旺达和布隆迪分别建立了封建王国，占据了统治地位。殖民者的到来打断了卢旺达和布隆迪的自然历史进程和民族融合过程，分而治之的政策人为地加剧了各族体之间的分野，造成了胡图和图西两族的矛盾和对立，埋下了民族冲突的祸根。独立后，两国走上了各自的发展道路，卢旺达政府是胡图人掌权，布隆迪政府则是图西人执政。但相同的是，民族矛盾始终如影随形地伴随着两国，胡图人和图西人的对立和冲突愈演愈烈，最终酿成了大屠杀的惨剧。血的教训让卢旺达和布隆迪的人民清醒地认识到，这片土地是胡图人和图西人共同的家园，无论是谁都无法除掉对方，和平共存才是唯一的选择。内战的硝烟终于消散，两国先后踏上了和平重建的道路。目前，卢旺达和布隆迪的族际关系基本平和，但种族仇杀的阴影很难在短期内散去，未来的发展也存在着变数。

　　本书分为"卢旺达"和"布隆迪"两大部分，每个国家的编排体例大致相同，各分为五章。第一章"国土与人民"介绍了卢旺达和布隆迪的自然地理、自然资源、居民与宗教、民俗与节日，使读者能够对两国的基本情况有一个概况性的认识。第二章"历史"追溯了卢旺达和布隆迪的发展历程，着重探究了困扰两国的民族矛盾和民族冲突是如何产生的，评析了殖民主义的影响以及两国独立后的政策得失，对何以爆发大规模种族仇杀和惨烈内战进行阐释。第三章"政治和军事"在"政治"部分主要介绍了卢旺达和布隆迪的政体、宪法、行政、立法和司法机构、政党政治等方面的情况。这里需要说明的是，关于卢旺达和布隆迪的军事方面的资料比较欠缺，特别是布隆迪连年内战，政局动荡，目前军队的重建工作尚未完成，故而两国军事部分的内容与政治部分合并为一章。第四章"经济"部分首先介绍了卢旺达和布隆迪的经济发展概况，接下来分门别类地介绍两国的主要经济部门以及国民生活的基本情况，探讨内战对经济的影响以及困扰两国经济发展的主要因素。第五章"教育、文艺、卫生、社会人文"部分，在展现卢旺达和布隆迪传统文化的同时，更揭示了两国触目惊心的贫困状况以及内战对整个社会的灾难性影响。第六章"外交"部分介绍了卢旺达和布隆迪外交的基本立场和政策，考察了两国与中国、前殖民地宗主国、美国等西方国家及其同非洲国家的关系。

《卢旺达　布隆迪》一书是中国社会科学院重大科研项目"列国志"丛书国别卷之一，原定由中国社会科学院西亚非洲所的吴增田副研究员撰写，不幸的是，吴老师因病离世，只完成了卢旺达的大部分章节。笔者在"列国志"编委会负责人温伯友研究员的鼓励与帮助下，鼓起勇气完成吴老师未竟的工作。除了撰写该书的布隆迪部分外，笔者将卢旺达部分的资料进行了更新，并补足了吴老师原稿中未来得及写作的政治、军事、外交等相关章节。由于卢旺达和布隆迪饱受种族仇杀和内战的影响，国家疮痍满目、百废待兴，特别是布隆迪刚刚结束和平过渡期，走上重建之路，因而资料的收集工作困难重重。笔者所采用的资料是权威机构发布的关于两国的最新信息，但仍很有限，且由于笔者水平所限，故书中错漏之处在所难免，敬请专家和读者批评指正。

本书付梓之际，笔者要特别感谢主持列国志项目的温伯友老师的关心、鼓励和支持。原西亚非洲所副所长陈宗德研究员和中联部前四局局长朱俊发老师仔细审阅了书稿，并提出了客观、中肯的修改意见；西亚非洲研究所所长杨光研究员在百忙之中审阅书稿并定稿；西亚非洲所的李新峰研究员为本书提供了精美的图片，在此一并致以最诚挚的感谢。谨以本书献给英年早逝的吴增田老师，深切地缅怀他在学术研究领域的业绩，相信本书的出版是对吴老师在天之灵最好的告慰。

于　红

2010 年 7 月于北京

卢旺达
（Rwanda）

列国志

第一章

国土与人民

第一节　自然地理

一　地理位置

卢旺达位于赤道南侧的非洲心脏地带，是非洲大湖地区的一个内陆小国。它地处南纬 1°4′至 2°51′和东经 28°53′至 30°53′之间，国土面积为 26338 平方公里，其中土地面积 24948 平方公里，水域面积 1390 平方公里，和欧洲的西西里岛相差无几。卢旺达北界乌干达，南连布隆迪，西邻刚果（金），东接坦桑尼亚，国境线长 893 公里，距印度洋约 1000 公里。卢旺达虽然邻近赤道，但因平均海拔较高，并无似火骄阳和灼人热浪，全年气候四季如春，有"常青之国"的美誉，是赤道地区的一块风景秀丽的绿洲，也是非洲大陆的旅游胜地之一。

二　行政区划

在2006 年 1 月 1 日进行行政区划改革前，卢旺达全国划分为 12 个行政省、106 个县市和 1546 个选区。12 个省分别是基加利市（Kigali City）、基加利乡村省（Kigali Rural）、吉塔拉马省（Gitarama）、比温巴省（Byumba）、吉塞尼省（Gisenyi）、鲁亨盖里省（Ruhengeri）、基布耶省（Kibuye）、尚古古省（Cyangugu）、布塔雷省（Butare）、吉贡戈洛省（Gikongoro）、基本戈省（Kibungo）和穆塔拉省（Umutara）。

为了分散中央权力、淡化族群分野，卢旺达政府进行了改革，将原来的 12 个省减少至东、南、西、北 4 省和基加利市，下设 30 个县和 146 个选区。东方省包括原来的基本戈省、穆塔拉省、大部分的基加利乡村省和部分的比温巴省，下辖 7 个县，分别是布热瑟拉（Bugesera）、加茨博（Gatsib）、卡容扎（Kayonza）、基本戈（Kibungo）、基勒厄（Kirehe）、尼亚加塔雷（Nyagatare）和鲁瓦马加纳（Rwamagana），省会为鲁瓦马加纳。

西方省包括尚古古省、吉塞尼省、基布耶省和一小部分的鲁亨盖里省，下辖 7 个县，分别是尚古古（Cyangugu）、加西扎（Gasiza）、吉塞尼（Gisenyi）、基布耶（Kibuye）、恩戈罗勒罗（Ngororero）、尼亚马瑟克（Nyamasheke）和鲁茨罗（Rutsiro），省会为基布耶。

南方省包括原来的吉贡戈洛省、吉塔拉马省和布塔雷省，下辖 8 个县，分别是布塔雷（Butare）、加塔加拉（Gatagara）、吉贡戈洛（Gikongoro）、吉萨加拉（Gisagara）、吉塔拉马（Gitarama）、卡莫尼耶（Kamonyi）、恩扬扎（Nyanza）和尼亚鲁古鲁（Nyaruguru），省会是恩扬扎。

北方省包括原来鲁亨盖里省和比温巴省的大部分，以及基加利乡村省的北部地区。北方省下辖 5 个县，分别是布勒拉（Burera）、比温巴（Byumba）、鲁亨盖里（Ruhengeri）、基康克（Gakenke）和鲁林多（Rulindo），省会是比温巴。

基加利市包括原来的基加利乡村省和基加利市，下辖基加利、基库基罗（Kicukiro）和布唐瓦（Butamwa），基加利既是省会，又是国家首都。

1962 年卢旺达宣布独立时定首都为基加利，目前基加利是全国政治、经济和交通中心。布塔雷是全国的文化、教育中心。

三　地形特点

卢旺达地处赤道稍南的东非大裂谷西端，境内多山地和高原，地形崎岖，丘陵起伏，是非洲地势最高的国家之一，在2.6万多平方公里狭小的国土上分布着1800多个大大小小的山丘，素有"千丘之国"之称。卢旺达全境由西向东倾斜。西部除基伍湖外，整个区域自北向南绵亘着巍峨山峰，成为刚果河和尼罗河的分水岭，海拔约3000米。这里是西北部比隆加高原火山群的延伸，富有肥沃的火山土，平均海拔2300米。卢旺达西北部与刚果（金）和乌干达的交界处属火山地带，由火山断层和巨大熔岩石堆形成的比隆加高原，群山起伏，森林茂密。卢旺达和刚果（金）边境的卡里辛比火山，是比隆加高原上最高的火山，海拔4507米，为全国最高峰。中部为海拔1500米的中央高原，地势起伏不大，山丘谷地较为平坦、开阔，只有中西部高原边缘多陡崖，海拔大部分在2000米以上。东部大部分地势较低，多丘陵、沼泽和湖泊，尤其东北部是一望无际的大草原，这里地势相对平坦，牧场广阔，牧草丰美，是卢旺达的主要牧区，也是非洲最好的牧场之一。

四　河流与湖泊

卢旺达境内河流湖泊众多，水网密布。由于西部多山而且山地降雨量较大，水利资源相当丰富，但因旱季、雨季交替，大部分河流水量变化也较大。尼亚巴隆戈河为最大的河流，流经中央高原，流域面积达1.86万平方公里。其他还有西部的鲁济济河，南部的阿卡尼亚鲁河和东部的卡盖拉河。卡盖拉河是一条国际河流，是卢旺达与坦桑尼亚和布隆迪的界河，处

在卢旺达一个 25 万公顷自然保护区的边缘。该自然保护区又称卡盖拉国家公园，是非洲最荒无人烟和物种最多样化的自然保护区之一。阿卡尼亚鲁河把卢旺达和布隆迪分开。卢旺达的湖泊有 20 多个，总面积达 1390 平方公里，最大的是基伍湖，其他较大的还有布莱拉湖、莫哈西湖、南乔霍哈湖等。

基伍湖为卢旺达和刚果（金）共有，是非洲第二高湖，海拔 1460 米，南北长 98 公里，东西宽 48 公里，面积为 2816 平方公里，纵卧在东非大裂谷之中。基伍湖平均深度 240 米，最深处达 488 米，湖水流经鲁济济河注入坦噶尼喀湖。基伍湖是由地壳断裂而形成的大淡水湖，四周群山环抱，满山林木葱郁，湖岸陡峻曲折，湖中岛屿众多，岛上绿树繁花，气候凉爽，环境幽雅，尤其是湖中盛产鱼类和水鸟，每当遇有游人惊动，鸟儿齐飞，遮挡半边天空，蔚为壮观、迷人。基伍湖中没有鳄鱼，这在非洲很难得，湖水像水晶一样清澈，是非洲著名的旅游休养胜地。沿基伍湖低地是东非大裂谷西支的一部分，地势较低。该湖湖滨水产丰富，附近土地肥沃，是良好的农渔业区，人口稠密。

但是，在基伍湖平静迷人的湖水下面，却潜伏着可怕的危机，这就是深藏在湖底的大量二氧化碳气体。基伍湖坐落在火山山峰怀抱之中，著名的尼拉刚果火山距离基伍湖仅有 18 公里。火山爆发及紧随其后的地震可能会让被缚于湖底的沉默杀手脱缰，大量的二氧化碳气体乘机逃逸出来，杀人于无形，将造成难以想象的巨大灾难。1986 年，喀麦隆的尼欧斯湖地区就因为山体滑坡导致大量岩石直入湖底，打破湖底的平衡，湖底的二氧化碳疾冲上来，形成一团以每小时 100 公里的速度前进的浓密白色气云，沿着出水口向湖边的村庄倾轧而来，最终造成 1800 人殒命，仅有 6 人躲过此劫。与此同时，爆炸的湖水还形成巨大的水龙柱，杀死了湖中所有的鱼，并翻过部分湖边高崖。高达 25 米的巨浪冲刷岩石，将岩石上的植被带入湖中。美国科学家对基伍

湖湖底的沉积物样本的研究表明，类似的尼欧斯湖惨剧在基伍湖历史上已经多次上演，大约每1000年便重复一次。2002年尼拉刚果火山爆发，产生的大量熔浆在流了三天之后才止步，好在尚未到达湖底。火山爆发只是一个警报，表明整个地区已开始失去稳定。基伍湖坐落在一个大裂谷的顶端，而大裂谷正在被撕裂得更加分开。火山爆发之后，内部形成了一个大裂缝，它就像一条通道，让炽热的岩浆流入湖底的地面下。也就是说，危险将不会来自上方，而是来自湖底的地面下。裂谷被分得更开之后，火山裂缝会越来越移向湖底，岩浆中的热量不仅会将二氧化碳杀手送出湖面，而且还可能点燃甲烷气体，在湖面上引起真正的大爆炸，引发大灾变。要避免如此可怕的后果，最安全的办法就是"放气"——将湖底的二氧化碳吸出湖面，逐步释放掉，从而避免二氧化碳在湖底聚积，以此消除隐患。具体做法是将排气管插入湖底，然后打开管顶封口，排放气体。由于湖太大、太深（比尼欧斯湖大2000倍），将基伍湖放气将会非常困难，需要投入大量资金用以安装所需的排气管及其附属装置。只有得到足够的国际援助，卢旺达人民才可能安然无忧。

五 气候

卢旺达虽然位于远离海洋的非洲内陆，大部分地区属于热带高原气候和热带草原气候，但由于平均海拔较高，又受印度洋吹来的东南信风的影响，全年气候温和凉爽，年平均气温不超过20℃，各地区的年温差变化不大，西部山区较为凉爽。卢旺达雨量充沛，其季节通常有明显的旱季和雨季之分。1~2月为小旱季，3~5月为大雨季，6~9月为大旱季，10~12月为小雨季。卢旺达平均降雨量为1200~1600毫米，雨量从西向东随着海拔降低而逐渐减少。西部多山，雨量较大，比隆加高原年降雨量为1500毫米，最大处可达1800毫米。东部地区年

降雨量为 800 毫米，干旱时间持续较长，最长为 110 天。卢旺达的降雨量和降雨次数因季节不同而有显著差异，大雨季到来时往往雨量集中，且有时暴雨成灾，然而暴雨过后又会出现长时期的严重干旱，有些年份会导致粮食减产，甚至出现饥荒。总之，卢旺达温和多雨的气候和肥沃的土壤为农牧业生产提供了有利的条件，但山地、丘陵偏多则降低了土地利用率，给农业发展带来不利影响。

第二节　自然资源

一　矿物

卢旺达国土面积狭小，自然资源贫乏。卢旺达政府因人力、财力、技术等因素所限，尚未对全国的矿藏资源进行勘探和评估。已开采的矿藏主要有锡、钨、铌、钽、锌、铀、绿柱石、黄金等。已探明的锡矿蕴藏量约 10 万吨，年产锡矿砂千余吨。1985 年卢旺达曾建一锡矿厂，规模甚小，仅月产 60 吨锡精矿。卡吕吕马锡冶炼厂是非洲最大的锡冶炼厂之一。钨矿储量目前尚不清，尼亚卡班戈钨矿是非洲最大的钨矿之一，年产钨矿砂 500 吨左右。泥炭的储量估计为 3000 万吨，可用作燃料。目前卢旺达是钽的出口国，钽是一种制造冷凝器必不可少的金属。卢旺达的矿产主要与比利时合资经营，在全国四大矿业公司中，卢旺达的股份占 49%，比利时的股份占 51%，出口全部由比利时矿业公司控制。矿产品主要输往欧洲经济共同体和美国。

基伍湖水下蕴藏着约 600 亿立方米的天然气，每年可再生 2 亿立方米，在世界上实属少有，但尚未得到大规模开发利用。这一能源属卢旺达和刚果（金）共有，两国从 20 世纪 70 年代开始合作开发。卢旺达年产天然气 100 万立方米，主要供啤酒厂使用。

二　动物、植物

卢旺达位于赤道南侧，其境内多山、多丘陵的地貌以及属于热带高原与热带草原的气候，使各种各样的动物、植物在这块土地上得以繁衍和生长。卢旺达的动物主要分布在国家西北部和东北部的两个国家公园，即两个国家级自然保护区。位于国家西北部地区的火山公园是一个面积为140平方公里的自然保护区。该自然保护区与刚果（金）交界，附近多死火山，处于由火山断层和巨大熔岩石堆形成的比隆加高原。园内群山起伏，生长着大片茂密的原始森林和众多的动物，其中有十分珍奇但濒于绝种的动物山猩猩。山猩猩头大、颊宽、牙坚，动作迅速，喜过集体生活，常以3～20只为一群体，白天外出四处觅食，夜晚回到搭筑的巢穴中过夜。山猩猩性情温顺，不害怕游人并能同其握手。目前，山猩猩仅剩不足200只，是联合国专门拨款保护的动物。

卡盖拉国家公园是卢旺达最大的自然保护区和野生动物园，也是非洲最荒无人烟和物种最多样化的自然保护区之一。整个公园方圆百里，占地2500平方公里，卡盖拉河流经该自然保护区的边缘，与坦桑尼亚交界。该国家公园始建于1934年，以秀丽的风景、宜人的气候、珍奇的野生动物而闻名。园内为热带灌木林、草原和原始森林所覆盖，土肥草绿，一片葱郁。园中土路弯弯曲曲，高大的金合欢树和仙人掌为动物遮阳蔽日。园内有山有水，多湖泊和沼泽地。山谷间镶嵌着大小湖泊22个，多为绿树成荫、鲜花盛开的山峦所环抱。这里野生动物种类繁多，有银丝猴、长臂猿、狒狒、大象、水牛、犀牛、斑马、羚羊、河马、长颈鹿、狮子、豹子、大蟒、鳄鱼等。"伊帕拉"羚羊是数目最多的哺乳动物，平均每平方公里就有600头。这里还是皇冠鹤、秃鹳、火鸡、白鹭等鸟类的栖息地，卢旺达的国鸟就是皇冠鹤。如果驱车进入公园深处观看珍奇动物，人们会看到长臂猿在树上攀跃，斑马在山坡上奔跑，羚羊在草原上跳跃，野牛在树荫下乘凉，野猪在水坑里洗澡，丹顶鹤昂首挺胸、大摇大摆地行走，火鸡在相互打斗，秃鹫在争夺猎物，还有饱食后的狮子在远处静卧。来到水草丰茂的湖边，人们又可观赏到水上动物，成群的白鹭在湖里嬉戏，各种水鸟上下翻飞，懒洋洋的鳄鱼在湖边晒太阳，肥大的河马游动于水中……所有这些构成了一幅非洲动物世界的独特画卷。

卢旺达全年气候四季如春，植被苍翠茂盛，有"常青之国"的美誉，是赤道地区的一块风景秀丽的绿洲。森林是卢旺达的重要资源，全国的森林和林地面积大约有 70 万公顷，占国土面积的 23%，它们几乎全是天然林，尤其是在卢旺达的西北部和西南部，至今仍保留着大片茂密的原始森林。卢旺达盛产乌木、紫檀木、桃花心木等名贵木材。多年来，特别是内战以来，由于垦荒扩田、乱砍滥伐和火灾等原因，国家森林和林地资源遭到严重破坏，约有 5 万公顷森林和林地被毁。战后由欧盟投资，在基加利、吉塔拉马、布塔雷、吉贡戈洛、尚古古、基布耶和基本戈等省份，由国家和地方组织重新植树 5000 公顷。

卢旺达适宜的气候使各种各样的奇花异草在这里争奇斗艳。在首都基加利有一个芒密达兰德植物园，生长着各种非洲热带花卉、树木、草本和藤类植物。千姿百态的平顶树、神仙树、红棉树、桉树等招徕游人驻足观看。植物园中有一种特别令人感兴趣的会笑的怪树，在有风的时候，它会发出"哈哈"的笑声。初到植物园参观的人常常被这种笑声所迷惑，听到笑声后，环顾四周却又看不见人影。当地人把这种树称作"笑树"。"笑树"是一种小乔木，能长到七八米高，树干呈褐色，叶子椭圆。每个枝杈间都长有皮果，形状很像铃铛。皮果内生有很多小滚珠似的皮蕊，能在皮果里自由滚动；皮果的外壳长满了斑点似的小孔。每

当微风吹来，皮果就会迎风摇动。由于皮果的外壳又薄又脆，皮蕊在里面滚动，就会发出阵阵类似"哈哈"的响声，酷似人的笑声，风越大，笑声越高。

卢旺达的气候条件还很适宜高品质玫瑰花的生长。这里栽培的玫瑰花可长到80厘米高，只需44天就可成熟，比肯尼亚的玫瑰花成长周期提早十几天。目前卢旺达出产的玫瑰花已远销欧洲市场。巴西木在非洲国家并不少见，但卢旺达的巴西木有其独特之处。它除了生长得高耸挺拔外，仔细观察其叶子，还会发现根据叶片颜色，这里的巴西木可分为两种，一种是叶片中间呈金黄色，两边为绿色，叫做"黄芯绿边"；另一种是叶片中间呈深绿色，两边为黄绿色，叫做"绿芯黄边"。这两种巴西木的叶子都十分美丽，不少到卢旺达的外国人都喜欢带走几枝，回家后泡在水里就能成活。

第三节 居民与宗教

一 人口

根据卢旺达2002年进行的全国人口普查，其人口为820万人。据美国中央情报局的估计，卢旺达在2009年6月的人口为10473282人。卢旺达的人口构成呈现出低龄化状况，在全部人口中，0～14岁的人口占42.1%（其中男性2216352人，女性2196327人）；15～64岁人口占55.4%（男性2897003人，女性2909994人），65岁以上的人口仅占2.4%（男性100920人，女性152686人）。全国人口的平均年龄为18.9岁，男性的平均年龄为18.5岁，女性的平均年龄为18.9岁。人口增长率为27.82‰，出生率为39.67‰，死亡率为14.46‰，平均每位妇女生育5.25个孩子。全国人口的男女性别比例为 0.99∶1，其中新生儿的男女比例为 1.03∶1，15 岁以下人口为 1.008∶1，15～64 岁人口为 0.994∶1，65 岁以上人口为 0.66∶1。婴儿死亡率为 81.61‰，其中男婴为 86.68‰，女婴为 76.38‰。人口的预期寿命为 50.52 岁，男性为 49.25 岁，女性为 51.83 岁。①

卢旺达是非洲人口最稠密的国家之一，也是世界上人口密度最高的 10 个国家之一。人口密度约为 397 人/平方公里，比 1981 年（每平方公里 183 人）增加了一倍有余。对此，卢旺达有一句很生动的谚语："每一片香蕉叶下就有一个卢旺达人"。1994 年卢旺达战乱期间死亡 80 万～100 万人。除种族大屠杀造成人口减少外，卢旺达人口呈快速增长趋势，到 2012 年卢旺达人口将达到 1128.4 万人，那时人口密度将会更高。卢旺达人口分布不平衡，农业集中的省份也是人口密集的地区，其中鲁亨盖里省的人口密度为 540 人/平方公里、吉塞尼省为 424 人/平方公里、比温巴省为 421 人/平方公里、吉塔拉马省为 404 人/平方公里。②

二 民 族

卢旺达居民分属 3 个族群：属于俾格米人种的特佤族，仅占总人口的 1%；属于班图语系、班图尼格罗人种的胡图族，占总人口的 85%；属于哈莫语系、苏丹尼格罗人种的图西族，占总人口的 14%。虽然这 3 个族群到达这个地区的准确年代很难确定，但毫无疑问，最初在这里定居的是特佤族。特佤人是卢旺达最古老的族群，也是赤道非洲最著名的俾格米群体之一。"俾格米"一词源出于希腊文"pygmaios"，意为"拳头"，系庞大的狩猎部落群。特佤人像其他俾格米人一样，皮肤

① http：//www.cia.gov/library/publications/the-world-factbook/geos/rw.html.
② http：//www.rwandagateway.org/article.php3? id_ article = 137.

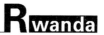

为浅棕色，身材短小，平均身高 140～150 厘米，是一个混血族群，大概是赤道雨林原始居民的后裔。特佤人常年生活在高山峡谷的森林中，过着原始的狩猎生活，以采集和狩猎为生。特佤族猎手们个个身强力壮、动作敏捷、勇敢无畏。现在卢旺达社会中定居的特佤人主要从事农业和手工业。特佤人长于制造陶器和弓箭以供应市场。

胡图人操班图语，属于尼日尔—刚果语系中的贝努埃—刚果语族，身材矮小结实，皮肤黝黑，主要从事农耕。胡图人是卢旺达伟大的开拓者，他们在世世代代的劳作中砍伐森林，开垦土地，使高原山丘和草原上出现了大片的田野，但因此也使森林和草原消失了，土质也渐渐贫瘠。在历史上胡图人曾经受到图西人的统治。

图西人身体修长，褐色皮肤，体态优美。图西族是外来的游牧族群。他们的体态特征表明，他们与埃塞俄比亚南部的盖拉族群有着明显的亲缘关系。大约从公元 10 世纪起，他们从索马里半岛南部（一说埃及）相继进入这个地区，通过缓慢的、主要是和平的渗透，逐渐取得对当地胡图人的统治。他们虽然人数比胡图族少得多，但在几个世纪内征服和统一了这个国家，建立了以“姆瓦米”（国王）为首的君主制。图西人认为锄耕是低下的劳动，却占有大量土地。他们拥有大量牲畜，进行牲畜交易，并通过不平等的“牛群契约”建立了对胡图人和特佤人的封建统治制度，从而将广大胡图族农民降至农奴地位。图西人和胡图人的文化已大致一体化，奉行基本相同的宗教信仰。

殖民统治以前，图西人和胡图人尚能混杂居住，和平共处，两族间还经常通婚。殖民主义入侵后，比利时殖民者先是利用图西族实行间接统治，挑拨族群关系，制造族群纠纷，后来终于挑起图西人和胡图人的激烈冲突，造成严重流血事件，大量图西族难民流亡邻国，由此埋下了图西人和胡图人之间民族矛盾和仇恨的祸根。

三　语言、宗教

旺达的民族语言为卢旺达语，有文字。官方语言原为法语和卢旺达语，自从大批讲英语的图西人返回并建立新政权后，政府又宣布增加英语为官方语言。部分居民讲斯瓦希里语，主要将其作为一种商业语言。

卢旺达国民45%信奉天主教，44%信奉原始宗教，10%信奉基督教新教，1%信奉伊斯兰教。

第四节　民俗与节日

一　民俗

1. 居住

多山和多丘陵的地形不仅为卢旺达造就了美丽的自然景观，而且在一定程度上决定着它的社会和经济发展格局。卢旺达是一个没有村庄的国家，农户都是零零散散地居住在成百上千个大大小小的山头或山丘上。在一个山头周围，或中部或底部，有时甚至在顶部，居住着一个或几个家族。同一个山头的人往往有血缘关系，他们交往比较密切，年深日久，山头逐渐成为卢旺达的一种社会细胞，成为国家的一种政治、经济和宗教活动的单位。在全国的行政管理系统中，山头被确定为县以下的乡，成为全国基层行政单位。

卢旺达的山头大小、坡陡不一，人们的传统居住习惯也有区别，每座山头的住户有多有少，多则七八家，少则两三家。在广大农村，有时行走几公里难见一个人影，也很难看到一般意义上的村庄，许多地方基本是一户人家居住在一座山头上。在有人居住的地方，每家都有一二座或几座用树干加泥土筑成的茅屋，稍

好一点儿的房子加盖瓦楞铁的屋顶。房内陈设十分简陋，除一些简单的生活必需品外，看不到其他物品，卢旺达人的生活十分简朴。房屋一般都掩映在茂密的香蕉林中。每户住宅周围都是面积大小不等的山坡耕地，或是山间谷地，妇女们就近在田里耕种劳作，使用的都是锄头和砍刀等简单农具。每逢集市，无论男女老少都会头顶香蕉、时令蔬菜或其他农副产品到市场上出售。他们出售产品时很少使用秤称量，一般都是论碗、桶、盆或是论堆出售。

卢旺达人的居住环境和简朴生活培育了他们助人为乐的淳朴性格。卢旺达有一种称作"乌姆冈达"的民族传统。乌姆冈达一词出自卢旺达语，原意是"农村中邻里间的互助"。如果遇到某个人家需要建造房屋、迁居新地，或是儿女嫁娶、筹办丧事等，居住在同一座山头或附近山头的人就会自动前来相助。他们很乐意出钱、出物、出力，一起齐心合力地将事情办好，但事后谢绝任何报酬，只要主人家拿出几坛香蕉酒招待即可。大家围坐一起，开怀畅饮，倾心交谈，既可解除疲劳，又可增进相互间的友谊和团结。后来这种邻里间无私互助活动的传统得到政府的大力提倡。1974年2月2日，哈比亚利马纳总统带领卢旺达军队的部分官兵，到首都基加利郊区的尼亚鲁贡加山谷开垦荒地，并向全国人民发出开展"集体生产劳动"的号召。为响应这一号召，全国许多地方也开展了类似的义务劳动。卢旺达的许多大型水利、交通项目就是在这一运动中建成的，这一运动为国家经济的发展作出了一定贡献。这种传统在城市里也有所体现，如果某个人遇到什么困难之事，他人得知后也会主动给予力所能及的帮助。被帮助者如主动提出酬谢，助人者也会婉言谢绝。卢旺达有一句谚语："只有无私地帮助朋友，才会赢得朋友的友谊"。

2. 待客

生活在卢旺达，人们会感到，卢旺达人热情好客，讲究礼

貌，注重礼仪，待人斯文。无论何时何地，只要卢旺达人遇见外国客人，总要主动打招呼，热情问候。中国人在卢旺达人的心目中有非常友好的印象，卢旺达人不论在什么地方遇见中国人，尤其在城镇或者公路沿线，都会显得格外亲切和友好，他们主动招手，无论男女老幼似乎都会用汉语说声"您好"，有时还跷起大拇指连声说"中国人，好朋友"。卢旺达人如果看到多日不见的中国或是其他外国老朋友，除热情问候外，多要相互拥抱贴面颊，要是两面贴三次，则更显得亲切。中国人以自己令人熟悉的面孔不论到卢旺达政府任何部门办事情，不仅会受到热情接待，而且事情也会办得比较顺利。

卢旺达人喜欢结交朋友，初次见面，交谈几句，很快就会将对方视为相见恨晚的朋友，将其热情请至家中，拿出最好的食品款待一番。遇到客人登门拜访，主人会高兴得手舞足蹈，出门远迎，同客人手挽手地进入家中，连忙搬出香蕉酒或者高粱酒的坛子，借此表达对客人的友好情谊。

3. 社交

卢旺达是一个以农牧业为主的国家，在牧民中素有敬重长辈的风俗。牧民过着群居的生活，同一家族的成员结成亲缘群体，共同拥有生产和生活资料，并同其他相近的亲缘群体进行社交活动，相互间友好地相处与合作。每当几个亲缘群体迁居到一起，便由最年长者组成一个权力委员会，负责管理营地里的各种事务，调解成员之间的各种矛盾和纠纷，维护营地的安定团结，保护每一个成员的财产和利益。在农业区或城市里，敬老之风同样盛行，晚辈对长辈总要毕恭毕敬，即便是对外国年长的客人，也显得格外敬重；家中的大事小情均要由一家之长拍板决定，其他人是不能违背的。

在卢旺达社会交往中，除敬重老人外，也流行女士优先的原则。每逢进出门厅、上下车、上下楼梯或乘坐电梯，年轻人要让

年长者先行，男士要让女士先行，并主动为其开门、关门；如同
桌参加宴会，男士或年轻人要主动帮助女士或年长者就座、离座
等。

　　卢旺达的一些公共场所，如超级市场、教堂、清真寺等，一
般是禁止吸烟的，即使烟瘾再大，在这些禁止吸烟的场所里，也
应当克制。吸烟者外出忘记带烟，如遇到吸烟的卢旺达人，即便
是较熟悉的人，也不要指望他会给你烟，因为他们没有敬烟的习
惯。在卢旺达人家中做客或同桌参加宴会，想吸烟时应当问主人
一声："我可以吸烟吗"；如有女士在场，还应当征求女士的意
见；如果主人不吸烟，或者主人没有敬烟，最好还是不吸为好。

4. 饮食

　　卢旺达人主要食用土豆、芸豆、芭蕉（也称饭蕉）、玉米、
高粱、薯类等。城市居民也食用大米、面粉、面包等。由于卢旺
达气候宜人，适合农作物生长，一年之中可供食用的新鲜蔬菜不
断，有黄瓜、西红柿、柿子椒、茄子、豆角、南瓜、胡萝卜、洋
葱等。卢旺达人食用的肉类有猪肉、牛肉、鸡肉、兔肉、鱼等，
但狗肉禁食。他们认为狗是人类的朋友，食用狗肉属于不道德的
行为。过去曾忌食羊肉，认为羊是对亡者灵魂的祭品，人不能食
用。现在不食羊肉的习俗虽有很大变化，但仍很少食用。他们还
认为鞭牛耕地是不道德的，不过牛肉和牛奶可以作为食品。

　　卢旺达自古以来就沿袭着"要结婚，先栽树"的传统观念，
家家户户有种树、养树、护树的习惯，尤其以香蕉树最多，全国
各地到处都是一丛丛苍翠茂盛和果实累累的香蕉树，既净化美观
了环境，又为人们提供了一种食用的粮食和酿酒的原料。据说，
卢旺达所产香蕉的90%都被用来酿制香蕉酒。

　　卢旺达的香蕉酒，色泽略黄，带点酸味，清香甘醇，驰名非
洲，外国客人常常将它比作"地中海的葡萄酒"。卢旺达人也对
他们的香蕉酒引以为荣并情有独钟。每当亲朋好友、左邻右舍、

远方来客登门，或是婚丧礼仪和宗教庆典，香蕉酒是必不可少的招待佳品，也是馈赠亲友的上好礼品。热情的主人在邀请喝酒时，端上一大坛香蕉酒，再插入数根植物茎管，宾主你一口我一口地轮流畅饮，欢声笑语，其乐融融。饮完香蕉酒，主人还会款待客人吃顿家常便饭。宾主通过同餐共饮，变得更加亲切、友好和真挚。卢旺达人外出干活，也不忘记随身带着一葫芦或一瓶香蕉酒，口干舌燥时拿出来喝几口。如果遇上来旅游的外国客人，他们还会热情和友好地送给客人饮用。所以，一个卢旺达农民，如果没有香蕉，也不会酿香蕉酒，那就要失去朋友，被人看不起。可见香蕉不仅是卢旺达人日常生活的必需品，而且还关系到人们的社会地位。农民盖新房时，最关心的就是在住宅周围圈上一块地，种上几株香蕉树。这样，在卢旺达农村，真可谓是家家种香蕉，户户会酿酒。

5. 婚丧

卢旺达人有赠送婚姻聘礼的习惯。在农村，聘礼一般是一头牛或相当于一头牛的羊及其他彩礼。聘礼多少视求婚者的家庭经济状况而定。女方家庭在收到男方聘礼后，也要向男方家庭回赠，通常也是一头牲畜。牛在卢旺达是财富或财产的象征。在城市，除男女双方家庭在结婚前互赠礼品外，在婚礼仪式上，亲朋好友、左邻右舍也会拿着包好的礼品送给新郎新娘，以表示美好的祝愿。特佤人与其他族群不同，一般是男方给女方送一头亲手杀死的猎物，以示自己成年。

卢旺达人死后实行土葬。在农村，往往以草席代替棺木。死者出殡后 10 天，其家庭成员进行一次沐浴或洗头。有些地区还服用一种草药，以示"驱邪"。男性死者葬后一个月，女性死者葬后两个月，亲属们进行一次悼念活动。

6. 族群转变

族群转变这种现象在非洲其他国家似乎很少见到，也从

未听说过。所谓族群转变，就是两个族群之间根据一定的条件，某些人的族群身份可相互转变，即由原来所属族群转到另一个族群。在卢旺达的胡图族与图西族之间就存在着这种现象。

卢旺达胡图人和图西人虽然是两个不同的族群，但他们同讲一种语言，即卢旺达语，并且共同生活在同一块土地上，分享共同的文化。1890年殖民主义入侵前，这个内陆小国十分闭塞，同外界的接触也很少。根据传统，胡图人主要从事农业，图西人以牧业为主。在卢旺达，牛群是地位和财产的象征，牛群越多就越富有。所以，胡图人和图西人代表着两个社会阶级，即从事牧业、有着许多牛群的图西人属于富有者阶级，而大部分是农民的胡图人则属于贫穷者阶级。由于地位和财产的差异，图西人逐渐感到自己属于特殊的优等阶级，而胡图人则处于劣等阶级的农奴地位。在卢旺达王国时期，一个人究竟属于哪个阶级，要根据人们所拥有牛群的数量而定。牛群多的就是图西人，没有牛群或牛群数量不够的就是胡图人。然而，这种状况并不是一成不变的。如果一个图西人失去了自己的牛群，那他就会变成胡图人。相反，如果一个胡图人经过自己的一番努力和奋斗，拥有了足够数量的牛群，他就可以变为图西人。这种现象即使在同一个家族里也一样存在。一个父亲的4个儿子中，既有图西人，也可能有胡图人，这完全取决于这4个儿子对财产的追求和占有。当然，这种族群转变现象似是卢旺达独有的，转变的条件只是一种外在经济因素，而决定一个族群的主要还是血缘关系。

二 节假日

了下列公共假日外，卢旺达还有耶稣受难日和复活节等假日：

1 月 1 日新年；

2 月 1 日英雄节；

4 月 7 日大屠杀纪念日；

5 月 1 日劳动节；

7 月 1 日独立纪念日；

7 月 4 日解放日；

8 月 15 日升天节；

9 月 25 日共和国节；

10 月 1 日爱国日；

11 月 1 日万圣节；

12 月 25 日圣诞节。

第二章

历　史

第一节　古代历史

据考古揭示，地处非洲中部的卢旺达在公元之初正处于由石器时代向铁器时代过渡的阶段，考古学者在这里发现了与现在制陶不同风格的最早的制陶遗址。居民构成中的3个族群，特佤族、胡图族和图西族，据说是相继进入这个地区的。最早在这里定居的是从事狩猎的特佤人的祖先，这些狩猎者在石器时代初期受到从事农耕的班图人即胡图人的驱赶，后来胡图人又归顺了含米特牧民，即图西人。事实上，卢旺达的早期历史至今仍不清楚。很可能至少从公元初期以后不同人种就在这里聚集。公元前后，胡图人从乍得湖和尼日尔河一带迁徙而来，逐渐取代了特佤人，成为卢旺达的多数族群。最后来到这片土地上的是以畜牧为生的图西族牧民。他们溯尼罗河谷而上，从公元10世纪开始逐渐迁徙而来。

在随后的几个世纪内，图西族的不同集团先后建立过一些小王国，实行以国王"姆瓦米"为首的封建君主制。从公元13世纪前后卢旺达开始产生以氏族或亲属集团为基础的部落联盟性质的小国，到实现政治和地理上的统一，一直延续了5个世纪之久。15世纪以前，在一个图西王族的领导下，国王吉朗加在卢旺达建立了第一个王朝——尼吉尼亚王朝，完成了从"无国家状态"向王权的转变。15世纪，图西族国王鲁甘祖·布温巴（1458年即位）兼并了尼吉尼亚王朝周围的族群，在布瓦纳坎布韦地区（基加利附近）扩大为一个核心王国。以后国王西利马一世（1482年即位）和他的儿子基格里一世（1506年即位）又征服了尼亚巴隆戈河以西的地区。从16世纪开始，相当于今天卢旺达中部的地区被并入了核心王国，国王尤希·加希马（1552年即位）还强迫西部一些地区接受统治。鲁甘祖·恩多里于1600年即位后，进一步向西部和南部扩展。到18世纪，东部和北部的图西族地区和西北部的胡图族地区也都先后被兼并和征服了。1744年即位的国王西利马·鲁祖吉拉也是一位著名的征服者，继续开疆扩土。19世纪后半叶，国王基格里·鲁瓦布吉里（1860年即位）在统治期间将边界再次向外扩展，确保了卢旺达对基伍湖地区的控制，建立中央集权，卢旺达王国到达了全盛时期。卢旺达的政治集权达到很高的程度，国王成为一切权力的来源和象征。

在卢旺达实行封建君主制的年代里，图西族居统治地位，自称"高尚种族"，垄断着政治和行政管理大权，占有大量的土地和牛群，在社会上享有特权。胡图族绝大部分是辛勤的农民，历代以耕作为生。他们被图西族征服以后，沦为图西族的奴隶，长期处于无权、受剥削、受压迫和受歧视的地位。胡图人通过"牛群契约"，同图西族之间建立了从属关系，即受保护人与保护人之间的关系。在这种保护制度下，受保护人有权得到牛奶和牛犊，他们拥有放牧权，但这并不能使其成为土地所有者，而只是一个受主人支配的租地人。图西族就是这样利用保护制度来维持和保障他们对胡图族的统治的。而胡图族在这种关系的束缚下，被迫听任摆布、服重劳役、缴租纳税、充当炮灰等。

胡图族遭受的这种残酷的剥削和奴役一直持续了好几个世纪。因此，胡图族世代的悲惨处境使他们形成仇恨图西族的心理，与图西族结下了不解之仇，从而在历史上产生了根深蒂固的民族矛盾。

第二节　近、现代简史

欧洲帝国主义国家对卢旺达的殖民活动开展得比较晚，英国、德国和比利时殖民主义者从19世纪下半叶开始才相继入侵卢旺达。

1868年，阿尔及尔主教夏尔·拉维热里成立了非洲传教士协会，此后，白人神甫开始在卢旺达进行福音传教，并先后成立了9个传教会。19世纪下半叶，德国在开发坦噶尼喀湖时入侵了卢旺达。1884～1885年召开的柏林会议决定将卢旺达和布隆迪两国合并，称之为"卢安达—乌隆迪"。1890年，这两个国家一起沦为"德属东非保护地"，构成了当时大德意志东非的第13个县，成为德国殖民地。1894年，德国人解决了卢旺达同比属刚果和乌干达之间微妙的边界问题。当年，德国皇家军队军官、德属东非保护地总督冯·戈岑初次会见了基格里·鲁瓦布吉里国王。1895年鲁瓦布吉里国王去世，新国王尤希·穆辛加于1896年即位，同德国签署了一项保护国条约。国王穆辛加为了巩固自己的统治，同德国结成了联盟。德国殖民者保持了卢旺达原有的社会结构，并通过中央政府实行间接统治。

第一次世界大战德国战败后，由比利时对卢旺达实行军事管制。1922年7月，国际联盟根据《凡尔赛和约》将卢旺达"委托"给比利时统治，卢旺达成为比利时的委任统治地。1924年，比利时人同意在"卢安达—乌隆迪"行使国际联盟的统治权。直到1925年，卢旺达这一委任统治地的行政地位才最后确定。

1925 年 8 月 21 日，比利时政府通过了一项法令，规定卢旺达和布隆迪组成一个单独地区，在行政上同比属刚果联合在一起，由隶属于比属刚果总督的一名副总督行使最高权力。这就使卢旺达和布隆迪实际上成为这一大块殖民地的第 5 个省（比属刚果分为 4 个省）。

德国殖民者所采用的间接统治制度被比利时保留了下来。所谓间接统治，就是殖民当局在巩固和加强中央政权的同时，还竭力通过种种途径保持和加强图西族在各个领域中的支配地位，使图西族的特权神圣不可侵犯。首先是扩大图西族政权的领土范围，把图西族的统治扩展到胡图族占多数的地区。在这些地区，殖民当局免除了胡图族酋长的官职，代之以他们指派的图西族酋长。其次是严格控制教育。殖民者认为，只有图西族才应该接受教育。学校成了培养图西族酋长子弟的场所。这样，图西族上层分子就设法通过受教育来永久保持掌权地位。最后是建立一种司法机构，使胡图族永远处于从属地位。这种司法机构实际上是图西族统治者用来维护和滥用其特权的工具。由于法庭都是由图西族酋长领导的，它的职能不是主持公道，而是滥用职权和保护图西族的利益。在许多情况下，图西人利用法庭使他们对胡图族的苛捐杂税合法化。

卢旺达和布隆迪两国都有一个由当地贵族选举并经副总督批准的"姆瓦米"，但还驻有比利时专员，以控制"姆瓦米"的一切活动。国王穆辛加由于强烈反对天主教的传教活动，因而和比利时人之间的关系不断恶化，并于 1931 年被比利时当局废黜，其子穆塔拉·鲁达希格瓦继位。比利时当局借口提高行政效率，于 1926 年决定对行政制度进行改革。实际上，在卢旺达最早的代理主教莱昂·克拉斯影响下进行的这种行政改革强化了图西族的政治特权，竭力保持图西族在每一个生活领域中的支配地位，使胡图族永远处于从属地位。

比利时殖民者在统治卢旺达期间，政治上伙同天主教会扶持王室，对广大人民实行残酷压迫。他们镇压反抗，迫害爱国人士，经常制造或利用族群纠纷，大规模屠杀无辜人民；经济上征收租税，掠夺物资，强占土地，种植经济作物，经常造成人为的饥荒，迫使数十万灾民背井离乡，逃荒谋生。1929 年，成千上万人死于饥荒，随之而流行的各种疾病（赤痢、天花、伤寒等）又夺取了许多人的生命。灾难深重的卢旺达人民为了反抗殖民主义统治，进行了长期的英勇斗争。1928 年曾掀起大规模起义，起义由西向东蔓延很广，有力地打击了比利时殖民当局的统治。1933 年，在卢旺达全境和乌干达边境地区又发生了一次大规模的抗税暴动，许多起义者被枪杀。这次起义在卢旺达人民反抗殖民主义的斗争中有着重要意义。

1946 年 12 月，联合国大会将卢旺达交给比利时托管。1947 年，比利时殖民当局为了加强其统治，对当地上层分子作出了一些微小的让步，成立了一个咨询机构，即卢旺达—布隆迪总参议会。总参议会设 43 个议席，其中比利时人占 27 席，非洲人占 16 席，而在非洲人的代表中，绝大部分是由比利时专员任命的贵族代表。实际上，总参议会只是代表殖民主义者利益的御用工具。在比利时委任统治向托管过渡时，卢旺达的社会结构几乎没有改变，图西贵族继续保持着政治和经济的强势地位。

第二次世界大战爆发后，胡图族上层势力成为新兴社会力量，在经济上的地位与作用日益重要。政治嗅觉敏锐并深谋远虑的比利时殖民者看到这种情况，便开始与胡图族的上层人士合作。1952 年，在中央、省和地区成立的参议会中吸收了胡图族上层人士。1954 年的法令废除了牧牛保护制度，这在一定程度上减轻了图西族对胡图族农民的剥削，拥有较多牲畜的胡图族上层人士受益更多。图西族上层分子的地位因此被削弱了。

第二次世界大战后，在非洲民族独立运动日趋高涨的形势

下，比利时殖民当局于1953年和1956年组织了两次选举，结果图西族封建势力仍普遍获胜，广大人民希望的民主改革没有实现。根据1959年发表的一份研究报告，在卢旺达全国最高咨询会议33个席位中，图西人占31个，胡图人仅占两个；在地区咨询会议的155个席位中，图西人占125个，胡图人占30个；图西人在全部45个酋长辖区中占43个，另外两个空缺；在559个小酋长辖区中，图西人占549个，胡图人仅占10个。从以上数字可以看出，当时图西人仍占有绝对统治优势。比利时殖民当局打着政治改革的幌子，继续维护图西族的政治统治，激起了胡图族尤其是胡图族知识分子的强烈不满。1957年3月24日，以胡图族领袖格雷戈瓦·卡伊班达为首的一批知识分子发表了《巴胡图宣言》，揭露和抨击了图西族的政治垄断，提出了民主与平等和"全面提高胡图族地位"的要求。图西族统治集团面对胡图族日益猛烈的攻击，在族群问题上采取了强硬的立场。这时两族的矛盾已经到了十分尖锐的地步。

50年代末，在非洲，特别是在比属刚果人民斗争的鼓舞下，卢旺达开始出现反帝、反殖的群众性组织，图西族中的领导阶层、知识分子提出了民族独立的要求。1959年，由图西族上层分子组成的"卢旺达民族联盟"宣告成立，要求卢旺达结束比利时的托管而独立，但该联盟所关心的是保存旧有制度和维护传统的图西族的特权。同一年，主要代表胡图族农村上层势力利益的"胡图解放党"也宣告成立。该党要求废除图西族特权，胡图人享受平等权利，实现民主化和由非洲人的自治，但对比利时殖民当局采取了比较温和的立场，并没有提出立即独立这个至关重要的问题。

面对图西族提出卢旺达独立和胡图族提出变革的要求，早就有思想和政治准备的比利时殖民当局开始挑拨两个族群之间的关系。比利时传教士在胡图人中间宣传图西人的封建统治违反民主原则的观点，胡图族知识分子对此产生共鸣，变革的要求更加强烈。其实，无论图西族的独立要求，还是胡图族的变革要求，都不符合比利时殖民者的利益。但在非洲民族独立运动大势所趋的形势下，殖民当局是无法回避图西族的独立要求的。因此，比利时政府改变策略，由原来的支持图西族统治转变为扶植胡图族上台。1959年，卢旺达国王穆塔拉三世死后，比利时殖民当局出于其殖民统治的需要，改为支持胡图族变革政治体制的要求。图西族统治集团对此极为恼火，废除了比利时总督任命的胡图族酋长。1959年11月，卢旺达爆发了剧烈的社会动荡，胡图人称之为"1959年社会革命"。比利时殖民者借机挑起了胡图族和图西族之间的大规模冲突。冲突中，占人口绝大多数的胡图族怀着极大的仇恨对图西族采取暴力行动。他们在全国很多地区杀人、放火、抢劫和杀戮之惨状难以形容、闻所未闻。殖民当局借口"恢复秩序"进行残酷镇压。就这样，卢旺达第一次族群大冲突从1959年一直延续到1962年，数十万图西人或死于非命、或逃往邻国。此后，由于胡图族的泄愤活动不断发生，族群骚乱一直持续到独立以后。

1959年11月10日，比利时政府发表了一项宣言，改组托管地的行政组织，废除与比属刚果的政治联盟，由一名驻卢旺达长官代替过去的副总督行使权力，卢旺达实行自治，成立由非洲人组成的立法议会和政府。同年10月，由"胡图解放党"组织成立以卡伊班达为总理的临时政府。1961年初，比利时殖民当局唆使卡伊班达总理废黜并赶走了具有反比倾向和爱国热忱的基格里五世国王，图西族王室的统治被推翻。1961年1月28日，卢旺达宣布成立共和国。9月25日，卢旺达举行公民投票，正式废除了君主政体。同时，由联合国监督举行立法议会选举，卡伊班达领导的"胡图解放党"获胜，在44个议席中获得35席。10月26日，卡伊班达当选总统并兼任总理，组成了以胡图族为

主体的政府。

"胡图解放党"在群众运动的推动下，也把目标放在取消殖民制度上。1962年6月27日，第16届联大通过决议，接受卢旺达提出的结束托管和实行自治的要求。同年7月1日，卢旺达宣布独立，卡伊班达担任总统。

第三节　当代简史

卡伊班达执政后，虽然主张"平等"，提倡"民主"，但实际上对图西族实行了打击报复、排斥和镇压的政策，使胡图与图西两族之间的矛盾日益尖锐。1963年，卡伊班达将政府中图西人仅有的两名代表人物撤职，借口"为了国家统一，必须实行一党制"，[①] 取缔了其他一切政党，"胡图解放党"一党专政。这种狭隘的民族主义政策取向进一步加深了胡图人与图西人的矛盾，从而导致了1963年、1967年和1973年先后3次部族间大规模的动乱，数十万人丧生。随着族群矛盾的发展，广大人民群众与统治集团之间以及统治集团内部派别之间的矛盾也在交织发展，斗争不断尖锐，加之经济困难，卢旺达政局长期动荡不安，人民早已对卡伊班达政权产生强烈不满。1973年7月5日，国民警卫军部长（相当于国防部长）哈比亚利马纳少将（胡图人）发动军事政变，推翻卡伊班达政府，成立了第二共和国。同年8月1日，卢旺达组成新政府，哈比亚利马纳自任总统。1975年5月，哈比亚利马纳创建卢旺达全国发展革命运动并担任主席，该运动后来成为执政党。1978年12月，哈比亚利马纳经公民普选正式当选总统。

哈比亚利马纳认为，卢旺达全国发展革命运动是全体卢旺达

---

① 〔苏联〕《非洲百科全书》第2卷，莫斯科，1987，第321页。

人民共同"渡过贫穷江河的一条船"，资本主义和社会主义两个方面都有可取舍之处；第二共和国的社会模式从资本主义和共产主义理论中汲取了一些要素，加上卢旺达人民的传统价值，保证了卢旺达在和平、自由和统一中走一条通向个人和整体发展的道路；这种社会模式属于"有计划的自由主义"制度。执政后，哈比亚利马纳提出"自力更生"的口号，强调发展民族经济，重视发展农业和工商业等。政府通过改良土壤，提高农畜产品的收购价格，控制物价，鼓励外国投资等项措施，以及在全国开展被称作"乌姆冈达"的集体发展劳动运动，逐步促进经济的发展。[①] 80年代中期是卢旺达经济发展的巅峰时期，哈比亚利马纳将西方国家提供的贷款和赠款优先用于公路、医院、学校、工厂等基础设施，而总统本人的生活却相当简朴，总统府只有两排不起眼的平房。

　　哈比亚利马纳总统执政后，吸取了卡伊班达执政的教训，强调民族团结和国家的统一，重视发展经济，主张消除族群仇恨，重视发展民族经济和民族文化，采取了多种维护族际均势的政策，几届政府中都有图西族的代表人物入阁，原先被解职和开除的图西族工人、职员也恢复了工作。在哈比亚利马纳执政期间，卢旺达基本上保持了族际关系的平和，未曾发生大的动乱，政局比较稳定。在1983年的总统选举中，哈比亚利马纳再次连任。1987年7月，卢旺达隆重庆祝国家独立25周年。1988年6月，创建于1975年的执政党——卢旺达全国发展革命运动召开第六次全国代表大会，全面肯定了党和政府的内外政策，强调继续实

---

① "乌姆冈达"原意是"农村中邻舍间的互相帮助"，它是卢旺达的一种民族传统。1974年2月，哈比亚利马纳总统带领军队的一部分官兵，到首都郊区开荒造田，同时向卢旺达人民发出开展集体生产劳动的号召。为响应这一号召，全国许多地方也开展了类似的义务劳动。从此，"乌姆冈达"便具有了新的内容："集体生产劳动"。

行民族团结和振兴经济的发展方针，并再次选举哈比亚利马纳为党的主席。同年 12 月，哈比亚利马纳在总统大选中以 98.98% 的选票蝉联总统。

哈比亚利马纳总统执政期间，族群关系大体上较为平和。但是，由于族群矛盾由来已久且根深蒂固，特别是民族和解政策贯彻得不到位，几届政府的实权均由胡图人掌握，图西人的入阁往往只有象征的意义，因而难以根本解决族群矛盾。另外，统治集团内部和广大胡图人在族群问题上存在着严重分歧，在对待图西人问题上，一直存在着强硬派与温和派的较量，强硬派主张对图西族采取强硬政策，并通过蓄意制造族群摩擦来挑起事端。所以，族群矛盾一直是卢旺达政局发展中的不稳定因素。

1959～1973 年间卢旺达发生了 4 次大规模族群流血冲突，造成大批难民逃居邻国，其中主要是图西族的难民。据卢旺达官方统计，流亡在邻国的卢旺达难民有 50 多万人，其中在乌干达的就有 30 万人。[①] 哈比亚利马纳总统虽然谴责前卡伊班达政府错误的民族政策，强调民族团结和平等，但是对流亡国外的图西族难民满腹乡愁、多次设法回国的要求，却一直以国小、地少、人多为由置之不理，对乌干达等邻国政府提出协商解决难民问题的建议也断然拒绝。因此，难民问题已成为哈比亚利马纳政权的一大隐患。

1979 年，由流亡乌干达、布隆迪的图西族难民为主，联合哈比亚利马纳政权的胡图族反对派在乌干达成立了卢旺达统一联盟。这是一个以"武装返卢"为宗旨的反政府难民组织。它打破族群界限，吸收胡图族和特佤族难民参加，以争取国内外的广泛支持。1987 年 12 月，该联盟改名为卢旺达爱国阵线。1988 年，爱国阵线在美国举行会议，提出"解决卢旺达难民问题的

---

① 裴善勤：《卢旺达从内战走向和平》，《瞭望》周刊 1993 年第 34 期。

最好办法是回国"，而"武装回国可能是最终的选择"。

1990 年 10 月 1 日，近 2000 名爱国阵线战士在领导人弗雷德·赫维盖马率领下，从乌干达南部进入卢旺达境内，与政府军发生激烈战斗，引发了内战。10 月 17 日，卢旺达、乌干达和坦桑尼亚三国总统在坦桑尼亚的姆万扎举行会晤，就卢旺达政府和爱国阵线双方对话、停火和全面解决难民问题达成三点共识。在当时盛行的多党民主浪潮的冲击下，加之西方以停止经济援助相威胁，哈比亚利马纳总统于 1990 年 11 月 13 日被迫宣布将实行多党制。1991 年 6 月 10 日，总统签署实行多党民主的新宪法。1992 年 4 月 6 日组成了多党联合政府。此后，在非洲统一组织、西方国家以及邻国的斡旋和调解下，卢旺达政府与爱国阵线举行了数次谈判，双方就停火、实行法治、分享权力、军队整编和难民问题陆续达成协议。1993 年 8 月 4 日，哈比亚利马纳总统和爱国阵线主席卡尼亚伦圭在坦桑尼亚的阿鲁沙正式签署了《阿鲁沙和平协定》，宣告内战结束。同年 10 月 5 日，联合国安理会通过第 872 号决议，决定在卢旺达分期部署"联合国卢旺达援助团"，进行维和行动，11 月 1 日起开始在卢旺达部署联合国军事观察员。

《阿鲁沙和平协定》签署后，卢旺达政府激进派与爱国阵线为争夺权力展开激烈斗争。激进派指责总统对爱国阵线让步太多，胡图人利益受到损害，故传闻有意让总统下台。爱国阵线则完全明白，在未来全国大选中，居多数的胡图族必胜无疑，因此并不满足于分权协议所规定的几个职位，设法让亲爱国阵线党派中的图西人掌握重要职位。1994 年 1 月 5 日，在比利时要求卢旺达政府作出让步、限期成立过渡机构的压力下，哈比亚利马纳宣誓就任过渡时期的一个徒有虚名的总统。但是，因政府内有人作梗，过渡政府和过渡议会自成立之初就陷入僵局。1994 年初，卢旺达政局出现紧张迹象，政府内两位胡图族温和派部长被杀，

政府军和爱国阵线武装在首都剑拔弩张，族群冲突一触即发。

1994 年 4 月 6 日晚，卢旺达总统哈比亚利马纳和布隆迪总统恩塔里亚米拉在出席了于坦桑尼亚首都达累斯萨拉姆举行的有关解决族群冲突的东非和中非国家首脑会议后，乘专机返回卢旺达首都基加利机场时遭到火箭袭击，两位总统同时遇难。总统遇难后仅几个小时，忠于哈比亚利马纳的总统卫队、总统党青年民兵等胡图族极端分子和部分胡图群众乘机对图西人以及亲图西族的胡图族反对派人士实行报复，大开杀戒，首都顿时陷入激烈的武装冲突。翌日，于 1993 年 7 月 17 日就任多党联合政府第二任总理、卢旺达历史上的第一位女总理阿加特·乌维兰吉伊玛娜旋即被杀，随之而来的野蛮仇杀在全国迅速蔓延开来，《阿鲁沙和平协定》签署后一度平息的内战烽火再次点燃。4 月 8 日，在基加利成立了以国民发展议会议长辛迪库布瓦博为首的临时政府，但是爱国阵线拒绝承认这个将其排斥在外的政府，宣布向首都进军。爱国阵线武装与政府军和胡图族民兵经过 3 个月的较量，在战场上取得节节胜利，7 月 4 日攻占首都基加利和西南部重镇布塔雷，控制了全国 2/3 的领土。7 月 17 日，爱国阵线武装又攻占临时政府控制的最后一座城市吉塞尼。7 月 19 日，爱国阵线在基加利成立民族团结政府，爱国阵线政治局委员巴斯德·比齐蒙古（胡图人）任总统，爱国阵线军司令保罗·卡加梅将军（图西人）任副总统兼国防部长，共和民主运动主席福斯坦·特瓦吉拉蒙古（胡图人）任总理。至此卢旺达内战宣告结束。

在历时近 3 个月的族群仇杀中，50 多万人遇害，卢旺达国内的说法是至少 80 万 ~100 万人惨遭屠杀，其中绝大部分是无辜的图西人和部分温和派的胡图人。国内百万人以上流离失所，东躲西藏。另外，为躲避屠杀，200 万人背井离乡，潮涌国外，沦为难民。由于缺吃少穿，长途跋涉，瘟疫流行，十几万难民死于非命。

　　爱国阵线执政后宣布实行 5 年过渡期，实行爱阵主导、多党参政和禁止党派活动的政治管理模式。新的民族团结政府除爱国阵线外，还有共和民主运动、自由党、社会民主党、基督教民主党，其中包括了胡图族的一些党派。爱国阵线通过重视军队建设、健全权力机构、恢复司法体系和加强权力控制等项措施，政权不断巩固，国内政局也较为平稳。1994 年 7 月 20 日，新内阁在首次会议上决定取消注有族群出身的身份证。新政府也注意缩小打击面，爱国阵线发言人称，由于在屠杀中所扮演的角色而应受到审判的胡图族极端分子仅仅是少数人。尽管卢旺达采取了一系列的民族和解措施，图西人中的极端分子仍不时制造报复性杀戮事件，使和解进程受阻。例如，1995 年 4 月 22 日，西南部基贝霍难民营曾发生图西族士兵一次屠杀近 5000 名胡图人的惨案，引起国际社会的震惊。应该承认，两族积怨太深，在短期内是无法和解的。有关人士估计，1994 年的大规模仇杀造成的两族仇恨和心理创伤，需要经过几代人才能消除。

　　1994 年 11 月 25 日，卢旺达过渡国民议会成立，由卢旺达 8 个党派及爱国阵线军方代表组成。在过渡期议会的 70 个议席中，各党派所占席位如下：卢旺达爱国阵线 13 席，共和民主运动 13 席，自由党 13 席，社会民主党 6 席，基督教民主党 6 席，伊斯兰民主党 2 席，社会党 2 席，人民民主同盟 2 席，爱国阵线军方代表 13 席。第一任议长为恩库西·韦纳尔。1997 年 2 月 10 日，国民议会召开特别会议，会议表决通过解除社会党第一副主席、胡图人恩库西的议长职务。3 月 7 日，在比齐蒙古总统主持下，议会选举自由党人、图西人塞巴朗齐和社会民主党人穆洪加伊蕾女士分别担任正、副议长。至 1995 年 10 月，国家四大权力机构：总统府、过渡政府、过渡议会和最高法院均宣告成立，政局逐渐稳定。随着司法系统全面恢复，各级地方政权也逐渐健全。1995 年 8 月 31 日，卢旺达政府改组，特瓦吉拉蒙古总理因政见

分歧被解职，改由赫维盖马·皮埃尔·塞勒斯坦任总理。1997年3月28日，爱国阵线第二次对政府进行改组，政府由20个部缩减为17个。更换议长和改组政府表明，爱国阵线的控权程度有所提高，其在政权中的主导地位进一步加强。

难民问题是卢旺达新政府面临的一个非常棘手的问题。1994年仅数月的族群仇杀就增加新难民200多万，其中150万在刚果（金），50万在坦桑尼亚，另据联合国粮农组织估计，在卢旺达境内有200万人流离失所。新政府就职后立即呼吁逃到邻国的难民尽快返回家园，但是，人们可以作一个大致估算，冲突前全国约有750万人，冲突中死亡80万～100万人，200万人逃往邻国，200万在国内背井离乡，即全国只有不到40%的人口在原居住地，对于一个经济落后又饱尝战乱之苦的小国来说，要妥善安置如此多的难民实在太难了，加之图西族极端分子不时制造屠杀胡图平民的报复性恐怖事件，使流落外国的胡图难民不敢相信新政府的承诺。从1996年11月至1997年上半年，爱国阵线领导吸取前政府的教训，在难民问题上改变政策和做法，改堵为放，积极接待并初步安置了大约140万回归的新老难民，因此受到国际社会的一致称赞。

在扎伊尔与卢旺达交界的东部生活着一支图西人的支系——班尼亚穆伦格人（Banyamreng），他们是200多年前自卢旺达境内迁移过去的，问题在于，他们迁入的地区正是胡图人聚居的故地。由于历史的原因，当地胡图人一直不欢迎这支班尼亚穆伦格人。当大批卢旺达胡图难民拥入这个地区以后，班尼亚穆伦格人的作用十分微妙，一方面他们得到卢旺达爱国阵线政府的支持，坚持不离开扎伊尔并阻挠胡图难民返回家园，另一方面建立起武装力量与扎伊尔政府军对抗，因为在卢旺达部族仇杀事件中，蒙博托总统站在卢旺达前政府一方。1996年9月，班尼亚穆伦格人武装力量与扎政府军发生流血冲突，扎伊尔局势发生新的动

荡。同年 10 月 24～25 日，以洛朗·卡比拉为首，扎伊尔反政府力量成立"解放扎伊尔民主力量联盟"，其骨干力量是班尼亚穆伦格人。在接下来的几个月中，卡比拉的反政府武装力量势如破竹，于 5 月 17 日进入首都市区。当日，卡比拉宣布接管扎伊尔国家元首职务，还宣布将扎伊尔共和国改名为"刚果民主共和国"，简称刚果（金）。卢旺达政府在扎伊尔改朝换代中扮演了重要角色，为卡比拉掌权给予了各方面的支持。卢旺达政府这么做一方面是支持图西族同胞为自身的国籍和公民权而抗争，更重要的是想借机清剿流窜于刚果（金）东部的前卢旺达胡图族军队和民兵武装，维护边境地区的安全，巩固新生政权。

自卢旺达军队支持卡比拉在原扎伊尔东部起兵并取得胜利后，爱国阵线的政治和军事影响陡增，这不仅使卢旺达政权实力进一步增强，而且使小小的卢旺达在大湖地区显示了举足轻重的作用。1998 年 2 月 14～16 日，爱国阵线召开全国会议，选出了新的政治局和全国执行委员会。卡加梅副总统兼国防部长当选为爱国阵线主席，比齐蒙古总统当选为副主席，国立大学校长穆里冈代当选为总书记。卡加梅当选主席后，集党政军大权于一身，权威更大，爱国阵线的主政地位更加突出，爱国阵线成为名副其实的执政党，对卢旺达政局进一步保持稳定具有重要意义。1998年 12 月 4 日和 1999 年 1 月 2 日，内政国务秘书塞巴特瓦蕾女士和司法部长恩德齐里亚约，因其亲属均与 1994 年大屠杀有牵连而先后出走。两人均系无党派人士、胡图人，他们的出走在一定程度上反映出图西族和胡图族之间的矛盾与斗争。两位政府成员离阁后，比齐蒙古总统于 1999 年 2 月 8 日对政府进行第 3 次改组。

虽然卢旺达政府和班尼亚穆伦格人支持卡比拉掌握了刚果（金）的政权，但令他们始料未及的是，卡比拉上台后不仅不履行承诺，解决班尼亚穆伦格人的刚果（金）国籍问题并将东部的基伍省交由他们控制，反而在老家网罗亲信，招兵买马充实军

力以便与图西人抗衡。更令卢旺达政府无法容忍的是，卡比拉与卢旺达的反政府武装结盟并为其提供训练基地。此外，卡比拉指责卢旺达对刚果（金）怀有扩张野心，企图借班尼亚穆伦格人之手扩展生存空间。1998 年 8 月以来，卢旺达出兵刚果（金），支持反政府武装"刚果民主联盟"发动叛乱，企图以武力推翻卡比拉政权。在国际社会的斡旋下，1999 年 8 月刚果（金）冲突各方在卢萨卡签署了停火协议，但冲突双方并未受此约束。卢旺达最关心的解除胡图族反政府武装（人数约为 1.5 万 ~ 3 万人）的进程没有取得什么进展。卢旺达政府表示，只要卢旺达的反政府武装仍然驻留在刚果（金）并以此为基地发动对卢旺达的袭击，卢旺达的军队就不会从刚果（金）撤离。

1999 年 6 月，卢旺达政党论坛讨论决定延长过渡期 4 年。2000 年 1 月 7 日，国民议会议长塞巴朗齐·尤瑟夫提出辞职，议会以多数票予以支持。塞随即出走乌干达。议会还以多数票赞同解除议员书记哈米杜职务。19 日，政府个别成员调整，议会选举了新的领导班子，万桑·比鲁塔出任新议长。2 月 28 日，总理塞勒斯坦因涉嫌贪污挪用教育专款、阻碍议会调查等行为被迫辞职。3 月 8 日，比齐蒙古总统任命贝尔纳·马库扎为总理。3 月 19 日改组后的新政府成立。3 月 23 日，比齐蒙古辞职，4 月 17 日，议会和政府以 81 票对 5 票联席选举卡加梅为总统，任期到 2003 年过渡期结束时为止，卡加梅成为卢旺达独立 38 年以来的第一位图西族国家元首。

卡加梅总统上台后对内侧重维护国家安定，强调民族团结，注重缓和族群、社会矛盾，开展良政建设，改善社会治安，巩固政权；对外逐步调整与西方国家关系，努力争取外援。2001 年 3 月 14 日，卡加梅解除了内政部长加克瓦亚等人的职务。9 月和 11 月，为加强全体卢旺达人的团结、反对族群主义和分裂主义、表明开启新时代的希望和决心，国民议会分别通过了新国歌、国旗和国徽法案，并于 12 月 31 日举行新国旗、国徽和国歌启用仪式，同时宣布废除沿用了 39 年的旧国旗、国徽和国歌。2002 年 3 月，卢旺达举行乡、村基层行政负责人换届选举，全国 9165 个村、1545 个乡 81.26% 的民众参加投票，约 2/3 的基层领导人连任。

2003 年 5 月，卢旺达全民公决，以 93% 的赞成票通过新宪法。8 月 25 日，举行了 1994 年以来首次多党总统大选，卡加梅获 95.05% 的选票，正式当选总统，任期 7 年。9 月举行议会参、众两院选举，爱国阵线及其联盟获半数议席。10 月份组成多党联合政府，独立人士贝尔纳·马库扎出任总理。卢旺达平稳结束过渡期，迈入了新的历史阶段。

第四节 著名历史人物介绍

一 卡伊班达（Gregoire Kayibanda）

格雷戈瓦·卡伊班达，卢旺达首任总统。1924 年 5 月 1 日生于吉塔拉马省，胡图族，天主教徒。1943 年进尼亚基班达高等神学院读书。1949 年在基加利的高等学院任教。1952 年创建卢旺达合作运动。1953 年在卡布盖伊任新闻官和报纸编辑。1955 年创立天主教人民行动青年运动。1957 年 3 月 24 日同胡图族上层分子一起发表《巴胡图宣言》，反对图西人垄断政权，并成立胡图社会运动，1959 年 9 月该运动改称为胡图解放党。1960 年 6 月又改称为帕梅胡图民主共和运动党，简称帕梅胡图党。同年 10 月任该党主席，并任临时政府总理。1961 年 1 月 28 日卢旺达召开地方代表会议，废黜国王基格里五世，宣布卢旺达独立并成立共和国，姆博尼尤特瓦为总统，卡伊班达为总理。同年 9 月，帕梅胡图党在立法选举和公民复决中再次获胜，卡伊班达当选为总统，并兼任总理。1962 年 6 月第 16 届联大通过决议，结束比利时对卢旺达的托管。同年 7 月 1 日卢旺达举行独立庆典，正式获得独立，卡伊班达继续担任总统兼总理。1969 年 10 月，卡伊班达连续第 3 次当选总统。1973 年 7 月他领导的政府被哈比亚利马纳领导的国民警卫军发动政变推翻。1974 年 6 月，卡伊班达和 7 名主要顾问一起被判处死刑，7 月改为终身监禁。1976 年 12 月死于心脏病。

二　哈比马纳（Bonaventure Habimana）

 纳旺蒂尔·哈比马纳，卢旺达全国发展革命运动总书记。1934 年 9 月 17 日生于基加利省。1956 年从教师学校毕业后，任小学教师。任职期间，积极支持卢旺达人民反对封建主义和殖民主义的革命行动。1962 年初赴比利时短期实习，不久后进入布鲁塞尔天主教社会研究学院。1965 年转入布鲁塞尔自由大学社会、政治和经济系学习，1969 年毕业，获社会科学学士学位，后又在发展干部培训高等学院获经济计划和土地整治专业毕业证书。1970 年 10 月回国后，任全国发展计划国务秘书处多边援助项目管理局局长。1972 年 3 月任公共工程和能源部公路和桥梁总局局长。1973 年 8 月～1977 年 12 月任司法部长。1976 年 7 月起，任全国发展革命运动总书记。全国发展革命运动是当时卢旺达的唯一合法政党。根据宪法规定，总统一旦不能履行职责时，总书记担任总统的临时继承人。

三　恩塔霍巴里（Maurice Ntahobari）

里斯·恩塔霍巴里，卢旺达国民发展议会议长。早年在比利时大学攻读数学，获数学学士学位。后到法国进修。回国后长期从事高等教育研究工作，担任过卢旺达教育学院教授和校长等职务。1981 年 3 月任高等教育和科学研究部部长。同年 12 月任国民发展议会议长。

四　哈比亚利马纳（Junenal Habyarimana）

朱韦纳尔·哈比亚利马纳，卢旺达总统。1937 年（一说 1940 年）3 月 8 日生于卢旺达西北部吉塞尼省卡拉戈县，胡图族，天主教徒。早年学习过拉丁文和数学，1951～1958 年在比属刚果的布卡武圣保罗公学读书，毕业后进入比属刚果洛瓦宁大学（现金沙萨大学）预科学医一年。1960 年 12 月进卢旺达基加利军官学校学习，一年以后以第一名的优异成绩毕业，获少尉军衔。1962 年 1 月晋升中尉。同年 12 月被保送进比利时皇家军事学校，接受短期伞兵训练，获二级伞兵毕业证书。回国后，于 1963 年任国民警卫军参谋长。1963 年 7 月晋升上尉，1965 年任国民警卫和警察部部长，1967 年 4 月升为中校，1970 年 4 月晋升上校，1973 年 4 月晋升少将。6 月警卫部队并入国民警卫军后，任国民警卫军部长（相当于国防部长）。7 月 5 日，率领国民警卫军发动军事政变，推翻卡伊班达政府，成立和平和全国统一委员会，任主席职务，宣布成立第二共和国。8 月 1 日，卢旺达组成新政府，任总统、政府首脑兼国防部长。1975 年 5 月创建卢旺达全国发展革命运动并担任主席，该运动后来成为执政党。1978 年 12 月，经公民普选正式当选总统。1979 年 1 月继续兼任国防部长。1983 年在总统选举中再次连任。1988 年 6 月，再次当选为卢旺达全国发展革命运动的主席。同年 12 月通过选举蝉联总统。执政期间，对内强调政治安定和全国团结，对外奉行睦邻友好和积极中立的不结盟政策，强调维护非洲团结，积极主张开展南南合作。因在难民要求回国的问题上举措失当，在 1990 年导致内战的爆发。在国际社会的调解下，与爱国阵线谈判，达成《阿鲁沙和平协

定》，结束内战，1994年1月就任过渡时期总统。1994年4月6日晚，哈比亚利马纳和布隆迪总统恩塔里亚米拉在参加有关解决部族性冲突的地区性会议后乘专机返国，在基加利机场上空遇导弹袭击身亡。哈比亚利马纳曾于1978年6月和1983年5月两次访华。

1994年4月6日这次空难究竟系何人所为，人们众说纷纭。迄今为止，基本上有以下5种说法。

其一，有人认为是前政府军和总统派内的激进分子干的。他们对哈比亚利马纳总统与爱国阵线武装达成分享权力协议的做法极为不满，指责总统对爱国阵线让步太多，会损害胡图人的利益，故出现了有意让总统下台的传闻。当哈比亚利马纳总统遇难身亡的消息传出后，胡图族激进派立即发动了惨绝人寰的族群大屠杀。他们的动作如此之快，令人吃惊并使人感到激进派似乎早就有所准备。

其二，2000年3月1日，加拿大《环球邮报》撰文指出，卢旺达的图西族线人在接受联合国调查人员调查时供认，是卢旺达的图西族爱国阵线武装一手制造了此次事件。他们说，副总统卡加梅和某个外国政府共同制造了暗杀哈比亚利马纳总统的计划。《环球邮报》援引联合国的一份调查报告说，3名图西族线人在1997年告诉联合国调查人员，他们是卡加梅手下的精锐秘密行动小组的成员。他们受命于1994年4月6日动用两枚地对空导弹将哈比亚利马纳总统的座机击落。

其三，卢旺达政府方面人士说总统座机是比利时士兵击落的，而且说得活灵活现："比利时士兵发射了3枚火箭，第一枚打偏了，第二枚擦边而过，第三枚才击中。"据了解，卢旺达普通老百姓支持这种看法。他们认为，政府军没有火箭，爱国阵线军队也不一定有，只有联合国驻卢旺达维和部队的比利时军人有，而他们又是负责基加利中心区的治安。另外，比利时也是支持爱国阵线的。因此，"比利时人杀了我们的总统"的传言在卢旺达广大人民群众中不胫而走。

其四，1994 年 6 月中旬，比利时《晚报》发表消息声称：是两名法国军事顾问发射火箭击落了总统的座机。

其五，1998 年 4 月 1 日，据法国《费加罗报》报道，击落哈比亚利马纳总统座机的导弹是由法国提供的。该报还报道说，这一消息和英国 BBC 电台的消息一致，英电台说，座机是被哈比亚利马纳政府的人与法国部门合谋击落的，法国部门向那一小撮人提供了导弹。

五　比齐蒙古（Pasteur Bizimungu）

巴斯德·比齐蒙古，卢旺达第三任总统。1950 年生于卢旺达吉塞尼省吉西耶县，胡图族。1973 年获卢旺达国立布塔雷大学文学学位。后到法国就读，1978 年获法国斯特拉斯堡政治学院政治学学位，1979 年在法国格勒诺布尔获管理学（大学会计专业第三阶段）结业文凭，1981 年在法国巴黎获法律、财税高级文凭。1982 ~ 1986 年任卢旺达私营公司管理和法律负责人。1986 ~ 1989 年任卢旺达大陆银行总经理助理。1989 ~ 1990 年任卢旺达国营水电煤气公司总经理。比齐蒙古的舅父是卢旺达前政府的高级军官和哈比亚利马纳总统的密友，后因涉嫌阴谋政变被谋杀。比齐蒙古虽然被哈比亚利马纳总统委以重任，但对舅父被杀难以释怀，于 1990 年弃职携家人投奔在乌干达成立的卢旺达爱国阵线。内战期间，比齐蒙古任爱国阵线新闻、文献专员，政治局委员，执委会委员（相当于常委）等职务，并曾任爱国阵线驻比利时代表。1992 年 7 月至 1993 年 8 月，比齐蒙古以爱国阵线代表团团长的身份参加了在坦桑尼亚阿鲁沙举行的和平谈判。1994 年 7 月 19 日，卢旺达组成新的团结政府后出任卢旺达共和国总统。1998 年 2 月，当选为该爱国阵线副

主席。2000 年 3 月，比齐蒙古辞去总统职务。比齐蒙古曾于
1996 年 6 月应邀对中国进行正式访问。

六　卡加梅（Paul Kagame）

保罗·卡加梅，卢旺达第四任总统。1957 年 10 月 23
日出生于卢旺达中部吉塔拉马省卡蒙伊，图西族，其
家庭是一个殷实的大家族，卡加梅的表姐妹罗萨莉曾是穆塔拉三
世国王的妻室之一。1959 年卢旺达的图西族政权被推翻后，举
家逃往乌干达。卡加梅中学毕业后，在 1980 年参加了现乌干达
总统穆塞维尼领导的乌反政府武装，1987 年被穆塞维尼任命为
北部地区特别军事法庭负责人，1988 年晋升为乌干达军事安全
部门的领导人。在同一时期，卡加梅参加了卢旺达爱国阵线游击
队。1990 年前后，赴美国利文沃斯堡军校学习。1990 年 10 月，
在卢旺达爱国阵线策划的一次军事进攻受挫后，卡加梅中断了在
美国的学习，返回卢旺达担任爱国阵线军事领导人，后出任爱国
阵线武装司令。1994 年爱国阵线武装夺取政权后，出任卢旺达
副总统兼国防部长，成为卢旺达实际上的一号实权人物。1998
年 2 月 15 日当选爱国阵线主席。2000 年 4 月 17 日在议会和内阁
联席会议上当选总统。2003 年 8 月在多党民主选举中胜选连任。
卡加梅阅读过毛泽东、切·格瓦拉和克劳塞维茨的著作，生活简
朴，与其交往过的人都认为他非常正直、信守承诺。1995 年 3
月，卡加梅作为副总统来华进行正式访问。2001 年 11 月作为总
统访华。

第三章

政治和军事

第一节　政治演变

卢旺达最早的居民是特佤人，他们一直处于以狩猎采集为生的原始社会阶段，实行原始部落制度。大约公元前后，胡图族农业生产者逐渐取代了特佤人，成为卢旺达的多数族裔。公元 10 世纪左右，图西族游牧民迁徙而来，建立了封建君主制，对胡图人和特佤人进行统治。19 世纪后半叶，国王基格里·鲁瓦布吉里（1860 年即位）在其统治期间确立了对基伍湖地区的控制，实现了中央集权。

19 世纪下半叶开始，英国、德国和比利时殖民主义才相继入侵卢旺达。1884 年，在帝国主义瓜分非洲的柏林会议上，卢旺达被划为德国的殖民地，1890 年沦为"德属东非保护地"。第一次世界大战后，比利时对卢旺达实行军事管制。1922 年 7 月，国际联盟根据《凡尔赛和约》将卢旺达委托给比利时进行委任统治。1946 年，联合国将卢旺达交给比利时"托管"。

1959 年 11 月，胡图族人推翻图西人的统治。1960 年 1 月，比利时被迫同意卢旺达"自治"。1960 年 1 月，卢旺达成立临时政府，卡伊班达被任命为总理。1961 年 1 月 28 日，卢

旺达共和国成立。1961年9月25日，卢旺达举行立法选举和公民投票，卡伊班达领导的胡图解放党获胜。10月26日，卡伊班达当选总统并兼任总理，组成了以胡图族为主体的政府。1962年6月27日，第16届联大通过决议，结束比利时对卢旺达的"托管"。同年7月1日，卢旺达宣布独立，成立共和国。

1973年7月5日，朱韦纳尔·哈比亚利马纳发动军事政变，推翻了卡伊班达政府，成立第二共和国，实行总统制，哈自任总统。议会为国民发展议会，实行一院制。总统是政府首脑，主持部长会议，在部长和国务秘书协助下行使行政权。政府成员的职责是行使总统赋予他们的职权，向总统和国民发展议会负责。政府会议一般每周都举行会议，讨论和决定国家大事，在总统召集和主持的会议上有义务就以下各条接受总统的征询：政府的总政策、法律和法令草案、执行有关法律和命令的总统令草案、关于国家高级官员任免的总统令草案以及解散国民发展议会。政府部长、国务秘书可参加国民发展议会会议，并可在会上发言。政府部长、国务秘书均由总统任命，他们可以以个人名义向总统提出辞职，如8天内不撤回辞呈，同时总统也不予拒绝，辞职最后成立。

1975年7月，哈比亚利马纳创建全国革命发展运动，为卢旺达唯一合法的政党。所有卢旺达人都是全国发展革命运动的当然成员。该党的对内纲领和政治主张是建立一个自由、没有人剥削人的社会，主张国家和平统一，选择有计划的自由主义经济发展道路；对外奉行开放、睦邻友好、不结盟和中立政策。主席府是全国发展革命运动的最高机构，由主席领导。主席代表党向国家负责，指导和监督党的所有机构，任免总书记和中央委员会，召开全国代表大会和中央委员会。全国代表大会每两年半举行一次例会，对涉及该党的所有问题作出决定。中央委员会是全国代

表大会的常务机构，每 3 个月召开一次会议。全国发展革命运动的省级机构是省代表大会和省委员会，由省长负责。县、区级机构和支部由县长、区长及支部委员会负责。

卢旺达独立后，民族矛盾一直十分尖锐，多次发生大规模的流血冲突，大批图西人逃亡国外。卢旺达政府一直顽固地拒绝滞留在乌干达的图西族难民返回故土。1990 年 10 月 1 日，图西族难民组织"卢旺达爱国阵线"，自乌干达发起进攻，与卢旺达胡图族政府军爆发内战。在国际社会的斡旋下，双方进行了谈判。1991 年 6 月，卢旺达宣布实行多党制。1994 年 8 月 4 日，卢旺达政府与爱国阵线签署了《阿鲁沙和平协定》，结束了三年内战。

1994 年 4 月 6 日，哈比亚利马纳总统因座机在基加利机场上空遇空袭身亡，卢旺达随后爆发了大规模内战和种族大屠杀。爱国阵线取得军事胜利，7 月 19 日夺取政权，宣告内战结束，成立以爱国阵线为主导的民族团结政府，开始了 5 年的过渡期。巴斯德·比齐蒙古任总统，保罗·卡加梅将军任副总统兼国防部长，共和民主运动主席福斯坦·特瓦吉拉蒙古任总理。参加政府的除爱国阵线外，其他政党按《阿鲁沙和平协定》规定派员出任有关部长。政府刚成立时由 22 名成员组成，其中爱国阵线 9 名，共和民主运动 4 名，社会民主党 3 名，自由党 3 名，基督教民主党 1 名，无党派 2 名。被爱国阵线指控对种族大屠杀负有责任的哈比亚利马纳的全国发展革命运动被排斥在政府之外。政府设立 20 个部，即国防部，公职部，外交合作部，内政、县发展部，司法部，农牧部，中小学教育部，高教科研部，财政部，新闻部，工商、手工业部，计划部，卫生部，交通邮电部，劳工、社会事务部，环境旅游部，公共工程、能源部，家庭、妇女促进部，青年、协作运动部，重建、社会安置部。至 1995 年 10 月，国家四大权力机构——总统府、过渡政府、过渡议会和最高法院均宣告成立，政局逐渐稳定。

1995 年 8 月 31 日，卢旺达政府改组，比齐蒙古总统解除共和民主运动主席特瓦吉拉蒙古总理及内政、司法、新闻、交通邮电等四位部长的职务，任命共和民主运动成员塞勒斯坦为总理。1997 年 3 月 28 日，爱国阵线第二次对政府进行重大改组，政府由 20 个部缩减为 17 个，合并 4 部，新设两部和取消 3 部，即：将中小学教育、高等科研两部合并为国民教育部，财政、计划两部合并为财政计划部；新设总统府部以及手工业、矿业和旅游部；取消劳工和社会事务部、重建和社会安置部、环境旅游部。新设 4 个国务秘书职位：教育、财政、内政、农牧国务秘书。1998 年 1 月 9 日又增加任命了国防国务秘书。这次政府改组使部长职位分配基本保持原有党派平衡，即爱国阵线 6 名、共和民主运动 3 名、社会民主党 4 名、自由党 2 名、基督教民主党 1 名、无党派 2 名。1999 年 2 月 8 日，两位成员离阁后，比齐蒙古总统对政府进行了第 3 次改组，政府由原来 17 个部又扩增为 20 个。除对个别部进行调整外，新设共和国总统府国家机构关系部、领土整治部、社会事务部。改组后的政府各政党基本保持平衡的格局，未发生大的变化。

2000 年 2 月 28 日，总理塞勒斯坦因涉嫌贪污挪用教育专款、阻碍议会调查等行为被迫辞职。3 月 8 日，比齐蒙古总统任命贝尔纳·马库扎为总理。3 月 19 日，改组后的新政府成立。3 月 23 日，比齐蒙古辞职，4 月 17 日，保罗·卡加梅在议会和内阁联席会议上当选总统，2000 年 3 月 19 日组成新政府，2002 年 11 月 15 日进行改组，由总理、16 位部长和 10 位国务秘书组成。2003 年，卢旺达全民公决通过了新宪法。卡加梅在 8 月举行的总统选举中以绝对优势当选，任期 7 年。9 月举行议会参众两院选举，爱国阵线及其联盟获半数议席。10 月份组成多党联合政府，贝尔纳·马库扎仍出任总理。卢旺达平稳结束过渡期，迈入新时代。

第二节　政治制度

一　宪法

19 62 年 11 月 24 日卢旺达颁布第一部宪法。宪法规定，卢旺达实行总统制，立法、司法、行政三权分立。1973 年，卢旺达发生军事政变，第一部宪法随之废止。

1978 年 12 月 17 日，经公民投票通过卢旺达第二部宪法，规定卢旺达是一个"民主、社会和主权的共和国"；一切权力源于国民；国家主权属于卢旺达人民，卢旺达人民通过其代表或以公民投票的办法行使国家主权；共和国政府是人民的政府，来自人民，为了人民；格言是自由、合作、进步；公民在法律面前一律平等，不因种族、肤色、出身、部族、集团、性别、信仰或地位差别而受歧视；所有公民有权自由组织团体和协会。全国发展革命运动是唯一的合法组织，其任务是集中、促进和加强卢旺达人民的力量，以便在和平与国家统一中实现其发展，所有卢旺达人都是该运动的成员。总统是国家元首、政府首脑、武装部队总司令和宪法的最高捍卫者；共和国总统经直接普选产生。全国发展革命运动（执政党）主席是共和国总统的唯一候选人，若他得不到多数票，则需指定一名新的全国发展革命运动主席。总统任期 5 年，可连选连任。总统与国民发展议会共同行使立法权。司法机构是公民权利和自由的捍卫者，由法院、法庭或其他审判机关行使，总统保证司法独立。宪法的修改权属于共和国总统和国民发展议会。

1991 年 5 月 30 日，卢旺达国民发展议会审议通过了第三部宪法。该宪法规定，国家实行多党制，行政、司法、立法三权分立；总统是国家元首和武装部队最高统帅，由直接普选产生，任

期5年，只能连任两届；总理是政府首脑，由总统任命。

1995年5月，卢旺达临时国民议会以1991年宪法、《阿鲁沙和平协定》及各政党于1994年底通过的协议为基础，又公布了新的宪法。在新宪法中，总统的权力有所削减，国民议会有权解散政府或命令政府成员辞职，军人和宪兵有权在议会中拥有席位。议会是国家的立法机关之一，主要职权是通过法案、监督政府工作、决定国家财政预算等，与总统共同行使立法权和修宪权，议会通过的所有法案需经总统签署后方能生效，总统有权终止和解散议会。

2003年5月26日，经过全民公决，卢旺达通过了新宪法，6月4日正式颁布实施。在参加投票的选民中，93.4%投了赞成票。共有87%的海内外卢旺达选民参加了对新宪法的投票，侨居海外的卢旺达人中只有68%的人到当地的卢旺达使馆进行了登记，进行登记的人中投票率是98%。主要原因是投票那天是星期一，对卢旺达本国来说是个假期，但是在海外的很多卢旺达人在那天必须上班，大约有8000名卢旺达海外侨民分别在15个外交使团里进行了登记。卢旺达本国的投票结果是：吉塞尼省占第一位，97%的选民参加了投票；吉贡戈洛省有96%的选民参加了投票；尚古古省的选民对新宪法投赞成票的比率最低，只有83%；穆塔拉省参加投票的选民只有80%，参加投票的人中有93%的人对新宪法投了赞成票。穆塔拉省参加投票人数少的主要原因是该省居民大部分属于游牧民族，他们经常迁移，没有固定的住处；基加利只有81%的选民参加了投票，参加投票的人中有91%的人赞成新宪法。

2003年宪法强调了反对各种形式的种族灭绝、根除"族类、地区以及任何其他形式的差异"、促进民族团结与和解的重要性。与此同时，新宪法宣布建立以尊重人权和政治多元化为基础的法律的统治，保证公民思想、言论、宗教信仰、出版、集会以

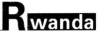

及和平示威的自由。此外，宪法规定实行多党制，准许成立遵纪守法的政治组织，各政治组织可以自由活动，但任何政治组织都不得建立在种族、族群、部落、家族、宗教、地区或其他任何可能会导致歧视性差异的基础上。宪法规定卢旺达实行半总统制。总统为国家元首和武装部队最高统帅，由无记名投票直接普选产生，任期7年，可连任一次；总理由总统任命，二者不得来自同一政党。政府成员根据各党在议会的比例确定；实行多党制和立法、行政、司法三权分立制度。

二　议　会

根据卢旺达第二共和国宪法，国民发展议会由75名成员组成，议员由直接选举产生，任期5年，可连选连任。议会每年开会两次，每一个会期最长不超过3个月。总统对国民发展议会所通过的法律有否决权，并有权中止国民发展议会和将其解散；如总统违反宪法，国民发展议会经4/5多数通过可对总统进行指控，由法院对总统进行审判，只有宪法法院有权宣布总统辞职。在总统辞职、逝世或由于其他原因而中止职务时，由全国发展革命运动总书记代任总统，直至选出新的总统。

1994年11月25日，卢旺达临时性过渡议会成立，1994年12月召开第一次会议。过渡期议会由8个党派及爱国阵线军方代表组成。在全部70个议席中，各党派所占席位如下：卢旺达爱国阵线13席，共和民主运动13席，自由党13席，社会民主党6席，基督教民主党6席，伊斯兰民主党2席，社会党2席，人民民主同盟2席，爱阵军方代表13席。

2003年的卢旺达新宪法规定，议会是卢旺达的立法机构，分为众议院和参议院。众议院的议员称为代表，任期5年，由80名成员组成，包括由直接选举或普选产生的53名代表；24名妇女代表，每个省的妇女团体通过间接选举各选出两名妇女代表；2 名青年代表，由全国青年委员会通过间接选举产生；1 名残疾人代表，由残疾人协会联盟通过间接选举产生。众议院每年就国家的预算案进行表决，并对预算的执行情况进行监督。

众议院设有 9 个常设委员会，分别是：政治事务委员会、经贸委员会、科学文化和青少年委员会、外事与合作委员会、社会事务委员会、国家安全与完整委员会、主权与人权委员会、预算与国家财产委员会、农牧环境委员会。每个委员会至少由 5 名议员组成。每个议员只能参加一个委员会，并由本人提出申请，议会领导批准。每个委员会设主任一名和副主任一名，任期两年，可连任。副主任是大会报告的起草人。但一个委员会的主任与副主任都缺席或不能出席会议时，由出席该委员会会议中最年长的成员主持会议，由出席会议的最年轻的成员起草报告。委员会办公室由选举产生，任期两年。

除了提出建议、拟订议案、贯彻执行议会决议、监督政府行为外，各常设委员会分别负责有关事项。政治事务委员会负责：（1）与政治、行政、司法、媒体有关的事务；（2）涉及性方面的事务；（3）受理公民的请愿、申诉；（4）涉及一般的家庭、人身、财产、债务，以及与婚姻有关的制度和继承方面的事务；（5）修正最高法院审查后证明与基本法相违背的法律条文；（6）处理有关国家机构及其任期、权限等方面的事务。经贸委员会负责：（1）与经济和贸易有关的事务；（2）与人口普查和国家发展计划有关的事务；（3）与促进艺术、文学、文化发展有关的组织事务；（4）任何与青少年、体育活动或休闲有关的事务。外事与合作委员会负责：（1）与非军事对外政策和国际合作有关的事务；（2）与卢旺达同其他国家或国际组织之间贷款协议有关的事务；（3）对议会代表团出访报告中提到的有关事务进行跟踪了解；（4）与政府间组织有关的事务。社会事务委员会负责：（1）与社会问题、人口统计和卫生健康有关的事务；（2）与鳏

寡孤独者的福利相关的事务；（3）与社会安全和公共基金有关的事务。国家安全与完整委员会负责：（1）所有与国家安全与完整有关的事务；（2）所有与军事合作有关的事务。主权与人权委员会负责：（1）与国家团结、民族和解以及人权问题相关的事务；（2）所有在卢旺达人民中间引起不团结的问题；（3）有关卢旺达立法与卢旺达所参加的国际人权公约进行调和方面的事务；（4）与人权保护组织有关的事务；（5）所有涉及人权保护的政府组织运作的事务。预算与国家财产委员会负责：（1）与国家预算有关的事务；（2）审议与国家财产安排有关的报告；（3）审议并跟踪调查公共账目法庭的报告和判断；（4）所有属于国家财产与财产安排方面的事务。农牧环境委员会负责：（1）所有与农业、畜牧业、环境以及旅游有关的事务；（2）涉及卫生和生活环境的事务。根据宪法规定，为了审查某个或几个政府官员的私人存款，或者为了调查收集特别问题或信息，根据议长或5位以上议员的要求，经国民议会全体会议同意，可以组建特别委员会。当国民议会全体会议就特别委员会的调查报告作出决议后，该委员会的使命即告结束。

参议院的议员称为参议员，由26名成员组成，任期8年，妇女至少占30%。在26名参议员中，12名来自全国的12个省份，由每个省的地区参议会和县委员会通过秘密投票选举产生；8名由总统提名的参议员，代表历史上一直处于边缘地位的集团，例如特佤人和残疾人；4名由政党议会论坛提名的参议员，代表卢旺达的各合法政党；2名来自大学和高等教育机构的成员，须至少具备副教授的职称，公立和私立机构各一人，分别由各自的学术团体选举产生。此外，前国家领导人如果愿意也可以在参议院拥有一个席位。参议院可以就修改宪法、组织法、有关公有企业的法律、关于基本自由和权利义务的法律、刑法以及对有关法院司法权和刑事案件的诉讼程序的法律进行表决。参议员也可以就有关国防和安全、选举和公决以及国际协议和条约的法律进行表决。此外，参议院选举总统、副总统、最高法院的法官、总检察长、副总检察长。参议院也需批准下列人员的任命：国家委员会的主任及成员、监察官及其助理、财政总监及其助理、驻外大使及常务代表、省长、国家机构的领导人。如果参议院没有通过交付其表决的法案，或是众议院未通过参议院对该法案进行的修改案，则两院选派相同数目的议员成立一个委员会进行磋商，提出折中的议案，但在两院未采用折中议案的情况下，该法案将被退回到发起者那里。

本届众议院和参议院议会于 2003 年 9 月经选举产生。在众议院的 80 个席位中，卢旺达爱国阵线及其联盟共占 40 席，其中爱国阵线 33 席、中间派民主党 3 席、理想民主党 2 席、社会党和人民民主同盟各 1 席。社会民主党和自由党分别获得 7 个和 6 个席位。妇女、青年、残疾人代表占据其余 27 席。众议院议长为阿尔弗雷德·穆克扎姆富拉（Alfred Mukezamfura），副议长为德尼·波利西（Denis Polisi）和佩内洛普·坎塔拉马（Penelope Kantarama）。参议院暂由 26 名参议员组成，其中 12 名参议员由各省间接选出，2 名代表高校的参议员由高校学术团体选出。另外 8 名由总统提名，4 名由各政党协商提名。现任参议长为万桑·比鲁塔（Vincent Biruta），副参议长为普罗斯珀·希吉罗（Prosper Higiro）和玛丽·穆坎塔巴纳（Marie Mukantabana）。值得指出的是，妇女在这次选举中获得立法机构 49% 的席位，女议员比例居世界之首，超过女议员占 45% 的瑞典，远远超过世界平均的 15% 比例。卢旺达宪法规定实行两院制议会制度的一个主要原因就是在最高决策层给予妇女更大的发言权，这是在《联合国消除对妇女一切形式歧视公约》的启发下采取的措施。在这个国家处于重建时期之时，妇女正在发挥更积极的作用。一支精干的女议员队伍担任起领导责任，这是值得赞

扬的事态发展，但同时还需要采取各种持续措施，促进实现真正的民主。

三 总统

卢旺达2003年的宪法规定，总统是国家元首，保障宪法的执行和国家的统一，保证国家独立、领土完整、信守国际条约。总统以自由秘密的投票方式经普选产生，任期7年，只可连任一次。总统选举在现任总统任期届满前的30～60天内举行。总统候选人原籍必须是卢旺达，不得保留他国国籍，父母之中至少一方原籍为卢旺达，年满35周岁，居住在卢旺达，享有全部的公民权利和政治权利。总统不得担任议会的职位、公职及军事职务或从事其他任何专业职务。当总统死亡、辞职或因故不能履行其职责时，由参议院议长临时行使总统职权，如参议院议长也因故不能行使总统职权，则由众议院议长代行之。在二者都不能行使总统职权的情况下，由总理临时行使。当总统职位在任期届满前出现空缺时，在不超过42天的时间内举行新一届的总统选举。在总统不在国内、患病或暂时遇到阻碍无法行使总统职权时，由总理临时代行之。

总统是卢旺达防卫力量的最高统帅，可宣战、签署停战协定、缔结和平协议、在宪法和法律规定的条件下宣布国家进入紧急状态。总统有权委派大使和赴外国特别代表、接见外国大使和特别代表。总统有权颁布宪法和法律，在政府收到法案的15天之内颁布有关法令，总统可以在议会送交议案的15天内，将其返回到议会再次审议，普通法案在得到2/3议员同意、组织法在得到3/4议员同意的情况下，总统应当在15天内公布该法案。总统可以在政府提出建议并得到最高法院同意的情况下，将关系到国家利益的问题或法案提交全民公决。一旦在全民公决中获得通过，总统须在8天内公布该法令。

　　总统有权在部长会议审议通过的情况下签署总统令，由总理、部长、国务秘书或政府中负责其执行的其他成员副署。总统令的权限范围包括在符合法律规定的条件并获得最高法院同意的情况下实行大赦；铸币；颁发国家勋章；任免卢旺达防卫力量的将校级军官、全国警察机关的警察分局局长和高级警官、最高法院的院长和副院长、共和国的检察长和副检察长、总统办公室主任、国家银行行长、公立大学和高校的校长、各省省长、国家安全局局长及其助理、宪法规定的委员会的委员和专业机构的负责人、共和国总统的私人秘书和顾问、大使和国际组织的常驻代表。

　　卢旺达现任总统为保罗·卡加梅，2000年4月17日就任，2003年8月25日正式当选，9月12日就职。

　　四　政府

　　内阁包括总理、部长、国务秘书和总统在需要的情况下指定的其他成员，包括总理在内的所有内阁成员均由总统任免。政府成员不得担任议会中的席位或其他职务。内阁成员是根据各党派在议会的席位而选出来的，但议会中多数党的政府成员不得超过全体成员的半数。如总理辞职，政府成员需全体辞职。总统在总理向其提出辞职后即解散政府，在这种情况下，政府只处理日常事务，直至新任政府成立时止。

　　政府执行总统和部长会议共同确定的政策。政府依照宪法规定的条件和程序对总统和议会负责。总理的职权如下：根据总统确定的大政方针指导政府行动，保证法律的执行；与政府其他成员商议制订政府的施政计划；在政府就任的30天内向议会提交施政计划；确定部长、秘书和其他政府成员的分工；召集部长会议；主持部长会议，在总统出席的情况下，则由总统主持；副署议会通过和总统颁布的法案；任命宪法规定由总统任免以外的公

职和军职人员；签署卢旺达防卫力量和国家警察机关下级军官的任命和晋级证书；签署总理令任免下列人员：总理办公室主任、政府总秘书、国家银行副行长、公立大学和高校的副校长、总理顾问、省委员会的执行秘书、各部的总秘书、公立公益机构的负责人和接待与协调官员、公立公益机构行政委员会成员以及合资公司中的政府代表、法律规定在需要的情况下任命的其他高级官员以及专门法律指定的其他官员。总理令由部长、国务秘书政府中负责执行的其他人员副署。

本届政府于 2003 年 10 月 19 日组成，已多次改组。由总理、20 位部长和 6 位国务秘书组成。总理为贝尔纳·马库扎，主要部门有地方行政部、基础设施部、商业与工业部、财政和经济计划部、内务部、农业与动物资源部、国防部、司法部、体育和文化部、教育部、外交合作部、自然资源部、公共服务部、性别和家庭促进部、总统府部、总统府科学技术和科研部、总理府新闻部等。

五　司　法

卢旺达宪法规定司法权独立，与立法权和行政权相分离，在管理和财政方面都享有自治权。司法权由最高法院和宪法规定的其他法院及法庭行使。司法机构包括各级法院和最高司法会议。宪法将司法区分为普通司法和专门司法。普通司法机构包括最高法院（la Cour Suprême）、高等法院（la Haute Cour de la République）、省法院和基加利市法院、地区法院和市法院。专门司法机构包括传统的盖卡卡法院和军事法院。省法院以上各级法院均设检察院，分为省法院共和国检察院、高等法院总检察院和终审法院总检察院三级。

最高法院设院长和副院长各 1 名、法官 12 名，均由参议院根据总统与部长会议和最高司法会议协商后提名的候选人（每个职位提名两名候选人），以绝对多数的方式选举出来，任期 8 年，只能任一届。总统在参议院投票 8 天后以总统令的方式予以任命。最高法院的院长和副院长须至少拥有法学学士学位，从事至少 15 年的专业司法工作，并在最高级别的管理机构中表现出众；拥有法学博士学位者，须至少从事 7 年的专业司法工作。如最高法院的院长和副院长行为不端、无能或犯有严重的专业错误，可由众议院和参议院 3/5 的成员提议，议会两院以 2/3 多数通过免除其职务。最高法院院长阿洛伊西·基扬扎伊尔（Aloysie Cyanzayire）和总检察长让·德迪厄·穆克约（Jean de Dieu Mucyo）于 2003 年 12 月 8 日就任。

最高司法会议负责研究与司法运作有关的问题，就所有与司法管理有关的问题提出建议或要求；决定法官的任命、晋升或罢免以及司法机构的管理；就所有关于建立新的司法制度或所有关于法官以及隶属于其权限范围内的司法人员的规章的提案和建议发表意见。最高法院院长签署最高法院法官和人员的任免、晋升和罢免的证书。最高司法会议的成员包括最高法院的院长和副院长、由最高法院的法官选举出的一名法官、共和国高等法院的院长、由各省法院和基加利市法院的法官选举出的一名法官、由地区法院和市法院选举出的一名法官、由大学法学院的院长选举出的两名法学院院长、全国人权委员会主席和共和国监察官。

军事司法由一个军事法庭和最高军事法院构成。军事法庭审理各级军事人员的犯罪案件。最高军事法院负责审理各级军事人员损害国家安全和暗杀的案件以及军事法庭提交的上诉。最高法院审理最高军事法院向其提交的上诉和在法律规定情形下向其提交的终审判决。

大屠杀期间，卢旺达的司法体系被破坏殆尽，大批的法官和律师不是被杀害，就是逃亡国外，仅有很少的法官和律师保留了

下来。卢旺达政府面临的一项严峻挑战就是审判大屠杀的罪犯，伸张正义。为了消除再次发生屠杀无辜民众事件的隐患，卢旺达民族团结政府将清除"有罪不罚"的文化作为重要任务，提出大屠杀的制造者以及其他反人类罪犯都必须接受审判、受害者也必须得到赔偿。为此，卢旺达政府在1997年前逮捕了12.5万名大屠杀嫌疑犯。为了审判大屠杀嫌疑犯，卢旺达政府于1996年进行了特别立法，把大屠杀中的罪行分为4种类型：第一类包括那些策动和贯彻大屠杀以及性虐待的犯罪（处死刑）；第二类指杀人犯（处以终身监禁）；第三类包括没有导致死亡的伤害罪（处以7年有期徒刑）；第四类是处理财产犯罪（处以民事赔偿）。同年，政府当局在既有的司法体系内设立了特别法院，每10个地区由3名成员组成审理小组；其成员来自接受过3~4个月法律训练的250名地方行政官员。自该法出台以来，普通法院也用传统程序审理大屠杀案件。但是至2000年3月也仅审完约3000宗案件。如果按照这样的办案速度，审理这些积压的案件将至少花费100多年的时间。

　　大屠杀结束后不久，卢旺达民族团结政府就要求成立国际刑事法庭，通过惩治罪犯来实现民族和解。1995年2月，联合国安理会通过977号决议，在阿鲁沙建立卢旺达国际刑事法庭（International Criminal Tribunal for Rwanda，ICTR）。其职能是起诉和审判两类罪犯，一类是在1994年一年间在卢旺达境内实施了灭绝种族及其他严重违反国际人道主义法行为的人（包括非卢旺达国民），另一类是同一时期在卢旺达的邻国境内实施了此类罪行的卢旺达人。刑庭管辖的罪行包括：灭绝种族罪、危害人类罪、严重违反1949年日内瓦四公约共同第三条的行为、严重违反日内瓦公约第二附加议定书的行为。卢旺达国际刑事法庭由分庭、检察官办公室和书记官处组成，设3个审判庭和1个上诉庭，由16名常任法官和最多（同一时期内）9名审案法官（ad

literm judge）组成。每个审判庭由 3 名常任法官和最多（同一时期内）6 名审案法官组成。卢旺达国际刑事法庭于 1995 年 11 月提出第一项起诉，1997 年 1 月开始第一次审判；截至 2007 年 11 月 30 日，共对 81 名嫌疑人发出起诉书，逮捕了其中 67 人，14 人仍然在逃。已逮捕的 67 人中：34 人已结案；27 人在审；6 名被羁押人在阿鲁沙联合国拘留所待审。安理会通过的卢旺达国际法庭的《完成工作战略》目标是 2004 年底前完成调查，2008 年底前完成一审，2010 年底前完成上诉。它的具体要求，一是按照安理会设定的最后期限，公正、迅速地完成审判；二是将若干案件移交国家主管司法机关。

为了加速审理种族灭绝案件的审判进程，卢旺达在 2002 年中期恢复了一项传统的司法制度——"盖卡卡"（gacaca）制度，并对其进行改造，使之适应现代的需要。"盖卡卡"一词源于卢旺达人的卢旺达语，意为"草地上的司法公正"。传统上，卢旺达人一个村庄或群落的民众往往聚集在一片草地上，解决各家庭间在土地和牧场等方面的矛盾或争端，法官即是各户的家长们，核心目标是重建各个家庭间因这些矛盾而断裂的社会关系，进而最终达成整个群体内部的和解；如果遇到不满意的情况，可以逐级上诉，直至上诉到国王。在 19 世纪末欧洲人侵入前，"盖卡卡"制度在卢旺达相当盛行。自从卢旺达沦为比利时的殖民地之后，"盖卡卡"制度就逐渐被废弃了。新的盖卡卡法庭结构，呼应的正是传统社区法庭的理念：人民投票选举社区成员（年满 21 岁）为法官，法官们轮流负责听取每个被告的案件，然后由被告同社区居民组成的陪审团来决定适当的判决，允许对其从轻发落。

盖卡卡法庭起诉的对象是大屠杀中的轻犯，大屠杀的组织者和策划者则交由国际法庭和卢旺达常规法庭审判。盖卡卡法庭由四级法庭组成，即社区、地方、郡和省法院。各级法庭都包括下

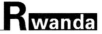

列3个机构：全体大会、法庭委员会、协调委员会。全体大会由每个社区单元内年满18岁的公民组成，其任务主要是整理出一个大屠杀死亡者的名单，名单上附有应对死难者负责的人的名字，同时包括大屠杀期间迁离本社区的人员名单；还要列出判惩罚还是豁免某一嫌疑人的证据。地方、郡和省一级的盖卡卡法庭全体大会由低一级的至少50名盖卡卡法庭代表组成，职责是负责同一级别的盖卡卡法庭委员会的后续工作。盖卡卡法庭委员会在各个级别都有，由盖卡卡各级大会选举产生，主要职责是审理案件，有19名成员。另外，各级别都有协调委员会，由主席、两名副主席和两名秘书组成。社区级盖卡卡法庭有权审理第四种类型以下的罪犯；地方级盖卡卡法庭有权审理第三种类型以下的罪犯；郡级盖卡卡法庭有权审理第二种类型以下的犯人；省级盖卡卡法庭负责下级法庭上诉案件的听证和审判工作。卢旺达在全国范围内展开了选举民选法官的活动，共选出26万名法官。当选的法官要经过一段时间的培训之后才能走马上任，收集本社区中被怀疑参与过部族大屠杀的成员的犯罪证据。选举法官活动在国民中的影响很大。在某些选区，一些人在当选后即表示不配担任法官的角色，因为他们自己就曾卷入大屠杀活动。在承认过去一段不光彩的历史后，这些人均表示会主动向司法部门自首，彻底交代自己的问题。

　　2002年6月18日，卡加梅总统宣布盖卡卡法庭开始建立，翌日，社区中的法庭开始进入第一阶段的运转。2004年，共有6000多名在押嫌犯站出来忏悔参与过大屠杀，且有很多人指控了另外一些在逃嫌犯。同年末，盖卡卡法庭完成了启动阶段，在这个阶段，忏悔自己罪行的人增加了40%，远远高于预期。2005年3月，全国的盖卡卡法庭都进入正式审判阶段，大规模举行调查听证会，2006年开始对这些法庭的案件进行最后司法审判。

六 地方政府

与其他非洲国家相比，卢旺达的行政管理组织得较好。行政管理划分为省、地区、县、乡四个级别。在省一级，卢旺达划分为 12 个省，其中包括基加利市。每个省设置省长 1 人、1 名主持管理工作的执行书记和 6 名主管，这 6 人分别负责政治事务，基建，青年、教育和社会事务，卫生，性别和财政工作。上述 8 名官员由政党任命。在地区一级，卢旺达有 105 个地区，各由一个参议会进行管理。参议会由 1 名市长主持，包括了该地区下属每个镇的 1 名成员，此外还有 5 名青年和妇女代表，青年和妇女至少各占参议会成员总数的 1/3。包括市长在内的所有的成员均由选举产生的，现任的参议会是在 2001 年通过无党派选举产生的。在县一级，卢旺达有 1545 个县，各由一个 10 名成员组成的委员会进行管理。委员会由 1 名县协调人主持，所有成员亦均由选举产生，现任委员会是在 2002 年通过无党派选举产生的。在乡一级，由所有 18 岁以上的居民组成乡议会，再由乡议会选举一个 10 人组成的委员会负责管理工作。

七 政党

自 1991 年 6 月卢旺达实行多党民主以来，国内成立了 16 个合法政党，加上在乌干达成立的卢旺达爱国阵线共计 17 个。1994 年 7 月爱国阵线执政后，国内尚存 8 个政党参加国民议会，它们是：卢旺达爱国阵线、共和民主运动、自由党、基督教民主党、社会民主党、卢旺达社会党、伊斯兰民主党和卢旺达人民民主同盟。1994 年下半年，爱国阵线以"集中力量搞建设"为由，与各党相约，停止政党活动。此后，除爱国阵线有自己的党部、从中央到基层活动不受限制外，其他各政党组织均不健全，也无办公地点。1998 年 5 月，爱国阵线松动党

禁，鼓励各政党积极参政、议政，并鼓励各政党改革领导机构，修正各自在 1994 年大屠杀期间所犯的错误，以此来推动和实现民族和解。卢旺达第二大党共和民主运动、自由党、基督教民主党也相继召开会议，进行改革，并进一步向爱国阵线靠拢。2003 年 6 月 23 日，卢旺达国民议会通过政党法，强调团结与平等的原则，反对民族、地区、宗教分裂；规定成立政党须有全国 120 名创始成员的签名，法官、检察官、军人、警察及治安人员不得加入政党。目前，重新登记获政府承认的合法政党共有 7 个。

（1）卢旺达爱国阵线（Front Patriotique Rwandais）：执政党，原名卢旺达全国统一联盟，由流亡在乌干达、布隆迪的图西族老难民和前哈比亚利马纳政权的胡图族反对派于 1979 年在乌干达成立，是一个以"武装返卢"为宗旨的反政府难民组织，1987 年 12 月改名为卢旺达爱国阵线。爱国阵线建党的 8 点纲领是：重整民族团结、实现真正民主、发展国民经济、反对腐败、保护人身财产安全、解决难民问题、改善群众福利、调整外交政策。1990 年 10 月 1 日，爱国阵线从乌干达向国内发动军事进攻，与卢旺达政府军发生激烈战斗，引发内战。经坦桑尼亚等国的调解，爱国阵线和卢旺达政府在举行了多次和谈后，于 1993 年 8 月 4 日正式签署《阿鲁沙和平协定》。1994 年 4 月 6 日因卢旺达总统哈比亚利马纳座机被炸，国内爆发了针对图西族和温和的胡图族的大屠杀。爱国阵线提出"制止屠杀、解救人民"，向政府军发动大规模进攻，并最终夺取政权。爱国阵线执政后，提出加强和平与安全、健全各级机构、恢复巩固民族团结、遣返安置难民、改善群众生活、振兴国民经济、巩固民主和调整外交政策等 8 项施政纲领。1994 年 7 月 19 日组成了以爱国阵线为主导、多党参政的民族团结政府。11 月 25 日又组成由各党派和爱国阵线军方代表参加的国民议会。爱国阵线通过在政府和议会占

据各关键职位和坚持以军队为后盾,牢牢掌握国家政权。1995年8月、1997年3月和1999年2月,爱国阵线对政府和议会进行重大改组,爱国阵线的主导地位进一步加强,政权不断巩固,政局保持稳定。2002年12月,爱国阵线召开政治局扩大会议,制订了未来行动计划,选举弗朗索瓦·恩加兰贝为总书记。2005年12月,爱国阵线召开第六届全国代表大会,重点讨论了未来三年行动计划、推进国家行政制度改革、促进民主与发展等问题。会议重新选举了党的领导机构,卡加梅和恩加兰贝分别再次当选党主席和总书记。该党在议会中占33席。

（2）社会民主党（Parti Social Democratique）：参政党。1991年7月1日成立,南方知识分子居多。主席万桑·比鲁塔（现参议长）。该党现有2人出任政府部长,在议会中占7席。

（3）自由党（Parti Libéral）：参政党。1991年7月14日成立,以国内图西人为主。2003年6月8日,该党召开会议选举了新的执行委员会,普罗斯珀·希吉罗（副参议长）任主席。该党现有2人任政府部长,1人任国务秘书,在议会中占6席。

（4）中间派民主党（Parti Démocrate Centriste）：1991年6月30日成立。原名基督教民主党,为同1994年大屠杀期间宗教所犯错误划清界限,淡化宗教色彩,1998年改为此名。2003年2月选举产生新的执行委员会,阿尔弗雷德·穆克扎姆富拉（现众议长）当选执委会主席,德罗塞拉·穆戈雷韦尔女士任总书记。该党有一人出任政府部长,在议会中有3个席位。

（5）理想民主党（Parti Démocrate Idéal）,在议会中占两个席位。

（6）卢旺达社会党（Parti Socialiste Rwandais）,在议会中占1席。

（7）卢旺达人民民主同盟（Union Démocratique du Peuple Rwandais）,在议会中占1席。

第三节　军事

一　概况

卢旺达武装力量原称卢旺达国民军（Armée Nationale Rwandaise），是 1995 年在原爱国阵线武装的基础上组建的。2002 年 2 月，卢旺达军队改称卢旺达国防军（Forces Rwandaises de Défense）。

卢旺达军费支出占 GDP 的份额在 2006 年为 1.9%，2007 年为 1.6%，2008 年预计为 1.8%。2006 年国防预算约 300 亿卢郎，占国家总预算的 31.1%。2008 年，卢旺达的军费支出为 388 亿卢郎，其中 237 亿用于人员支出，4.53 亿用于发展性资金支出。根据预算计划，卢旺达的军费支出在 2009 年为 434 亿卢郎，2010 年为 478 亿卢郎。但据简氏前哨安全评估机构称，卢旺达实际的军费支出不仅限于政府的预算，在刚果（金）获取的自然资源为卢旺达军队提供了秘密的资金。[1] 卢旺达实行志愿兵役制，服役年限为 16~49 周岁，据估计，2008 年适合服役的男性为 1404066 人，女性为 1403700 人。[2]

二　国防体制

宪法规定，总统是武装部队总司令。国防部为最高军事机构，下辖军队参谋部和宪兵指挥部，总统通过国防部对全国武装力量实施领导和指挥。

① Jane's sentinel Security Assessment-Central Africa, Mar 18, 2009, http: // www. janes. com/extracts/extract/cafrsu/rwans090. html.

② Cia, The World Factbook-Rwanda. https: //www. cia. gov/library/publications/ the-world-factbook/geos/RW. html.

三　领导人物

总统兼武装力量最高统帅是保罗·卡加梅少将；国防部长为马塞尔·加钦齐少将（2003 年 4 月上任）；武装部队参谋长是詹姆斯·卡巴雷贝；陆军参谋长为夏尔·卡容加少将；空军参谋长为夏尔·米勒少将。

四　武装力量

卢旺达军队由陆军、空军和警察部队三部分组成，武装力量总兵力约 3.3 万人。

陆军：3.2 万人。编有 4 个师（每个师辖 3 个步兵团）。第一师驻扎在基加利，覆盖中部和东部地区；第二师驻扎在比温巴，覆盖北部和东部地区；第三师驻扎在吉塞尼，覆盖西北部地区；第四师驻扎在布塔雷，覆盖西南部地区。

空军：约 1000 人。编成 1 个运输中队、1 个训练机中队和 1 个直升机中队。

准军事部队：国民警察约 2000 人。1999 年，卢旺达议会通过法案，批准将宪兵队、社区警察和司法警察合并为一个独立的警察部队，以提高组织水平和在治安行动中的效率。为重建和重新训练警察部队，卢旺达政府也在积极寻求外国援助。2000 年 12 月，卢旺达政府为打击贩毒而请求国际社会的援助。2001 年 7 月，卢旺达参加了东非警察局长委员会（East African Police Chief Committee，EAPCCO），该组织的目标在于提高打击该地区跨国犯罪活动中的协同作战的能力，其他成员包括乌干达、布隆迪、苏丹、肯尼亚、坦桑尼亚、厄立特里亚、塞舌尔、吉布提和埃塞俄比亚。卢旺达希望能够借此更有力地打击贩毒、恐怖主义和武装抢劫活动。

卢旺达没有海军，但有小型船只的编队，称为卢旺达水上力

量（Rwandan Marine Force，RMF），或水兵团，隶属于陆军。在1996 年，由该部队控制的船只曾运送卢旺达军队渡过基伍湖，以攻击刚果（金）东部的胡图族难民营。卢旺达水兵团在毗邻刚果（金）基伍湖的伊瓦瓦岛有一个基地，该岛是在1996 年从胡图族武装那里夺取的。2008 年5 月，卢旺达水兵团的指挥官费明·巴音加纳称卢旺达政府计划在卡隆基地区修建一个现代的海军基地，待其完工后，将为整个北方省的各大区域提供安全保护。现在的卢巴乌海军营是在1995 年为了抵御反政府武装组织的攻击建立起来的。同年7 月，24 名水兵在美国海岸警卫队的机动训练教导队的带领下，成功地进行了为期4 周的巡逻。美国承诺为卢旺达水上力量提供更多的帮助。

五　武器装备

坦克：T—54、T—55 型坦克24 辆。装甲侦察车：AML—9060 型90 辆、VBL 型16 辆。装甲步兵战车：BMP 型若干辆。装甲运输车：16 辆。牵引炮：105 毫米T—54型29 门、122 毫米D—30 型6 门。火箭炮：122 毫米RM—70 型5 门。迫击炮：120、82、81 毫米共115 门。防空武器：14.5、23、37 毫米高炮约150 门，萨姆—7 导弹若干枚。运输机：安—2 型2 架、安—8 型2～3 架、波音—707 型1 架、BN—2 型1 架。教练机：L—39 型信天翁型1 架。武装直升机：米—24 型直升机5～7 架。运输直升机：米—17 型约12 架。[①]

近年来，卢旺达的武器装备物资主要来自南非和法国。步兵的武器则来自东欧。受到拮据的财政状况的限制，卢旺达近期仅仅装备采购步兵武器和装甲车。有消息称，卢旺达已经成为该地

---

① 土湘江主编《2008 年世界军事年鉴》，中国人民解放军出版社，2008，第199 页。

区军火商的乐土，从这里贩卖的武器覆盖了从刚果（金）冲突地区至安哥拉和刚果（布）的大片地域。据称，自 1990 年代中期以来，卢旺达用从刚果（金）和安哥拉获取的钻石和矿石换取了大量的小型武器和迫击炮。卢旺达的军队主要装备的是从事游击战争时期使用的轻型武器，武器、装备和弹药都很匮乏。2007 年 5 月，中国向卢旺达捐助了 500 万元（约合 70.3 万美元）用以资助卢旺达防卫力量购买军事装备。2009 年 1 月，美国政府向卢旺达提供了价值 2000 万美元的物资，以供卢旺达军队在苏丹达尔富尔地区执行维和任务使用，其中包括 250 部车辆、遥控和导航设备、无线电通信工具、100 辆推车、铲车、油罐车和水处理设备。

六　裁军计划

为了削减开支，卢旺达在 2002 年从刚果（金）撤军后，着手进行裁军，计划将军队人数减少 1/4。"卢旺达复员安置计划"（Rwanda Demobilisation and Re-integration Programme，RDRC）得到了世界银行和国际社会的捐助，目标是最终建立一支人数在 2.5 万左右、更加精干高效的军队，节省下来的开支将用于提高现役军人的训练水平、购买装备等。复员计划在 2009 年继续实施。自 1997 年以来，卢旺达已经复员、安置了 6 万余人，其中包括卢旺达防卫力量的官兵、前卢旺达爱国军的士兵，以及前反政府武装解放卢旺达民主阵线的成员。

第四章

经　济

第一节　概述

一　经济发展概况

卢旺达是个落后的农牧业国家。独立后，卢旺达政府重视农牧业生产，注重发展民族经济，在经济上曾取得一定的进展。但是，由于受殖民统治时期经济结构的影响较深，加上国土面积狭小、人口增长过快和族群冲突及内战造成的破坏，卢旺达的经济发展一直面临巨大障碍，在相当长的时期内粮食产量不能自给。卢旺达自然资源匮乏，采矿业规模小且不发达，工业主要是轻工业和食品工业，其中多为小型加工工业，产品仅供国内市场，绝大部分工业制成品依赖进口。20 世纪 80 年代以来，卢旺达人均国内生产总值呈下降和停滞状态。1991 年，卢旺达人均国内生产总值为 171 美元，全国 70% 以上的居民生活在贫困线以下，是联合国宣布的世界 47 个最贫困的国家之一，在 173 个国家中名列第 150 位。1990 年 9 月，卢旺达爆发内战，特别是 1994 年 4～7 月全国范围内的战争和种族大屠杀，使卢旺达的经济彻底崩溃，农田荒芜、十室九空、工厂关闭、设备被毁、商品匮乏、物价飞涨、国库空虚、财政拮据，经济损失达 8

亿美元。战后，在国际社会的帮助下，卢旺达经济缓慢恢复。

公元 13 世纪前后，卢旺达正处于以氏族或亲属集团为基础的部落联盟时期，其经济以氏族公社所有制经济为主，经营粗放的自给自足性农业。到了 16 世纪前后，图西人建立了王国，当时的经济成分以家庭个体经济为主，手工业和商业有了一定的发展，邻国间也开始有贸易往来。19 世纪后半叶，卢旺达实现了中央集权，居统治地位的图西族建立了封建君主专制。他们占有大量的土地和牛群，通过不平等的"牛群契约"同世代以耕作为生的胡图族之间建立了保护人与受保护人之间的关系，也就确立了封建主义的生产关系。从 19 世纪下半叶开始，英国、德国、比利时等国相继侵入，卢旺达沦为殖民地。近半个世纪的殖民统治使独立前的卢旺达在经济上严重遭受殖民者的掠夺。卢旺达的农业在殖民地单一经济制度下片面发展咖啡等经济作物，粮食不能自给，民族工业得不到发展，长期成为殖民者的原料供应基地和商品推销市场。

独立以后，卢旺达政府为了改变殖民地时期的经济结构，采取了一系列的发展措施。哈比亚利马纳总统提出"自力更生"的口号，强调发展民族经济，优先发展农业。政府资助小型农业项目，改良土壤，提高咖啡和农畜产品的收购价格。在全国开展"乌姆冈达"集体发展劳动运动，以促进农业生产。同时，政府还鼓励外国投资，实行对外开放和有计划的自由经济政策，建立合资企业，积极提倡本国人经营工商业。另外，政府还通过控制物价、修改海关税制、成立国家运输公司和农畜产品公司、加速贸易的"卢旺达化"、积极参加区域性经济组织等项措施，逐步发展民族经济。由于上述主张和政策得当，卢旺达农业生产有所提高，经济稳步发展。国内生产总值由 1976 年的 3.64 亿美元、平均每人 84 美元，分别提高到 1978 年的 8.3 亿美元、平均每人 180 美元。

卢旺达独立以后的经济大体上经历了 3 个时期，即不稳定时期、恢复时期和发展时期。1962～1965 年为经济不稳定时期，这一时期的经济几乎停滞不前，国内生产总值比独立前甚至有所下降；1965 年，经济虽有所增长，但赶不上人口的过快增长，人均国内生产总值仍未提高，1958 年人均国内生产总值为 40 美元，1965 年反而降至 39 美元。1966～1972 年为经济恢复时期，在此期间，卢旺达经济的主要特点是政府制订了第一个五年经济发展计划（1966～1970），国家投资 77 亿卢郎。虽然计划的实际执行结果只完成了原设定目标的 79%，但多数经济部门已经开始恢复。1973～1979 年为经济发展时期，卢旺达经济发展较快，这主要得益于政府采取的一系列经济发展措施，农业生产的提高带动了经济的发展，1978 年人均国内生产总值比 1965 年增长了 3.5 倍。

80 年代初，世界发生经济危机，不少非洲国家先后出现经济不景气的情况，卢旺达经济发展也处于停滞状态。卢旺达从 1977 年至 1981 年执行第二个五年经济发展计划，政府投资总额 600 亿卢郎，其中 80% 用于发展农业，开发荒芜地区，改良土壤，扩大粮食生产，使农作物多样化。但是，在世界经济危机的影响下，卢旺达的经济支柱——咖啡收入锐减，导致国家财政困难，政府不得不采取紧缩措施，所以，五年计划的执行结果不佳。第三个五年计划是从 1982 年至 1986 年，投资总额达 2320 亿卢郎。第三个五年计划期间是卢旺达经济发展的最好时期，政府合理使用了国际社会的贷款和赠款，重视并优先加强了公路、医院、学校、工厂等国家基础设施的建设。因此，计划的执行结果比较理想，国内生产总值在 5 年内的增长率达到 5% 以上，超过计划规定的 4.8%，使卢旺达基本上实现了粮食自给，并解决了部分就业问题，人民生活条件也得到了改善。进入 80 年代后，卢旺达的经济基本摆脱停滞状态，开始稳步向前发展。在制订第

三个五年计划的同时，政府还制订了一项 1981～1990 年的 10 年发展计划，投资 3020 亿卢郎，重点发展农业和基础设施，改善运输，开发能源，监视工业基础和开发人力资源，发展生产力。第三个五年计划的执行结果给卢旺达的经济发展带来良好势头，大大增强了政府发展经济的信心。于是政府又拟订了一项到 2000 年的远景规划，争取到 20 世纪末发展 20 个项目，增加 90 万个就业名额。

然而，80 年代末期，卢旺达的出口收入因主要创汇产品咖啡价格猛跌而减少了 2/3，全国又有近 1/3 的地区因洪灾和虫害而爆发饥荒，国家财政赤字倍增，债台高筑，致使卢旺达在 1990 年出现了前所未有的经济危机。1991 年海湾战争的爆发引起石油价格上涨，1990 年 9 月原流亡乌干达境内的卢旺达图西族难民组织爱国阵线开始"武装返卢"，燃起内战的狼烟，这些使已困难重重的经济雪上加霜。在这种形势下，卢旺达政府被迫接受国际货币基金组织和世界银行提出的经济结构调整计划，签订《1990～1993 年中期经济和财政政策纲领文件》，以便借助这两个国际金融机构的贷款来渡过难关。根据上述文件，卢旺达政府采取了一系列带有改变经济政策性质的措施，主要有：政府放弃坚持货币不贬值的政策，宣布卢郎贬值 40%；严厉紧缩预算；降低出口税，提高进口税；实行更自由的进口许可证发放制度；修改在投资法范围内给予的免税延期偿付制度，改变过去过于宽松的状况；实行新的贷款与利息政策。1992 年 7 月，日内瓦出资者圆桌会议为卢旺达制订了三年投资计划（1992～1994），规定卢旺达国内生产总值年增长率为 4%。但是，连年的内战尤其是 1994 年的种族大屠杀，不仅中断了经济建设计划，而且将国家经济推向崩溃的边缘。1993 年人均国内生产总值仅为 200 美元。

1994 年 7 月卢旺达新政府成立后，国家百废待举，百业待兴，崩溃的卢旺达经济在国际社会的援助下艰难起步。为重建国家，恢复经济，新政权领导人陆续采取了一系列措施，如发行新货币，实现卢郎与外汇汇率自由浮动，鼓励农牧业生产，大量收购咖啡、茶叶，增加出口换汇，促进工商业恢复经营，降低进口关税，制定宏观经济发展战略，国营企业逐步实行私有化等。卢旺达的正副总统多次视察工农业生产，帮助工矿企业解决困难，鼓励农牧民积极生产，请求外国提供资金和技术援助，从而使卢旺达经济开始缓慢复苏，国家重建初见成效。

1995 年是卢旺达恢复经济的第一年。在世界银行和国际货币基金组织的建议和帮助下，卢旺达政府开始执行 1995～1998 年经济社会发展中期规划，重点改革税收制度，增加财政收入，减少预算赤字，与此同时对经济结构进行改革，提高公职人员工作效率，复员部分军人，整顿清理国营企业，推行私有化，研究农业发展战略等。这些政策措施取得了较好的效果。1995 年国内生产总值达到战前 1990 年的 60%，粮食产量达 62%，工矿企业产值约为 54%。1996 年经济计划全面完成，国内生产总值增长 13%，通货膨胀由 1995 年的 22.5% 下降至 9.3%。1997 年在上一年较好的基础上，国内生产总值继续增长 12.8%，已接近战前水平的 80%。1997 年国民收入 510 亿卢郎，增长 30% 多，农业比上年增长 10%，工矿业增长 19%，服务业为 14%。工矿企业已有 70% 恢复了生产，水泥厂、饮料厂等骨干企业已经恢复到战前生产水平。卢旺达两大出口产品——咖啡和茶叶的生产恢复也比较快，其中茶叶达 14900 吨，比 1996 年的 9060 吨有大幅度的提高。各地商业银行积极支持工业部门恢复生产，银行储蓄机构也已恢复到战前的 93%。1997 年政府严格管理货币和控制物价，通货膨胀率维持在 9%。随着经济逐渐恢复，城乡贸易也活跃起来，1997 年全国商品展销会物资丰富，规模也超过 1996 年。首都基加利市场繁荣，汽车、商店、新房不断增加，

战后破烂不堪的市容有了一定改观。

1998年，卢旺达政府为进一步推动经济恢复并在此基础上实现经济持续发展，与世界银行与国际货币基金组织一起制订了深化经济改革的"加强经济结构调整"三年计划，推动经济改革的进程。三年计划始于1998年6月，其主要目的是使卢旺达经济由过去的统制经济向自由经济过渡。该计划的主要目的是：减少财政不平衡，稳定宏观经济；改革公职、财政、外贸、国企等部门，恢复出口竞争；建立有利于私营部门发展的环境；增加农业生产，发展交通、通信，支持经济增长；同贫困作斗争，改善居民的医疗和教育；军人复员并重新就业；建立和改善政治管理机构。"加强结构调整计划"在2000年转变为"减轻穷困、促进发展计划"，国际货币基金组织提供9300万美元的资金，主要用于帮助卢旺达实现收支平衡。

"加强经济结构调整计划"和"减轻贫困、促进发展计划"实施以来效果明显。据官方统计，1998年卢旺达经济增长达9.5%，超过7%的预计目标，国内生产总值达到战前的91%；农业生产增长11%，已恢复到国家正常生产量的89%；工业生产恢复到战前的78%；卢郎汇率比较稳定。国库收入650亿卢郎（约合2亿美元），比预计的增加30亿卢郎，比1997年增加140亿卢郎。人均收入增至240美元，比1997年增加55美元，大大超过战前人均收入200美元的水平。卢旺达政府顺利度过了战后5年的紧急阶段，国内所面临的安全和难民遣返这两项最为紧迫的任务已基本上得到解决，宏观经济在总体上趋于稳定和恢复，社会经济基础设施也有了不同程度的恢复与改善。自推行经济自由化和国有企业私有化后，调动了农民的生产积极性，增加了国家收入，吸引了国内外的投资者。随着国家对经济结构的调整，卢旺达政府与世界银行和国际货币基金组织合作，重点围绕在总体上建立有利于投资的宏观经济环境制定并实行了一系列改革政策。政府机关裁减冗员 2000 余人，1998 年国家预算下放各部监督管理，实行税务改革，增加营业税，引进增值税和消费税，成立税务局，加强和改善税收管理；成立外国投资项目中心协调小组和促进投资局，积极吸引外资等。

1990 ~ 1999 年间，卢旺达国内生产总值的年增长率是2.57%，卢旺达在经济恢复过程中所取得的这些成果得到世界银行和国际货币基金组织以及出资国的一致认可。1999 年后，卢旺达的经济增长势头有所减缓，1999 年由于国际市场上咖啡和茶叶价格下跌导致出口收入减少，加上石油价格的大幅上涨，国内生产总值比上年增长了 5.9%。

2000 年，投资的下降影响了经济发展，旱灾和国际市场上油价上涨也导致农业生产下滑，国内生产总值增长率为 6%。2001 年，尽管咖啡价格走低，但由于铌—钽铁矿的价格大幅上涨和茶叶的丰收，国内生产总值比上年增加了 6.7%，2002 年，建筑部门的勃兴推动了经济的增长，加上天气形势较好，国内生产总值达到 24 亿美元，增长率为 9.4%。2003 年，由于雨水姗姗来迟，经济作物的收入也减少了 30%，制造业的产值缩减了5.3%，但建筑部门（16%）和服务部门（6.6%）的增长在一定程度上弥补了上述损失，国内生产总值的增长率为 3.5%。2004 年的国内生产总值为 17.75 亿美元，增长率约为 5.1%。在这一时期，卢旺达的通货膨胀始终保持在较高水平上，1990 ~2001 年间的年均通胀率为 13.2%。尽管 1996 年通胀率从 1994年的 64%降至 9.3%，但在 1997 年由于大批难民回归以及部分产粮区的安全问题导致的粮食价格的上涨又使其增至 12%。1998 年的通胀率因粮食产量增加 11%而下降到 6.2%。零售价格在 1999 年降低了 2.4%，但在随后的两年里又分别增加了3.9%和 3.4%。2002 年的通胀率仅为 2.5%。然而在 2003 年，国际油价的大幅上涨和卢郎的贬值导致商品零售价格增长了

11％。2004 年，卢郎继续贬值，5 月末的汇率为 1 美元兑换 562 卢郎，而在一年前的汇率还是 1 美元兑换 521 卢郎。在国际收支方面，自 1990 年以来，卢旺达的经常项目一直处在赤字状态，主要原因是卢旺达的重要出口产品咖啡、茶叶的国际市场价格下跌较大，而油价上涨，造成出口收入减少和运输成本大幅攀升。由于赠款与贷款的到位比例降低、在国际多边机构的长期借款增加等原因，资本项目也处于赤字状态。卢旺达的国际收支逆差一般在 2 亿美元左右，国际收支状况受外援的影响严重。

2001 年，卢旺达政府制定了"减轻贫困战略"，主要目标包括改变农村地区的资本结构、开发人力资源、促进私营部门发展、提高政府能力、改善管理等。政府优先实现的具体行动计划主要是通过提供信贷和市场交易方面的帮助扶植小型农业的发展、建设公路等劳动力密集性的公共工程、复员战斗人员、提高成人识字率、通过传统司法制度审理大屠杀案件。今后，卢旺达政府将继续推进经济的结构性改革以推动经济增长，通过持续增长而不是依赖外援来恢复财政平衡。为实现这些目标，卢旺达政府确定以经济结构多样化为重点的发展战略，改革规章制度，重组关键部门，发展私营部门，实行增加国内储蓄的货币政策和促进国内外私人投资的政策。目前卢旺达政府已确定了优先发展的领域，即突出加强农业生产，同贫困作斗争，进一步投资能源、饮水、教育、卫生等社会基础设施，努力开发人力资源。另外，卢旺达政府还要求世界银行和国际货币基金组织将援助由短期改为长期，并将教育的"科学与技术"领域列入优先援助计划。

根据 2001 年的固定价格计算，卢旺达的 GDP 在 2006 年同比增长 5.5％，在 2007 年同比增长 6％。2008 年，卢旺达宏观经济整体基本平稳，GDP 实际增长率达到 8.6％；通货膨胀率 15％；广义货币增长 19.2％，储备货币增长 22.3％。货币基本稳定，央行执行紧缩的货币政策来抑制通货膨胀。出口增长

18.9％，进口增长 34.9％。国内财政收入 3304 亿卢郎（约合 5.5
亿美元），外部援助 3000 亿卢郎（约合 5.36 亿美元），总支出
6320 亿卢郎（约合 11.28 亿美元）。包括农业、工业、服务业在内
的实体行业保持稳定增长，增长率达到 8.5％。其中，农业增长
14.8％，工业增长 8％，服务业增长 6％。但是，受上半年国家石
油价格和食品价格上涨的影响，实体行业面临较大的通胀压力，
通胀率上升到 21.9％。出口领域保持稳定增长，增长率达到
18.9％。进口领域增长更快，达到 34.9％，贸易逆差相当于 GDP
的 13.4％。卢旺达政府致力于改善卢旺达的商业环境，通过对商
业服务机构的重组、贸易法律的修改和理顺、商业法庭的设立等
多项改革措施，使 2008 年卢旺达在世界银行公布的《经商环境报
告》中的排名较前一年上升了 9 位，列第 139 名（参见表 4 - 1）。

表 4 - 1　经济发展趋势

年　份	2001	2002	2003	2004	2005	2006
GDP（亿美元）	17.0	17.1	16.4	17.3	20.2	25.0
人均 GDP（美元）	203	204	202	217	253	275
实际 GDP 增长率（％）	6.7	9.4	3.2	4.0	5.2	5.4
通货膨胀率（％）	3.3	2.0	7.5	11.9	8.0	5.5
商品出口（万美元）	9330.0	6720.0	5920.0	9790.0	11590.0	11970.0
商品进口（万美元）	24520.0	23330.0	21780.0	25790.0	33780.0	35650.0
经常账户余额（万美元）	-10250.0	-12620.0	-8480.0	-610.0	-10480.0	-9480.0
外汇储备（万美元）	21210.0	24370.0	21470.0	31460.0	36510.0	46160.0
卢郎对美元的汇率	442.80	476.33	537.7	574.62	555.94	600.00

　　资料来源：根据英国经济学家情报社《卢旺达国家报告》（2006 年 2 月）、《卢
旺达国家展望》（2005）、商管财经学术资源全文数据库（Business Source Complete）
的《卢旺达风险概要》（http：//search. epnet. com/login. aspx？direct = true&db =
bth&an = 20203543&lang = z）、国际货币基金组织网站（www. imf. org）和卢旺达中央
银行网站（http：//www. bnr. rw/en）的相关统计数据编制。

卢旺达政府在《2020年远景发展规划》中计划使国内生产总值年增长率达到8%~9%，国内生产总值在20年里增长4倍。此外，卢旺达政府将进一步采取措施控制人口的增长，计划在2020年使人口增长率从2000年的2.9%降至2.2%，从而使人均国内生产总值到2020年增长两倍，达到人均900美元的水平。卢旺达政府致力于优化产业结构，预计在2010年，农业、工业和第三产业增加值占GDP的比重分别达到45%、20%和37%，到2020年，三大产业增加值占GDP的比重将分别达到33%、26%和42%。

二 基本产业结构

旺达的地理特征及自然条件很适合发展农牧业。农业从业人口占总劳动力人口的92%，2007年农牧业生产占GDP的30%。全国可耕地面积约185万公顷，已耕地面积120万公顷。主要经济作物有咖啡、茶叶、棉花、除虫菊、金鸡纳霜等，大部分供出口。土地的过度耕作使得农业收成日益下降。1994年的内战导致200万人沦为难民，逃亡他乡，致使农田荒芜，农牧业生产遭到破坏。受人口增长过快和战争的影响，卢旺达粮食自给不足，每年缺粮30%左右。近年来，卢旺达政府采取新农业政策，增加农业投入，提高粮食产量，促进畜牧业发展，目前农业总产值已超过战前水平。

卢旺达的工业部门主要包括采矿业和制造业，2007年工矿业生产总值比上年增加了14.07%，约占GDP的15.6%，工业从业人约占全国总人口的2%。内战前卢旺达有各类工业企业220余家。内战和大屠杀使工业遭受严重破坏，战后，工业生产恢复较快。

卢旺达的服务业分为商业服务和非商业服务两大类，商业服务包括商业、运输、电信、金融等行业，非商业服务包括行

政、非获利机构、非政府组织等。服务业从业人员占劳动力人口的 6%，2007 年卢旺达的服务业产值占国内生产总值的 49.2%（参见表 4 – 2）。

表 4 – 2　经济结构（按照 2001 年固定价格计算）

单位：十亿卢郎

年　　份	2003	2004	2005	2006	2007
国内生产总值	825.4	868.8	931.0	981.1	1079.2
农业	303.5	303.8	318.5	322.0	324.2
粮食作物	263.8	259.2	275.7	275.7	280.7
出口作物	7.1	11.2	8.5	11.0	7.4
牧业	18.6	19.1	19.6	20.1	20.7
林业	11.0	11.2	11.5	11.8	12.1
渔业	3.0	3.1	3.2	3.2	3.3
工业	113.7	127.8	136.8	147.8	168.6
矿业	3.4	5.0	6.6	5.6	7.7
制造业	56.4	60.0	62.3	70.3	73.0
食品	12.8	15.6	16.0	17.1	18.3
饮料和烟草	20.0	20.3	22.7	23.9	24.2
其他	23.6	24.1	23.7	29.3	30.5
电力、煤气和水	4.2	3.5	4.1	4.7	5.4
建筑业	49.8	59.3	63.9	67.2	82.4
服务业	360.9	389.3	424.9	459.0	531.4
商业	78.1	84.3	92.0	97.0	117.9
旅游业	7.8	7.9	9.0	9.5	11.9
交通运输和通信	47.5	53.1	58.8	63.1	80.9
金融和保险	29.9	35.0	38.7	46.5	57.1
地产和商业服务	80.1	82.5	89.4	94.4	103.3
公共管理、教育和卫生	109.7	118.3	126.9	137.1	145.7
其他个人服务业	7.9	8.3	10.1	11.5	14.5

资料来源：卢旺达中央银行 2007 年年报。

第二节　农牧业

一　概况

卢旺达是个落后的农牧业国家，也是黑非洲城市化程度最低的国家之一，城市人口不足全国人口的6%，且其中仍有部分居民以农业为生。农业是卢旺达国民经济的基础，既是居民就业的主要方式，又是居民收入的主要来源，而且为大多数农工加工业提供主要原料。2007年农业总产值占国内生产总值的30%，农产品出口总额占国家外汇收入的40%左右。卢旺达土地肥沃，气候条件得天独厚，温和多雨，很适宜农作物的生长。卢旺达虽为"千丘之国"，但国土面积的70%适合耕种、放牧和发展森林。全国可耕地面积246.7万公顷，已耕地120万公顷，另外还有许多沼泽地、低洼地、谷地尚待开发利用。卢旺达牧场广阔，牧草丰茂，天然牧场约占全国总面积的1/3，十分有利于畜牧业的发展。卢旺达现有70万公顷森林和林地，占国土面积的23%。国内除基伍湖外，还有众多的湖泊与河流，具备发展养鱼的自然条件。农村经济以小农生产占绝对优势，大部分是以一家一户为生产单位的自耕农，他们分散居住在各个山头的坡上或坡下，每户住宅周围就是耕地，居民可就地从事农业种植。由于人口增长过快的压力，经营土地减少，90%以上的农户平均土地种植面积不足1公顷。

卢旺达的农业以种植业为主，有粮食作物和经济作物，其中粮食作物占绝对主导地位。2007年的种植业产值约占农业产值的89%，粮食作物产值在农业产值所占的比重接近86%。产品主要供农民自己消费，商品率很低，城市居民用粮不能自给。经济作物大部分产品供出口，咖啡长期居出口的首位，茶叶仅次于

咖啡，两种作物是国家外汇收入的主要来源。畜牧业在农村经济中占有一定比重，牲畜的种类主要是牛、山羊、绵羊、猪、鸡、兔等，产品供国内消费，2007年畜牧业产值占农业产值的6.5%。目前卢旺达的渔业和林业虽有较大的发展潜力，但都还不发达。

卢旺达农业生产历史悠久，早在16世纪，卢旺达就改变了原始的耕作制，建立灌溉渠道，实行定期播种、施肥和收获等。但是长期以来，由于多年的殖民统治和族群之间的矛盾与仇恨，农业生产遭受严重摧残，生产方式至今仍十分落后，多数地区一直沿用历史上使用的锄头、砍刀等简单生产工具，耕种粗放，广种薄收，靠天吃饭，农业技术水平低。全国农田灌溉面积在全部耕地中仅占很小的比重，施肥少，水平低，绝大部分农田还谈不上使用化肥，因此劳动生产率不高，人民生活水平普遍很低。

卢旺达的土地制度是个复杂的问题。卡伊班达总统执政10年，没有制定出一套完整的、适合卢旺达实际的土地政策。哈比亚利马纳总统成立第二共和国后，着手解决土地问题。政府经过几年的努力，起草制定了《土地改革法》，提出了进行土地改革的初步设想。但是由于改革计划庞大，措施太多，后又爆发内战，土地改革法未能实现。不过目前卢旺达农村基本沿用了第二共和国制定的土地制度，这是一种将私有土地制度和传统土地制度相结合的较为特殊的土地制度。一方面它具有私有制土地制度的性质，如承认"家庭土地制"，农民具有限定的土地所有权或半所有权，允许有条件的土地买卖等；另一方面也包含着传统土地制度的某些特点，如氏族部落或家族、国家掌握土地的所有权，把土地的享有权或所有权给予其成员等。此外，第二共和国规定"所有土地都属于国家"，国家给农民以具有某种所有权性质的土地使用权。

卢旺达独立后，全国土地占有形式有以下几种：（1）家庭

土地制。农民享有茅屋周围的一片耕地，面积一般为 1～2 公顷，土地或是继承，或由政府分配。（2）氏族地主制，主要集中在西北部的吉塞尼省和鲁亨盖里省，一般占地 15～20 公顷。（3）政府官员、军官利用职权占据或购买的土地。他们拥有土地的多少随官位的高低而增减，多者拥有一座庄园，少者只有几公顷。（4）无地农民租种土地。这也是一种土地占有形式，在全国相当普遍。土地出租者，除氏族地主、政府官员外，还有职员、占地较多的农民等。地租仍沿用习惯传统，主要根据土地多少、好坏、年景丰歉、耕种次数以及出租者和租种者双方关系等条件而定，或缴纳实物，或付租金。

多年来，卢旺达人口增长率过高，人口发展过快，在狭小国土造成人口过剩，给本来就紧张的土地问题造成巨大压力，并直接引发严重的社会问题。（1）人口多耕地少，"地荒"现象日趋严重。人口不断增长，耕地面积却没有扩大，相反，由于水土流失，反倒逐渐减少，尤其是在人口密度最大的吉塞尼省，农户平均占有土地数量就更少。同时，因耕作技术水平落后，粮食的增长水平不能满足人口增长的需要。（2）无地或少地农民增加。其原因有三，一是独立前，有一部分无地农民本来就没有获得土地；二是独立后，由于家庭生活困难，或天灾人祸，农民全部或部分出卖土地；三是按照卢旺达的传统，农民的土地一般是继承父亲的遗产，独立后，由于人口不断增加，许多青年农民没有土地可继承了。这样，无地或少地农民，或当雇工，或租种他人土地，或外出打短工等。（3）土地买卖现象增加，土地兼并也有发展。购买土地的主要是氏族地主、政府官员、军官、商人、职员等。兼并土地的主要是某些政府官员、军官，他们利用职权，多占土地，或攀交官员，寻找借口，想方设法侵占公有土地等。（4）卢旺达的农村没有村庄，一家一户散落在各个山头，邻里相隔，往来不多，处于落后、分散、孤立的小农经济状态。这是

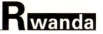

由于卢旺达传统土地制度经过许多世纪的演变，土地不断被分割而造成的。这种情况严重阻碍农业生产的发展，因为它是一种传统习惯，短期内很难改变。

1973年，哈比亚利马纳总统执政后，提出"自力更生"实现粮食自给的口号，强调发展民族经济，重视发展农牧业生产，把农牧业作为重点投资部门。政府还资助农业项目，改良土壤，开垦沼泽地，提高咖啡、茶叶和畜产品的收购价格，并在全国开展"乌姆冈达"集体发展劳动运动，以促进农业生产。从20世纪70年代末期至80年代中期，卢旺达政府先后执行了第二、第三个五年经济发展计划，农业一直是发展重点。政府曾投巨资开发荒芜地区，改良土壤，扩大粮食生产，使农作物种植多样化等。由于政府的优先发展农业政策以及一系列有力措施，加上国际机构援助，80年代中期卢旺达的粮食生产发展速度一度超过了人口增长速度，农业已基本实现了粮食自给，人民生活条件也得到改善。

80年代末，卢旺达由于出口产品咖啡价格猛跌而导致出口收入锐减，加之全国不少地区因水灾和虫灾而饥荒蔓延，国家财政困难，致使卢旺达在1990年出现前所未有的经济危机，特别是1990年9月爆发内战和1994年发生的种族大屠杀，导致经济危机更加严重，农村经济遭到毁灭性破坏。灾难过后，农村一片凄凉萧条，200万难民漂泊国外，上百万人在国内流离失所，几年之内土地荒芜，1994年底粮食生产下降60%，香蕉和薯类下降30%以上，80%左右的牲畜被杀或被带往国外。新政权建立后，农业生产在国家重建中恢复增长，1999年已达到战前生产水平的90%以上。但是由于种种原因，卢旺达农村经济依然面临许多困难和问题。

第一，人口多耕地少的矛盾仍很突出。对一个山区小国来说，人口膨胀对土地产生的压力是个极难解决的问题。第二，土

地问题引发族群矛盾。大屠杀以后，卢旺达国内存在着一部分从乌干达、布隆迪等邻国返回的难民，他们是1959年逃离国内种族大屠杀的难民，以图西族为主，称为老难民；另一部分是1996~1997年被遣返回国的难民，以胡图族为主，称为新难民；还有一部分是大屠杀幸存者，在国内流离失所。这三部分人在内战和大屠杀期间都曾背井离乡。他们返回家园后，新、老难民以及大屠杀幸存者之间因族群矛盾和仇杀而极难相处，时常因土地、房子等问题发生纠纷，相互报复。第三，安置难民和流离失所者的任务依然艰巨。难民和流离失所者返回故乡后，面临生活、生产、安全、团结等一系列困难和问题。他们在生活上缺粮、缺水、缺房，初级医疗和基础教育严重不足；在生产上缺种子、缺农具、缺土地等。卢旺达国小力微，外援有限，政府尚无力将其妥善安置。第四，农村劳力短缺。大批男人尤其是青壮年被杀，农村劳力严重丧失。全国近一半人口在15岁以下，在就业人口中，妇女超过男人，农业生产因此受到严重影响。第五，农民贫困化日益加剧。卢旺达农村本来就非常落后，几年的内战更使农村遭受空前浩劫，农业基础设施被毁坏，大量生产管理干部被杀害，农业生产下降加重了农村的贫困程度，贫困和特困人群迅速增加，农民购买力普遍很低，农民除种地外，几乎无现金来源。70%的家庭生活在贫困线以下，即便到2010年也不会低于48%。第六，农业尚不能实现粮食自给。农业生产受气候影响严重，1997年和1998年卢旺达气候异常，农业减产，加上大批难民回归，卢旺达出现严重缺粮现象，粮食危机曾遍及7省之广。第七，农业缺乏投资。农村获得信贷困难，支援农业的机构力量薄弱。由于对农村的投入少，改造土壤、兴修水利、改良品种、使用化肥等无力进行，使耕作技术落后的状态长期得不到改变。第八，国内市场狭小，农业商品率低，被破坏的销售网、产品加工和储存基础设施尚在恢复中（参见表4-3）。

表 4 - 3 农业的主要指标

	单 位	1979~1981年	1989~1991年	1999~2001年	2002年	2003年	2004年
人口和农业劳动力							
人口	千人	5155	6702	7666	8272	8387	8481
农村人口/全国人口	%	95	95	86	83	82	80
人口密度	人/平方公里	209	272	311	335	340	
农业劳动力	千人	2447	3204	3700	3982	4029	4067
农业劳动力/全部劳动力	%	93	92	91	90	90	90
土地使用							
全部土地	千公顷	2467	2467	2467	2467	2467	
可耕地	千公顷	760	870	922	1116	1200	
灌溉地	千公顷	4	4	9	9	9	
农药的使用/可耕地	公斤/公顷	0	2	0	14		
拖拉机/可耕地	辆/千公顷	0.1	0.1	0.1	0.1	0.0	
主要农产品							
土豆	千吨	229	322	715	1039	1100	1073
甘薯	千吨	899	863	1017	1292	868	908
粮食生产指数							
粮食生产	1999~2001=100	84	103	100	125	115	114

续表 4-3

	单 位	1979~1981 年	1989~1991 年	1999~2001 年	2002 年	2003 年	2004 年
人均粮食生产	1999~2001=100	125	118	100	116	105	103
出口农产品	百万美元	82.3	97.4	39.9	28.2	29.1	34.3
主要出口农产品在农业出口中的份额							
生咖啡	%	79.3	71.8	52.2	49.5	47.6	83.1
茶叶	%	13.2	21.7	43.1	41.5	40.7	5.7
盐干皮(绵羊)	%	0.2	0.3	0.0	4.8	5.4	4.6
进口农产品	百万美元	36.5	45.6	63.7	60.2	34.9	60.3
主要进口农产品在农业进口中的份额							
棕榈油	%	1.8	15.6	12.0	4.1	10.3	19.9
植物油	%	4.8	1.6	4.4	13.6	0.6	10.3
面粉	%	4.2	0.3	5.0	5.8	11.9	9.7
农产品对外贸易收支	百万美元	45.8	51.8	-23.8	-32.0	-5.8	-26.1
粮食供应和营养							
热量(人均)	千卡/天	2270	1960	2070*			
蛋白质(人均)	克/天	54	47	49*			

* 为 2001~2003 年数字。

资料来源：联合国粮农组织、世界银行。

二 农业资源

卢旺达是农牧业国家，全国大体可分为 4 个农业区：西北区、中部高原区、西南区和东部区。西部区以鲁亨盖里省和吉塞尼省为主，海拔较高，由于火山灰的堆积，黑色土地松软肥沃，加上雨量充沛，是主要粮食作物和咖啡等经济作物的种植区，凉爽的比隆加山区还很适于种植除虫菊。这里人口密度为全国最高，农民世代耕作，农业在全国最为发达。鲁亨盖里和吉塞尼两省是全国著名的"粮仓"。中部高原也是卢旺达主要的农业区，除了种植咖啡、茶叶等经济作物外，香蕉作为卢旺达的粮食作物，主要种植在中部地区。中部城市基加利是全国最重要的商品集散地，便利的交通使香蕉、咖啡等农、畜产品的交易十分活跃。西南部是主要的茶叶产区，土壤基本上是热带红色酸土，pH 值一般在 4.5 ~ 5.5 之间，很适合茶叶生长。尚古古省一带到处是连接成片而一望无际的茶场。这里因地势高而生产一种高海拔茶，属优质品种，虽产量低，但有价格优势。东部区是农业次耕区，它的大部分地区是大面积的牧场和卡盖拉国家公园。近年来由于畜牧业的发展，国家决定将卡盖拉国家公园的部分土地开辟成牧场。此外，该区域的基本戈省仍以农业为主，是卢旺达另一个有名的"粮仓"。

三 种植业

卢旺达的基本国策是以农业立国，政府一直把发展农业放在首位。独立后，特别是第二共和国成立以后，政府把实现粮食自给和经济作物多样化作为首要奋斗目标。内战结束后，新政府仍把发展农业放在突出地位，大力恢复农业生产，并取得显著成效。

1. 粮食作物

卢旺达种植业中粮食作物种植面积占 2/3 以上，主要的作物

有香蕉、玉米、高粱、水稻、豆类和薯类等。由于耕作技术水平比较落后，产量一般不高。所产的粮食绝大部分为生产者的口粮，仅有少量供国内市场出售。香蕉是卢旺达传统的粮食作物，既作口粮，又可酿酒。由于香蕉树常年结果，产量较高，几乎全国各地都可见丛丛簇簇的蕉林。2003 年香蕉产量达到 322.36 万吨，占粮食作物总产量的 46%。香蕉与卢旺达人生活密切相关。在农村，家家种香蕉，户户会酿酒。卢旺达的其他粮食作物因个体农民分散种植，产量很低。2003 年生产谷类 29.4 万吨，豆类25.29 万吨，薯类 311.14 万吨，粮食作物总产量达到 695.37 万吨。但是，粮食总产量的增加却赶不上人口增长的需要，使卢旺达在粮食消费上越来越依赖进口和外国提供的粮食援助。卢旺达的粮食形势恶化始于 20 世纪 80 年代末期，到 1990 年粮食需求只能满足 80%。此后由于内战，粮食生产持续下降，1994 年比1990 年下降 50% 以上。1995 年后粮食产量开始回升，不过仍处于恢复阶段。由于卢旺达大多数家庭已连续多年没有足够的食品，到 1997 年卢旺达气候异常，粮食减产，再有大批难民回归，卢旺达爆发了严重的粮食危机，国内粮食产量和进口的粮食只能满足 64% 的需求。卢旺达政府不得不呼吁国际社会紧急提供粮食援助。从 1996 年起卢旺达粮食进口量年年增加，1996 年进口粮食耗资 5060 万美元，1997 年和 1998 年分别为 5350 万美元和5630 万美元。2004 年由于降雨不足导致农业收成不理想，豆类减产 15.2%，薯类减产 2.6%，粮食进口比上年增长了 56%，达到 2.197 亿美元。

为扭转粮食生产不利局面和解决粮食危机，卢旺达政府制定了优先发展部分粮食作物的政策，分别为稻谷、玉米和四季豆。这些作物不仅产量高，而且有助于畜牧业的发展。近年来，卢旺达逐步推广水稻的种植，每年生产两万余吨稻谷，之所以选择水稻，是因为这种作物适合在沼泽地和谷地种植。卢旺达大约有

16.5 万公顷沼泽地,占可耕地面积的 13%。为达到这一目标,政府决定修复农业水利基础设施,选择优良品种,改善肥料供应等。四季豆是卢旺达食品中蛋白质的主要来源,其种植面积约 15 万公顷,目前产量为 15.3 万吨。政府计划 10 年后生产 40 万吨。玉米在全国都能种植,既可作为食品,又有助于畜牧业生产。玉米的种植面积有 10 万公顷,2005 年产量为 8 万吨。政府计划通过增加肥料供应来大大提高玉米产量。另外,卢旺达引进或试种的如小麦、黄豆等粮食作物也取得一定成果(参见表 4 - 4)。

表 4 - 4　粮食作物生产情况 (2003 ~ 2007)

单位:千吨

年　份	2003	2004	2005	2006	2007
香蕉	2411	2470	2528	2654	2698
根茎类	3112	3029	3118	2930	2544
甘薯	865	908	885	777	845
土豆	1100	1073	1314	1285	770
木薯	1008	912	782	743	777
芋头	139	136	137	125	152
谷物	294	315	409	362	356
高粱	170	164	228	187	167
玉米	81	88	97	92	102
大米	28	46	62	63	62
小麦	15	17	22	20	25
豆类	288	244	252	334	405
园艺与蔬菜类	714	693	920	858	903
总　　计	6819	6751	7227	7138	6906

资料来源:卢旺达中央银行 2007 年年报。表格数据有出入,略有改动。

2. 经济作物

卢旺达的经济作物主要有咖啡、茶叶、除虫菊、金鸡纳霜等，产品主要供出口，特别是咖啡和茶叶已成为国家外汇收入的主要来源，2003年占出口总额的60%。

咖啡是卢旺达的传统经济作物，卢旺达于1904年引进咖啡的种植，但是直到1964年咖啡才成为出口产品。此后，咖啡一直是卢旺达国民经济的主要支柱之一。咖啡的收获季节从每年的5月开始，一直持续到12月，每公顷的产量约为700公斤。20世纪60～80年代，咖啡种植面积不断扩大，1987年曾达到53746公顷。内战和大屠杀同样使咖啡生产遭到严重破坏，不仅种植面积减少，而且由于农业工人死的死，逃的逃，使绝大部分的咖啡种植园得不到管理。目前，卢旺达咖啡种植面积约5.2万公顷，涉及全国半数以上的农民家庭，是大多数农民的主要收入来源。1995年咖啡出口在国家外汇收入中曾达到75.8%，近几年出口咖啡换汇有所下降，1998年因出口数量减少而降为40%。2000年，咖啡失去第一创汇产品的地位，由茶叶取而代之。2003年咖啡出口占卢旺达出口总值的24%。咖啡收获的丰与歉以及国际市场价格的波动，直接影响国家的外汇收入及商业活动的水平。1998年受国际金融危机的影响，卢旺达出口咖啡价格锐减37%，导致外贸损失13%。

1994年以来，咖啡生产面临一些问题。第一，咖啡的质量大大下降。其原因有二，一是缺少加工设备，如除壳机、晾晒和烘干设备等，1996年仅有0.25%的产品达到"标准咖啡"的标准，其余99.75%的产品都只能属于"普通咖啡"类，而1995年全部产品都是"普通咖啡"；二是大屠杀后，大部分负责推广咖啡种植技术的人员几乎都丧生了，到1995年，只剩下几名农艺师及其助手。这种技术人员的缺乏对咖啡质量产生负面影响。第二，农民种植咖啡的收益太低。由于国际市场咖啡价格下跌，农民生产积极性受挫，加上国家还征收咖啡出口税，农民已失去种植咖啡的热情。第三，卢旺达的咖啡树品种产量不高，尽管如

此，仍有 40% 的咖啡树需要更新。第四，咖啡种植不是因地制
宜。实际上咖啡只适合于 1400～1900 米的高海拔地区，这种地
区降雨量在 1500～1600 毫米，气温在摄氏 18°～22℃，土壤的
pH 值在 4.5～6 之间。卢旺达只有吉塞尼、基布耶和尚古古省的
基伍湖沿岸地区才具备这些种植条件。由于全国各地都种咖啡，
咖啡质量难以保证。另外因不能及时施肥，土壤肥力也得不到补
充。

为鼓励和恢复咖啡种植，提高咖啡产量，卢旺达政府制定了
加紧生产、提高咖啡质量和对收益进行最好分配的发展政策。为
保证产量和质量，政府首先对咖啡种植区进行优化，在 137 个咖
啡种植县中，优化出 75 个更适合种植的县，这些县约有 40929
公顷土地。其次，政府计划到 2003 年增加 8876 公顷即 21.7% 的
咖啡种植面积。再次，从 2004 年起，引进产量高的新品种，更
新老的咖啡树。据专家估计，在扩大种植面积、引进新品种后，
再配合施用肥料，到 2008 年咖啡出口将超过 4 万吨。最后，为
增加咖啡种植农的收入，从 1999 年起国家取消了咖啡出口税，
另外还对咖啡加工厂和政府在咖啡销售公司中拥有的股票实行了
私有化。为了协助咖啡的种植，卢旺达政府成立了咖啡局，其任
务是动员咖啡农认识种植咖啡的重要性，提供必要信息，制定符
合所有咖啡农需求的生产和销售政策；让咖啡农了解卢旺达咖啡
在国际市场上的销售情况。

茶叶是仅次于咖啡的出口农作物，卢旺达在独立后为使出口
作物多样化而引进了茶叶种植。卢旺达的茶叶以质优而享有盛
誉，堪称世界最好的茶叶之一，在国际市场上较有发展前途。茶
叶在卢旺达的经济中占有重要地位，2000 年，茶叶产量比上年
增加了 13.2%，价格也提高了 18.5%，从每公斤 1.51 美元涨到
每公斤 1.79 美元，比每公斤 1.5 美元的国际市场平均价格高出
很多，茶叶出口收入接近 10 亿卢郎，成为卢旺达第一位的出口

创汇产品。2003 年茶叶出口值达 2200 万美元，在国家外汇收入中占 40% 左右。种茶和茶叶加工属于劳动力密集型的生产，卢旺达大约有 6 万农民从事茶叶种植和加工。由于全年都可采茶，又有定期收入，加上近年来国际市场上茶叶价格相对稳定，茶农的生产积极性受到鼓舞。近几年来随着农业生产的恢复，茶叶的生产不仅产量令人满意，而且质量在世界上也是很好的。目前卢旺达的茶场面积为 1.3 万公顷，1998 年茶叶产量接近 15000 吨，其中国营公司产 11500 吨，私营公司产 3000 多吨。这一产量是破纪录的，在战前从未达到过。卢旺达的茶叶生产还有相当大的潜力，其产量有可能达到 25000 吨。卢旺达所产茶叶中有 60% 都属于一级茶。茶叶大部分由种植园经营，茶叶采摘后，由茶叶种植园及其附设的茶叶加工厂及时制茶。茶叶产区一般多分布于西北部和西南部最接近海港的地区，便于出口，产品远销欧美。

卢旺达的茶叶种植园有 4 种经营形式：（1）工业种植园：这种种植园集种茶和制茶为一体，其面积有 4057 公顷，占全国种茶总面积 12315 公顷的 33%。（2）种茶合作社：卢旺达政府与欧洲开发基金会合作成立了萨加沙（Sagasha）、吉萨库拉（Gisakura）和穆林迪（Mulindi）种茶合作社，吸引农民加入种茶并收购其产品。这些种茶合作社的面积约为 2000 公顷，占全国种茶总面积的 16.2%。（3）茶农协会：其面积约为 852 公顷，占全国种茶面积的 6.9%，每名协会会员拥有 23 公亩土地，由个人进行管理。（4）村民茶场：这种种植园属于个体小组，拥有种茶面积 5178 公顷，占全国种茶面积的 42%。

内战期间，茶叶生产也受到严重影响，茶园荒芜，茶厂关闭。战后茶叶生产恢复缓慢，1994 年只产茶 4000 吨。欧盟在 1995～1997 年间提供资助，修复了 4 座茶叶加工厂，茶叶的生产能力很快恢复。外国投资给茶叶生产注入了新的活力，卢旺达政府于是在世界银行和国际货币基金组织的鼓励下，对茶叶种植

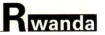

园和茶叶加工厂实行私有化计划。卢旺达质量上乘的茶叶吸引了许多外国投资者，特别是比利时和英国的投资者对卢旺达的茶园和茶厂私有化非常感兴趣。

战后，卢旺达茶叶局在茶叶恢复生产中起了重要作用，该茶叶局是国家机构，负责全国茶叶的生产与销售。为提高茶叶产量，茶叶局的管理人员推广和采用高产技术，如施用化肥等。为保持卢旺达茶叶的优异质量，茶叶局采取了严格措施：（1）选地，茶叶一定要种在雨量充足、土壤深而肥沃的高海拔地区；（2）从种植方法、茶叶采摘到成品出口、加工的各个环节严格把关；（3）在茶叶种植和加工的各个阶段严格控制数量。由于茶叶局不断作出努力，卢旺达的茶叶在国际市场上经常保持较高行情。

目前卢旺达茶叶生产存在的主要问题是：第一，面临肯尼亚茶叶的竞争。和肯尼亚相比，卢旺达的茶叶产量比较低，在肯尼亚每公顷土地产茶 3.5 吨，而在卢旺达则每公顷土地只产 1.5 吨，卢旺达需要提高单位面积产量。第二，必须要生产高质量的茶叶。卢旺达是内陆国家，出口茶叶需经长途陆路运输，成本很高，但如果以高额费用来运输中低档产品就很难提高收益，因此卢旺达的茶叶要保证质量优势。第三，提高管理水平，增加生产投入，确定合理价格。随着茶叶产量的增加，需要解决茶叶加工能力不足的问题；为提高单产，茶农希望增施肥料，特别是化肥；要认真区别优质的高海拔茶和沼泽地茶之间的质量差异，实行高质高价，低质低价，让种植高海拔茶的农民得到实惠，尤其鼓励种植刚果—尼罗河分水岭高原茶。

其他经济作物除虫菊和金鸡纳霜，虽然所占比重不大，但也是重要的和价值较高的经济作物，有着良好的出口前景。近些年来政府也重视扩大除虫菊、金鸡纳霜等作物的种植。除虫菊是重点发展的经济作物，种植于西北部气候凉爽的比隆加山区，主要供出口。除虫菊粉是一种天然杀虫剂。卢旺达的除虫菊仅次于肯

尼亚和坦桑尼亚，居世界第 3 位，卢旺达也成为世界上主要的除虫菊生产国。1998 年，除虫菊占卢旺达出口的 2%。金鸡纳是一种产于热带地区的常绿乔木，树皮中可提制带苦味的白色结晶或无定型粉末，称奎宁，是治疗疟疾的特效药。卢旺达所出产的金鸡纳霜大部分供出口。此外，卢旺达还少量地种植甘蔗、棉花和烟草等，主要供国内消费。

为减少对外贸易逆差，卢旺达政府积极鼓励国内外企业家在卢旺达投资，生产多样化的出口产品。1997 年，由卢旺达开发银行和乌干达"三星"投资小组合资成立了"高原鲜花"公司。卢旺达开发银行出资 90 万卢郎，国家无偿提供种花土地。该公司占地 4 万平方米，拥有 6 间温室，每月产 35 万 ~ 50 万枝鲜玫瑰花。卢旺达具有非常适宜的气候条件，夜间气温 10℃ ~ 15℃，白天 26℃，可生产出品质极优的玫瑰花。这种玫瑰花可长到 80 厘米高，只需 44 天就可成熟，而在肯尼亚则要 60 天。从 1998 年 9 月起，该公司生产的玫瑰花开始销往法兰克福、阿姆斯特丹和布鲁塞尔市场。目前鲜花由比利时萨伯纳（Sabena）航空公司运输，费用较高，如果成立一家私人航空公司，运输成本可降低 30%。

四　畜牧业

畜牧业在卢旺达经济中占有一定比重，一向受到人们的重视，有比较长的发展历史。2003 年，畜牧业占农业产值的 8.4%。卢旺达政府计划大力发展畜牧业，到 2010 年的中期内使畜牧业占到农业的 50%。卢旺达拥有发展畜牧业比较优越的气候条件，天然牧场约占总面积的 1/3，广阔的牧场和丰富的牧草适合于放牧牛羊。牧场多数由个体牧场主管理。卢旺达政府实行"农业和畜牧业相结合"的政策，除了鼓励牧民发展畜牧业，还鼓励农民饲养适合家庭喂养的牲畜。目前，卢旺达约 50% 的居民拥有牲畜，但以牧业为生的家庭仅占 4%。卢旺达的畜牧业一般采用圈养、半圈养或放牧式的经营。圈养地区主要在国家中部，由家庭经营并解决饲料来源。半圈养地区在全国是主要的饲养方式，占养牛牧民的 62.5%、山羊牧民的 26.4%、绵羊牧民的 45%。放牧式地区主要集中在东部地区的草原地带。

内战使畜牧业遭受致命破坏，尤其是山羊和绵羊受损失最为严重。战前的 1990 年，卢旺达的牛总数为 81 万多头，羊为 189 万多只。到 1993 年，据联合国粮农组织统计，牲畜存栏总数已下降为 61 万多头，1994 年大屠杀期间有 50 多万头牲畜被杀或被带往国外，损失了 80%～90%。战后畜牧业逐渐恢复，1998 年山羊已达到战前水平的 30%，绵羊达到 40%，猪、鸡、兔的数量也有较快增长。遭屠杀的牛群的损失得到较快补充。1994 年新政府成立后，1959 年逃往乌干达、坦桑尼亚等国的老难民回归时带回了大批牲畜。1994 年大批牛群返回后，主要集中在东部地区的穆塔拉省进行放牧。当时穆塔拉地区尚人烟稀少，实际上这是卡盖拉国家公园的一部分。然而，该地区受到了萃萃蝇的侵害，尽管卢旺达安科勒（Ankole）品种的牛能抗热带病，但仍然有不少牧民又赶着他们的牛群返回了乌干达等国。

目前，畜牧业发展中存在的主要问题是疾病和缺乏医疗条件。疾病主要包括传染病和寄生虫病，一般情况下是由于卫生条件差和缺医少药所致。正常年景，牲畜患病的全部费用占畜牧业产值的 20%～25%。为改变这种状况，只要注意对饲料进行改善，增加兽医和药品供应，就可以大大降低损失。但是，牧民和国家对缺乏培训和缺少药品的状况无能为力。2001 年卢旺达有 5 个省暴发口蹄疫，农业部称从乌干达和坦桑尼亚非法进口牛只的商人传播了疾病，穆塔拉高原的大牧场主在卢旺达的邻国也拥有大批牲畜，这可能也加剧了疫情的扩散。卢旺达政府划定了隔离区，并禁止从隔离区运输牛只、肉类和奶制品。

战争对卢旺达人的饮食习惯也产生了间接影响。依照传统，

养牛是为了获得牛奶和奶制品。但由于从 1994 年起山羊减少，人们只好改吃牛肉。战前卢旺达原本不进口牛奶，在战后受到乌干达进口牛奶的激烈竞争，估计每年牛奶进口额为 5 亿卢郎。另外，受卢郎贬值等因素的影响，牛肉和牛奶价格上涨，而奶粉和羊肉涨价最为厉害，这样人们又转向了鲜牛奶和牛肉，1995~2002 年间，城市的牛奶和牛肉消费增加，农村因为相对贫穷，牛奶和牛肉的消费则有所下降。为了发展奶制品产业、增加农民收入，卢旺达政府和联合国开发计划署与畜牧业大省穆塔拉省的社群开始进行合作，自 2000 年以来，鼓励农民生产酸乳酪、奶酪和烹调用油脂。

为解决肉、奶的缺乏状况，平抑价格，最好的措施是对牲畜品种进行改良，以增加产量，但是从卢旺达有限的饲料资源看，全国的饲料资源估计为 7.76 亿个饲料单位，能够饲养 50 万头牛，200 万只山羊和绵羊。为扩大饲养能力，政府决定缩小卡盖拉国家公园的范围，将其一部分开辟成牧场。卢旺达安科勒品种牛的改良过程始于战前，目前仅剩 800 头改良奶牛。安科勒种牛耐劳，但产奶和产肉率低。一头安科勒种奶牛每年产奶 325 升，而一头瑞士奶牛每年能产奶 4000 升。经过配种，目前产奶量最高的杂交品种牛有 5/8 泽西（Jersey）、2/8 萨伊瓦尔（Sahiwal）和 1/8 安科勒的血统（参见表 4-5 和表 4-6）。

表 4-5 畜牧产品生产情况（2003~2007）

单位：吨

年　　份	2003	2004	2005	2006	2007
肉　　类	43589	48681	49861	52226	54780
鱼　　类	8144	8126	8180	9267	9655
蛋　　类	3402	2452	2452	2236	1620
蜂　　蜜	819	908	1029	1671	1676
牛奶(百万升)	12463	121417	135141	146840	158764

资料来源：卢旺达中央银行 2007 年年报。

表 4 – 6　牲畜存栏数（2003 ~ 2007）

单位：千只

年份	2003	2004	2005	2006	2007
牛	992	1007	1077	1122	1147
山羊	1271	1264	2664	2688	2738
绵羊	372	687	690	695	704
猪	212	327	456	528	571
家禽	2482	2482	2109	1776	1868
兔	498	520	427	418	423

资料来源：卢旺达中央银行 2007 年年报。

五　水产业

卢 旺达国内有 23 个大小湖泊和众多的河流，渔业发展有着相当大的潜力，基伍湖蕴藏着丰富的鱼类资源，每年潜在产量就可达 5000 吨。以前卢旺达居民在日常饮食中似乎不太看重吃鱼，所以渔业规模很小，不太发达。1990年鱼产量估计仅为 783 吨。近年来由于政府开始重视渔业，把它看作蛋白质食物的主要来源和就业途径，渔业有所发展。然而在目前，卢旺达鱼类的产量大大低于居民的需求，城市鱼类的供应尚需进口。据联合国开发计划署与卢旺达合作发展1997 年综合报告（1998 年 10 月），卢旺达的湖泊鱼类产量每公顷仅 40 公斤，而非洲的湖泊每公顷平均产鱼 150 公斤。鱼类产量低的主要原因，一是湖泊中鱼的品种贫乏，二是湖泊和河流等水域中没有天然的动物生态系统，三是养鱼技术简单落后。为发展渔业，需要作出很大努力进行放鱼养殖，增加鱼的种类等（参见表 4 – 7）。

表 4 - 7　水产品生产（2003～2005）

单位：吨

年　　份	2003	2004	2005
捕　　获	6726	6828	7000
水产养殖	270	381	612
总　　计	6996	7209	7612

资料来源：联合国粮农组织。

六　农村工业

卢旺达农村工业的规模很小，而且相对有限，多数是以农副产品为主要原料的小型加工厂和加工作坊，其主体是建在咖啡、茶叶产区的咖啡工厂和茶叶加工厂，产品主要供出口。卢旺达在全国拥有近 10 个茶叶加工厂。自政府推行私有化政策以来，国内外的私人资本已开始投资这类加工厂。另外，在除虫菊产区还建立了除虫菊提炼干花加工厂，这种加工厂建立后有效地促进了生产的发展。自卢旺达引进水稻种植后，在水稻产区也相继建立稻谷加工厂，如布塔雷、布加拉马、鲁瓦马加纳等地区的"水稻项目"都建起了碾米厂。加工厂碾成的大米供应国内市场。

七　农业技术及装备水平

卢旺达的农业生产虽然历史悠久，已基本摆脱了原始的耕作制度，但是由于历史和族群矛盾等种种原因，卢旺达的农业生产方式在总体上仍十分落后，农具简单，耕作粗放，技术水平很低，和现代农业生产依然相去甚远，在多项农业技术方面或是空白，或是有所了解和认识，在外国专家帮助下开始迈出可喜的步伐。

卢旺达农民世世代代善于顺应山势起伏的特点，修建梯田，进行等高种植，开挖排水渠道，建立合理的水利系统，种植树篱以控制水土流失，并善于根据山丘不同的高度、坡度及旱、雨季规律，合理布局各种农作物。另外，农民为了多种地，还善于利用旱、雨季交替，在干涸的河床和谷地种上庄稼。为发展农业生产和推广现代耕作方法，政府曾制定了农村改造计划及一系列发展农牧业的生产措施，并针对人多耕地少而导致的"地荒"等日益严重的问题，提出一系列合理利用土地的规章制度，如合理区划，制订农业生产多种化计划，改良土壤，开垦沼泽地，提高农畜产品的收购价格等。近些年来，卢旺达在中国和其他国家的帮助下发展水稻、甘蔗生产，沼泽地也得到开发利用，如中国援建的卡布耶和鲁瓦马加纳稻区在卢旺达享有盛誉。两个稻区共经营1300公顷稻田，占卢旺达现有稻田的40%，稻谷产量约占全国的50%以上。此外卢旺达对耕作制度也进行了一些改革：增施石灰，改良酸性土壤；推广使用复合肥料；选用良种和改良品种；改撒播稀植为条播密植，以及加强田间管理等。

在中国和卢旺达技术人员的共同努力下，水稻采取"育秧移植法"，使两年三季稻变成一年两季稻。采取此法是在收割前育好秧苗，收割后就整地插秧，改变了过去在收割后才育秧的做法。这样就争取了时间。经过摸索、试验和推广，90%的秧田实现了一年产两季稻，使单位面积产量翻了一番还多。水稻技术人员还根据卢旺达的气候特点，改良品种，选育良种。经过几年的试验和筛选，先后培育和推广了"楚雄三号"、"中卢友谊一号"、"中梗一号"等优良种子。"中梗一号"稻种抗病力强，颗粒饱满，产量高，深受当地农民的欢迎，被视为卢旺达目前最好的稻种。另外，稻区还很重视技术培训，提高田间管理的技术水平。几年来稻区先后组织当地技术推广员和农民代表进行集中培训，几百人受训后提高了技术水平，成为当地水稻种植的技术骨干。

在小麦种植中,为克服小麦传统品种莱斯姆达抗病性和丰产性差、生长后期倒伏严重的问题,推广应用了农科院的鲁亨盖里试验站的 4 个小麦品种,这些品种抗病性强,分蘖力强,灌浆速度快,粒重高,生长整齐,高产。同时从澳大利亚引进种子精选机进行种子精选,并推广按发芽率、出苗率确定播种量的技术。根据当地农田多为坡地,不能机械耕种的特点,采用 6 行开沟器,改小麦撒播为条播,并注意加强病虫和草害的防治。

近年来,政府重视在同水土流失作斗争、整治和开发沼泽地、多施肥料和增施化肥、培育农牧业新品种等方面采取措施,提高农业生产技术水平。卢旺达将每年的 11 月 10 日定为全国植树日,大力开展植树绿化活动,保护森林,保持水土。在咖啡、茶叶的种植中,试验高产品种,更新老化树种,鼓励种植高海拔优质茶,严格种植方法等。卢旺达在发展茶叶生产中非常重视品质问题,要求茶园规格化,采用良种;利用先进的加工技术,如使用先进的透气发酵设备和严格按发酵曲线控制的制茶、烘干机。为促进畜牧业发展,政府还鼓励灵活的小放牧、小养殖方式。

为了改变生产技术的落后状态,卢旺达曾先后兴建了一些科研、教育机构,如卢旺达农业科学所、国家科学技术研究所、卢旺达高等农艺学院等。国家马铃薯改良规划署曾从秘鲁引进薯族后代开展研究工作,并每年提供抗病和高产的新品种。在政府的关心下,设在布塔雷的高等农艺学院从 1998 年起正式恢复对大牲畜的科研工作,其目的是通过增加优良品种奶牛的数量来扩大牛奶产量,以满足居民的需求。为推广农业技术,政府在各地还建成了一些文化教育中心、农村发展中心、合作社等。

八 农业发展战略

卢旺达政府在发展宏观经济中将农业确定为优先发展领域,通过增加农业生产尤其是粮食产量来提高粮食自给率，增加农民的货币收入，向农村投资，改善农民的初级医疗和基础教育，同贫困作斗争。为此，卢旺达政府确定了下述农业发展战略：（1）重建支援农业生产的基础设施；（2）加强农业生产和地区专业化生产，一方面提高国家粮食自给率，另一方面加强地区间的贸易和增加农民收入；（3）增加对农业生产的投入，即投资于整治沼泽地和谷地，建立排灌系统，保持水土和改良土壤；（4）鼓励使用肥料；（5）恢复咖啡和茶叶的生产活力，优先重建茶叶加工厂，继续努力经营多种经济作物和替代进口作物；（6）引进畜牧良种，发展集约型和专业化现代饲养；（7）恢复植树，重新造林。

为实现农业发展战略，政府在组织制度上作了保证：（1）加强农业部的领导，促进各省农业部门和农业机构的发展和管理，充分发挥其领导和组织作用；（2）改革规章制度，便于私人向农业部门投资，解除国家对生产、加工和销售农产品结构管理的约束，以形成支持私营部门在农业中得以发展的环境；（3）修改土地法；（4）在深入研究环境的基础上更新推广体系，以符合农民的需要和实现已定目标；（5）农民及其协会参与管理和决策过程。

卢旺达农业发展中的突出问题是严重缺粮。为扭转粮食生产的不利局面，解决粮食危机，政府制定了加强粮食安全的目标和战略。首先，政府致力于增加粮食生产和增加农民的货币收入。具体措施为加强农业生产，重视地区专业化生产体系；重新指导生产制度；根据生产者的类型指导发展行动；根据市场发展生产；开发重要资源，尤其是沼泽地和谷地；对种茶土地实行新的补贴，保持坡地水池，减少牧场和造林旁的农用土地；普及农具和适合的农用机械。其次，稳定粮食的供应：政府一方面鼓励和支持有余粮的地区间的粮食交易，另一方面通过地区间贸易来确保粮食互补。具体措施为结合发展农村通信，更好地组织农村贸

易交流；为促进大湖国家经济一体化，消除税率和非税率壁垒；支持食品储存、加工和销售部门的投资者；改善农产品价格和交易的信息。最后，政府重新投资农村，具体措施为：严格确定并逐渐减少粮援受益者，实行用货币向农户再投资的计划；创造就业机会，吸纳因农业重组而出现的剩余劳力；消除私营部门发展的障碍。

为了支援农业发展，卢旺达政府在 2001 年 12 月开始实施一项 14 年期的农村发展计划，以实现农业部门的现代化，共投资 1.65 亿美元，其中 95% 的资金由世界银行资助。2004 年 8 月，财政部拨款 30 亿卢郎（约合 508 万美元）用于为农业发展项目提供贷款。财政部表示今后每年将给卢旺达发展银行拨款 30 亿卢郎，用于农业发展项目的贷款。卢旺达发展银行表示一定要有效地利用好这批资金，以达到政府的发展目标。卡加梅总统视察了设在布塔雷的农业研究所，宣布卢旺达政府考虑设立"农业开发研究基金"，要求科学家们把科研成果用于生产实践并向群众推广，让大家都受益，"而不能将其束之高阁"。

卢旺达政府在"2020 年远景规划"中，计划在 2020 年实现农业的转型：从不能满足自身需求的维生农业转变为以市场为导向的农业，鼓励专业化和多样化经营。到 2020 年，在一半的可耕地上建立现代化的农场，使蔬菜生产增加两倍，奶制品生产增加 3 倍，经济作物的产值增加 4~9 倍。

九　农业产业政策

卢旺达政府为农业发展政策确定了双重目标，即保障居民的粮食安全和增加农民的货币收入。为了实现既定目标，将实施以下的农业政策：第一，在土地方面，实现土地利用的多样化，开发高海拔地区和干旱草原，尤其开发中东部的沼

泽地和谷地，对沼泽地、谷地和城市周围的土地进行集约型经营。第二，在农作物的种植方面，在中西部地区重点发展咖啡、茶叶、土豆，大幅度减少粮食种植比例；在中东部地区种植灌溉作物；在全国种植花生和大豆；除谷物外，加紧生产粮食作物，特别是加强香蕉和木薯这两项主要粮食作物的生产；大力发展经济作物并促进出口。第三，在畜牧业方面，在中西部地区发展畜牧业，在中东部地区发展农牧业，饲养奶牛，生产肉类；在全国实现农、牧业互补，在大牧场和东部沼泽地附近饲养奶牛或肉牛；在灌溉区养猪，在城市周围地区喂养鸡和奶牛等牲畜。第四，在生产组织方面，重组农业生产单位，减少小规模经营，支持大规模生产单位，实行专业化生产，同农民的贫困化和边缘化作斗争，在城市周围地区进行集约型农业生产。在提高农民的货币收入方面，提供培训和贷款，促进农产品的保存、储备和加工业的发展。为促进农业的发展，卢旺达政府将进行下列改革：1. 实行土地改革。2. 实行权力下放，减少甚至摆脱国家干预，使国家的作用变为重组支援农业的技术服务部门（培训、物资和金融）。3. 实行私有化，成立私有化局，管理所有私有化事务，选择最佳私有化方式并独立地解决问题。

第三节　工业

一　概况

　　卢旺达的工业部门主要是采矿业和制造业，2003年工矿业生产总值为1927亿卢郎，约占国内生产总值的21.3%，工业从业人口约14万，约占全国总人口的2%。内战前卢旺达有各类工业企业220余家。1994年内战和大屠杀摧毁了卢旺达80%的电力生产能力，使工业遭受严重破坏。卢旺达政府在执行 1995～1998 年经济社会发展中期规划期间，工业生产逐渐恢复，1995 年工业产值达到战前 1990 年的 54%。1997年工业企业已有 70% 恢复了生产，工业生产进一步提高，比1996 年增长 19%。截至 1998 年 10 月，工业已恢复到战前生产水平的 78%，水泥厂、饮料厂等大型骨干企业已经恢复到战前生产水平。[①] 2007 年，卢旺达的工业产值为 1686 亿卢郎，占当年 GDP 的 15.95%，同比增长 14.7%。

二　制造业

卢旺达的制造业规模较小，不发达，主要是轻工业和食品工业，其中多为以农副产品为主要原料的小型加工厂和加工作坊，除咖啡、茶叶等农畜产品加工厂外，还有啤酒、汽水、卷烟、肥皂、火柴、造纸、电池、皮革、塑料、家具和水泥厂等。所有产品仅供应国内市场，绝大部分工业制成品依赖进口。哈比亚利马纳政府比较重视工业的发展，在其执政期间兴建了一些冶炼厂、大型茶叶加工厂、机械制造厂和纺织厂，以改变从前主要出口初级产品和农产品的状况，但由于国内市场狭小，加上内战破坏和工业处于恢复阶段，卢旺达的制造业发展比较缓慢。1999 年制造类企业不到 50 家，具体情况如下：农工业 19 家、印刷造纸业 5 家、化学 13 家、建筑材料 4 家和金属制造 5 家，大部分企业经营情况良好。

1999 年，制造业产值达到 678 亿卢郎，但各部门的发展并不均衡。2001 年的水泥产量为 83024 吨，比 1999 年增长了25%，比 1993 年的产量增长了 38%。化学工业在 1999 年增长了9.9%，在 2000 年又增长了 2.7%。然而，轻工业的发展呈倒退

---

① 葛佶编《简明非洲百科全书》，中国社会科学出版社，2000，第 558 页。

趋势。啤酒的产量大幅度下降，从 1998 年的 6500 万升降至 2001 年的 4790 升，降幅为 26%。软饮料的产量也从 1998 年的 3630 万升降至 1999 年的 2070 升，2001 年有所回升，产量为 2280 升。纺织品的产量从 1030 万米下降到 2000 年的 990 万米。烟草业是 2000 年表现最好的部门之一，产量为 3.27 亿支，比上年增长了 50.7%。2003 年，卢旺达获得《美国非洲发展和机遇法案》的受惠国资格，该项法案准许低收入的非洲国家使用进口的织物和纤维生产向美国出口的纺织品和服装。2002 年，制造业产值增长了 8.9%，食品、啤酒、软饮料和烟草业增长了 6.2%，它们在制造业产值中的比例占到了 82.8%，2003 年，这些部门的生产下滑了 6.9%，也使得制造业产值下降为 803 亿卢郎，约占工业生产总值的 41.67%。

在 1994 年前执政的卢旺达政府为保护本国制造业，执行关税保护政策。大屠杀后上台的卢旺达政府在很大程度上打破了关税壁垒，制造业面临竞争的压力。最大的企业卢旺达啤酒厂是政府的利税大户，税收的增加提高了产品的成本，使得不少消费者转而饮用传统的香蕉酒。电费的上涨成为困扰制造业的另一个主要问题。1994 年前，卢旺达的制造业占工业产值的一半以上，到 2004 年减少到 41%，仅占国内生产总值的 8%。2005 年，尽管面临种种困难，制造业发展势头仍然良好，产值比上年增长了约 18%。2007 年，制造业的产值为 758 亿卢郎，同比增长 7.9%，占工业总产值的 48%。

三 采矿业

卢旺达的矿产资源匮乏，采矿业规模小、产值低，2003 年的产值为 570 亿卢郎，仅占工矿业生产总值的 2.96%，但矿产品是卢旺达重要的出口收入来源，已开采的矿藏主要有锡、钨、钽、铌、黄金等（参见表 4 - 8）。

表4-8 主要工业品（2003~2007）

年 份	2003	2004	2005	2006	2007
饲料（吨）	3563	3670	3340	3340	3038
面包（吨）	13902	15292	16821	18167	19862
奶制品（千升）	340	741	1568	1566	1803
果汁（千升）		329	1048	1216	1412
面粉（吨）		1090	4592	4910	4078
啤酒（百升）	41228	43795	54053	70218	73100
香蕉酒（千升）	1078	638	658	687	750
高粱酒（千升）	407	106	127	116	123
软饮料（百升）	19279	21650	28653	35152	36028
白糖（吨）	5307	8256	9972	9862	20753
香烟（百万支）	402	365	373	343	125
纺织品（千码）	8300	3957	3698	3532	3540
皮革制品（吨）	1940	2150	3138	3527	4137
香皂（吨）	4455	7414	6529	6428	7263
油漆（吨）	2387	2274	2114	2367	2692
电池（千盒）	7	4	16	20	25
水泥（吨）	105105	104288	101128	102589	103034
PVC 管（吨）	4328	4692	4960	5310	5685
波纹铁皮	5191	6022	6684	7586	8611
钉子	1294	501	870	1179	1367

资料来源：卢旺达中央银行2007年年报。

卢旺达的矿产主要与比利时共同经营，由于比利时控股51%，出口基本上由比利时矿业公司控制。近年来，国际社会上有人批评称卢旺达出口来自刚果（金）的矿产品，这些矿产品是从卢旺达军队控制区域开采的。在1995年（扎伊尔政府控制

的最后一年），卢旺达铌—钽铁矿的出口只有 1998 年出口量的
1/4。国际货币基金组织估计，卢旺达在 1998 年上半年出口的黄
金和钻石价值为 3000 万美元，而卢旺达并没有钻石矿。2001 年
4 月，联合国一个负责调查非法开采刚果（金）自然资源情况的
专家团在报告中称，卢旺达出口的铌—钽铁矿石、锡石、黄金和
钻石有许多是在刚果（金）非法开采和出口的，并建议对卢旺
达所有的矿产品出口实行禁运。报告对卢旺达在 1995～2000 年
间的官方数据进行了对比，指出在此期间，卢旺达的黄金出口从
1 公斤增加到 10 公斤，锡石出口从 247 吨增加到 437 吨，2000
年卢旺达出口了 30491 克拉的钻石。卢旺达政府和刚果（金）
的反政府武装对报告都予以否认，强调刚果（金）、卢旺达和布
隆迪都是大湖地区经济共同体的成员国，准许在这些国家之间进
行货物的转运，此外，矿物出口时也交纳了出口税，因而这些矿
产品的开采和出口都是合法的。联合国专家团的报告与卢旺达中
央银行提供的数据存在很大出入，按照卢旺达中央银行的说法，
卢旺达 1999 年锡石的出口量为 308 吨，2000 年为 365 吨；铌—
钽铁矿石的出口量 1999 年为 330 吨，2000 年为 603 吨，钨矿石
的出口量 1999 年为 84 吨，2000 年为 144 吨，这些出口数字与国
内生产数据相吻合，矿石出口量的增加以及铌—钽铁矿石价格的
上涨（由 1999 年的每公斤 14 美元上涨到 2000 年的 18.8 美元）
使 2000 年矿产品的出口收入比上年增加了 145%，达到 1130 万
美元，矿产品的出口收入在全部出口收入中所占的比例也从
9.5% 提高到 18.2%。2001 年上半年，由于铌—钽铁矿石的价格
大幅上涨，矿产品出口收入达到了 4000 万美元。然而，铌—钽
铁矿石的价格因巴西和澳大利亚开采量的增加而急剧下跌，导致
2002 年铌—钽铁矿石出口收入减少了 62.5%，为 65.21 亿卢郎，
在同期，锡石的出口从 553 吨增加到 690 吨，钨矿石的出口则从
163 吨剧增到 324 吨，2002 年的矿产品出口达 74.40 亿卢郎，占

出口总值的 24%。

近年来，卢旺达矿产业进入了快速发展时期，2003 年矿产出口收入为 1200 万美元。2007 年，主要的矿石产量增长了 37.3%，产值增长了 40%。国际市场上钨矿石价格的上涨刺激了钨矿的开采，其产量从 2006 年的 1436 吨增加到 2007 年的 2686 吨，增幅为 87%。锡矿石和铌—钽铁矿石的产量也分别增长了 19.1% 和 28.7%。2008 年前 9 个月矿石的出口已达到 7000 万美元，相当于 2007 年的出口总额，而 2008 年全年出口预计将达到 1 亿美元。矿产出口已经超过了咖啡、茶叶和旅游业，成为卢旺达外汇收入的最大来源，占总收入的 35%。卢旺达矿产资源部认为，矿产业的快速发展主要有以下几个原因：一是近几年国际市场矿产价格的大幅上涨刺激了采矿业的发展。二是卢政府采取的经济自由化政策吸引了大量私营投资者和外国投资者，仅 2007 年就吸引外资 5200 亿卢郎（折合美元 9.45 亿美元）。目前在卢从事采矿行业的外国公司已达 12 家，个体矿主或合伙已达 181 人。三是自然资源部联合投资促进局共同制定的鼓励政策，正在吸引更多的投资者。据悉，为了吸引更多的外资和投资人开发矿产资源，卢政府正在拟定和出台矿产法以及有关条例（参见表 4-9）。

表 4-9　矿石生产概况（2003~2007）

单位：吨

年　　份	2003	2004	2005	2006	2007
锡　矿　石	1458	3554	4532	3835	4566
铌—钽铁矿石	187	220	276	188	242
钨　矿　石	120	157	557	1436	2686
总　　计	1765	3931	5365	5459	7494

资料来源：卢旺达中央银行 2007 年年报。

四 能源业

卢旺达是个能源紧缺的国家，能源消耗有 97% 来自木材，2% 来自电力，1% 来自燃料油等其他能源。1990 年以来，由于人口和牲畜迁移造成的过分砍伐使森林遭到严重破坏。卢旺达多山且山地雨量充沛，水力资源比较丰富，主要依靠水力发电。2008 年比利时政府资助的一份研究报告指出，卢旺达有 330 多处可进行发电的水力资源。目前，卢旺达电力供应主要来自四大国有水力发电站：第一个水电站是由比利时人于 1959 年在位于吉塞尼的基伍湖岸边建成的，装机容量 1.2 兆瓦；同年，另一个可发电 11.5 兆瓦的水坝在北方省的恩塔鲁卡河上建成；1982 年，装机容量 12.5 兆瓦的穆孔戈瓦水电站建成；1985 年又建成装机容量 1.8 兆瓦的吉伊拉水电站。国家发电站能达到的最大功率仅为 2400 万千瓦时，不能自给自足，缺口很大，每年要从邻国刚果（金）和乌干达进口电力。1998 年，卢旺达从刚果（金）鲁济济电站进口了 5690 万千瓦时的电力。尽管进口电力，但国家发电站仍是超负荷运转，如穆孔戈瓦站生产的电力为年可发电量的 157%，恩塔鲁卡站则达到 207%。2007 年，卢旺达本国发电量为 1.66 亿千瓦时，进口电力 0.85 亿千瓦时，电力供应量同比增长了 8%，达到 2.49 亿千瓦时。

卢旺达政府正在筹建两个大型水电站，一个是位于尼亚马加贝地区的卢卡拉拉水电站，已经于 2008 年开始建设，计划于 2009 年建成，装机容量 9.5 兆瓦；另一个是装机容量 27.5 兆瓦的尼亚巴隆戈水电站，项目资金由印度进出口银行提供优惠贷款，工程由两家印度公司承建，预计于 2011 年建成。除了国内的水电资源，卢旺达政府还正在计划与邻国共同开发区域性水电资源。其中邻近坦桑尼亚边境的阿卡格拉河水电潜力为 62 兆瓦；

邻近布隆迪和刚果（金）边境的鲁济济河有两处水电站选址，水电潜力分别为 82 兆瓦和 205 兆瓦。这些水电站的可行性研究和电力输送线路将于 2009 年完成，项目预计将在 2014 年建成，届时卢旺达将从这些区际项目中分享到至少 115 兆瓦的电力供应。

除此之外，卢旺达政府也积极发展 1～50 兆瓦的微型水利发电站。已经付诸实施的有 21 个水力发电工程，总发电能力 11 兆瓦，另有 11 个工程正在计划当中。有 9 个由政府出资的水电厂于 2009 年建成。有 3 个与联合国工业开发组织合作的微型水电项目将于年底投入使用。比利时政府出资的 5 个水电站也正在建设之中。同时，卢旺达政府利用荷兰政府的资金支持和德国一家科技公司的技术支持来筹建另外 6 个小水电站，并鼓励私人企业入股参与这些项目。欧盟也出资 50% 建设 5～10 个微型水电站，目前正在进行可行性研究，计划 2010 年投入使用。

虽然水力发电具有很多优点，但是过度依赖水力发电也存在一定的问题，例如降雨量减少使得河流水位降低带来的发电量大大减少的问题在过去几年中就曾多次出现，曾带来了严重的电力危机。为使电力供应更加稳定，政府也在探索其他能源发电的可能性，例如利用沼气发电、地热发电等。虽然卢旺达政府一直在积极利用其地理优势开发水电资源，但卢旺达的电力供应目前仍存在很大缺口，很多农村地区没有电力供应，大城市也存在经常性断电问题。电力供应不稳定、成本高已成为制约卢旺达经济发展的重要因素，因此卢旺达的电力开发还有很长的路要走。

为解决能源问题需要，卢旺达开发了基伍湖的天然气。基伍湖天然气蕴藏量达 600 亿立方米，是世界上最大的天然气储藏地之一。1962 年曾在吉塞尼进行过实验性开采，每天开采

500 立方米，供应卢旺达啤酒饮料厂的锅炉。近 30 年来一直是小量的试验性开采。1997 年对工业性开采天然气进行了重新研究。卢旺达政府与南非的莫索煤气（Mossgaz）公司进行接触来恢复试验工厂。卢旺达政府与南非公司合作开采计划主要有两点：一是将天然气的产量提高 5 倍，以降低卢旺达啤酒饮料厂对燃料油的需求；二是利用天然气发电。为此，政府在 1999 年 2 月成立的能源部中内设了一个促进开采基伍湖天然气计划的独立单位。卢旺达国内外的一些投资者已对开采计划产生兴趣，如莫索煤气公司、三星投资公司等。2002 年 7 月，一家以色列电力公司与卢旺达政府签约建立一个发电能力为 2500 万度的沼气发电站，卢旺达政府预计沼气的发电潜力能够达到 7 亿度。但是，开采天然气面临着一个很大的问题，天然气处于湖的深层，开采起来非常困难，因此需要的投资也是惊人的。开采天然气不仅能解决卢旺达的能源问题，而且能解决布隆迪的能源问题，将保证该地区的持续发展。2009 年 6 月，卢旺达与刚果（金）商讨如何合作开发基伍湖的沼气，讨论了湖底能源的潜在储量、市场、技术利用、项目资金和项目管理队伍等问题。

　　1999 年，南非的因根（Engen）石油公司控制了卢旺达石油市场 25% 的份额。同年 8 月，壳牌石油公司以 210 万美元的价格收购了卢旺达石油销售公司。

　　卢旺达的水资源不存在特殊问题。1997 年，每人平均拥有淡水 798 立方米。95% 的淡水用于农业，1% 用于工业，4% 供家庭消耗。卢旺达每年抽取的淡水占全部水资源的 12.2%。在 1981～1990 年间，卢旺达大约 71% 的农村居民可饮用卫生水，即一半居民饮用经过治理的泉水和井水，20% 饮用引水。在城市，水管接通率为 71%。1997 年，城市饮用水接通率为 79%，农村为 44%。内战期间大部分的水利基础设施遭到破坏。在战后的修复工程中，除卢旺达水电气公司本身的资金外，还有联合国儿童基金会和国际红十字会提供资金。卢旺达有 15 座水处理厂，其中 12 座向城市供水，其余 3 座向农村供水。2009 年，由荷兰政府、卢旺达政府和世界儿童基金会共同出资 2100 万美元的 WASH 净水工程开始实施，项目工期为 4 年。该项目建成后将为卢旺达西北部地区超过 40 万的居民提供干净的生活用水，其中包括 200 所乡村小学和 50 所卫生院。该工程将改善目前卢旺达普遍存在的生活用水短缺和清洁度低的问题（参见表 4 - 10）。

表 4 - 10　电力和水的生产情况（2003 ~ 2007）

年　　份	2003	2004	2005	2006	2007
电力（百万千瓦时）					
本国发电量	118	91	116	168	166
出口电力	3	2	2	2	2
进口电力	121	116	89	64	85
可用电力	235	204	203	230	249
处理水（百万立方米）	18	16	16	16	18

资料来源：卢旺达中央银行 2007 年年报。

五　建筑业

建筑业和公共工程是工业部门中最重要的行业之一。内战结束后，卢旺达的建筑业发展较快，年增长率达 20% 以上，尤其是在首都基加利，施工项目随处可见，建筑业已经成为带动国民经济增长的主要动力。1999 年建筑和公共工程的产值 414 亿卢郎，是 1995 年产值 180 亿卢郎的两倍还多，主要包括建设和维修住房以及重修道路，2000 年这个产业增长了大约 13%，2002 年进一步增长了 15%。2003 年，建筑业产值达到 1031 亿卢郎，约占工业生产总值的 53%。建筑业发展较快的主要原因有以下几方面，一是大批难民回归，需要解决居有定所的问题，卢旺达政府在国际社会的援助下，建起了许多难民村，集中安置回归后无房的难民，从 1995 年至 2001 年末，卢旺达修建了 265229 座房屋。二是为解决卢旺达人多地少、便于集中供水和进行管理的问题，政府于 1996 年制定并通过了集中居住的政策，投资建设集中居民区和新村庄，号召并动员无房的居民进住。三是一些开发商和外国投资公司看好卢旺达的房地产生意，投资建设成片的住宅，如卢旺达保险公司和韩国三星投资公司在基加利郊区的尼亚鲁塔拉马建成 154 间住房，总价值 2000 万卢郎。近年来，卢旺达城市人口正以每年 4% 的速度增长，随之而来的是城市居民对住房建设需求的快速增长。卢旺达的主要城市每年对新增住房的需求量为 25000 套，其中首都基加利市需求量为 10000 套。

建筑业的兴旺带动了水泥、制砖、铁皮等建筑材料的发展。1998 年 8 月，财政部曾宣布，凡从国外进口水泥一律免税，以解决国内水泥价格上涨问题。2002 年，鉴于水泥产量的增长，卢旺达政府宣布对水泥的进口征收 25% 的关税，但从东南非共同市场成员国进口的水泥以及制造水泥的原材料可享有 5% 的优惠关税。按照 2001 年的固定价格计算，水泥增值 49.2%。2007 年，建筑业和公共工程在 GDP 中的比重从上年的 5.2% 猛增至 15.9%。

六 手工业

卢旺达的手工业主要在农村，以制作陶器、盘子和器皿以及编织为主，还酿制香蕉酒和高粱酒。另外还有手工艺，生产木雕、绘画等，主要用于旅游业。

七　工业发展存在的问题

卢旺达工业生产尚存在的问题主要有：（1）缺乏原材料。卢旺达的矿产资源贫乏，尤其是能源、电力尚需进口。1998 年 12 月，肯尼亚受水灾的影响限制公路吨位（不能超过 30 吨），向卢旺达运送石油的成本上升。（2）战争破坏的恶果严重。内战使工厂设备和技术人员基本丧失，如纺织工业完全瘫痪。曾有 600 多名工人、月产 40 万米布、每次上缴国库税收达 1 亿卢郎的卢旺达纺织厂在内战中被全部破坏。据卢旺达工商会 1995 年调查，工业部门恢复生产至少需 5000 万美元。（3）受邻国产品的竞争。自卢旺达加入东部和南部非洲共同市场和降低关税以来，邻国特别是乌干达的产品源源流入并充斥卢旺达市场，因价格便宜，产品旺销。另外，布隆迪并未真正受到禁运的打击，禁运有利于走私。这样，一些产品从布隆迪走私入境。（4）卢旺达产品缺乏竞争力。国家虽宣布降低关税，但对一些产品的消费税却由 60% 升至 80%，导致产品的生产成本上升，因价格太贵，无法和外国产品竞争。

卢旺达水泥厂简介

卢旺达水泥厂是中国与卢旺达合作的成果之一。该水泥厂由中国政府援建，设计能力原为年产 5 万吨，经改造后年产水泥 7 万吨。该项目于 1979 年开工建设，1984 年建成投产并移交卢方。卢旺达水泥厂投产后不久因资金和管理遇到困难，出现亏损。1985 年 7 月，中国建材工业对外经济技术合作公司与卢旺达工业手工业部签署了对卢旺达水泥厂的代管合同。代管经营实际上是一种合作管理。按双方约定，中卢双方组成管委会讨论决定工厂的预算和发展计划等重大问题。中方主要负责中层干部任免、工人招聘及解雇和技术、生产、供销、财务等项工作。卢方部门副经理以上干部由卢旺达总统任命。中方在组织生产时，注重技术改造和科学管理，积极培训卢方干部和工人，并根据需要，选送卢方人员来我国学习相关技术和专业。经过培训，卢方人员可担任车间主任和部门副经理等职。实行代管以来，中方的真诚合作与认真负责的精神赢得了卢旺达政府和各方面人士的信任和支持。哈比亚利马纳总统在视察水泥厂时对中方技术组说："中国技术组业绩出色，卢旺达人民永远感谢你们！"

在第一期代管的 5 年中，水泥厂共生产优质水泥 31 万吨，不仅满足了卢旺达国内市场的需求，结束了进口水泥的历史，而且于 1991 年开始部分外销。这期间，水泥厂累计获利 14.66 亿卢郎，折合 1955 万美元，卢旺达政府受益达 30.35 亿卢郎，折合 4047 万美元，为水泥厂总投资的 1.77 倍。此外，每年为卢旺达节约进口水泥用汇 800 万美元。卢旺达水泥厂在中国公司的代管下，一跃成为最大的赢利企业之一和卢旺达国家财政的重要支柱。

1994 年卢旺达内战对水泥厂的生产影响极大。内战结束后，应卢方邀请，中方派出技术组返回卢旺达，与卢方人员一道恢复生产。在此基础上，水泥厂计划改造设备，扩大生产规模。目前，该厂是卢旺达唯一的水泥厂，也是卢旺达最大的工业企业之一，是年年名列前茅的利税大户。该厂 20 年来累计生产水泥 120 余万吨，为卢旺达创利税超过 6000 万美元，解决了 500 多名职工的就业，培养了一大批水泥生产和经营管理的技术骨干，中国经营管理专家组由合作之初的 84 人减少到如今的 18 人，但各项生产经营活动进展顺利，2004 年上半年又超额完成了生产计划。2006 年，卢旺达水泥厂实行了私有化，成为卢旺达投资集团（RIG）的子公司。

近年来，卢旺达水泥需求不断增加，本国水泥无法满足国内需求，越来越多地依赖进口。2007 年，卢旺达建筑行业和公共工程的增长速度达 15.2%，是经济增速的两倍，不得不每月从乌克兰和中国进口 500 吨水泥。2008 年，卢旺达水泥厂投资 274 亿卢郎（合 5000 万美元）建设新的水泥生产线。卢旺达水泥厂于 2008 年 6 月与中国江苏鹏飞集团公司签订总包合同，由鹏飞集团负责新水泥生产线的设计、设备供应、安装和技术支持。该项目计划于 2010 年建成，建成后年产能力达 60 万吨，是目前水泥厂产能的 6 倍。

第四节　商业和服务业

一　商业

卢旺达是非洲内陆小国，交通不便，国力薄弱，经济落后，市场狭小，商业不发达，几乎没有国营商店，也没有大型的商场，多为小型私营的综合店、百货店，连锁店、专营店较少。卢旺达商人因本小利微，订货选择慎重，进货批量不大，但品种多，货物全，周转快。内战结束以来，国家百业待举，经济缓慢恢复，而经济恢复首先始于商业和服务业的发展。随着国内局势逐渐稳定，大批难民先后回归，城市和大的商业中心的居民随之增加。爱国阵线上台执政使多年流亡国外的图西族难民返回祖国。他们当中有相当一批拥有一定经济实力、有着国际商业经验的图西族商人。他们回归后投资领域首选商业和服务业，这也就使商业和服务业领先于其他生产部门达到了战前 1990 年的水平。商业生产的较快恢复也带动了服务业的增长。2007 年，服务业产值达到 5314 亿卢郎，占国内生产总值的 49.2%，其中商业产值为 1179 亿卢郎，占当年服务业产值的 22.2%。

　　卢旺达的商品市场总体来说是一个自由市场，中、低档商品有一定的销路，卢旺达人的需求较旺，但购买力有限。卢旺达首都基加利市的市场比较杂乱。中国浙江省一家个体户在卢旺达开设了一个综合商店（名称为 2000 年商场），占地面积 300 多平方米，经营日用百货，算是比较大的一家商店。自 1999 年以来，印度、巴基斯坦人开设的商店逐渐增多，其中有几个综合性的超市。基加利的商店门面一般为 30～50 平方米，都是私有经济性质。当地人开设的正规商店较少，大部分是在临时搭的小棚子内的商摊，环境卫生条件极差。在市中心，有一个较大的市场，被人称为"臭市"，在这个市场上可以买到一些在所谓正规商店买不到的急需的小商品。还有一个人们称之为"小偷市场"的市场，用于销售偷盗来的物品。

　　卢旺达商场销售的电器多半是日本、中国、东南非等地制造的。多数药品是从西方国家进口的，中国生产的治疗疟疾的药品科泰新（每片约 0.5 美元）也非常有名，但由比利时人经销。市场上销售的旧服装有些是从欧美地区按公斤进口的二手服装。燃料、车辆都是进口的，机动车主要是日本生产的，有几家专营日本车的车行，在街上跑的小公共车多数是二手车。大米、面粉、食用油等食品有的是进口的，有的来自其他国家的捐赠，但捐赠品又回流到商品市场上出售。目前，日常生活所需商品基本能在基加利市场上买到，同类产品的价格比周边国家高出一倍。卢旺达各省、市、县、区有小商店和定期或不定期的农贸集市，有的集市规模很大，上千人参与交易，销售一些自产的农副产品。在此类集市上，当地人出售香蕉酒，也有一些小商小贩销售日用百货等生活用品。

　　近几年，卢旺达商业生产的增长有以下原因：一方面 1996 年布隆迪政变后周边国家对布隆迪实行禁运，另一方面在刚果（金）战争中卢旺达控制了其东部一些商业活动。卢旺达从表面上看是粮食销售市场，但同时也成为了向布隆迪转口诸如燃料产品，向欧洲转口诸如黄金、钻石等矿产品的市场。无论禁运还是刚果（金）战争，尤其是恢复和发展同刚果（金）东部的商业活动，都使卢旺达从中获得巨大商业利益。

二　服 务 业

卢旺达的服务业分为商业服务和非商业服务，商业服务包括商业、运输、金融等，非商业服务包括行政、非营利机构、非政府组织、进口税等。服务业从业人员占劳动力人口的 6%，2003～2007 年间，服务业平均占国内生产总值的 47%。

卢旺达的银行系统由中央银行、商业银行和特别用途银行组成。中央银行为卢旺达国家银行，1964 年成立，其职能包括发行卢郎、给国家金库垫款、负责管理各私营银行的经营活动、确定贷款的最高限额、管理外汇等。1994 年前，卢旺达的大多数银行受到外国金融机构控制。大屠杀中很多从银行贷款的客户被杀导致无法偿债，很多通过贷款融资的投资项目终止，遗留了大量呆、坏账。同时，银行业人才大量流失，使得银行业务的运转受到了严重影响。

内战和大屠杀使卢旺达的银行业遭到严重破坏，银行业务人员不是被杀就是被迫逃亡。据卢旺达商业银行总经理尼雍巴依雷介绍，大屠杀前，商业银行有干部和职员 500 多名。在银行恢复营业时只找到 144 名职员，其中仅有 2～3 名干部。90% 的分行网点被毁。由于客户死亡、弃债逃跑和业务被毁，银行 50% 的票据受到损坏。另外，有的银行家因政治上受牵连，在逃跑时带走了大量的储备金。因此，战后在银行系统被毁坏的情况下，一些银行几乎到了被取消的程度。为恢复濒临崩溃的银行系统，卢

旺达政府和卢旺达国家银行进行了艰苦努力，采取了有力的措施，主要是实行汇率自由化和对卢旺达国家银行的准备金不征税。此外，国家还制订了银行业3年恢复计划，该计划得到世界银行的同意。但与此同时，主要的西方股东却从卢旺达银行业中悄悄地撤出。第一个撤走的是卢森堡大陆银行，以后撤走的还有法国国家巴黎银行等。留在卢旺达的主要是比利时股东，如布鲁塞尔朗贝尔银行等。在卢旺达政府实行自由化政策的影响下，到1999年卢旺达的商业银行得到空前发展，其数量翻了一番。1994年时，卢旺达有3家商业银行，即"卢旺达商业银行"（BCR）、"卢旺达非洲大陆银行"（BACAR）、"基加利银行"（BK）。国家在这3家商业银行都是股东，控股10%～40%，其余大部分股份由西方银行集团和卢旺达的私人控制。1995年以来，又先后成立3家商业银行，它们是："工商开发银行"（BCDI）、"金信银行"（BANCOR）和"保险总公司银行"（COGEBANQUE）。新成立的这3家银行的共同特点是，它们的股东都是非洲人，以卢旺达人占多数。

除了6家商业银行外，卢旺达还有3家特别用途的银行，它们与商业银行的区别就在于资金来源方面的差异，其资金来自储蓄和一年期以上的定期存款，主要投资于卢旺达国家银行代表政府管理的部门。分别是卢旺达开发银行（Banque Rwandaise de Developpement，BRD）、卢旺达抵押银行（Caisse Hypothecaire du Rwanda，CHR）和由148家合作银行联合组成的卢旺达人民银行联盟（Union de Banques Populaires de Rwanda，UBPR）。卢旺达人民银行联盟因其所有制结构和在宏观金融活动方面审慎的规章制度而有别于其他银行，其市场份额大于3家规模较小的商业银行。卢旺达开发银行的发展处于停滞状态，没有履行开发银行的职能。卢旺达抵押银行已经破产多年，在2003年接受政府5亿卢郎的资金，准备向公务人员提供住房贷款。

1996 年布隆迪政变后遭到了经济制裁和贸易禁运，1996 年 10 月卡比拉在原扎伊尔东部起兵并于 1997 年 5 月 17 日在金沙萨夺权，1999 年乌干达央行关闭了两家主要的乌干达银行。这 3 起事件不断对卢旺达的银行业产生了影响。由于受到制裁，布隆迪的金融形势不断恶化，国家外汇储备枯竭，希望获得贷款的布隆迪商人在这种形势下只能转向卢旺达银行。卢旺达实行自由化政策，而在布隆迪是由中央银行作出最后决定，因此在卢旺达开办押汇信用证比在布隆迪容易，布隆迪商人就有可能从这些卢旺达银行获得外汇。卡比拉在金沙萨的胜利给基加利和坎帕拉的政界和金融界带来喜悦和鼓舞，卢旺达工商开发银行很快在金沙萨成立"商业开发银行"。不幸的是，1998 年 8 月 2 日刚果（金）内战再次爆发，反政府组织不仅控制了刚果（金）的东部，而且完全脱离了刚果（金）国家银行的控制。这样，刚果（金）东部的一些公司就在卢旺达银行开办了账户，从国外来的大量资金通过卢旺达银行向刚果（金）东部转移。据说每年转移的资金达 3 亿美元。另外，由于乌干达银行系统出现问题并关闭了一些银行，许多乌干达实业家也在卢旺达银行开办了账户。

卢旺达商业银行在恢复中的基础并不很稳固，在业务中也存在一些问题。卢森堡大陆银行撤资后，卢旺达非洲大陆银行也在重组之中。以前，农业和畜牧业的小额信贷都是由各人民银行提供。人民银行曾拥有 136 个分行和 18.6 万个储户，但在大屠杀后难以重新启动，人民银行的作用只好由各商业银行代替承担。银行恢复业务时，首要任务就是自我筹备资金。因此，各银行与其说重视信贷，不如说更重视外汇市场，并从事投机买卖。对外汇需求的增加造成黑市上卢郎的贬值。为了对付货币贬值，卢旺达国家银行限制外汇流通，但因外汇需求超过供给，假美元和假卢郎便在基加利和刚果（金）东部出现。总体来说，卢旺达的商业银行尚缺乏资本，客户的存款也不多，所以还不能提供较多的长期信贷，对国家重建的贡献也很有限。另外，银行贷款的利率虽然自 1997 年以来趋于下降，但仍保持在 15% ~ 19% 的较高水平上。

大屠杀发生后的紧急状态期，大量紧急援助资金流入卢旺达，极大地刺激了经济复苏；卡加梅领导的新政府开始大量吸引投资，刺激本地市场复苏。金融机构的信贷活动也受到刺激，银行通过向房地产、酒店、建筑等行业融资来恢复业务，银行贷款总额急剧上升，不良贷款总额度也居高不下。不良贷款的产生与借款人不能很好地使用贷款、借款人本身的能力不足和融资项目的不赢利等有关，同时也与银行本身人力资源缺乏、管理能力欠缺和经验不足有关。银行业发展到最近几年，已经逐步完善了管理，积累了一些经验，不良贷款率出现了下降趋势。近年来，大多数卢旺达银行对贷款持审慎态度，对工商业企业的贷款条件非常严苛。全球金融危机发生以来，虽然有的外资银行宣称将继续在卢旺达扩张业务，支持工商业、房地产业的融资，但大多数银行对贷款业务持保守态度。

2006 年 7 月末，卢旺达银行系统的资产总额为 2660 亿卢郎，约合 4.6 亿美元，储蓄总额为 1700 亿卢郎，约合 2.93 亿美元。银行系统的雇员总数大约有 1900 人。在 2003 年末，政府拥有 45% 的银行资产。在 2004 年完成了对"卢旺达商业银行"和"卢旺达非洲大陆银行"的拍卖后，政府拥有的资产大幅减少，但仍在银行系统中占有重要地位。随着经济全球化和信息时代的到来，卢旺达各银行之间的竞争也越来越激烈。为吸引更多的客户，它们各显神通，推出新举措，有的银行计划与外国银行合作，有的银行推出第一张银行卡并向卢旺达引进电子货币等。今后国家将从各商业银行撤出尚存的全部股份（参见表 4 - 11、表 4 - 12 和表 4 - 13）。

表 4 - 11　各银行概况

	成立时间	所有权	分支机构（个）	雇员（人）	市场份额（%）	
					储蓄	贷款
商业银行						
基加利银行	1966	50% 外资;50% 国有	8	300	26.2	22.6
工商开发银行	1995	100% 私有	11	245	22.2	19.6
卢旺达商业银行	1983	100% 国有	7	185	17.2	15.0
金信银行	1995	100% 私有	2	50	7.3	8.6
卢旺达非洲大陆银行	1983	66% 国有;34% 私有	4	160	8.3	9.1
保险公司总银行	1999	100% 私有	3	63	3.4	5.1
特别用途银行						
卢旺达人民银行联盟	1975	100% 私有	149	700	9.7	12.8
卢旺达开发银行	1967	33% 国际援助机构所有;11% 私有;56% 国有	1	51	5.3	7.1
卢旺达抵押银行	1975	17% 私有;83% 国有	1	24	0.5	0.0

资料来源：国际货币基金组织。

表 4 - 12　商业银行汇总账户（2001~2005）

单位：十亿卢郎

年　　份	2001	2002	2003	2004	2005
储备金	16.8	12.3	17.1	14.3	13.4
现金	2.5	2.0	2.8	2.7	2.4
在中央银行的存款	14.3	10.3	7.9	10.5	11.0
货币市场贷款	0.0	0.0	6.5	1.1	0.0
外部资产	19.8	32.9	34.3	39.1	49.8
对政府贷款	7.7	7.3	8.0	14.7	15.1
对非政府部门贷款	77.2	85.1	93.1	107.3	124.1
对公有企业贷款	0.7	0.7	0.8	3.4	4.8
对私营企业贷款	59.6	69.3	75.3	83.2	95.2
对其他金融机构贷款	0.2	0.1	0.2	0.1	0.2
其他	16.7	15.0	16.8	20.6	23.9

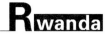

续表 4－12

年　　　份	2001	2002	2003	2004	2005
资产总额	121.5	137.7	152.5	175.4	202.4
储蓄总额	87.5	97.8	106.5	123.2	141.9
非政府部门储蓄	75.1	87.5	99.8	111.4	128.8
活期存款	36.3	36.8	38.4	43.4	49.4
定期存款	19.3	24.1	33.6	39.5	38.1
外币储蓄	19.5	26.7	27.9	28.5	41.3
其他银行储蓄	2.7	0.8	0.8	3.5	2.6
政府储蓄	9.7	9.4	5.9	8.4	10.5
外部债务	1.9	3.5	4.6	8.0	11.1
从中央银行的贷款	1.6	2.4	1.4	2.2	1.4
自有资金	19.9	23.4	26.2	23.8	27.9
其他债务	10.7	10.7	13.8	18.2	20.1
债务总额	121.5	137.7	152.5	175.4	202.4

　　资料来源：国际货币基金组织。表格数据略有出入，照原表。

表 4－13　商业银行贷款情况 （2001～2005）

单位：百万卢郎

年　　　份	2001	2002	2003	2004	2005
总计	66606	71553	81714	89347	101901
农业	876	967	1065	1410	2381
矿业	38	23	13	29	74
制造业	10660	12190	13311	12099	14419
建筑业	1301	1791	1891	2056	1929
房地产业	11136	12409	13368	16100	18822
销售业和旅游业	30432	30593	36703	36176	43444
运输业和通信业	4027	4322	5674	8217	9478
其他	8136	9258	9689	13260	11354
短期贷款（不足1年）	40681	44675	51157	54937	54762
农业	133	339	249	158	499
矿业	0	0	0	0	0
制造业	5380	7217	7805	5831	6046

年　份	2001	2002	2003	2004	2005
建筑业	1224	1723	1794	1960	1733
房地产业	1599	1242	1523	3071	2941
销售业和旅游业	25662	25596	30656	30359	33026
运输业和通信业	644	1329	1774	3243	3812
其他	6039	7229	7356	10315	6705
中期贷款（1～5 年）	16613	15373	17959	17186	26607
农业	233	259	255	450	1021
矿业	25	10	0	16	13
制造业	2970	2487	3162	1891	3842
建筑业	58	49	78	77	177
房地产业	5446	5262	5444	5561	7526
销售业和旅游业	3643	3740	4345	3492	7085
运输业和通信业	2841	2356	3256	4290	4832
其他	1397	1210	1419	1409	2111
长期贷款（5 年以上）	9312	11505	12598	17224	20532
农业	510	369	561	802	861
矿业	13	13	13	13	61
制造业	2310	2486	2344	4377	4531
建筑业	19	19	19	19	19
房地产业	4091	5905	6401	7468	8355
销售业和旅游业	1127	1257	1702	2325	3333
运输业和通信业	542	637	644	684	834
其他	700	819	914	1536	2538

资料来源：国际货币基金组织。

　　卢旺达有 3 家保险公司，即"卢旺达国家保险公司"、"卢旺达保险公司"和"卢旺达保险总公司"。其中最大的是卢旺达国家保险公司，在保险业中占主要地位。该公司成立于 1975 年，拥有 60％的市场份额。公司资本为 5 亿卢郎，折合 1000 万法国

法郎，有 6 个分公司和 188 名职员。公司股份除一家英国管理公司控股 10% 以外，其余全部是卢旺达股份，卢旺达社会管理处控股 50%，是最大的股东。该公司主要经营车辆、运输、航空、火险、人寿及其他等保险义务。1998 年公司营业额为 20 亿卢郎，比 1997 年增长 13%，其中车辆险占全部营业额的 60%，运输和航空占 16%，火险占 10%，人寿险占 2%，其他险种占 12%。即使公司营业额比 1997 年有了明显增长，但只占到 1998 年预算的 98%，保险公司认为这是因为 1998 年的运输和航空险运营结果不佳，只占 1998 年预算的 77%。自卢旺达在结构调整中实行经济自由化以后，卢旺达的实业家可以进口产品而不必在本国上保险。保险公司认为新实行的自由经济使本国工业部门的发展速度放慢了，这对卢旺达的保险业及其营业额产生了影响。许多享受信贷保险的客户因此不能按时还款，造成投保债务人的差额明显增加。第二家重要的保险公司是"卢旺达保险公司"，占有 25% 的市场份额，全部是卢旺达的私人股东入股，主要股东是"卢旺达非洲大陆银行"。该公司 1998 年营业额增长 35%，其主要原因是汽车保险增长了 35%，占营业额的 70%。1998 年，国内局势的稳定和开始实行自由经济促进了商业的发展，许多卢旺达人购置了汽车来从事商业活动。第三家保险公司是"卢旺达保险总公司"，成立于 1996 年，市场份额为 15%，为卢旺达私人控股。1999 年 7 月，该公司成立了一家银行，为保险总公司银行。

第五节　交通和通信

一　交通

卢旺达是内陆国家，境内无铁路，交通运输靠公路和航空。卢旺达没有直接出海口，进出口货物要根据不同

的地区利用邻国或较近国家的港口。西线通往刚果（金）的马塔迪或安哥拉的洛比托港口都需走 1120 公里的水路和 2065 公里的铁路。独立前，卢旺达主要依靠马塔迪港口进出口货物。独立后，主要依靠北部、中部和南部走东线的 3 条通道。北部通道是从基加利经乌干达抵肯尼亚的蒙巴萨港，全程 1721 公里；中部通道是从基加利到东南部的鲁苏莫，再经坦桑尼亚的伊萨卡转铁路抵达累斯萨拉姆港，全程 1638 公里，这是目前利用较多的通道；南部通道是从基加利至布隆迪的布琼布拉，然后由水路经坦桑尼亚的基戈马港转铁路抵达累斯萨拉姆港，全程 1762 公里。

　　卢旺达国虽小，但有利于发展公路基础设施。卢旺达与布隆迪、乌干达、刚果（金）和坦桑尼亚这些邻国之间有铺设沥青的高速公路连接。境内的公路系统比较发达，按照国土面积计算，是非洲公路网最稠密的国家之一，公路网总长 12370 公里。卢旺达的公路分为国际柏油路，892 公里；国家公路，2445 公里；县级公路，1862 公里；城市公路，500 公里；非等级公路和土路，6671 公里。全天候公路已从首都基加利分别通往 4 个邻近的国家。多年来，卢旺达政府很重视发展公路建设，利用国外援助和银行贷款筑新路、修旧路。1994 年新政府成立后，为推动经济恢复和发展，计划在 2010 年左右，耗资 12 亿美元（由非洲经济开发银行提供部分资金）对一些公路进行翻修和修复，如给吉塔拉马—基布耶路铺沥青，修复基加利—卡雍扎路（64公里）、基加利—吉塞尼路（153 公里），重修尚古古—布加拉马路和整治恩朗德齐—马修扎路等。欧盟和世界银行都承诺为卢旺达整修公路提供资金，目前，部分工程已经告竣。1997 年末，卢旺达政府在吉塞尼和鲁亨盖里之间的主干线上派驻了 500 名士兵，以保护公路免遭反政府武装的袭击和破坏。在卢旺达多年来的公路建设中，中国的路桥公司作出了主要和重大贡献，卢旺达的大部分公路都是由该公司负责修建。中国筑路者的足迹遍布卢旺达各地，为中卢友谊立下了永久的丰碑。目前中国筑路者仍活跃在卢旺达的公路建设中。在水路运输方面，基伍湖有从尚古古、基布耶和吉塞尼通往刚果（金）的 3 条水路。

卢旺达的国内客货运输基本由私营个体承担，个体经营者一般拥有 3~10 吨的卡车，或其他运输工具，主要运输农产品、生活必需品等。客运中很少有大型公共汽车（60 个座位），唯一的一家公共汽车公司已实行了私营化。在城市中和城市间从事客运的主要是私营的有 18 个座位的面包车。由于卢旺达山路多，弯道多，这种车运营起来比较方便，也较为安全，乘客可招手上下车。不过大部分车辆因长时间使用，保养较差，车况一般不佳，需及时更新。1992 年，卢旺达有机动车一万多辆，其中货车1633 辆，小汽车 8088 辆，公共汽车 184 辆。1994 年内战期间，上述车辆多数遭毁或被开往邻国。1996 年，卢旺达有客车 13000 辆，卡车和货车 17100 辆。1998 年中期，卢旺达政府公布了加强公路资金的管理、对公路维护进行招标合同的计划，并鼓励在乡村地区成立卡车合作社以推动农产品的销售。

在 2004 年和 2005 年，公共汽车的乘客人数分别上涨了 17%和 21.6%。在基加利，城市网络（urban network）的乘客在2004 年增加了一倍，在 2005 年继续增加了 14.9%。城市网络的乘客在这两年里则大幅度减少，减幅分别为 53.7% 和 76.3%，收入随之减少了 57.2% 和 19.5%。公交部门的收入在 2004 年增加了 86.6%，但在 2005 年反而减少了 37.1%。①

目前，卢旺达境内虽然没有铁路，但近几年，卢旺达政府一直对修建连接乌干达、布隆迪和坦桑尼亚的铁路网络进行可行性研究，并与有关国家展开协商与合作。初步拟订的铁路线路是基加利—坦桑尼亚的伊萨卡，路程 500 公里，并有可能延伸到布隆迪。

---

① 卢旺达国家统计局：《卢旺达 2005 年发展指标》，第 22 页。

战前，卢旺达国家航空公司拥有一架波音 707 货机和数架小型客机，有飞往坦桑尼亚、布隆迪和原扎伊尔的定期航班。2002年，卢旺达有 9 个机场，其中 4 个有铺设沥青的跑道。首都基加利有两个机场，其中卡农贝机场为国际航空港，可起降波音747、空中客车 340 等大型客机。2003 年，欧洲投资银行和欧洲发展基金组织宣布分别向卢旺达提供 1100 万和 850 万欧元的资金，用以重新整修基加利国际机场和装备空中导航设备。比利时、法国、埃塞俄比亚、肯尼亚、坦桑尼亚、喀麦隆、布隆迪、原扎伊尔航空公司在卢旺达有航班。耗资 3 亿美元的新国家机场位于基加利郊区，将于 2010 年中旬动工，预计在 2013 年建成。卢旺达政府有意选择公私合作的经营模式。机场每年的旅客流量为 100 万人次，货物吞吐量为 1500 万吨。新机场将建立对欧洲和其他繁忙航线的直航，以扩大与外国的经贸往来，从而实现卢旺达成为该地区经贸中心的抱负。据基础设施部部长透露，此建筑设计提供了将来扩建航空站的空间，卢旺达计划 2025 年在机场增加另一条跑道，以增强卢旺达的空运能力。

内战期间，卢旺达的空运一度中断。战后，基加利国际机场很快重新开放。比利时萨博纳（Sabena）航空公司首先恢复通往卢旺达的航班。卢旺达的空运正处于恢复和发展中。原来的"卢旺达国家航空公司"已宣布进行停业清理，在原基础上于1998 年 3 月成立了"联盟快航"公司。该公司有两家股东，卢旺达国家控股 51%，南非的联盟航空公司控股 49%。卢旺达政府表示，当公司获利后，国家 51% 的股份将向私人股东开放。"联盟快航"有两架飞机，其中包括一架波音 737 客机，主要飞地区航线，通达的城市有乌干达的恩德培、南非的约翰内斯堡、布隆迪的布琼布拉等。"联盟快航"从一成立就受到该地区其他航空公司的竞争，如肯尼亚航空公司、埃塞俄比亚航空公司等。另一家"卢旺达航空公司"于 1999 年 9 月开通了第一条基加

利—布鲁塞尔的航线，飞机由埃塞俄比亚航空公司提供。该公司直接与比利时萨博纳航空公司进行竞争，提出机票便宜30%。同时，这一航线的开通也使卢旺达的产品更具竞争力，如销往欧洲的卢旺达"高原鲜花"公司生产的鲜玫瑰花等。

在2004年，在基加利国际机场着陆的乘客人数分别增加了21.7%，在2005年剧增了两倍。在基加利机场起飞的乘客人数增加了17.1%和95.6%。在此期间，货运的吞吐量增长了22.5%。在卢旺达国内，乘飞机的乘客大幅度增加。卢旺达西部的卡曼贝（Kamembe）机场接待的乘客人数在2004年和2005年分别增加了175.8%和300%。吉塞尼机场的乘客人数在此期间由186人增加到3900人。[①]

二 通信

卢旺达的通信状况比较落后，电话没有普及，移动电话比固定电话使用得更广泛。在2005年，约有5%的家庭使用移动电话，只有1%的家庭装有固定电话。在城市，24%的家庭使用移动电话，约有1%的家庭有固定电话。在农村，只有1.3%的家庭有移动电话，0.1%的家庭有固定电话。[②]卢旺达的电话费较贵，国内通话每分钟约1美元，国际通话每分钟6美元左右。卢旺达电信公司（Rwandatel）成立于1993年1月，垄断经营着卢旺达的固定电话。该公司有职员300多名，主要股东有国家、国家邮电局和卢旺达咖啡出口公司。1994年，电话公司仅有电话线4690条，在1999年已发展到11217条，主要集中在首都基加利市。1997～1998年间，电话用户明显减少，由11622户降至10825户，1999年稍有回升。1998年，电话公

---

① 卢旺达国家统计局：《卢旺达2005年发展指标》，第22页。
② 卢旺达国家统计局：《卢旺达2005年发展指标》，第52页。

司对业务进行了整顿，主要是采取措施减少不按时交纳话费的用户。经过清理，不交纳话费的用户由 90% 下降为 5%。与此同时，公司还尽力满足用户的需求。1999 年申请安装电话的用户多达 6500 个，但由于线路紧张，安装一部电话之前至少需等待6 个月。1996 年，卢旺达电信公司营业额为 400 万美元，2002年增至 5000 万美元。电话公司计划引进预付费制度并建设覆盖全国、包括农村边远地区在内的公共电话网络。

为缓解固定电话的紧张状态，卢旺达移动通信公司（Rwandacell）在 1998 年应运而生，性质为私营公司。随着移动电话的开通，一些对固定电话公司的服务质量感到不满意的用户逐渐转向移动电话，使固定电话公司的用户再次出现下降。在移动通信公司中，乌干达三星投资公司拥有 50% 的股份，国家电话公司控股 25%，南非移动电话集团控股 25%。移动通信同固定电话相比费用高 3 倍，其商业收益高得多。尽管如此，移动通信公司成立一年后便出现了线路饱和问题。卢旺达国际电讯发射信号一般采用两种方法，与邻近国家间用微波转播，与距离比较远的国家间用卫星通信转播。卢旺达移动通信公司目前有 18 万个用户，网络已经覆盖了主要城市，目前正在扩容，共有 12 个GSM 站点以及 4 个转发器站点分布在主要城市和城镇。除了移动通信服务以外，卢旺达移动通信公司还提供很多其他的服务，其中包括：互联网宽带、国际私人租用电路、国内私人租用电路、专用自动交换分机服务和通话费用最低的线路、漫游协议。

卢旺达电信公司在美国合作公司的帮助下已开始经营互联网。1999 年入网用户已达到 1000 个。2002 年，除了电话公司外，卢旺达国立大学和基加利科技学院也提供互联网服务。卢旺达计划引进高速、高品质的"不对称数字用户网络"连接系统，以提高服务水平。现在已经有 300 多个中学配备了互联网连接。2009 年，卢旺达与韩国电信公司合作，建立卢旺达光纤骨干网工程，该项

128

目合同额为 4000 万美元，是韩国政府对卢旺达的援助工程。该工程拟建的高速光纤网络将连接卢旺达 30 个地区的 36 个主要连接点，全长 2300 公里，最终与蒙巴萨的海底电缆接通。该网络的建成将使卢旺达包括学校、医院、军队、地方政府机构在内的 700 多个机构和超过 400 万的居民可以接通和使用高速宽带网。

　　发展电信产业是卢旺达信息技术政策的重要组成部分。政府在 2001 年成立了由总统领导的信息技术委员会，并计划 5 年内在非洲经济委员会的帮助下投资 5 亿美元发展电信业。为了贯彻"私有化"政策并促进电讯业发展，特别是提高有线电话和数据通信业务的服务质量，卢旺达政府自 2001 年起就计划重组电讯部门，其中涉及卢旺达电信公司部分或全部的私有化，改变常规模式，允许私人竞争者进入电讯市场。卢旺达政府于 2004 年 2 月开始向国际企业招标收购或入股卢旺达电信公司，共有 3 家国际电讯服务企业投标，泰瑞广播通信公司以 2000 万美元中标，从卢旺达政府手中购得 99% 股份，双方于 2005 年 5 月 16 日在基加利举行了移交的签字仪式。泰瑞广播通信公司收购卢旺达电信公司后，将开展固定通信、移动通信（CDMA 网）和数据通信诸方面的综合运营，并计划在今后 5 年内新增移动通信用户 45 万户。中资企业华为技术有限公司自中标承建国际电讯联盟（ITU）援助卢旺达农村无线电话网项目以来，一直在探讨为泰瑞广播通信公司提供设备和技术业务，近日深圳中兴通讯股份有限公司也派人来卢旺达设代表处并也与泰瑞广播通信公司建立业务联系。华为和中兴及美国 UT 斯达康公司三家目前都在为泰瑞广播通信公司做 CDMA 系统网络测试，为下一步开展 CDMA 业务运营做准备。2008 年 2 月，华为公司与卢旺达电信公司签署了价值 3500 万美元的扩网合约。该合约将使卢全国电信网络基础设施得到彻底改善，并同时支持卢旺达电信的移动通信和第三代 WCDMA 网络服务，全面修复卢旺达境内通信电缆网络，用新

一代网络取代原公用固定电话网。移动通信将覆盖卢旺达大部分地区和道路，第三代 WCDMA 将覆盖绝大部分城市。根据该合约，华为公司还将为卢旺达电信培训大批员工，提高员工的业务技能和整体素质。2008 年 12 月 5 日正式开通的卢旺达电信手机业务在开通一周内用户就达到 55000 户，到目前短短 3 个多星期又超过了 12 万户，良好的市场反应使该公司将 60 万用户的目标从 2009 年底提前到了 2009 年中期。卢旺达政府希望到 2020 年使卢旺达手机用户达到 500 万人。

第六节　财政和金融

一　政府财政

卢旺达的财政预算分为日常（行政）预算和资本（发展）预算。财政收入的绝大部分来自税收，其中包括关税、进出口税、消费税、增值税等。财政支出划分为日常预算支出和资本预算支出，日常开支又主要包括民政开支、军费开支、支付利息、例外开支等，日常支出超过国内收入的部分靠国际社会的捐赠或贷款弥补。

长期以来，卢旺达的财政连年赤字。内战前，政府曾采取精简机构、削减行政开支、压缩开发项目以及降低文职人员工资等办法平衡财政收支，但收效甚微。为限制支出，政府还采取了整顿国营企业、削减对亏损严重企业补贴的措施，同时鼓励搞合资经营以及提高部分商品特别是高档奢侈品的进口税，增收企业所得税等，以改变不断上升的财政赤字状况。战前卢旺达财政赤字高达 16 亿卢郎以上，但大部分赤字由比利时提供的无息贷款来弥补。

内战后，本已如履薄冰、困难重重的国家财政更是到了破产的边缘。前政府败走时卷走了国家所有的财产和资金，战后卢旺达国家银行无任何储备，国库空虚，卢旺达从工资到办公设备，从农具种子到生活日用品均依靠外援，国家预算也全靠外援来平衡。战后初期，卢旺达的国家财政收入有所恢复，但仍处于很低的水平。然而，国家财政支出却逐渐上升，主要是日常开支。从1994年战争结束至1996年间，国家财政的重点是实行紧急计划而不是发展计划。在国际社会的支持下，卢旺达经济恢复艰难起步。1995年，卢旺达日常预算390亿卢郎，发展预算312亿卢郎，主要用于发行并稳定新货币，鼓励农牧业生产，促进工商业恢复经营，大量收购咖啡、茶叶，增加出口换汇等。从1997年起，国民收入增加，但同时国家各方面对财政的需求也不断增加，如工资、行政、安置难民、军人回归社会、运输、还债等，尤其是大屠杀造成的需求更大。到1998年，国民收入增至660亿卢郎，但开支也大幅度增加，总支出加上纯贷款共计1174亿卢郎，其中日常开支753亿卢郎。国家收入只抵85%的日常开支和全部开支的56%，其余44%由外国以捐赠或贷款的方式资助。1998年，外国捐赠330亿卢郎，占本国收入的50%。不过外国捐赠和贷款尚不足以填补卢旺达的财政赤字。

为解决卢旺达财政预算的不平衡，国际货币基金组织自1995年以来就提出了大家公认的解决办法——增加收入，限制开支。1994年前，国家收入水平曾达到国内生产总值的14%，1994年下降为4%，1998年又恢复到10%。1998年，受国际金融危机的影响，卢旺达出口产品咖啡的价格下跌37%，导致外贸损失13%，当年国家收入水平比预计的要低。政府虽然努力改善征税，但是由于卢旺达应纳税的企业大大减少，可征税的基础也相应减少，另外在经济恢复阶段也不可能大幅增加对产品和贸易的税收，加上国家正在努力恢复税收和关税制度，所以要大幅提高国家的财政收入是不实际的。1998年7月15日，卢旺达政府正式成立的国家税务局开始运作。该税务局的任务是通过税收向国家预算提供资金，其作用是确定纳税人，提出纳税人的权利与义务，依照法规征税，规定严格的惩罚制度，确保应征收到的税入。卢旺达政府希望新成立的税务局能改善税收管理，恢复海关和税务部门的活力，增加征税能力。根据税务局董事会的建议，卢旺达政府决定任命加纳人塞奥担任税务局第一总监。塞奥是一位经济学家、法学家和税收专家，曾在加纳、乌干达担任要职，并为两国的税收和经济发展作出过重要贡献。卢旺达政府计划在经济结构调整时期能使国家收入明显增加，并能全部抵消日常开支。虽然采取了改革措施，但1999年的国家收入不仅没有增加，反而比上年减少了3.6%，占当年国内生产总值的9.3%。在接下来的几年里，国家的收入终于有了较大幅度的增长，2000、2001、2002、2003年的增幅分别为7.9%、25.5%、16.9%、21.4%，在国内生产总值中所占的比重也持续增加，分别为9.3%、10.54%、11.47%、12.66%。2003年国家的收入为1146亿卢郎。

自1995年以来，政府就开始对开支进行控制，国家的日常开支占支出总额的2/3。在国家日常开支中军费支出比较突出，占36.1%。卢旺达政府认为，安全是发展的先决条件，因此在安全和发展的选择中，非常重视国家安全，1998年将国内收入的41%用于军费开支，军费预算达到国内生产总值的4.2%，这还不包括国内安全，如果加之，则要达到4.83%。卢旺达的军费问题引起了外国出资者的争论。有些出资者认为同社会开支相比军费预算过高，自卢旺达承认其卷入刚果（金）内战以后，出资者担心一些资金被挪作军事目的，因而有些出资者没有向卢旺达支付所承诺的全部金额，1998年9月卢旺达政府只得到所承诺资金的3/5，这样使预算赤字更加严重。尽管一些双边和多边出资者表示了保留意见和担心，但在双边方面还是签署了免除债务和在结构调整时期向卢旺达提供贷款的协议。1998年底，外国出资者向卢旺达提供415亿卢郎的资金，一方面用于填补当

年底184亿卢郎的赤字，另一方面使卢旺达分期偿还230亿卢郎的双边债务。总之，卢旺达的日常预算赤字难以控制，一方面可征税基础缩小了，另一方面政府投向国家防务与安全的支出金额过大，就连预算外收入也用于军费了。在这种情况下，卢旺达只有全部依赖外援来资助社会开支和投资开支。

在2003～2007年间，卢旺达政府的日常开支仍有增无减，年均增长18.4%。在各项开支中，军费开支的比例有所下降；社会服务部门的开支有较大的增加，主要是加大了对教育、卫生领域的投入；经济部门的开支变化幅度不大；公共工程的经费增加得较多；政府行政管理部门的开支增幅最大，在2003～2007年间年均增长26.6%，是导致日常开支不断增加和财政赤字难以减少的最主要原因。2004年，政府日常开支总额为1638亿卢郎，其中政府管理部门占48%、社会服务部门占24.9%、军费开支占15.2%、经济部门占5.1%、利息的支付占6.4%。尽管近几年，卢旺达的收入有所增加，但仍远远不及政府支出的增长幅度，财政紧张的状况依然没有多大好转。

根据卢旺达财政部公布的2009/2010年度（2009年7月至2010年7月）的财政预算草案，财政总支出计划为8124亿卢郎（约合14.25亿美元）。受到全球金融危机的影响，卢旺达的经济增长速度将会放缓，在2009年预计增长5.7%，而且由于危机的严重程度和时间长短尚不确定，该增长速度有可能作进一步下调，财政收入因此也作相应下调，预计比上年减少2.7%。在支出方面，卢旺达财政支出的46%来自政府税收，45%依靠外部援助，6.5%来自外部借贷，0.2%来自内部借贷，其余2.3%来自现金储蓄。新预算将支出的重点放在2020远景规划中优先发展的领域，包括基础设施、农业、通信电子、教育、良政等行业。其中，基础设施建设支出由上年度的20.2%提高到21.8%，投入到能源、道路、通信和基础设施的支出将达到2560亿卢郎（约合4.49亿

美元）；生产性行业的支出比例由 8.6% 增长到 9.7%，重点用于农业、工业和金融等行业；财政支出的大头将用于实施良政建设，占到支出总额的 42.3%，比上年提高 36.2%，支出额约 4649 亿卢郎（约合 8.156 亿美元）；人力资源和社会发展领域的支出由上年度的 28.9% 上升到 31.7%，投入的重点目标是提高 9 年义务教育的质量，加强在职培训，健全医疗保险制度和人力资源开发项目（参见表 4 – 14、表 4 – 15）。

表 4 – 14　政府财政状况（2003～2007）

单位：十亿卢郎

年　份	2003	2004	2005	2006	2007
收入和赠款总额	195.5	272.5	344.8	375.9	472.3
收入	122.4	147.0	180.3	207.2	252.0
税收收入	114.7	134.6	162.5	192.6	237.8
非税收收入	7.7	12.4	17.7	14.6	14.2
赠款	73.1	125.5	164.5	168.7	220.3
支出和净贷款总额	216.3	274.9	340.7	378.9	491.3
支出	212.3	253.3	336.3	369.3	499.3
日常支出	161.2	163.8	214.9	250.6	313.0
日常赤字	−38.8	−16.8	−34.6	−43.4	−61.0
资本性支出	51.1	89.5	121.4	118.7	186.3
净贷款	4.0	21.6	4.4	9.6	−8.1
赤字(按照支付顺序)					
（不包括赠款）	−93.9	−127.9	−160.4	−171.7	−239.3
（包括赠款）	−20.8	−2.4	4.1	−3.0	−19.0
余债变化	−13.2	−17.1	−10.7	−8.0	−8.1
赤字(按照现金)	−34.0	−19.5	−6.6	−11.1	−27.1
净融资	26.1	23.9	−1.8	17.9	27.1
国外（净）	20.9	48.1	34.3	34.9	32.1
国内	5.2	−24.2	−32.5	−17.0	−4.9
错误和遗漏	−7.9	4.4	−4.8	−6.8	12.8

资料来源：卢旺达中央银行 2007 年年报。

表 4 – 15   政府日常开支分配情况（2003 ~ 2007）

单位：十亿卢郎

年 份	2003	2004	2005	2006	2007
行政部门	31.5	35.7	53.7	57.6	78.6
国防	27.0	25.8	28.6	36.0	24.8
社会部门	21.9	30.5	36.2	23.2	40.7
教育	17.2	24.0	29.8	17.2	20.2
卫生	3.3	3.8	5.1	4.7	7.4
其他	1.4	2.7	1.3	1.3	13.1
经济部门	2.6	2.1	4.9	6.7	8.4
农业	1.2	1.1	1.7	1.5	1.3
矿业和制造业	0.2	0.2	0.3	1.0	0.8
公共工程	0.7	0.4	2.3	3.8	5.5
交通和通信	—	—	—	—	—
其他经济事务	0.5	0.4	0.6	0.4	0.8
支付公债利息	4.0	1.8	2.8	8.3	10.5
总 计	87.0	95.9	126.2	131.8	163.0

资料来源：国际货币基金组织。原表数据有出入，略有改动。

二 金融政策

控制通货膨胀和保持货币稳定是保证卢旺达经济健康发展的主要条件。1995 年，卢旺达最高通胀率曾达到 88.8%，1996 年降为 7.4%。1997 年因大批难民回归和西北部地区不安全影响农业生产，通胀率又达到 12%。1998 年开始实施"加强经济结构调整"计划以及后来的"减轻贫困、促进发展"计划后，国内工农业生产增长，农产品价格有所下降，通胀率回落至 6.2%。1999 年卢旺达经济形势进一步好转，国内生产总值继续增长，几乎已恢复到战前的水平，通胀率降至 5%。

在 1998～2002 年间，年均通胀率不到 3%，但在 2003 年通胀率据估计约为 7.5%，农业歉收导致粮食价格上涨 14% 是通胀率上升的最主要原因。

降低通胀率不仅有赖于国内农产品供应的增加，同时也是促使货币需求下降的因素之一。维持卢旺达经济稳定在很大程度上取决于保持货币的稳定，而货币稳定则是避免经济恢复脱轨所必需的，因此在 1998～2000 年间，卢旺达政府实行货币紧缩政策，针对通货膨胀和政府净外币资产的目标，大力提高私人信贷以促进国内生产总值的真正增长，并期望私人投资更多地增加。卢旺达国家银行动用货币政策手段监察任何造成通货膨胀的迹象，包括拍卖国库债券，在国家银行自己的账户上操纵货币市场的运作。在 2002 年末，货币政策有了较大程度的放松，主要是因为国际援助解付的延迟以及政府支出的增加所导致的现金匮乏。为了应对这种局面，卢旺达银行加大了卢郎的发行量，卢郎对美元的比价贬值了 19%。政府为了弥补财政赤字，增加向银行的借款，加之私有部门需求的增加，导致国内信贷在 2003 年的前三个季度里增加了 38%，但在最后一个季度中有所回落。

为了加强财政，实现财政独立，卢旺达政府进行了金融体制改革，确立了新的国家货币兑换政策，一是调整涉及实际经济增长的货币的增长；二是制定一个法律法规框架，在货币和外汇市场实现资源的有效分配。最近 10 年，货币和兑换政策手段发生了很大的变化，间接控制取代了直接控制，储蓄的手段多样化，利率也随之放开，改由市场来控制、决定利率，由商业银行来掌握货币的需要量。1997 年，卢旺达开放货币市场。每次如果需要通过招标来调整银行的流动资金，国家银行将进行干涉。如需再次筹措资金，国家银行开放再贴现窗口，以激励银行的财务主管在银行内部，在资金没有流向中央银行成为通货膨胀的来源以前，管理好银行资金和流动资金的兑换。短期国库券市场也正在发展，为公司的流动资金和个人的储蓄提供了一个有利可图、不断变化的投资机会。发行可转让债券（存款的商业票据和证明）的规章制度已经在货币市场开始实行，发行这种五年期的债券将使资金雄厚的公司直接在货币市场聚集财富。

由于各种原因，卢旺达银行的放款业务量在大屠杀结束后的一段时期内明显恶化，过期未还的贷款占整个放款量的40%之多。卢旺达国家银行不得不严格加强控制，对放款量的风险管理密切注意。目前，金融风险带给银行的损失很大，已经负面影响了银行的贷款利率，银行要求对贷款有一个100%的还款保障，对那些不能提供足够担保的人来说，无疑很大程度地限制了其从银行贷款。即使通货膨胀率很低，有些银行仍然面临流动资金的高风险，因此就提高了贷款抵押的额度。同时，贷款的服务费和佣金很多，对呆账的损失有所补偿。国家正在进行各方面的协调努力，以加强贷款的偿还意识，加速恢复呆账，这将在一定时间内降低对金融服务的征税。卢旺达国家银行认为，在采取了恢复措施后，金融服务正常的竞争将在三年内逐渐走上正轨。卢旺达国家银行设立了金融市场发展部，该部门负责对金融市场的发展作出计划安排，在合适的时间内建议政府在基加利设立一个股票市场。此外，国家银行已经集中建立了各个公司的资产负债表，为本地的大公司发展一个报告市场行情的方法。为了以更有竞争力的方式直接介入资金市场，国家准备鼓励本地资金雄厚的大公司发行商业票据。

卢旺达改革了国家的会计制度，以便使各个公司的会计簿记标准化、会计专业化，为金融市场的形成和顺利运行创造先决条件。此外，卢旺达采取措施实现国家的支付制度现代化，以便减少交易的费用，改善经济效率，促进卢旺达的地区一体化，使其融入国际支付体系中。银行内部电子资金转账系统已经建立，并且已经与信用卡网络联系在一起，该网络使卢旺达信用卡支付方式一体化。

自 1995 年开始，卢郎采取了盯住美元的制度。1998 年政府外汇储备维持在 5.5 个月的进口额水平上。鉴于美元升值以及其他因素的影响，卢郎对美元处于贬值状态。1997 年以来，官方市场与其他市场的汇兑差进一步扩大，主要是因为对美元的需求增加、供给减少，以及本地区各国的贸易对象的情况。2000 年 1~10 月，卢郎兑美元贬值 10% 左右。在外汇管理体制方面，卢旺达放开了外汇兑换制度，由市场来决定外汇兑换。公司和个人可以到商业银行购买外汇，私人的外汇收入可以卖给商业银行或存入其在商业银行的账户，只有政府的外汇收入可以卖给国家银行。外汇汇率由买卖双方自由协定，国家银行每天的汇率是前几天外汇市场汇率的平均数值。从 2001 年 2 月开始实行每周一次的外汇拍卖，国家银行依据预期的最低水平的净外汇资产以及外汇市场的条件，来决定卖给商业银行的外汇数额。商业银行的净兑换幅度限制在其股东资产净值的 20% 左右，以鼓励内部银行市场间外汇流动资金的兑换。中央银行始终准备着购买商业银行的多余外汇。卢旺达国家银行对商业银行及金融机构进行宏观调控，另有几个经国家银行批准的外汇兑换处。一般贸易需通过银行进行审批，银行要求进口商提供形式发票，具体列明运输费、保险费、货价等，经银行同意后方可对外付款。目前，卢旺达国内许多人通过多途径、不合法的方式进行外币兑换，卢旺达对此也没有拿出很好的解决办法。总体来说，卢旺达外汇的管制松紧及汇率的变动与外援到位与否明显地直接相关。

2008 年，卢旺达的金融形势保持了比较稳定的状态，国际金融危机对卢旺达影响不大。由于通过外援、私人转账和出口等形式收入的外汇增加，以及卢旺达央行对外汇市场采取的干预政策，卢郎保持稳定，2008 年上半年卢旺达法郎对美元贬值仅

0.1%。在外汇支出方面，政府和民间对外汇的需求有显著增加，央行数据显示，2008 年上半年向政府和民间卖出的美元总数为 2.348 亿美元，比 2007 年同期的 1.549 亿美元上升了 51.6%。2008 年，央行根据卢旺达的实际情况实行了较为宽松的外汇政策，主要是考虑到卢旺达目前接受的外援越来越多，在不对宏观经济稳定造成影响的情况下要想扩大政府实际支出，只有把更多的外汇用于从国外进口更多的实际资源，因此对外汇卖出管制较松。

在 2006 年 12 月至 2007 年 12 月间，卢旺达的外汇储备从 4.41 亿美元增至 5.54 亿美元，这主要是因为国际社会对卢旺达的财政援助大幅度增加，在 2006 年和 2007 年分别为 1.21 亿和 2.35 亿美元（参见表 4 – 16、表 4 – 17）。

表 4 – 16　外汇储备情况（2003 ~ 2007）

单位：百万美元

年　　份	2003	2004	2005	2006	2007
外汇储备总额（不包括黄金）	214.7	314.6	405.8	440.7	554.0

资料来源：卢旺达中央银行 2007 年年报。

表 4 – 17　汇率情况（2001 ~ 2005）

年　　份	2001	2002	2003	2004	2005
美　元	442.8	476.3	313.7	574.6	555.9
英　镑	637	714	512	1052	1011
欧　元	396.6	450.1	355.2	714.7	692.0
兰特（南非）	51.3	45.3	41.5	89.1	87.4
人民币	53.5	57.5	37.9	69.4	67.8
日　元	3.64	3.80	2.71	5.31	5.04

资料来源：2006 年伦敦经济季评。

第七节　对外经贸

一　外贸概况

卢旺达是依靠出口少数几种产品的非洲国家之一，出口产品基本上是农副产品和矿产品。农副产品主要有咖啡、茶叶、除虫菊、金鸡纳霜、皮张等，其中咖啡和茶叶占有重要地位；矿产品主要是锡矿石、钨矿石和钒铁矿石。卢旺达的进口货物分为四大类，即消费品、资本货物、半成品、能源和润滑油。其中，资本货物主要包括运输车辆及配件、工业机器和工具；半成品主要包括建筑材料、工业用品、化学农药等。卢旺达的主要出口对象国有德国、美国、英国、荷兰、比利时等，主要进口对象国有比利时、乌干达、肯尼亚、南非、法国等。卢旺达的咖啡大量销往美国，占咖啡出口量的90%左右；80%的茶叶出口到英国等国家；矿石大部分销往比利时。

爱国阵线政府执政后继续采取自由发放进出口贸易许可证的制度。为适应经济自由化政策的要求，政府采取积极扶持措施，鼓励种植出口作物，提高生产者的收购价格，大幅度降低关税，从1999年起取消了咖啡出口税。1997年，咖啡收购价格增加了17%，由每公斤300卢郎提高到350卢郎，茶叶收购价格提高了1.7倍。1998年，卢旺达恢复采矿，主要开采锡、铌—钽、钨、钛铁矿等，由国家开采与发展矿务局管理，当年卢旺达出口铌—钽矿约25吨（含铌40%，含钽20%），锡矿128吨，钨矿84吨，钛铁矿90吨，总收入将近100万美元，占出口的1%。卢旺达本不是黄金和钻石的生产国和出口国。但自从卢旺达卷入刚果（金）内战以后，其军队和刚果（金）

反政府武装占据和控制了刚果（金）的东部地区，其中包括盛产黄金和钻石的矿区。卢旺达军队乘机大量开采黄金和钻石矿并出口换汇。近年来，卢旺达的进出口贸易不断增长，相比而言，进口贸易增长更快，导致外贸逆差不断增加。在出口方面，2007 年的出口总额为 1.77 亿美元，比 2006 年的 1.43 亿美元增长了 24%。

　　在出口方面，由于天气条件不佳，2007 年咖啡的出口量为 13674 吨，比 2006 年的 26534 吨减少了 48.5%，出口额也从 5405 万美元降至 3567 万美元，减少了 34%，占出口总额的 20%。在国际市场上，普通咖啡的价格为每公斤 2.17 美元，而全水洗咖啡的价格为 3.2 美元。为增加出口，卢旺达大力兴建咖啡水洗站，提高咖啡的品质。2003 年，卢旺达出口了 300 吨全水洗咖啡，在接下来的几年里稳步增加，2004 年、2005 年和 2006 年分别为 542 吨、739 吨和 1238 吨，2007 年达到了 2300 吨，占出口咖啡总量的 17%，但距离在 2012 年前使高品质咖啡占出口总量的 85% 的预期目标还很遥远。2007 年，茶叶丰收，产量增加了 11.2%，但由于国际市场上茶叶价格下降了 11.6%，出口额反而减少了 1.09%，从 2006 年的 3210 万美元降至 3152 万美元。近年来，卢旺达的矿石出口不断增加，已经成为卢旺达的主要换汇商品。2007 年，矿石的出口额为 7062 万美元，占出口总额的 40%。由于国际市场上锡矿石的价格从 2006 年的每公斤 4.14 美元涨至 2007 年的 7 美元，使得锡矿石出口的数量和金额同比增加了 19% 和 102%。2007 年，钨矿石的出口数量增加了 87%，出口额增加了 104%；铌—钽铁矿石的出口数量和金额分别增加了 34% 和 72%。2008 年，咖啡产量的增长和上半年较高的咖啡价格使得咖啡的出口额增加，但矿产品受到金融危机影响，价格下跌，出口额较前一年出现了下降（参见表 4－18）。

表 4 – 18　出口情况（2003～2007）

单位：吨，百万美元

年　份	2003	2004	2005	2006	2007
咖啡					
出口额	15.01	32.23	38.27	54.05	35.67
数量	4700	27085	18399	26534	13674
茶叶					
出口额	22.52	21.55	24.38	32.10	31.52
数量	4331	13064	15481	16649	18376
锡矿石					
出口额	4.49	15.88	17.86	15.87	31.97
数量	1458	3553	4532	3835	4566
铌—钽铁矿石					
出口额	6.37	12.99	16.87	11.17	19.23
数量	732	861	1062	724	969
钨矿石					
出口额	0.23	0.40	2.58	9.53	19.42
数量	120	158	557	1436	2686
皮毛制品					
出口额	3.78	3.39	4.73	1.99	3.56
数量	2728	2151	3183	1160	1806
除虫菊					
出口额	1.28	0.65	—	1.92	3.00
数量	20.00	10.00	—	45.00	38.27
其他产品	9.37	11.14	20.37	16.59	32.32
出口总额	63.05	98.23	125.06	143.22	176.69

　　资料来源：卢旺达中央银行 2007 年年报。原表数据有出入，略有改动。

　　近年来，进口额的快速增长与卢旺达国内投资上升、生产资料采购的增加有关，特别是基础设施和建筑行业的发展带来的建材等产品采购大大增加。2007 年，各类进口食品的数量和进口额都有显著增加，进口商品总额（到岸价格）为 7.82 亿美元，

同比增长了 35%。资本货物的进口增加了 60%，从 2006 年的
1.27 亿美元增至 2.03 亿美元，其中，运输设备的进口增长了
30%，机器设备和工具的进口增长了 60%。半成品的进口从
2006 年的 1.46 亿美元增加到 2007 年的 1.90 亿美元，增长了
30%，其中，工业品占进口半成品的 47%，建筑材料占 34%，
化学农药占 10%。消费品的进口从 2006 年的 1.67 亿美元增至
2007 年的 2.29 亿美元，增长了 37%，其中，食品的进口额从
4810 万美元增至 7170 万美元，增长了 49%。能源和润滑油的进
口占进口总额的 15%，由于国际市场上能源价格上涨，该类商
品的进口数量增长了 6%，进口额增加了 7%（参见表 4 - 19）。

表 4 - 19　进口情况（2002 ~ 2007）

单位：百万美元，吨

年　份	2002	2003	2004	2005	2006	2007
资本货物						
进口额	68.01	75.95	80.00	109.90	126.80	202.50
数量	2119	12279	12493	17506	20803	31551
半成品						
进口额	61.76	64.81	79.20	111.16	146.15	189.91
数量	1637	93097	107716	154363	206831	274574
能源和润滑油						
进口额	42.20	53.39	68.64	78.16	108.56	115.65
数量	2050	104520	123282	128819	172818	183252
消费品						
进口额	81.21	79.10	102.46	131.17	166.54	229.10
数量	4484	90499	109210	120855	173743	285259
进口总额（到岸价）	283.66	304.91	367.81	471.40	579.38	782.15

资料来源：卢旺达中央银行 2007 年年报。原表数据未改动。

　　长期以来，卢旺达的对外贸易一直处于逆差状态，根本原因
是进口增长快于出口。战后，进出口相抵率得到一定改善，1997

年底曾达到31%。近几年卢旺达虽对外更加开放，但进出口之间的关系仍表明外贸不平衡，卢旺达还有必要继续鼓励出口多样化的生产活动。外贸支付差额结构表明卢旺达非常依赖于外国尤其是外援来向外贸和国内赤字提供资金。卢旺达的出口收入只能为进口商品和服务提供1/7的资金，其余的由国际社会的转账和贷款来提供。近年来外国捐赠在支付差额中逐渐减少，但仍是贷款金额的5倍。卢旺达外贸逆差的局面在较长的时间内将难以改变。

应当指出的是，官方的统计数字并未能反映出卢旺达进出口贸易的全貌，卢旺达与邻国刚果（金）和布隆迪的贸易有很大一部分未被收入官方统计。卢旺达向这两个国家出口了大量农产品。据国际货币基金组织调查，在与刚果（金）交界的蔡扬古古—布卡武地区，卢旺在2001年间向刚果（金）出口的商品（主要是食物）约有1000万美元，其中有87%未被记录下来。

由于比利时是卢旺达的前宗主国，长期以来一直是卢旺达最主要的贸易伙伴。近年来，德国成为卢旺达最主要的出口国，中国对卢旺达的进口贸易近年来也取得迅猛的发展，2002年占卢旺达出口总额的20.8%，成为继德国之后的第二大出口国。肯尼亚目前成为卢旺达最大的进口国，2002年占卢旺达进口总额的30%。此外，南非也逐渐成为卢旺达一个主要的贸易和经济伙伴。

卢旺达是东南非共同市场、中非经济共同体和大湖地区经济共同体这三个地区性贸易组织的成员。大湖地区经济共同体包括卢旺达、布隆迪和刚果（金），三国之间的非正式贸易很活跃，但共同体并未有效地运作。中非经济共同体在很大程度上也是如此。卢旺达没有在2000年10月前满足东南非共同市场100%的关税减免的要求，担心这样做会对其工业部门造成重大打击，但在2002年减免了80%的关税，并在2004年初实现零关税。卢旺达符合美

国《最惠国贸易准入协定》的条件，而且在 2003 年 12 月 30 日成
为第 37 个加入"非洲发展和机遇法案"计划的非洲国家。"非洲
发展和机遇法案"为非洲生产的产品特别是纺织品进入美国市场
提供特惠关税。卢旺达希望借此促进新兴的花卉产业的发展，此
前，欧洲一直是卢旺达鲜花出口的主要市场（参见表 4 - 20）。

表 4 - 20 主要贸易伙伴状况

单位：%

年 份	2000	2001	2002	2003	2004
出口（fob,离岸价格）					
印度尼西亚	0.1	0.0	36.7	39.8	64.2
中 国	2.4	4.5	3.2	4.3	3.6
德 国	16.8	21.6	3.3	4.7	2.7
马来西亚	2.7	1.2	0.6	0.3	1.7
进口（cif,到岸价格）					
肯尼亚	22.5	23.0	22.2	23.8	24.4
德 国	3.7	2.4	6.3	7.2	7.4
比利时	7.0	8.1	8.1	6.2	6.6
乌干达	3.9	0.0	4.5	6.2	6.3

资料来源：2006 年伦敦经济季评。

二 外国援助

内战和大屠杀后，卢旺达百孔千疮，经济凋敝，完全丧
失了造血功能，在很大程度上要靠输血来维持。新政
府在面临巩固政权、重建国家、恢复经济、遣返并安置难民等艰
巨任务的情况下，只好呼吁和请求国际社会提供援助。卢旺达政
府的财政预算基本由外国共同资助，其发展预算的 94% 和行政
预算的 45% 都依赖外国财源。就人均水平来说，卢旺达是非洲

接受援助最多的国家之一。

卢旺达政府为争取获得更多的国际援助，重点发展与西方国家特别是西方大国的关系，同其陆续恢复和改善了外交关系。卢旺达获得的国际援助分为多边援助和双边援助。多边援助主要是一些国际组织提供的，如世界银行、联合国难民署、欧盟、世界粮食计划署、非洲开发银行、联合国儿童基金会、国际货币基金组织、国际红十字会、联合国开发计划署等。双边援助的国家主要有美国、荷兰、德国、瑞士、比利时、加拿大、英国、日本、法国等。1995 年 1 月和 1996 年 6 月在日内瓦、1998 年 6 月在斯德哥尔摩分别召开了 3 次援助卢旺达出资者圆桌会议。多边和双边总共宣布援助 31 亿多美元，到 1998 年底，实际支付 17 亿美元，支付率为 53.2%。其中多边援助宣布为 19 亿多美元，实际支付 9.8 亿美元，支付率为 51.1%；双边援助宣布为 12 亿多美元，实际支付 6.8 亿美元，支付率为 56.5%。在多边援助中，世界银行、联合国难民署和欧盟是卢旺达的最大出资者，世界银行和联合国难民署分别提供 2.59 亿和 1.54 亿美元的援助，支付率分别达到 61.7% 和 82.4%。欧盟在 1995～2000 年间向卢旺达提供了 2.87 亿美元的援助。卢旺达的卫生系统从外援中获益颇多，世界银行和非洲发展银行都承诺向卢旺达提供大约 3000 万美元的援助。卢旺达政府的减轻贫困战略也是一个主要的受援项目，欧盟批准了一项在未来三年内为卢旺达提供财政支持的提案。

在双边援助中，美国、荷兰、德国、比利时、英国等国引人注目。最大的一笔援助来自美国，允诺 2.43 亿美元，实际支付 1.53 亿美元，占 63%。德国是最早承认卢旺达新政府的欧洲国家，也是西方最早援助卢旺达的国家之一。德国主要通过政府和地方提供援助，到 1998 年底共援助 0.93 亿美元，支付率为 63.9%。卢旺达同英国关系较为密切，英国援助大幅度增加，在

1998 年 6 月的斯德哥尔摩出资者会议上允诺向卢旺达提供约
5000 万美元的资金，名列前茅，另外英国和卢旺达还签署了为
期 10 年的合作协议，每年向卢旺达国家预算提供 1600 万美元的
援助。2000 年以来，英国成为卢旺达最大的援助国，美国排在
第二位。

对卢旺达的国际援助分为紧急援助、投资援助、技术援助和
支付差额援助。1994 年卢旺达新政府成立时，国库空虚，财政
拮据，从工资到办公设备，从农具种子到生活用品都不得不依靠
外援。这一时期，国际社会向卢旺达提供了大量紧急人道主义援
助，国内主要用于支持宏观经济、恢复司法、紧急粮援、帮助大
屠杀幸存者等特困人群、建房等；国外主要花在卢旺达难民身
上。紧急援助在卢旺达外援中占很大比重，1995 年和 1996 年分
别占 36% 和 48%。1997 年随着遣返难民减少，紧急援助大幅度
下降，仅占 10%，比 1996 年减少 75%。1997 年国际社会继续向
卢旺达遣返难民提供紧急援助，但主要用于安置难民，向流离失
所者、难民和一些缺粮地区的居民提供粮援，负担街头流浪儿和
孤儿的生活。在生产方面，紧急援助主要是向难民提供种子、农
具、农业肥料等。向卢旺达提供紧急援助的主要有世界银行、联
合国难民署、世界粮食计划署、美国等国家和组织。

投资援助从 1995 年至 1997 年逐年增加，1997 年占到全部
外援的 42%，比 1996 年增加了 70%。投资援助主要是为了促进
卢旺达社会经济的恢复与稳定。获得投资援助最多的是基础设施
部门，这是因为基础设施的重建是 1995 ~ 1996 年紧急阶段之后
的首要任务之一，大部分投资用于重建与社会发展有关的基础设
施，如卫生、教育、饮水等部门。另一个投资援助的重点是生产
部门，尤其是恢复农业生产和重建农—工业部门，特别是茶叶加
工厂。1997 年投资援助主要来自世界银行、欧盟、德国等。到
1998 年底，卢旺达基本结束了紧急阶段，国际社会的紧急援助

和投资援助也逐渐下降。1994 年卢旺达曾获得 4.412 亿美元，而 1998 年仅为 3.029 亿美元，1999 年又减少 0.5 亿美元。1997年的技术援助有所提高，比 1996 年增加 20%。在卢旺达的各个部门，社会和人力资源发展占技术援助的首位，技术援助主要用于卫生、教育培训及其设备，其次是行政和金融部门，其中的司法、人权、管理、培训及其设备是技术援助的重要方面。1996年支付差额援助大幅度下降，比 1995 年减少了 72%。1997 年有所提高，比 1996 年增加了 18%。该项援助主要用于财政预算和支持支付差额。捐赠者提供的资金主要用来偿还国债欠款和进口商品。1995～1997 年，主要捐赠者是世界银行、国际货币基金组织、非洲开发银行等组织。

卢旺达的人均外援 1994 年最高，达到 84.4 美元，以后逐年下降，1995～1998 年分别为 68.1、59.6、45.6 和 38.4 美元。1997 年外援依赖率在国民生产总值中为 17.6%，在投资中为 55.5%，在商品与服务进口中占 65.3%。卢旺达自 1998 年军事介入刚果（金）冲突以后，同欧盟的关系恶化。欧盟尤其是法国指责卢旺达入侵刚果（金），欧盟及其成员国如瑞士、荷兰、瑞典等停止兑现对卢旺达的援助，或大大减少同卢旺达的合作。2001 年，卢旺达获得的外援比上年减少了 15%，为 2.28 亿美元。在 1999～2003 年间，卢旺达平均每年获得的外援为 3.3 亿美元。2004 年，卢旺达获得的官方外援总计为 3.97 亿美元，其中多边援助占 44%，双边援助占 56%。

西方国家和国际组织的援助实际上是承诺多，兑现少；实物多，现汇少；紧急援助多，发展援助少，且大部分用于境外难民。因此，卢旺达经济与财政在外援到位率不高的情况下长期处于困难状况。西方国家还往往以援助为诱饵，想将卢旺达置于自己的控制之下，按西方的标准和价值观，迫使卢旺达在"民主进程"、"自由人权"等问题上作出让步。然而卢旺达的国家主权观念和民族自尊心比较强,对西方的"民主、人权"等要求顶住压力或巧妙周旋。另外,国际援助的一个重要条件就是卢旺达要按世界银行和国际货币基金组织开出的"药方",进行经济结构调整,实行经济自由化和私有化等。卢旺达国家领导人不少是从国外返回,对国情缺乏了解与认识,在巩固新生政权和维护国家安全时,又没有足够的精力顾及经济,加上国内经济人才匮乏,往往资金已备,却又提不出切实可行的项目方案。这在一定程度上也影响了外援的到位率(参见表4-21)。

表4-21 官方援助情况一览表(2002~2004)

单位:百万美元

年 份	2000	2001	2002	2003	2004
多边	146.5	149.5	155.8	119.8	250.3
国际开发协会	30.9	57.1	76.8	28.2	143.9
欧盟	49.3	44.8	41.3	54.0	65.9
世界粮食计划署	20.0	4.4	4.8	6.7	7.0
联合国开发计划署	5.4	2.7	2.1	3.5	5.1
国际货币基金组织	22.8	14.0	0.7	-0.9	-3.6
双边	175.4	148.9	199.1	213.4	217.2
英国	22.9	31.1	46.4	52.6	50.3
美国	52.7	36.8	52.6	42.9	58.2
比利时	15.9	11.4	21.5	20.7	18.8
荷兰	20.4	19.2	19.6	23.0	25.5
德国	13.8	14.6	10.8	13.9	16.6
总计	321.9	298.4	354.9	333.2	467.5
赠款	267.5	227.5	280.7	312.3	397.4

注:表中列出的援助金额已经减去了卢旺达偿还的借款。官方发展援助为经合组织和石油输出国组织成员国及多边机构提供的赠款和贷款,其中赠款至少占25%,目的在于为受援国的发展和福利提供援助。

资料来源:2006年伦敦经济季评。原表数据有出入,略有改动。

三 外债

沉重的外债一直是卢旺达经济发展的掣肘因素。截至 2004 年底，卢旺达的外债（包括政府债务和私人债务）已达 17.112 亿美元，占国内生产总值的 93.3%；到期应偿还的债务为 5650 万美元（其中利息为 4260 万美元），占出口收入的 29.9%，占政府收入的 22.1%，占政府支出的 11.8%。在接受了重债穷国计划①的援助后，实际偿付的债务为 1830 万美元（其中利息为 770 万美元），占出口收入的 9.7%，政府收入的 7.2%，政府支出的 3.8%。债台高筑的局面严重影响了卢旺达的经济发展，延迟了 1994 年大屠杀中被破坏的社会和基础设施的重建进程。

2005 年，巴黎俱乐部对卢旺达的债务进行了大幅的减免。2006 年，卢旺达到达了重债穷国完成点，根据重债穷国计划，八国集团免除了卢旺达欠国际货币基金组织的全部债务、欠国际开发协会和非洲开发银行的大部分债务，使得卢旺达的外债从 2006 年的 15.23 亿美元锐减至 2006 年的 4.50 亿美元。2007 年外债比上年增加了 11.87%，主要是因为国际开发银行、非洲开发银行和国际农业开发协会等多边机构贷款的解付，卢旺达的多边债务从 2006 年末的 3.62 亿美元增至 2007 年的 4.30 亿美元，增加了近 19%。2007 年，卢旺达的公共外债总额为 5.03 亿美元。卢旺达的外债主要是欠多边机构的债务，例如世界银行、非洲发展银行、国际货币基金组织的债务占外债总额的 85.51%。其余的债务属于双边债务，主要是欠沙特阿

---

① 重债穷国计划（the Heavily Indebted Poor Countries，缩写为 HIPC）指的是 1996 年秋国际货币基金组织和世界银行共同发起的"重债穷国债务减免倡议"。"重债穷国"计划的基本目标是协助世界最穷困的国家将外债降低至能够承担的水准，让这些国家的政府得以正常施政。重债穷国完成点指该国成功完成主要结构改革的日期，包括制定和执行它的减贫战略，即可获得重债穷国债务倡议规定的大部分债务减免，而不附带任何进一步的政策条件。

拉伯、科威特、阿拉伯联合酋长国、法国等国的债务。

外债的减免使得卢旺达的偿债支出也随之大幅减少，2005
年、2006 年的偿债支出分别为 5050 万和 3410 万美元，2007 年
比上年下降了 63.05%，为 1260 万美元（参见表 4 - 22）。

表 4 - 22　卢旺达的外债

单位：百万美元

年　份	2002	2003	2004	2005	2006	2007
多边	240.9	1350.8	1501.8	1439.7	361.7	430.3
国际开发协会	827.2	904.5	1024.3	956.1	160.5	193.4
非洲开发银行	226.2	239.8	260.4	278.6	69.1	90.1
阿拉伯非洲经济发展银行	26.2	22.9	19.8	16.4	17.4	19.7
石油输出国组织	10.7	16.6	17.5	16.5	16.5	20.1
欧洲投资银行	5.5	7.9	11.1	16.2	18.3	18.9
欧盟	23.9	24.6	26.3	22.7	19.3	21.2
国际农业开发基金会	37.2	44.1	50.5	53.0	56.4	58.8
国际货币基金组织	84.0	90.5	92.1	80.2	4.3	8.1
双边	159.4	171.4	178.2	83.7	88.1	72.9
巴黎俱乐部	74.5	86.5	93.1	0.0	4.4	4.9
法国	40.2	48.6	52.9	0.0	4.4	4.9
奥地利	9.6	10.1	11.0	0.0	0.0	0.0
日本	13.2	14.8	15.4	0.0	0.0	0.0
荷兰	0.8	1.0	1.1	0.0	0.0	0.0
法国国家巴黎银行	3.3	3.9	4.3	0.0	0.0	0.0
科法斯集团（COFACE）	3.9	5.0	5.4	0.0	0.0	0.0
加拿大	3.0	3.1	3.1	0.0	0.0	0.0
美国	0.6	0.0	0.0	0.0	0.0	0.0
中国	21.2	20.2	19.6	18.1	17.2	0.0
沙特阿拉伯	30.2	29.9	30.3	30.1	30.8	30.8
科威特	30.5	31.7	32.1	32.4	32.7	34.5
阿拉伯联合酋长国	2.7	2.7	2.7	2.7	2.6	2.6
利比亚	0.4	0.4	0.4	0.4	0.4	0.0
总　计	1400.3	1522.2	1680.0	1523.4	449.8	503.2

资料来源：卢旺达中央银行 2007 年年报。原表数据有出入，略有改动。

四 国际收支

近年来，卢旺达的国际收支摆脱了长久以来的赤字状态，实现了盈余。2007 年，外贸和劳务的逆差分别为 4.13 亿美元和 2.50 亿美元，同比分别增加了 38% 和 21%，经常转移的金额为 4.6 亿美元，经常账户的逆差为 2.27 亿美元，同比增加了 9%。金融和资本账户的盈余为 3.4 亿美元，弥补了经常账户的逆差，国际收支的盈余为 1.1 亿美元（参见表 4-23）。

表 4-23　国际收支指数（2003~2007）

单位：百万美元

年　份	2003	2004	2005	2006	2007
外贸平衡	-173.90	-180.47	-236.88	-299.02	-413.01
劳务进出口差额(净)	-129.19	-137.67	-168.40	-206.38	-249.86
净收入	-30.53	-33.65	-27.21	-27.44	-23.41
经常转移	228.89	320.42	374.84	325.54	460.01
经常账户平衡(包括转移)	-104.74	-31.38	-57.65	-207.29	-226.27
金融和资本账户平衡	71.32	134.95	175.95	290.08	339.52
错误和遗漏	-2.28	4.36	0.86	-1.27	-2.77
总平衡	-35.70	107.94	119.16	81.52	110.48

资料来源：卢旺达中央银行 2007 年年报。

五 外国资本

独立以来，卢旺达政府重视并积极利用外资、外援发展经济，外资、外援和外贷在经济中占有较大比重。随着经济发展的需要，政府多方争取外援，鼓励外国资本在卢旺达投资或合资经营。政府由于能保护外国投资者的合法利益并能如期还债，而赢得了国际信誉。外国资本主要投向咖啡和茶叶的种植与加工行业，如卢旺达茶叶公司，部分资本属于英国，销售和出口 20% 以上的卢旺达茶叶，卢旺达咖啡加工厂的资本属于一家瑞士企业。

近年来，卢旺达政府在政策上和吸引外资的实践中均采取了鼓励和开放的态度。2006 年 3 月，政府通过了新的投资法，进一步对投资过程中的执照、签证、工作许可的获取和税收优惠等进行了规定，并且对在卢旺达商业银行中存款 50 美元以上、超过 6 个月的投资者提供永久住所和土地使用权。外国投资者可以获得房地产，但是在土地所有权方面受到限制，土地使用权的年限为 50～99 年，且土地使用权的契约可以作为抵押物在银行融资。在卢旺达，货币可以自由兑换。投资者可以通过指定银行汇款，汇入汇出的资金额度没有限制，但是两万美元以上的资金汇入（出）需要按照卢旺达中央银行的规定提供相应的资料来证明其合理性。另外，货物出口收入必须在货物离境后 3 个月汇回到卢旺达银行，且金额必须与出口商出关登记的金额一致。货物进口付汇同样需要向银行提供包括商业发票、提单等在内的证明文件。目前，卢旺达的商业法律体系仍处在架构阶段，很多法律，例如知识产权法、合同法、破产法和仲裁法等还处于草拟阶段。

在 1990～2000 年期间，卢旺达吸引的外国直接投资年均为 500 万美元。2007 年，卢旺达吸引的外国直接投资为 6700 万美元，比 2006 年的 1600 万美元增长了 3 倍多，占固定资本构成的 12.2%，2007 年的外国直接投资存量为 1.7 亿美元，占 GDP 的 6.4%。以往，卢旺达吸收的外国直接投资主要集中在咖啡和茶叶的种植与加工行业，近年来，投资者主要投资于第三产业，如通信、航空、旅馆业、商业、燃料公司等行业。外资的主要来源国有比利时、法国、英国、美国、南非、乌干达等国家。

六　中卢经贸关系

中卢两国的经贸关系主要有经援、互利合作、中卢合作和中卢贸易等。自两国建交以来，我国通过贷款、无偿赠送等向卢旺达提供各种援助总金额达3.4亿人民币，与卢旺达在建筑、军事、卫生、教育、农业等领域进行了广泛的合作。中国援助卢旺达的成套项目主要有水稻种植、糖厂、基加利—鲁苏莫公路、鲁奔迪和鲁瓦马加纳稻区开发、水泥厂、体育场、运动员宿舍、恩坦代齐农业兽医学校、基本戈医院扩建工程、缝纫车间、穆塔拉农田整治、会议厅等。中卢两国政府于1972、1978、1983、1988、1991、1996、2000、2001和2003年分别签订了9个经济技术合作协定。1981年12月起，中国在卢旺达开展以劳务承包工程为主的互利合作。中国路桥、中地和建材等公司在卢旺达设立了办事处。由中国援建卢旺达的马叙塞水泥厂现由中国建材公司代管经营。截至1996年底，我国在卢旺达共签订承包劳务合同110多项，合同金额在2.7亿美元以上，涉及修路、建房、农业、水泥厂代管等。中国先后有路桥、中土、中水、湖北、建材等公司进入卢旺达市场，目前仍在卢旺达执行项目的有路桥、湖北、建材等公司。1982年2月，中卢两国政府签订关于中国派遣医疗队赴卢旺达工作的议定书。此后，中国共派出11批医疗队赴卢旺达工作。目前中国在卢旺达的医疗队员有12人。1994年卢旺达大屠杀后，中国政府为救济卢旺达难民，曾提供了食品、药品、资金和一般物资的援助。为帮助卢旺达重建国家，中国政府在教育、卫生、农业等领域与卢旺达进行了合作，并提供了办公设备，赠送缝纫车间、体育用品等。

中卢贸易始于1967年。两国政府于1972年6月30日签订贸易协定，双边贸易以现汇支付。中卢两国于1983年成立经贸

混合委会。中卢第一次经贸混委会于 1985 年 10 月 23 日至 30 日在基加利召开；第二次会议于 1988 年 5 月 2 日至 9 日在北京召开；第三次会议于 1991 年 7 月 12 日至 16 日在基加利召开；第四次会议于 2000 年 5 月 15 日至 21 日在北京召开，本次混委会对两国间过去的经贸合作表示满意，希望进一步发展两国经贸友好合作关系。中国向卢出口的产品主要是日用百货（有中国商人在卢旺达开办日用杂货店）、小五金（锁具等）、小农具（砍刀）、橡胶制品（汽车轮胎）、塑料制品、自行车、缝纫机、化纤混纺布、服装、鞋类等。从卢旺达进口的商品主要有铌—钽铁矿、泡桐原木等。在 1990 年代初，中国曾经从卢旺达进口一定数量的咖啡豆（300～500 吨）和牛皮。在两国贸易中，中国年年顺差。2007 年，双边贸易额 5843 万美元，比上年增长 70.4%，其中中方出口 3480 万美元，进口 2363 万美元。中方主要出口机电产品、纺织品和鞋类等产品，进口主要是钽—铌铁矿等矿石产品。

卢旺达进口的中国产品主要集中在三家较大的华侨商人手中。因两国相距遥远，同时又面临着激烈的市场竞争，卢旺达一些商人反映，中国出口的产品价格不高，但质量经常出现问题。卢旺达商人多数为中小商人，一般进货批量小、金额小，直接从中国进口比较困难，因此卢旺达商人在第三国（如阿联酋、肯尼亚、乌干达、坦桑尼亚等）购买中国货比较多。货物从中国运到基加利，被长时间滞留在东非肯尼亚、坦桑尼亚的口岸，因第二程陆路运输资金不够或其他原因而被延误，有的被非法开箱，货物被盗窃的情况时有发生。在中国的运输代理行绝大多数不愿直接承运到卢旺达，因为陆路运输存在一定的难度。海上运输、东非口岸清关、再转陆运到卢旺达至少需两个月，资金周转很慢，商人代理经营中国货的不多，一般只进行零售，中卢贸易总量受到一定限制。

第八节　旅游业

旺达风景秀美，气候宜人，温度适中，四季如春，是非洲独具特色的"常青之国"。境内花草树木繁茂，生长在天然热带植物园内的奇花异草和生活在天然动物园的珍禽异兽，使卢旺达成为非洲旅游胜地之一。卢旺达每年都吸引大量的外国游客，到20世纪90年代，旅游业成为国家第三大外汇来源，收入仅次于咖啡和茶叶的出口所得。1988年卢旺达的旅游业曾获得高达15亿卢郎的收入，是经济中不可忽视的重要方面。卢旺达领导人深知旅游业给国家带来的益处，常说"旅游业是卢旺达的石油"。2000年，卢旺达的旅游业收入为2300万美元，2001年为2500万美元，2002年比上年增长了24%，达到3100万美元。2000年，3700名外国游客游览了卢旺达的国家公园，到2005年，游客人数增长了3.3倍，达到16000人。北美游客在近年来大幅度增加，在2004年占游客总数的42.1%，2005年进一步增加到53.3%。欧洲游客也在增加。参观国家公园的卢旺达侨民在2004年增加了1倍，但在2005年减少了37%。

目前，旅游业已经成为卢旺达增长最快的行业之一，卢旺达在2007年接待了408482名旅游者，比上年增长3.4%。旅游业收入计划增加到807亿卢郎。随着越来越多旅游者的到来，旅游业的硬件设施建设将更加重要。2003～2008年间，卢旺达酒店客房数量翻了两番，从651间增至3282间，而且2008年底将新增9家新酒店共416间客房。酒店的入住率高达80%，对卢旺达经济发展起到了积极的促进作用。旅游业的增长促使酒店业不断发展，酒店客房的增加反过来对旅游业的增长起到了明显的促进作用。

卢旺达国土面积虽小，但旅游资源比较丰富。离开喧闹嘈杂的大城市，在这里会找到山清水秀、空气清新、不见污染的田园风光。卢旺达除了有"千丘之国"的称号外，希腊学者托勒密在其地理学著作中还形容卢旺达是"月亮峰"。卢旺达的特殊地貌是在5000万年前的地壳变动中形成的，其西部出现的4个大湖以及火山山脉都是地壳崩塌的结果，这也就使卢旺达的风景富有独特的魅力。在卢旺达驾车游览，举目所见尽是曲折绵延的山岭。车子不论攀上山巅还是钻入谷底，满眼都是看不尽的山川美景。从山巅俯视，山坡上翻滚着绿色的波涛，秀林佳木，郁郁葱葱；从谷底仰望，山势峭拔，云天阻隔，长空被剪成一条蓝带。偶尔有飞瀑流泻，夕阳斜照，山涧平添一道彩虹。行驶在平坦的公路上，丘壑幽谷，山光水色，云蒸霞蔚，令人心旷神怡，忍不住感叹大自然的鬼斧神工。

卢旺达的两大天然公园也是两大旅游胜地。维隆加火山公园是一个自然保护区，位于西北地区，面积140平方公里。维隆加火山公园以山猩猩最后的栖息地之一而闻名。山猩猩群体已为数不多，属濒危物种。卡盖拉国家公园是卢旺达的野生动物园，位于东北地区，面积2500平方公里。战后，西北部地区逐渐恢复了安全，当局在1998年7月16日决定重新开放维隆加火山公园，但为了游客的安全，运营初期的晚上公路关闭，也不允许远足。在公园开放后不到1个月，就接待了外国游客35人，按每人花费250美元计算，这就是一笔可观的外汇收入。国家旅游局计划每年从国家公园获利60万~90万美元。国家旅游局本来希望开发卡盖拉国家公园的旅游资源，但是战后大批曾流亡国外30多年的图西族老难民返回故乡，他们带回的60多万头牛主要集中在卡盖拉公园及其周围地区。放牧活动使得卡盖拉公园的面积大大缩小，仅剩1994年前的1/3。同时，放牧牛群还渐渐地驱赶了很吸引游客的野生动物。因游客减少，1998年卡盖拉公园收入仅为256亿卢郎。另外，卢旺达还拥有世界

卢旺达

上高海拔的原始大森林——尼雍戈维森林，面积 970 平方公里，储存着国家 60% 的水资源。大森林对森林远足者颇具吸引力。

卢旺达还有 20 几个湖泊，其中秀丽的基伍湖是游客们必去的旅游景点之一。基伍湖素有"小地中海"之称，其宽阔平坦的沙滩十分诱人，被称作卢旺达的蓝色海岸（法国尼斯和土伦之间的地中海海岸地带）。吉塞尼市位于基伍湖的北端，距基加利 100 多公里，是基伍湖畔的旅游名城。基伍湖气候温和，湖水湛蓝，环境优美，沿湖建有许多欧式别墅和具有当地民族特色的旅馆，湖滨有沙滩浴场和棕榈树林荫道。游客或泛舟湖上，或漫步湖滨，欣赏妩媚多姿的湖滨风光。

首都基加利的旅游饭店和旅馆基本适应旅游业的发展，共有 6 家饭店，有战后修复的，也有新建的，分别是千山饭店、乌姆巴诺饭店（原子午饭店）、洲际饭店（原外交饭店）、兰多佳饭店、奥卡皮饭店和基奥武饭店，其中千山饭店和乌姆巴诺饭店均为四星级，条件很好，可接待国宾和贵宾。战后旅馆业也进行了改革，乌姆巴诺饭店、洲际饭店和基奥武饭店已实行私营化。洲际饭店目前是卢旺达最好的饭店。千山饭店因为 2005 年著名的电影《卢旺达饭店》而名声大噪。卢旺达饭店的房间一般都设有通过卫星接受国际频道的彩色电视，可以打国际电话，也可预定欧式或非洲风味的饭菜等。

首都基加利市简介：

基加利位于国土的中部，东经 $30°04'$，南纬 $1°57'$，建在十几座相连的山丘上。独立前，比利时殖民当局把卢旺达和邻国布隆迪合并为一个统治单位，行政中心设在布隆迪的布琼布拉。卢旺达刚独立时，基加利只不过是个仅有 1.5 万人的山间小镇，房屋简陋、拥挤，街道狭窄、陈旧，没有一条柏油马路。独立后近 40 年的发展，经过卢旺达人民奋发图强地积极建设，人口增加，城市规模扩大，昔日不见的楼房拔地而起，城市面貌发生了巨大变化。各山头上下，房屋鳞次栉比，道路逶迤其间，重重叠叠，层次分明。华灯初上时鸟瞰全城，万家灯火恰似夜幕上的繁星闪烁，使山城夜色更加妩媚动人；晨曦初露登高眺望，只见雾气缭绕，车来人往，忽隐忽现，在都市风光和秀丽的自然景色伴随下重新开始了新的一天。

基加利坐落在山丘上，马路不宽，坡路多，弯道也多，但交通秩序井然。战后随着商业的恢复与发展，基加利的汽车、商店、新房日益增多，使破烂不堪的市容有了较大改观。现在的基加利城市大致分为三个部分。市中心地势最高，这里既是商业中心，也是政府机关所在地，如国防部、外交部、财政经济计划部、工商部等，又是驻卢使馆比较集中的地区，如中国、美国、法国、英国、比利时、俄罗斯大使馆等。市中心南边为旧城，是人口稠密的居民住宅区，大多是低矮的木板房和土坯房，也有不少小商店，出售生活日用品。居民区中较高的建筑是清真寺，这里是穆斯林居住比较集中的地区。市中心东北方的山坡上，是近几年发展起来的新市区，又称"新基加利"。新市区道路平坦且比较直，两旁耸立着高层大楼以及建筑艺术考究的四星级乌姆巴诺宾馆。这里因居民和商业网点很少而显得格外幽静，除一些政府办公部门外，还有一些驻卢大使官邸也建于此。一条长达数公里的柏油马路将新旧城区连接起来，使整个山城很协调地融为一体。

基加利不仅是卢旺达政治中心，而且是全国的经济和交通中心。基加利有一条全国著名的"乌姆冈达"林荫大道，宽8米，长10公里，是卢旺达人民义务劳动修建起来的。这条公路干线可以通往国内主要城镇和邻国，是全国最重要的农产品集散地，咖啡、牲畜、皮革的贸易极为兴隆；此外，这也是卢旺达制造业和加工业较为集中的地方，有食品、制糖、制酒、制革、制鞋、收音机组装、金属加工等。

卢旺达

　　基加利地势较高，平均海拔 1500 米以上，年平均气温 20℃
左右，气候温和，空气清新，雨量充沛，是理想的休假和避暑胜
地，来这里的外国游客逐年增多。在雨季，基加利还有一种独特
的景观，即远处观雨。当乌云翻滚，大雨将至时，在外远眺，会
看到远处瞬间暴雨滂沱的景象，而在近处却是滴雨未下。

第五章

教育、文艺、卫生、社会人文

第一节　教育

一　概况

连年内战和 1994 年的大屠杀对卢旺达的教育体系造成了毁灭性的打击，校舍破烂不堪，70% 的教学设施被摧毁，一半以上的教师遭到杀害，另有许多教师逃往国外。战后初期，教育投入严重不足，教育教学质量不断下降。在 1996 ~ 1998 年期间，随着国民经济的逐渐恢复，卢旺达新政府经过调查研究，认识到教育遭受破坏的严重程度及其状况，一方面呼吁国际社会提供援助，另一方面逐渐增加教育经费在国家预算中的比例。1990 年卢旺达划拨给教育的经费份额较高，占国民生产总值的 4.2%，以后因内战逐年下降。1990 ~ 1992 年，教育经费占国家总支出的 25.4%，1996 年下降为 12%，1998 年教育经费为 160 亿卢郎，在国家预算中所占的份额提升到 20%，在 1999 ~ 2001 年间则分别为 19.8%、25% 和 23.6%，但在随后的两年中，教育经费及其在国家预算中所占的比例都有所下降。2005 年，卢旺达政府在教育方面的支出为 45 亿卢郎，比上年增加 7%。其中，初级教育的支出为 24.343 亿卢郎，中等教育为

4.756 亿卢郎，高等教育为 14.554 亿卢郎。卢旺达每年的教育
经费有两个来源，一是外援，二是国家预算。1998～2001 年教
育行动计划直接经费为 1.72 亿美元，外援部分为 1.65 亿美元，
约占 96%，国家预算部分为 0.067 亿美元，仅占 4%。

　　根据 1998 年 7 月 11 日公布的卢旺达财政计划部和联合国人
口基金会联合对 1996 年人口社会状况进行调查的结果，34.5%
的卢旺达人既不会读也不会写，59.6% 的人只上过小学，3.9%
的人上过中学，0.2% 的人上过大学，1.7% 的人接受过职业培
训。卢旺达教育中的一个突出问题是学生多、教师少，合格的教
师就更少。1990 年平均每名小学教师有学生 57.1 名，而到 1997
年这种状况并没有什么变化，每名教师仍有学生 58.6 名。同样，
每名有资格的教师 1991 年有学生 104 名，1997 年达到 118 名。
相比而言，中学教师的学生则少得多，1996 年在学生增加的情
况下，平均每名中学教师有学生 29 名，是前几年的两倍。近几
年，由于卢旺达政府重视教育的发展，加大了对教育的投入，加
之国际社会的援助，卢旺达的教育取得了长足的发展。据联合国
开发计划署关于卢旺达的 2007 年发展报告称，1990 年卢旺达成
人识字率为 53.3%，青年人（15～24 岁）的识字率为 72.7%。
2004 年，青年人的识字率达到了 77.6%，女性的识字率有了较
大幅度的提高，从 67% 升至 76.9%，男性则基本持平，从 78%
升至 78.5%。[①]

　　二　教育方针和行动计划

　　卢旺达政府在国家重建进程开始后制定了新的教育方
针，即教育应该在经济恢复、国家重建和民族和解的
工作中发挥重要作用，新的教育体系要符合卢旺达新社会的道德

---

　　① UNDP, *National Human Development Report*, Rwanda, 2007, p. 97.

标准和要求，符合公正、宽容、尊重他人、统一与民主的准则。根据这一教育方针，卢旺达政府对原有教育体系进行了必要的调整，修改了教学大纲的内容。围绕执行和落实新的教育方针，政府还分别制定了各项方针政策、培养目标和发展战略。为了使教育有一个良好的社会氛围和经济环境，政府在国家宏观方面优先重视以下各项工作：努力安置所有回归的难民；改善国家的经济管理；采取行动减少贫困；进行结构性改革。政府在教育领域总的政策和目标是：增加教育投入，更强调公平合理；改善教学质量，对人力资源进行有效培训。为此，卢旺达集中力量改进学前教育，到 2005 年在全国普及初等教育，加强中等教育和对教师的培训，恢复和发展高等教育与科研，强调优先领域与学科，调整技术与职业培训；建立持续培训和远程教学体系。

卢旺达新教育方针的培养目标是将培养学生成为不带任何族群、地区、宗教和性别歧视的公民，通过教育促进和平、公正、宽容、统一与民主文化的发展，尽力发挥国家人力资源的潜力。为落实教育方针的各项目标，政府在 1998 年 3 月制订了 1998 ~ 2000 年教育行动计划，主要内容包括为教育的各个领域确定特定目标、行动计划的资金需求以及行动计划的后续和评估等。卢旺达政府认为，通过调整教育体系和修改教材等措施，卢旺达教育体系的未来发展已经开始，执行这一行动计划不仅可以恢复卢旺达的教育体系，而且可以巩固教育发展的基础。

1998 年 3 月，卢旺达制订了教育行动计划，确定了 4 个主题，即采取措施增加接纳学生的能力；修改教材和改进培训质量；加强制度、计划和管理能力；增加教育投入并使其多样化。围绕这 4 个主题，教育的每一个领域除提高教学质量外，还有各自特定的目标。学前教育：加强制度基础和有效发展基础教育；初等教育：增加投入和加强制订教育计划的能力；中等教育：逐渐便于学生进入中等教育和加强培训中学教师；高等教育：鼓励学生进入高等教育的优先学科学习、加强高等教育的结构；技术与职业教育：提出发展方针和增加投入；科技研究：推动科研发展和加强科研的计划与管理；非正规教育：开展扫盲活动；专业教育：促进初等教育中的专业教育；持续培训和远程教育：在高等教育中引进持续培训和远程教育；制度支持：加强教育部制订计划的能力，制订教育的长期发展规划。

三 教育体系

前教育：1994 年前，卢旺达有学前教育中心 130 个，战后增加到 138 个。目前，卢旺达的学前教育还处于初期阶段，仅限于城市地区。今后要解决的主要问题是学前教育城乡之间的差异、缺少基础设施和缺乏有资格的教师与教学设备等问题。

初等教育：年龄始于 7 岁，学制 5 年。1996～1997 年有小学 1918 所，毛入学率和净入学率分别为 79.5% 和 68.4%。初等教育存在的问题主要有落后的基础设施和不利的学校环境，教室过于拥挤，缺少教学设备，合格的小学教师仅为 32.5%。在卢旺达政府实施了小学义务教育政策后，小学的入学率接近 100%，高于黑非洲国家的平均水平，但是能够完成小学学业的学生比率仍比较低。在 1998～2003 年间，完成 5 年的小学教育的学生仅 38.1%，复读率和辍学率分别为 20.6% 和 15.2%。根据卢旺达教育部的统计，2004 年卢旺达的小学生人数为 1752588 人，2005 年达到 1857841 人，比上年增加 6%。2005 年小学的入学率为 137.3%（入学率之所以高于 100% 是因为其中既包括了 6～12 岁的学龄儿童，也包括了不足 6 岁和 12 岁以上的儿童），比上年增加了 6.5%；净入学率为 93.5%，比上年（93%）略有增加，辍学率则从 14% 降至 3%。在师资配置方面，小学教师的人数为 26944 人，比上年增加 3.3%，比 2003 增

加 2.9％。初等教育的教学质量受到合格教师短缺、课程繁重和教学设备匮乏的影响。由于长期缺乏合格教师，不得不采取大班上课和实行双班制制度。卢旺达政府在增加合格教师方面进行了很多努力。合格教师的比例在 2002 年已经上升到 81.2％，2003 年又提高到 85.2％，合格教师与学生的比率在这两年分别为 72.7％ 和 70.3％（2003 年的数据低于 2002 年是因为学生入学率的增加）。为了提高教学质量，卢旺达在 2002 年实施了新的教科书政策，保证每三名学生拥有一本教科书。

中等教育：包括公立学校、接受国家津贴的私立学校和私立男女生混合学校。1995 年以来，中学教育系统进行了调整，6 年的中学学习阶段分为两个阶段：初中 3 年为基础课阶段，高中 3 年为专业教育阶段。中学在全国的分布存在着地区间的不平衡，在卢旺达的 12 个省份中，51％ 的中学位于其中的 5 个省。发展中学教育是卢旺达"减轻贫困、促进发展"战略的重要内容，在卢旺达政府的努力下，中等教育在近几年取得了较快的发展。中学的入学率从 1998 年的 7％ 提高到 2002 年的 13.9％。从小学升入中学的比例尽管还很低，但也取得了可喜的进展，在 1997 年，仅有 15％ ~ 19％ 的小学毕业生升入中学学习，2001 年达到 43％，2003 年进一步提高到 54.2％。2005 年，中学生人数为 218517 人，比上年（203551 人）增长了 7％，中学的入学率从 10.6％ 上升到 16.6％，净入学率从 15.4％ 降至 9％。中学在校学生中性别比例大致相当，男生占 52％，女生占 48％，但在不同地区和不同类型的中学中，男女生比例还存在较大的差异，公立中学的女生比例为 40％。贫困家庭的孩子很难接受到中等教育，据教育部的统计，仅有 5％ 中学在校学生来自 20％ 全国最贫困的家庭。2003 年 10 月，教育部在全国范围内新开办了 94 所初中，极大地提高了从小学升入中学的比率。在这些学校学习的贫困家庭的学生无须交纳膳宿费（一般为每学期 21000 卢郎）。卢旺达政府新近实施的 9 年

基础教育政策包括初中的 3 年，将进一步提高中学的入学率。缺乏合格教师仍旧是阻碍中学教育发展的一个主要问题。2003 年，中等教育机构的合格教师比例为 52.1%，仅比 2002 年（51.9%）略微有所提高。卢旺达政府正在采取措施解决这个问题，其中一个举措就是通过基加利教育学院的远程课程对中学教师进行培训，在 2004 年有 500 名在职的中学教师完成进修班课程。教学设备不足和设备质量差影响了中学的教学质量。目前，仅有 20.5% 的高中学生学习科学类课程。教科书的短缺也是发展中学教育的掣肘因素。教育部正在努力解决这些问题，其中包括为一些中学配备实验设备和计算机，提高初中科学教学的水平。

高等教育：卢旺达现有高校 15 所，其中公立高校 9 所，私立高校 6 所。公立大学有国立大学、农牧、财政、卫生、科技管理、行政管理和教育学院。私立大学为基特瓦教育学院、中非基督复临大学、基加利自由大学、尼亚基邦达大神学院、布塔雷神学院、基加利基督复临教会大学。卢旺达国立大学是该国最大的综合性高等学校，位于南方的布塔雷市，又称布塔雷大学。布塔雷大学已于 1995 年 4 月复课。1996~1997 年该大学只有毕业生 680 名，远远不能满足需求。战后布塔雷大学的教授奇缺，1996~1997 年在职教授仅有 158 名，而该大学的需求却是 350 名，而且大多数在职教授缺少任职的资格与教学水平。为维持大学正常运转，大学不得不聘请 350 名客座教授。战后因缺乏经费和设备，大学的实验室尚未修复，还不能进行教学研究。为了加强对高等教育的管理，卢旺达政府在 2003 年通过了《高等教育法》，建立了卢旺达学生资助机构（Students Financing Agency for Rwanda，SFAR）和国家高等教育委员会。2005 年，公立与私立大学的学生人数总计为 27887 人，比上年增加 2%。在大学生的性别比例方面，16567 人为男性，占学生总数的 60%，11220 人为女性，占学生总数的 40%，具体而言，公立高校的男女比例

为 25%：75%，私立高校的男女比例为 53%：47%。高校的教师人数为 1909 人，比上年增加了 42%。

外籍教师的高薪对卢旺达的高校形成了很大压力，卢旺达政府派遣本国教师到外国深造，以逐步取代外籍教师。此外，卢旺达政府采取措施减低高校中非教学支出的份额，以便将培养大学生的成本降低到合理的限度。尽管高等教育发展很快，但大学的升学率依然很低，接受高等教育者不足全国人口的 1%，低于撒哈拉以南的非洲国家的平均水平（2%），来自贫困家庭的学生很难获得深造的机会，在乡村地区，由于小学和中学教育水平低下，升学机会更为渺茫。

技术与职业教育：技术教育对国家的发展有着重要作用，但目前的状况还比较落后，存在的主要问题是教学内容与劳务市场对有资格和有能力学生的需求还很不适应，需要进行重大调整，使培养的学生符合实际的要求，同时减少培养成本，让学校和雇主之间进行有效而实际的对话与合作。技术学校是提供技术教育的机构，其层次相当于高中水平。青年培训中心则是提供职业教育的主要机构。大多数青年培训中心缺乏资金、需要修复，难以正常运转。卢旺达成立了基加利科技学院，以促进技术与职业教育的发展，并计划在每个省设立一所技术学校，在每个县设立一所职业培训中心。2003 年，技术学校有学生 4269 人，占高中学生总数的 6.1%。

科学研究：由于科研设备的毁坏和科研人员的流失，卢旺达的科研工作彻底崩溃。战后只有农艺科学研究所和科学与工艺研究所恢复了科研工作。农艺研究所正式恢复对大牲畜的研究，希望通过增加奶牛优良品种的数量来扩大牛奶生产。1998 年 4 月 30 日，在联合国开发计划署和德国技术协会的援助下，基加利科技管理学院正式成立。该学院将为卢旺达参与非洲科技竞争和参加未来世界科技大会作出努力。目前，由于科研条件非常困难，卢旺达的科研工作还进行得很少。卢旺达正在大力促进信息和通信技术的发展,在 2003 年建立了创新与技术转化中心,提供信息与通信技术培训(参见表 5 - 1)。

表 5 - 1　教育情况概览(2001 ~ 2005)

	2001/2002 年	2002/2003 年	2003/2004 年	2004/2005 年
投入指标				
政府教育支出/公共开支总额(%)	30	27	23.7	24.2
产出指标(%)				
学生/教师(小学)	51	58.9	65.8	66.9
符合国家标准的小学教师比例	62.7	81.2	85.2	88.2
合格男教师比例	62.1	80.8	84.4	87.1
合格女教师比例	63.3	81.6	86.0	89.3
符合国家标准的中学教师比例	49.7	51.9	52.1	50.95
合格男教师比例	90.4	90.9	90.5	89.95
合格女教师比例	9.6	9.1	9.5	10.2
成果指标(小学)(%)				
入学率	73.3	74.5	91.2	95.4
完成学业率	24.2	29.6	38.1	44.9
平均复读率	31.8	17.2	20.6	
平均辍学率	14.2	16.6	15.2	
升入中学的比例	37.0	43.0	53.0	54.2
学生与合格教师比例	72.6	70.6	70.3	75.8
效果指标				
青年识字率(15 ~ 24 岁)(%)	52.4			

　资料来源:卢旺达教育部。

第二节　文化艺术

一　文化政策

19 94 年前,卢旺达胡图族政权推行殖民主义分裂文化,排斥异己族群,千方百计阻挠 1959 年逃亡国外的图

西族难民返回祖国，结果导致了 1990～1994 年的内战和种族大屠杀。战后，为推动民族和解与团结，卢旺达新政权制定了促进国家安定、和平与发展的文化政策，强调在卢旺达人民用武力制止了大屠杀后要永远根除产生有罪不罚文化的原因，决不能容忍有人不受惩罚地进行类似的大屠杀。为此，政府提出恢复、健全司法系统，伸张正义，提倡宽容和民族和解，消除族群仇恨，尊重人权、热爱工作，反对族群主义和地方主义，反对非法占有财富。卢旺达政府在纪念 1994 年的种族大屠杀的同时，力图以积极的文化价值教育人民，避免悲剧重演，继承传统文化遗产，促进创造性，推广技术文化，加强国际文化交流，促进民族文化发展，宣传卢旺达战后新形象，使卢旺达和世界文化的积极价值不仅成为卢旺达集体和个人生活的动力，而且成为卢旺达人民在社会、经济和技术方面前进的动力，以达到实现国家持久和平的目标。

卢旺达新文化政策的主要任务是：（1）计划、协调、研究国家的文化活动，培养文艺干部；（2）建立国家文化资料和信息库，建立民族文化遗产卡片，发展图书馆和国家博物馆；（3）推广技术文化，开展国内和国际文化交流；（4）建立种族大屠杀纪念馆；（5）建立卢旺达版权机构，促进文艺创作和戏剧及造型艺术；（6）促进民族语言的使用和英、法双语的实践；（7）建立美术学院、文化宫和国家文化中心；（8）在学校和青年协会内成立传统和现代歌舞剧团，促进私营文化团体；（9）筹备手工艺品展览和传统服装表演；（10）修复原有文化设施，建立新的文化设施。为完成上述任务，卢旺达文化艺术局确定了下列努力目标：（1）培养代表卢旺达社会文化价值并向世界文明开放的公民；（2）提倡司法、人权、宽容、和平民主、热爱工作的文化，增强社会凝聚力；（3）纪念种族大屠杀，对人民实行和平与民族团结教育；（4）促进技术文化，以利于国家发展；（5）促进民族语言，使其成为文化交流的工具和民族团结的纽带，推广英语、法语，以利于向世界开放；（6）发展民间艺术和娱乐文化。为实现这些目标，文化艺术局制订了短期、中期和长期行动计划。

总之，卢旺达的文化政策是优先发展和平文化、技术文化和纪念文化，彻底根除有罪不罚文化。文化政策的实施将成为卢旺达国家发展和人民生活的动力。

二　文化机构和文化设施

旺达政府设青年、文化、体育部。该部内部设立文化艺术局，负责管理全国的文化艺术工作，开展对外文化交流。文化艺术局下设文化遗产处、文化促进处、联合国教科文组织卢旺达全国委员会、民间艺术和娱乐处。文化研究机构有：卢旺达文化教育科学院和卢旺达国家科学研究所（设语言、文学、美学、音乐等专项研究）。卢旺达国家博物馆设在布塔雷市。

卢旺达的文化设施比较落后，全国没有国家影剧院，只有分散在全国各地的正式演出场所30多处。基加利市有法国建设和管理的法卢文化交流中心，包括剧场、展览厅和图书馆等综合设施，是放映电影和国内外艺术团体演出的主要场所。该中心在布塔雷市和吉塞尼市还设有包括电影放映厅在内的分中心。利比亚和阿拉伯联合酋长国在首都基加利的一个的清真寺内援建了一个伊斯兰文化中心，内设伊斯兰研究所、图书馆、演出大厅等。基加利有两家私人影院，放映商业性影片。各省府、高等院校、中学都设有大厅，可以放映电影、演出文艺节目。另外，一些教区、工厂、合作社企业等也设有电影放映点。卢旺达计划建立国家影剧院，放映具有教育意义的电影，促进民族歌舞的发展。

三　文化组织和文艺团体

口头传说在卢旺达文化中占有特别重要的地位，卢旺达的许多传统文化主要靠口头传说而保存下来。所以，

　　口头传说是卢旺达传统文化的宝库。随着殖民者的入侵，天主教的传播和学校教育的兴办，卢旺达开始接触西方文化，也开始了文字写作。西方文化的传播，一方面拓展了卢旺达人的视野，但同时也摧残了卢旺达原有的以口头传说为主的传统文化。殖民统治时期，殖民者推行殖民主义分裂文化，挑拨族群关系，不重视对优秀人才的培养，卢旺达的文学创作一直十分落后。独立后，政府在恢复和发展民族文化方面作了很大努力。1979 年卢旺达召开全国文艺出版界代表大会，选出了 11 人组成的卢旺达全国文艺协商委员会。1988 年 3 月成立卢旺达作家协会。同年成立卢旺达音乐家协会。1991 年 7 月成立卢旺达记者协会。当年还制定了新闻法。1998 年 2 月 22 日，卢旺达成立国内外公众新闻国家委员会，负责协调向国内外公众提供新闻。1999 年颁布新的新闻法。

　　"乌鲁克雷雷扎" 歌舞团是卢旺达著名的国家级艺术团体。另外，卢旺达每个省基本都有业余歌舞团，如基加利省的 "英达艾穆卡" 歌舞团，布塔雷省的 "乌伦冈加齐" 歌舞团，吉塔拉马省的 "阿巴蒂库穆冈比" 歌舞团、"英帕拉盖" 歌舞团，吉塞尼省的 "特维泽拉纳" 歌舞团以及基本戈省的 "加鲁克·乌雷贝" 歌舞团等等。卢旺达每年都举行省级歌舞团演出比赛，从中选拔优秀歌舞演员到国家歌舞团。

　　卢旺达国家 "乌鲁克雷雷扎" 歌舞团经常出国访问演出，并多次参加国际艺术节。1995 年在西班牙艺术节上获得金奖；1996 年在刚果和以色列艺术节上分别获得第一名。吉塔拉马省 "英帕拉盖" 歌舞团在 1997 年以色列国际民间艺术节上获一等奖。1998 年 9 月在基加利举行泛非舞蹈节，以后每两年举行一次。1999 年 10 月至 11 月，卢旺达国家歌舞团赴华参加中国举办的 "1999 年国际民间歌舞年" 活动，并在北京、天津、烟台和青岛访问演出。

四　重大文化活动

1985 年起，卢旺达政府将每年的 9 月 8 日定为"全国文化节"。战后，政府将每年 9 月 2 日至 8 日定为"全国文化周"，举办以和平文化为主题的文化活动，此外，每年的 4 月 1 日至 7 日被定为"全国纪念周"，4 月 7 日被定为"全国哀悼日"，通过举办纪念 1994 年种族大屠杀的活动来教育卢旺达人民。

五　音乐和舞蹈

卢旺达的传统音乐与一种被称为伊吉南巴（ikinimba）的舞蹈存在密切联系，这种舞蹈以卢旺达的英雄、国王和武士的丰功伟绩为主题。此外，卢旺达还有赞颂牛的美丽的歌曲，因为牛在过去是财富的象征，对卢旺达人具有至关重要的作用。

卢旺达的音乐主要用本国独特的乐器演奏，包括伊南加（inanga，一种像七弦琴的乐器）、伊南吉里（iningiri，像提琴的乐器）、伊康伯（ikembe，一种小型的拇指钢琴），最重要的乐器则是安格马（ingoma），也就是鼓。在伊孔博（Inkombo）岛，卢旺达的音乐和来自刚果（金）基伍南部的施族人音乐相互融合。卢旺达的著名音乐家都是演奏伊南加的乐手，包括维克多·卡巴里拉（Victor Kabarira）、吕然迪里（Rujindiri）、基吕苏（Kirusu）、瑟巴顿齐（Sebatunzi）、桑托勒（Sentore）和索菲，索菲是卢旺达唯一的女乐手。著名的女歌手赛西尔·卡伊勒布瓦（Kayirebwa）出生于 1946 年，旅居比利时多年，用现代乐器演奏卢旺达的传统音乐，在 20 世纪 80 年代发行了一系列卢旺达传统音乐风格的歌曲磁带。

在 1994 年大屠杀爆发前，活跃在卢旺达城镇的乐队有安帕

拉乐队（Impala）、伙伴乐队（Les Fellows）、阿邦伦古乐队
（Abamarungu）、伊诺诺之星乐队（Inono Stars）、8 天使乐队
（Les 8 Anges）、伊莫纳乐队（Imena）、恩扬潘加乐队
（Nyampinga）、歌伴乐队（Les compagnons de la Chanson）、比萨
乐队（Bisa）、安让齐乐队（Ingenzi）、安热里乐队（Ingeli）等，
其中比萨乐队是一支大学乐队。这些乐队用卢旺达语演唱，但演
奏的音乐大多是刚果伦巴和祖克等地的音乐。大屠杀的爆发对卢
旺达的音乐界造成了沉重的打击，绝大部分的乐队都已经解散，
音乐家生活无着落，连获得乐器都成为难事。

尽管如此，卢旺达仍有许多有才华的音乐人，包括歌手伯尼·
恩塔热（Boni Ntage）、克勒莫拉·罗德里古尔（Kremera
Rodrigur）和莫伯尼耶·伊拉德（Mboneye Elade）；吉他手索
索·马多（Soso Mado）和莫库·吉尔贝（Mahuku Gilbert）；鼓
手卡纳·让·克劳德（Kana Jean Claude）、卡兰（Karim）和伊
勒里·米卡萨（Ileri Mukasa）；低音小提琴演奏家蒂埃里·加拉
（Thierrry Gallard）、约素福（Youssouf）和马尔科·波罗（Marco
Polo）。在这些音乐人当中，最有才华的当属年轻的吉他手爱
米·米热福（Aime Murefu），其技艺可以跻身 20 世纪最佳吉他
演奏家之列。米热福受到著名吉他手吉米·亨德里克斯和卡洛
斯·桑塔纳的影响，发展了自己独特的风格。许多卢旺达的音乐
家现在旅居国外，主要聚居于比利时的布鲁塞尔。最近，一些比
利时的卢旺达艺术家回国帮助实现国家复兴。

卢旺达因地域和族群的不同，舞蹈的特色也不尽相同。胡图
族的音乐短小而有力，舞蹈也因此而动作急促。图西族的音乐似
显深沉，舞蹈动作娴娜多姿。而特佤族的歌舞则兼有二者的特
点。卢旺达人民能歌善舞，尤其喜欢跳舞，无论是青年人、老年
人，还是妇女、儿童都会跳舞。刚刚学会走路的幼儿，看见大人
跳舞或是听到音乐，也会很自然地学着跳起来。卢旺达人和其他

非洲人一样，似乎具有跳舞天赋，他们不需要人教，一看就懂，一跳就会。在卢旺达，每逢重大庆典或喜庆活动，都要组织隆重的歌舞表演。节假日里，人们也乐于欢聚一堂，纵情歌舞，直到深夜。鼓在卢旺达的歌舞中占有重要地位，是乐器之王。大小不一、粗细不等的非洲鼓能敲出丰富多彩的节奏，时而娴雅，时而激烈，无论在舞台上，还是在生活中，都能创造出各种各样的气氛，表达出不同的情绪和愿望。每当鼓声响起，上至达官贵人，下至平民百姓，都会情不自禁地随着鼓声加入舞蹈行列，纵情地跳起来。

在卢旺达的舞蹈中，有一颗非洲舞蹈艺术宝库中的璀璨明珠，这就是卢旺达传统民族舞蹈英托雷舞，深受当地人和外国观众的喜爱。据说，英托雷舞产生于公元 14 世纪。最初，它是卢旺达王国的贵族子弟军事训练时表演的舞蹈，表演者是由国王或酋长挑选的。在卢旺达语中"被挑选者"的发音是"英托雷"，舞蹈便因而得名。英托雷舞被认为是有象征意义的高雅舞蹈。从古至今，每逢盛大庆典，卢旺达人都要表演英托雷舞。英托雷舞的舞蹈者头插茅草，额上、身上佩戴彩色珠带，两脚系上铃铛，一手持长矛，一手握盾牌。几十名男性舞蹈者随着一位长老的哨子起舞，脚上的铃铛声当作伴奏。舞蹈节奏明快、欢乐，动作铿锵有力，充分表现了古代武士出征前的英勇气概和胜利后的欢乐情绪。

大约在公元 19 世纪末叶，英托雷舞从宫廷和军队传到民间。在民间流传过程中，富有艺术创造力的卢旺达人民逐渐把狩猎、打铁、耕作等劳动动作糅进了英托雷舞，同时配以兽皮围腰和脚铃等服饰，这不仅大大丰富了英托雷舞的内容和表现力，而且使它散发着浓郁的乡土气息。后来，有的地区还打破了只有男人跳英托雷舞的习俗，姑娘们也加入了舞蹈行列，给英托雷舞增添了靓丽优雅的风采。现代的英托雷舞由过去两名男子或两名女子对

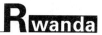

跳，逐渐发展成一二十人的集体舞。英托雷舞的韵律和节奏顿挫有力，表演者讲究腿脚、手臂和头部的功夫和技巧，全身动作自然、和谐、富于变化。英托雷舞舞姿优美，柔韧灵活，形象生动，潇洒刚劲，给人以丰富多彩的美的享受，富有独特的韵味和吸引力，充分展示了卢旺达人民热情奔放、刚毅顽强的民族性格。

六　新闻出版

19 94 年内战后，因纸张和印刷费用昂贵，卢旺达报刊发行量极小。目前，卢有 15 种报刊，均为战后创刊，主要有《英瓦霍报》、《卢旺达时报》、《虹》、《英特戈报》和《新接班人报》等。

卢旺达通讯社为官方通讯社，1975 年成立。曾发行《每日新闻》、《法文日刊》，发行量 310 份。1994 年以来该社成为自筹资金、自负盈亏、独立的通讯社。

卢旺达广播电台系国家广播电台，1961 年由西德援建，在尚古古、基布耶、鲁亨盖里和比温巴四省设有转播站，现用卢旺达语、法语、斯瓦希里语和英语广播，共有 2 套节目，每天播音 14 小时。布隆迪电台的节目在卢旺达被广泛收听。

卢旺达电视台系国营电视台，在法、比两国的援助下，于 1993 年 12 月 25 日正式开播，全国覆盖率为 70%。1994 年战乱期间物资被盗、停播。在德国的援助下，从 1997 年 11 月起，每晚用卢旺达语、法语、英语播出 5 个小时的新闻等节目。

1998 年 2 月 22 日，卢旺达成立国内外公众新闻国家委员会，负责协调向国内外公众提供新闻。1998 年 3 月 27 日，英国广播公司电台正式在卢开播。

卢旺达国家图书馆成立于 1989 年，负责收集和保存有关卢旺达和卢旺达人出版的资料。它也采集参考性和一般性著作，突出强调非洲语言和有关邻国家的作品。该馆开展馆际互借并开办公共阅读中心，设有分别采集专著、期刊和官方出版物的机构。

七　知名人士

历克斯·卡加梅（AlexisKagame，1912－1981），卢旺达著名的历史学家、哲学家、人种学家、文学家，曾获意大利罗马大学哲学博士学位。先后任卢旺达《吉尼亚马特卡报》（*Kinyamateka*）总编辑、卢旺达国立大学和国家教育学院教授、刚果（金）卢本巴希大学教授、比利时和法国海外科学委员会成员，在国际上有一定影响，曾获非洲大湖国家荣誉勋章。他是一位多产作家，有151部著作和文章。著有《卢旺达简史》（2册），《卢旺达族群简史》，《古代卢旺达抒情诗引言》等。

西普利安·鲁冈巴（Cyperien Rugamba），曾任卢旺达国家科学研究所所长。著有《王朝诗、历史的源泉》。

纳伊吉齐基·萨韦利奥（Nayigiziki Saverio），曾任布塔雷神学院教授。著有小说《我30岁时的恐惧》、《卢旺达偷闲》以及话剧《乐观者》等作品。

穆里冈代·夏尔（Murigande Charles，1958－　），曾就读于布隆迪和比利时那慕大学，并获数学博士学位。历任布隆迪地理研究所科学顾问，美国哈佛大学医学院副教授、生物统计系主任。1994年卢旺达发生种族大屠杀后回国参加国家重建，曾任卢旺达总统府外交合作顾问、交通邮电部长，现任卢旺达爱国阵线总书记。在科学杂志上已发表多篇文章。

保兰·穆斯瓦伊利（Paulan Muswahili），卢旺达著名音乐家，曾任卢旺达国立教育学院教授。

布瓦纳凯利（Bwanakeli），卢旺达著名舞蹈家，曾是卢旺达国家"乌鲁克雷雷扎"歌舞团演员，后任该团教练。

第三节　医疗卫生

一　概况

卢旺达经济长期落后，其医疗卫生状况也基本上是世界最差的。1988～1991 年间，平均每 25000 人才有 1 名医生，而发展中国家为 5767 人，最不发达国家和黑非洲国家为 18400 人。卢旺达的医疗体系在内战中解体，大批医护人员在大屠杀中遇难或逃亡邻国，卢旺达医疗资源紧缺的状况更加突出。战前的 1990 年和战后的 1996 年，国家的医疗支出基本稳定在国内生产总值的 1.9% 左右。1990 年国家的医疗支出占到政府全部支出的 4%，但到 1996 年尚未恢复到 1990 年的水平，仅占 2.4%。此外，一些私人和宗教组织对医疗部门进行了赞助。1995～1999 年间，卢旺达在医疗卫生上的开支平均占政府支出总额的 2%，此后逐年增加。在 2006 年，卢旺达的医疗卫生开支为 341.66 亿卢郎，占公共支出总额的 8.4%，人均医疗开支为 7.5 美元。国际社会的援助在卢旺达卫生保健领域发挥了极为重要的作用，占总开支的 60%。2007 年，卢旺达的医疗卫生支出增加 41.6%，达到 483.89 亿卢郎，人均医疗支出接近 10 美元，但与发展中国家的人均 34 美元、撒哈拉以南非洲国家的人均 12 美元的医疗开支相比，仍有较大的差距。

在卢旺达人民的努力和国际社会的援助下，卢旺达已有 34 所医院、200 家医疗中心和 70 家门诊部恢复正常运转。至 1997 年底，陆续回国的 140 多万难民基本得到较好的安置。2001 年，卢旺达共有 358 个医疗中心，平均每个县有两个。卫生部将卢旺

达划分为 40 个医疗区，其中 33 个拥有地区医院，此外还有 4 所转诊医院。教会经营着 40% 以上的医疗中心和地区医院，私营医院只有 1 家，另有几家私营诊所。87% 的卢旺达居民可以获得卫生保健服务，但平均每 10 万人仅有 1.8 名医生和 17.9 名护理人员。为了使更多的居民获得卫生保健服务，卢旺达政府正在推进一项社区健康保险计划。社区只需每年交纳不到 10 美元就可以加入，其成员可以免费在国家的医疗机构享受服务。到 2003 年 7 月，该项计划的覆盖面已经达到人口的 7%，政府计划在以后逐步将其扩展到所有的省份。2003 年，卢旺达的公立医疗中心有 168 名医生和 2157 名护士，分别比上年增加了 10% 和 7%。这一数据并没有反映出城乡间的巨大差距，专业的医护人员绝大部分都集中在富裕的城市地区。为了解决农村地区医疗资源严重短缺的问题，鼓励医务工作者到农村地区工作，卫生部对他们给予额外的报酬。此外，降低全国范围内主要药品在价格上的差异、使患者能够获得所需的药物，也是卫生部密切关注的一个主要问题。卫生部确定了主要药品的名录，制订了治疗肺结核、疟疾以及烈性传染病的药品的价格。在 2004～2005 年，将逐步制订其他药物的价格政策，对贫困居民进行补助，使他们能够获得药物（参见表 5 - 2）。

表 5 - 2　卢旺达医疗卫生支出情况（2000～2006）

年　　份	2000	2001	2002	2003	2004	2005	2006
医疗卫生支出 （百万卢郎）	3660	4147	6273	6365	8468	13568	34166
医疗卫生支出/公共支出总额（%）	3.1	3.6	5	6.2	N/A	N/A	8.4
人均医疗卫生支出（美元）	(1.2)	(1.2)	(8.0)	(8.0)	1.9	3.03	7.5

资料来源：联合国开发计划署 2007 年卢旺达人文发展报告。

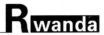

二　主要疾病

卢旺达的常见病有疟疾、呼吸道疾病、肠内寄生虫、艾滋病、各种感染等。根据 1998 年联合国开发计划署与卢旺达合作发展综合报告，1996 年，在卢旺达居民的共同死因中，疟疾占 36%；呼吸道疾病占 20%；皮肤病占 5%；腹泻占 4%；创伤占 3%；眼病占 2%；麻疹占 1%；性病占 1%；痢疾占 1%；其他原因占 27%。

疟疾是卢旺达最主要的疾病，在卢旺达各省都是致病和死亡的主要原因，比温巴省、布塔雷省、穆塔拉省和吉塔拉马省的疫情尤为严重。2004 年，卢旺达在校儿童的疟疾感染率为 17.3%，老年人为 18.2%，妇女为 16.2%。疟疾的死亡率为 0.2%，但在 5 岁以下的儿童中则高达 1.05%，疟疾是导致儿童和孕妇死亡的第一杀手。2005 年，卢旺达全国的疟疾新发病例为 976182 例，其中 5 岁以下儿童占 33%。近年来，在疟疾的防控方面，卢旺达在引入新的抗疟疾药物、采取措施使贫困居民能够获得药物后已经取得了很大进展。此外，推广使用杀虫剂处理过的蚊帐也是防治疟疾的一项主要举措，在这方面，卢旺达正在和国际社会进行密切的合作。在 2005 年，卢旺达以低廉的价格发放了 26.9 万个杀虫剂处理过的蚊帐和 39.1 万套浸渍设备，主要对象是孕妇和 5 岁以下的儿童。据统计，在这种蚊帐的保护下睡觉的 5 岁以下儿童的比例已经上升到 18%。在结核病与麻风病的防治方面，卢旺达政府将其逐步纳入现存的医疗机构中，现在 50% 的保健机构能够诊断结核病，所有的医疗保健中心都能够提供抗结核治疗。2004 年，肺结核的发病率为 0.188%，死亡率为 0.046%。[①]

---

① Rwanda, *Poverty Reduction Strategy Paper Annual Progress Report*, April 2005.

内战和大屠杀给卢旺达人带来了巨大的精神创伤，精神健康成为卢旺达医疗系统面临的一个主要问题。卢旺达卫生部和非政府组织合作，积极培训教师和医护人员，并制定了一个应急战略，不仅治疗受精神疾病折磨的人们，而且帮助社区为他们提供更好的照料。恩德拉神经精神病院和地区医院都加强了社会心理咨询服务。

三 妇女儿童的保健

由于医疗卫生条件落后，卢旺达在妇女儿童的保健方面一直很落后。卢旺达农村很多妇女一般都在家中分娩，由于缺乏卫生常识和必要的卫生条件，孕产妇死亡率也较高。另外，由于妇女怀孕期相隔太近，容易引起各种疾病。无论是妇女，还是其他人患了病，又远离医院或卫生站，只能服用一些草药，严重的病只好求助"江湖医生"，或靠亲人为其"祈祷"，以得到"精神安慰"。在1985~1990年间，卢旺达平均28%的妇女分娩由医务人员接生，低于最不发达国家31%的平均数。但是在1990~1996年，因缺少医务人员，这一平均数每年平均下降26%。近几年，随着卫生保健事业的发展，专业人员协助产妇接生的比率逐年上升，2003年达到了35.5%，仍低于黑非洲国家和发展中国家的平均水平（分别为38%和56%）。

由于经济发展落后，卢旺达的儿童存在着严重营养不良的状况，近几年，情况虽有所改善，但取得的进展有限，1992年，体重过低的儿童占29%，到2000年，仍为24%。儿童的营养状况在城乡和不同的省份之间存在很大差异。农村地区有26%的儿童体重过低，而城市仅为15%。48%的农村儿童长期营养不良，城市仅为28%，营养不良情况最严重的省份有吉贡戈洛省（50%）、基布耶省（50%）、布塔雷省（48%）和比温巴省（47%）。5岁以下的儿童营养不良导致其发育迟缓。与此同时，

新生儿死亡率和 5 岁以下儿童的死亡率都非常高。在 20 世纪 80
年代末和 90 年代初，卢旺达新生儿死亡率出现下降趋势，但随
后又因为内战和大屠杀而急剧上升。1975 年，5 岁以下的儿童死
亡率约为 233‰，1990 年下降至 80‰ ~ 141‰之间，大屠杀后迅
速上升至 219‰。近几年，卢旺达的新生儿死亡率和 5 岁以下儿
童死亡率分别下降至 107‰和 196‰，但在撒哈拉以南的非洲地
区中仍是最高的国家之一。根据对在医疗中心或医务所出生的居
民进行的调查，1990 ~ 1996 年平均有 17% 的婴儿在出生时重量
不足。儿童的死亡率居高不下的原因很多，一半是由于接生时病
毒感染而夭折，另一半是得各种疾病而死。大部分家长因缺乏必
要的医疗设施，根本不知道孩子的死因。据调查，按发病率比例
排列，幼儿期的疾病如下：疟疾、麻疹、肠道寄生虫病、百日
咳、肺炎、头痛、水痘、疥疮、发热等。儿童早亡还由于过早断
奶或过早丧母。

　　1990 ~ 1994 年间，卢旺达每年接种结核和麻疹疫苗的儿童
人数大大低于最不发达国家和黑非洲国家。1995 年以来，由于
出资国在医疗方面的援助，卢旺达的儿童保健工作取得较大发
展，每年接种疾病疫苗的儿童已经大大增加。2005 年，在卢旺
达的大部分省份，疫苗接种率都在 80% ~ 95% 之间。根据"卫
生监控信息系统"提供的数据，白喉、百日咳、破伤风混合疫
苗的接种率达到了 89%。在捐助者的支持下，卢旺达将继续发
放五联疫苗，以节省注射设备和时间。为了取得最好的效果，卢
旺达实施了几方面的战略，其中包括培训医疗人员、加强对设备
的维护以及对免疫计划的管理等。

　　四　艾滋病问题

　　目前，卢旺达正面临着世纪瘟疫艾滋病的严峻挑战。
根据 2004 年联合国关于全球艾滋病疫情的报告，

2003 年末，卢旺达的艾滋病感染者约占总人口的 5.1%（最高的估计数值为 7.6%，最低为 3.4%），约有 40 万人。艾滋病死亡人数为 2.2 万人，全国大约有 16 万名艾滋病孤儿。艾滋病已经对卢旺达人口产生了严重的影响。艾滋病极大地加剧了卢旺达医疗体系的负担，艾滋病患者占据了医疗机构 80% 的床位。根据卢旺达在 1998 年的统计，在全部用于艾滋病的支出中，患者的家庭负担 93%，国际社会的援助占 6%，政府支出仅占 1%。从艾滋病患者的情况看，202 名高收入、最富裕阶层的患者（占艾滋病患者总人数的 0.05%）接受抗逆转录病毒的治疗，平均每名患者每年花费 6233 美元；4 万名中等收入的患者（占患者总数的 10%）接受由医生照管的抗机会性感染的治疗，平均每人每年花费 37 美元；30 万名低收入患者（占患者总数的 75%）接受由护士照管的抗机会性感染的治疗，平均每人每年花费 18 美元；5 万多名贫困的患者（占患者总数的 14%）接受传统疗法的治疗，所需费用以实物支付。① 为了加强艾滋病的防治工作，卢旺达政府增加了在这方面的财政支出，此外，国际社会也大幅度加大了援助的力度。卢旺达成为世界银行的多国艾滋病计划、全球对抗艾滋病、肺结核和疟疾基金会以及一系列双边捐助基金的受惠国。卢旺达政府正在采取措施合理分配这些资源，加强监控和评估工作，保证弱势群体能够获得救助。

尽管卢旺达政府开展了公共卫生教育，但艾滋病的防治工作仍然存在很大欠缺，使用安全套的比例不到 10%。能够获得抗逆转录病毒药物的艾滋病感染者不到 1%，卢旺达政府计划额外拨款 13 亿卢郎（约合 2300 万美元）用于购买抗

---

① Partners for Health Reformplus, "Fact Sheet on HIV/AIDS in Rwanda", April 2004.

逆转录病毒的药物。卫生部推行了防止艾滋病毒在母婴之间传播的计划。尽管如此，但预计到 2015 年，艾滋病仍将使本已很高的婴儿死亡率进一步增加，贫困家庭将受到更大的影响（参见表 5 - 3、表 5 - 4）。

表 5 - 3　艾滋病对卢旺达人口的影响

	是否受到艾滋病的影响	1998 年	2010 年
出生率	无	3.2%	2.9%
	有	2.5%	1.4%
预期寿命	无	53.9 岁	59.2 岁
	有	41.9 岁	37.6 岁
死亡率	无	12.2‰	9.4‰
	有	19.0‰	23.1‰
新生儿死亡率	无	101.3‰	74.7‰
	有	113.3‰	97.1‰
儿童死亡率	无	148.5‰	105.5‰
	有	181.9‰	166.4‰

资料来源：联合国开发计划署报告。

表 5 - 4　主要保健指标（2003 ~ 2005）

单位：%

年　　份	2003	2004	2005
白喉、百日咳、破伤风混合疫苗覆盖率	77.0	82.0	89.4
医疗保健服务使用率	25.0	28.0	33.4
5 岁以下儿童严重营养不良率	24.0	24.0	24.0
专业人员帮助接生率	30.5	38.8	35.5
社区健康保险覆盖率		3.0	7.0

资料来源：联合国开发计划署报告。

第四节　社会人文

一　人文发展指数

卢旺达是世界上最不发达的国家之一，也是世界上最贫穷的国家之一。根据联合国的人文发展指数统计，卢旺达 2005 年的人文发展指数值为 0.452，在 177 个国家中排在第 161 位。卢旺达的人口预期寿命为 43.9 岁，预期寿命指数为 0.31，教育指数为 0.61，成人识字率为 64%，小学、中学和大学的总入学率为 55%，国内生产总值指数为 0.42。就卢旺达的社会发展趋势看，1975 年的人文发展指数为 0.342，1980 年为 0.388，1985 年为 0.401，1990 年为 0.340，1993 年为 0.323，在 174 个国家中人文发展指数水平名列第 152 位，而世界第 1 位的国家为 0.951，发展中国家为 0.563，黑非洲国家为 0.379。由于大屠杀的爆发，卢旺达的社会发展急剧倒退，1994 年的人文发展指数下降为 0.187，在 175 个国家中名列第 174 位，按人均国内生产总值计算名列最后一位，第 1 位的国家则上升为 0.960，最后一位的国家为 0.176。1995 年，卢旺达的人文发展指数回升到 0.335，2000 年为 0.435。1990 年，能够使用卫生设施的人口占 37%，2002 年增加到 41%；1990 年能够获得饮用水的人口为 58%，2002 年增加到 73%；1990～1992 年间，营养不良的人口为 44%，在 2000～2002 年，下降为 37%；在 1995～2003 年间，5 岁以下的儿童有 41% 体重过低；1998～2003 年间，9% 的新生儿体重过低。①

---

①　http：//hdr. undp. org/statistics/data/countries. cfm？ c = RWA.

二　贫困状况

贫困是卢旺达目前面临的最严峻的挑战。卢旺达根据本国国情制订的贫困线与国际上通用的标准（每天生活费用不足 1 美元的人口的比例）有所不同。在卢旺达，贫困线指的是购买基本生活物资和服务所需的费用，极端贫困线指的是购买基本的食物所需的费用。根据卢旺达 2000 年进行的家庭生活条件调查所得出的结论，贫困线和极端贫困线分别为每个成年人年均花费 64000 卢郎和 45000 卢郎，约折合 164.1 美元和 115.4 美元。根据这一标准，卢旺达的贫困人口占总人口的 60%，极端贫困人口占 42%，57% 的家庭生活在贫困线以下，其中，62% 以女性主导的家庭生活在贫困线以下，而以男性主导的家庭 54% 处于贫困状态。

20 世纪 80 年代末 90 年代初，由于国内局势动荡，卢旺达的贫困人口迅速增加，在 1990 年，47.5% 的家庭处于贫困状态。此后，贫困率逐年下降，但一直高于大屠杀前的水平。2001 年的核心福利指数问卷调查证实了贫困率的下降，51% 的家庭认为经济条件有所改善，33% 的家庭认为经济条件更趋恶化，7% 的家庭认为大幅度恶化，而 2% 的家庭认为是大幅度好转。农村地区的贫困指数为 66%，比城市地区高很多，基加利为 12%，其他城市为 19%。贫困率最高的省份为吉贡戈洛省（77%）、布塔雷省（74%）、基布耶省（72%）、基加利乡村省（71%）和鲁亨盖里省（70%）。最贫困的群体（占总人口的 20%）仅占全国消费量的 4%，而 40% 最贫困的人口占全国消费量的 10%，基尼系数为 0.451。①

农业是卢旺达的基础产业。卢旺达的农业发展在很大程度上

---

① Republic of Rwanda, *Millennium Development Goals: Status Report 2003.*

受到天气条件（特别是降雨）的影响，营养不良的人口数目也随之波动。自 1985 年以来，卢旺达大多数家庭就长期缺乏足够的食品，无论是食品的数量，还是营养质量，都不能满足需要。1990年，国内的粮食生产能够满足全国最低食物需求推荐量（每人每天 2100 大卡）的 63%。1994 年大屠杀爆发后，卢旺达的贫困率急剧增加到 78%。1993~1996 年间，食品供应总量减少，平均每年减少 11%。到 1997 年，由于气候反常，农业歉收，卢旺达居民严重缺粮，国内生产和进口的粮食只能满足热量需求的 64%、蛋白质需求的 52% 和脂肪需求的 29%，在一些灾情严重的县乡甚至还出现了饿死人的现象。2000 年，卢旺达国内生产的粮食只能满足全国最低食物需求推荐量的 55%，但在 2002 年又回升到 84%，但这并不意味着 84% 的人口能够获得基本的食物，因为它并没有考虑在粮食的生产和消费方面的地区性差异（参见图 5-1）。

图 5-1　卢旺达的贫困概况图

资料来源：联合国开发计划署。

内战结束后，卢旺达虽然得到了外援，为恢复经济也进行了结构调整，但内战和大屠杀造成的恶果短期内难以消除，其贫困

状况不仅不可能扭转，甚至还在继续发展，由于居民收入普遍下降，贫困人口数量仍居高难下，卢旺达反对贫困的任务将是长期和艰巨的。卢旺达计划在 2003～2015 年间将贫困人口降到 23.8%，相当于 1990 年贫困率的一半左右。减轻贫困并不是一个单一的目标，而是一个系统工程，取决于许多其他目标的实现，面临众多挑战，包括：（1）建立经济发展和转型的框架，将公共支出和公共投资计划置于优先位置；（2）制定各部门的发展战略，确定每个部门的优先发展项目；（3）在省、地区和地方各级实现参与结构的分散化；（4）确立发展的原则、指标和制度化机制，监控人口增长，使之与资源情况相符合，评估人口增长的影响及其与贫困的联系；（5）实现良政与安全，为吸引投资、推进私有化和土地管理政策、解决地区冲突创造一个良好的环境；（6）鉴于 80% 以上的人口生活在农村地区，90% 的人口依靠农业为生，因而需要增加对农村的投资，促进农村发展，提高贫困居民的购买力，增加对农业和非农业产品的需求与服务；（7）增加人文投资，发展教育、职业和技能培训、改进生育保健服务、对抗艾滋病和疟疾等。为了实现上述目标，卢旺达需要广泛调集国内和国际社会的资源。

三 就业状况

根据 1998 年 7 月 11 日公布的卢旺达财政计划部和联合国人口基金会联合对 1996 年人口社会状况进行调查的结果，10 岁和 10 岁以上的就业人口占总人口的 71.1%。卢旺达各部门的就业情况是，第一产业的就业量占 91.1%，第二产业占 1.7%，第三产业占 6.3%。在全国范围内，61.3% 的人独立就业，6% 的人挣工资，31.1% 的人在家中劳动。在首都基加利，51.2% 的人挣工资，34.9% 的人独立就业。内战以后至 2000 年，卢旺达失业严重，全国失业人口为 100 万人，每年递

增 10 万人。战前，卢旺达的劳务市场本来就缺乏各种有专业、有资格的劳动力，内战和大屠杀加剧了这种状况。大屠杀中，不少有专业、有资格的人才被杀的被杀，逃亡的逃亡，这种人才丧失涉及就业生活的各个方面，大批难民回归在短时期内是难以弥补的。

在卢旺达，男性在就业中居于主导地位。银行和保险部门的女性职工占雇员总数的 31%，而水电和煤气部门的女性雇员仅占 5%。妇女就业主要集中在农业部门。在卢旺达的减轻贫困战略中，政府对女童的初等教育予以高度重视，但在培养、提高妇女的技能和职业专长方面仍做得不多。由于卢旺达经济落后，人口众多，资源匮乏，失业是卢旺达发展所面临的一个严峻挑战。目前，卢旺达的失业人口为 110 万人，失业率为 30%。近年来，建筑业、运输业、公共工程等劳动力密集性行业发展迅速，有利于缓解就业紧张的局面。2003 年，卢旺达政府制订了针对贫困居民创造就业机遇的计划，在 5 年内投资 2.05 亿美元，创造 32.2 万个直接就业机会、56.4 万个相关职业。由于资金不到位，这项计划暂时推迟实施。

卢旺达政府将对青年开展职业培训，以此作为减轻贫困计划的重要内容，内容是向青年人传授生活技能，改进就业状况，提高其收入。技术培训和职业培训对于减轻妇女的贫困状况、改善其境遇尤其具有重要的意义。以往，妇女获得正规教育的机会极为有限。2003 年，卢旺达政府采取措施在恢复、重建公立的培训中心的同时也鼓励建立私人的培训中心，对它们进行监督和指导。卢旺达政府计划向辍学的学生提供职业培训和经营技能培训，使他们能够找到工作或自谋职业。2003 年，卢旺达政府培训了 5214 名学生；建立了 24 个青年发展协会；重建并装备了 22 个政府职业培训中心；向 29 个私人职业培训中心发放了许可证，并对其进行监督和管理；培训了 119 名教师；更新和修订了

电力、车辆配线、发动机修理、木工、建筑、农业、管道修理、焊接、烹饪和食物保存、裁剪、家用设备修理、汽车喷漆、驾驶和工艺等14项就业培训计划的内容（参见表5-5、表5-6）。[①]

表5-5　2005年就业情况概览

职　　业	在全部就业 人口中的份额（%）	就业人数	男性比例 （%）	女性比例 （%）
农　业	86.67	2949592	41.3	58.7
渔　业	0.10	3468	97.3	2.7
工　业	0.16	5328	69.3	30.7
制造业	1.28	43643	75.6	24.4
水电业	0.08	2667	89.6	10.4
建筑业	1.26	42885	97.1	2.9
商　业	2.64	8699	63.4	36.6
宾馆和饭店业	0.20	6836	66.2	33.8
交通和通信业	0.93	31562	93.7	6.2
金融业	0.07	2400	65	35
行政管理与国防	0.27	28064	80.1	19.9
教　育	0.82	39734	57.1	42.9
卫生保健与社会活动	0.17	14575	51.6	48.4
募捐服务活动	0.43	18487	76.9	23.1
家政活动	0.54	86295	47.5	52.5
区域协会	2.54	3718	66.5	33.5

资料来源：公职、职业培训、手工业和劳工部，卢旺达全国普查资料。

[①]　Rwanda, *Poverty Reduction Strategy Paper Annual Progress Report*, April 2005.

表 5 - 6　2005 年各部门就业情况

部　　门	占总就业人口的 比例（%）	受雇人数	男性比例 （%）	女性比例 （%）
公共部门	1.98	67461	62.8	37.2
国营	0.47	15865	70.3	29.7
非政府组织	0.35	11829	71.3	28.7
合作部门	0.30	10315	71.5	28.5
其他私有部门	94.77	3225071	44.0	56.0

资料来源：公共服务、职业培训和劳工部，卢旺达全国普查资料。

四　物　价

卢旺达的物价比周边国家要高一些，尤其是日常用品，几乎全是进口的，所以价格比周边国家高出一倍。基加利的住房租金因地区不同而各异，基加利市中等的房子每月平均租金是 20 万 ~ 30 万卢郎，但是这类房子目前很少，豪华一些的房子每月的租金要超过 50 万卢郎。在卢旺达人的消费结构中，粮食是最主要的项目，占全部消费支出的 1/3 以上，住房和服装是第二、第三大支出项目，分别占全部支出的 13.2% 和 11.3%，吃穿住行各项费用合计占消费总额的 70%。用于医疗保健的支出占消费总额的近 5% 左右，文化娱乐则仅占 1.2%，反映出卢旺达的整体消费水平还处于一个比较低的阶段。在 1982 ~ 2002 年的 20 年间，卢旺达的物价总体上涨了 4.4 倍。卢旺达政府近几年着力控制通货膨胀，在 1999 ~ 2004 年间，物价上涨了 27%，最基本的生活物资粮食的价格上涨的幅度达到了 41.1%（参见表 5 - 7）。

表5-7 卢旺达消费价格指数（1999~2004年）

（1982 = 100）

	权重（%）	1999 年	2000 年	2001 年	2002 年	2003 年	2004 年
进口商品							
粮食	9.8	461.5	456.3	481.4	514.7	614.0	714.1
服装	9.3	544.8	551.9	585.7	610.8	631.8	655.0
家用设备	2.3	500.9	504.7	514.2	514.1	558.4	577.5
保健	1.3	727.3	721.2	782.5	854.9	878.9	927.7
其他保健服务	2.3	372.5	375.5	410.6	444.7	458.1	478.6
住房	2.9	391.4	402.9	387.3	392.4	393.3	378.6
交通	7.2	840.7	886.3	890.0	905.9	934.6	943.5
文化娱乐	0.9	212.2	220.7	241.5	267.5	259.3	269.8
其他	0.5	620.3	638.7	665.8	687.1	712.0	701.8
分组指数	37.3	552.0	564.3	585.4	610.4	659.7	697.6
混合商品							
粮食	1.3	761.4	875.7	966.0	811.5	864.9	876.5
饮料和烟草	7.2	403.0	419.6	424.6	407.2	486.7	539.5
服装	2.0	542.2	577.0	602.5	616.4	616.4	616.4
家用设备	0.3	531.2	519.8	506.2	517.2	521.1	505.8
保健服务	1.1	390.2	390.3	379.8	431.5	433.0	467.8
住房	6.0	540.9	520.9	535.8	558.8	564.0	569.9
文化娱乐	0.0	207.3	223.5	339.4	357.8	375.3	320.0
其他	0.0	400.0	400.0	400.0	400.0	400.0	400.0
分组指数	17.9	491.5	503.5	519.1	513.6	551.3	577.2
当地商品							
粮食	23.8	438.9	510.8	443.7	535.1	583.5	604.3
饮料和烟草	1.1	491.4	493.9	511.0	543.8	543.8	591.2
家用设备	5.9	397.6	401.8	404.8	388.9	455.3	564.5
保健	0.4	672.5	671.1	671.1	666.4	666.4	666.4
其他保健服务	0.1	1248.8	1552.8	1549.8	1559.9	1559.9	1559.9
住房	4.3	375.9	409.1	420.6	442.3	442.3	442.3
交通	3.1	361.2	410.7	468.7	468.7	492.9	492.9
文化娱乐	0.3	703.8	1004.9	1147.4	1186.6	1186.6	1186.6
其他	5.7	345.1	349.0	369.6	382.6	382.8	382.8

续表 5－7

	权重(%)	1999 年	2000 年	2001 年	2002 年	2003 年	2004 年
分组指数	44.7	416.7	465.2	438.9	490.3	526.6	553.2
所有商品							
粮食	34.9	457.1	509.0	473.5	539.5	602.4	645.1
饮料和烟草	9.3	423.2	443.2	452.6	447.0	541.6	593.0
服装	11.3	544.3	556.4	588.7	611.8	629.0	648.0
家用设备	8.4	429.8	433.4	437.5	426.9	485.1	565.9
保健	1.7	711.9	707.3	754.3	807.2	825.1	861.5
其他保健服务	3.5	398.7	407.8	427.6	466.7	476.0	500.5
住房	13.2	454.2	458.5	465.5	484.1	486.7	486.1
交通	10.3	694.6	741.4	761.7	772.7	800.1	806.3
文化娱乐	1.2	320.0	392.8	441.3	470.1	463.9	471.5
其他	6.1	366.1	371.0	392.1	405.7	407.7	406.9
总指数	100.0	480.6	509.1	508.0	539.3	580.7	611.4

资料来源：国际货币基金组织。

五　工资

2001 年 12 月 31 日，卢旺达颁布的第 51/2001 号法令公布了《劳动法》，规定了有关最低工资和工人工种的问题（参见表 5－8）。

表 5－8　1998 年的最低工资限额

单位：卢郎/月，包括雇主交纳的社会保障金

	第一级	第二级	第三级	第四级
力　　工	6985	8500	9093	——
学　　徒	11159	11503	13857	——
技　　工	16452	18823	24946	33516
技　　师	34440	40296	51188	——
高级技师	52425	56610	63336	——

资料来源：中国驻卢旺达大使馆经济商务参赞处网站。

六　日常生活概况

总体来说，卢旺达农村居民过着十分简朴而又拮据的日子，农民的年平均收入很低，只靠出售一些农副产品和手工艺品换些零钱，或外出打工挣些钱。然而货币收入对农村居民越来越不可缺少，农民交税、子女上学、购买日用品等都需要现金。农民平时还要攒些钱，用来买牲畜、小块土地、请短工等。从卢旺达国家银行可知，农民主要是自行投资，很少有农民向银行贷款。即便农民想要向银行贷款，但由于他们只有破旧的房屋和属于国家所有的土地，因而也拿不出其他的贷款抵押物。另外，农民有钱一般也不存银行，他们把钱放在他们认为可靠的地方，如房顶上，地窖里，牛角内，或放在罐子里等。事实上，农民们经常不知道该怎样把钱存入银行。再说，许多农民确实也没有多少钱可存。

在这种经济条件下，农民的衣食住行和生活方式极为简单。农民都有自己的住房，多为土坯房，各家的间数多少不等，房子多一点儿的还有一间厨房。房子四周有围墙，正房前面是个院子。房内家具很简陋，一张小桌子，几把椅子或凳子；有床的睡床，无床的就睡在稻草和草席上。住房周围一般都是香蕉园，也是大小便和堆垃圾的场所。大多数家庭没有牲畜棚，鸡和羊晚上常到房子内或厨房内过夜，这样，厨房要是饲养了家畜，就只能在住房内做饭了。卢旺达大多数家庭使用泥土、沙子和牲畜粪便混合而成的地板，其中农村的比例为92%，城市为52%；13%的家庭使用水泥地面，城市为47%，农村为7%。使用瓷砖地板的家庭很少，仅限于城市，只有0.1%。

在2005年，卢旺达大约33%的家庭使用泉水，25%的家庭使用公用水龙头，14%的家庭使用没有遮盖的公共水井，大约19%的家庭使用河流、溪流、湖泊、水塘或水库里的水，在住宅

或庭院里使用自来水的家庭很少，约有3%。在农村，一半以上的家庭使用不安全的饮用水，因为大约55%的家庭从泉眼（35%）、河溪（12%）、湖泊或水塘（8%）中取水。在城市，公共水龙头成为主要的水源，大约41%的家庭使用公共水龙头，19%的家庭使用泉水，12%的家庭使用没有遮盖的公共水井。大约14%的城市家庭使用自来水。总之，39%的城市家庭使用安全的水源。

2005年，卢旺达只有5%的家庭能够使用电力，城市约有25%的家庭通了电，农村只有1%。大约46%的家庭有收音机，2%的家庭有电视机。65%的城市家庭和43%的农村家庭有收音机，14%的城市家庭和0.3%的农村家庭有电视机。约有11%的家庭有自行车，城市和农村的情况差不多。有机动车的家庭不到1%。在城市，约有4%的家庭至少有一辆机动车，而在农村有汽车的家庭几乎不存在。

在卢旺达的城市和农村，每户一日吃几顿饭都不一样，有的是生活习惯，而大多数家庭主要是经济因素所决定的。根据2002年对农村中75户人家进行的调查，8户的成人每天只吃一顿，61户吃两顿，6户吃3顿。32户家中的孩子每天4顿，28户的孩子每天3顿，8户的孩子只吃两顿。孩子每天吃饭的次数主要看孩子的年龄，年龄小的孩子饿时加餐也只是吃些糊粥或是上一顿的剩饭。卢旺达人主要食用豆类和块根作物，如芸豆、甘薯、土豆、木薯等，还有玉米、高粱、大米等。由于经济原因，农民很少吃肉类。卢旺达人的穿着一般很简朴。经济条件较好的城市居民穿着较体面，有几件（套）衣服换洗。妇女多数用两块花布缠身（还有的头上缠一块）。农村居民的衣服一般分为劳动服装和外出服装。每逢星期日和基督教节日，全国每家每户的男女老少都要穿上最好和最漂亮的服装（也就是外出服装），去所属教区的教堂做弥撒。卢旺达的男女分工很清楚。妇女除抚养

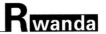

子女外，还要担负家务劳动，在农村大部分农活也由妇女来干，妇女是农业劳动的主要承担者。男人则负责开荒、建房等重活，或外出当雇工、打短工等。

七　卢旺达千年发展目标

第一大目标：消除极端贫困和饥饿

目标 1：在 1990～2015 年间将贫困人口减少一半。

目标 2：到 2015 年将遭受饥饿的人口比例减少一半。

第二大目标：普及初等教育

目标 3：保证到 2015 年所有的儿童都将能够完成初等教育的全部课程。

第三大目标：促进性别平等，使妇女能够掌握权力

目标 4：在 2005 年消除在小学和中学教育领域的性别不平等，到 2015 年消除所有教育领域的性别不平等。

第四大目标：减少儿童死亡率

目标 5：1990～2015 年间，将 5 岁以下的儿童死亡率减少 2/3。

第五大目标：提高母亲的健康水平

目标 6：1990～2015 年间，将母亲死亡率减少 3/4。

第六大目标：与艾滋病、疟疾和其他疾病作斗争

目标 7：到 2015 年终止并开始逆转艾滋病的传播。

目标 8：到 2015 年终止并开始逆转疟疾和其他主要疾病的发生率。

第七大目标：保证环境的可持续发展

目标 9：将可持续发展的原则引入国家的政策和规划中，逆转环境资源的流失。

目标 10：到 2015 年，将无法获得安全饮用水和基本卫生条

件的人口比例减少一半。

目标 11：到 2020 年使贫民区居住者的生活条件得到显著改善。

第八大目标：建设全球范围内的发展合作伙伴关系

目标 12：制定并实施为青年人提供正当职业的战略。

目标 13：使所有需要主要药物的人都能够获得并负担得起药物。

目标 14：保证所有人都能够从信息和通信技术中获益。

第六章

外　交

第一节　外交政策

在 1884 年的柏林会议上，卢旺达被划为德国的殖民地。第一次世界大战后，卢旺达被国际联盟"委托"给比利时统治。1964 年联合国将卢旺达改为比利时的"托管地"，托管期到 1962 年第二季度结束。1962 年 7 月 1 日，卢旺达宣布独立，同年加入联合国。卢旺达独立后，对外宣布执行不结盟的中立政策，实际上同比利时、法国、美国关系密切，在外交、军事和经济方面仍受到比利时殖民主义势力的控制。

1973 年 7 月，哈比亚利马纳执政后，宣布对外政策的三项原则：协商、和平与合作。卢旺达反对富国对穷国的剥削，公开谴责超级大国霸权主义；向西方"门户开放"，寻求法国援助，削弱比利时的影响；强调睦邻友好，改善同布隆迪的关系，支持扎伊尔反击雇佣军入侵，两国关系发展较快。

1959 年卢旺达爆发革命，引发了大规模的族群流血冲突，100 多万图西人逃往扎伊尔（44 万人）、坦桑尼亚（8 万人）、布隆迪（24 万人）、乌干达（26 万人）等邻国并沦为难民。胡图族上台执政后，多次爆发的族群冲突又产生大批流亡国外的难

民。至 1990 年爱国阵线打回卢旺达为止，卢旺达在国外的难民总数达到 150 多万人。

1981～1986 年，许多在乌干达的卢旺达图西族难民参加了穆塞维尼领导的"全国抵抗运动"，为推翻奥博特政府出力不少。穆塞维尼当政后，解除了卢旺达图西族人在乌干达军队中的要职，并多次要求尽快解决卢旺达的难民遣返问题。1986 年，卢乌商定成立两国部长级委员会，经过多次协商均未达成协议。1990 年 5 月和 9 月，卢旺达、乌干达和扎伊尔三国首脑就遣返卢旺达难民问题两次举行会议，亦未取得成果。1990 年 10 月 1 日，在乌干达的卢旺达难民武装爱国阵线攻入卢旺达境内。1991 年 6 月，卢旺达总统哈比亚利马纳在非统组织第 27 次会议上公开指责乌干达和穆塞维尼总统支持并参与爱国阵线在卢旺达发动的内战。后经两国和有关各方共同努力，1992 年 8 月初，卢旺达总理恩桑济亚勒米访乌，两国签署安全合作条约。同年 8 月底，两国元首在布隆迪首都会晤，保证致力于地区和平。

1994 年 4 月，卢旺达总统哈比亚利马纳遇空难身亡，卢旺达内战烽火重燃，爆发了举世震惊的种族灭绝。同年 7 月，卢旺达成立以爱国阵线为主导的民族团结政府。卢旺达图西族在乌干达的难民问题遂告结束，但内战又使 240 多万人逃亡邻国沦为难民，具体而言，扎伊尔 160 万人，其中包括 8 月 22 日法军从卢旺达撤离后从法军开辟的"人道主义安全区"涌入扎伊尔境内的 100 万胡图族难民，布隆迪 25 万人，坦桑尼亚 54.5 万人。这场空前的难民潮给卢旺达国内局势稳定和发展以及本地区的和平安宁造成了深远而持久的影响，难民问题目前依然是卢旺达与邻国外交关系中的重要问题。

1994 年 7 月，以爱国阵线为主导的民族团结政府执政后，宣布继续奉行和平、中立和不结盟的外交政策，强调尊重国家独立、主权和领土完整，反对干涉别国内政；重视睦邻友好，主张通过和平谈判解决国际和地区争端，创造和平的地区政治环境；维护非洲团结，积极促进国际合作和建立国际政治、经济、社会和文化新秩序；推行全方位外交，同世界所有国家发展友好关系，实行合作伙伴多样化，注意发展同西方大国特别是美国的关系，以争取政治支持和经济、军事援助。

卡加梅执政以来，奉行多元、中立和不结盟的外交政策，积极发展南南合作。卢旺达重视发展同世界和非洲大国的关系，强调外交的务实性，将争取外援和谋求本国安全作为外交的主要任务，并积极参与地区事务，寻求在此地区发挥作用。2004 年 8 月，卢旺达派遣部队到苏丹达尔富尔地区执行军事观察和监督停火的行动。

卢旺达是联合国、不结盟运动、非洲统一组织、中非经济共同体、大湖国家经济共同体等国际地区组织的成员国。2001 年 4 月 16 日，卢旺达议会批准已经签署的非洲联盟章程，成为非盟的成员国。

第二节　同西方国家的关系

一　同比利时的关系

比利时是卢旺达的前宗主国，两国在卫生、教育、农业、基建、旅游、人员培训等领域进行广泛的合作，关系密切。比利时每年向卢旺达提供 2500 万美元援助。卢旺达同比利时的 10 个县建立了友好关系。1987 年和 1989 年，比利时国王和首相分别访卢。哈比亚利马纳总统于 1976 ~ 1993 年间 6 次访比。1994 年内战期间，因比利时籍维和士兵被杀事件，比利时迫于内外压力从卢旺达撤回其在"联合国卢旺达援助团"中的全部军队。战后，比利时很快恢复对卢旺达的援助，并替卢

旺达偿还对世界银行的部分欠债。

2001年1月25日，比利时副首相兼外交大臣路易·米歇尔访卢，同卡加梅总统就刚果（金）冲突出现的新问题交换意见。2月9日，卡加梅总统访比，同比利时首相盖伊·维尔霍夫斯达德就双边关系和卢和平进程问题进行会谈。2月28日，比西韦兰德省代表团访卢。8月22日，比东韦兰省议员代表团访卢，该省每年向卢吉塔拉马省提供800万比郎援助。11月9日，为帮助卢旺达民间司法审判运作，比利时政府向卢提供30亿卢郎。11月24日，任欧盟轮执主席的比利时副首相兼外交大臣路易·米歇尔率欧盟代表团访卢，就大湖地区形势等同卢方交换看法。

2002年2月和5月，比利时副首相兼外交大臣路易·米歇尔两度访卢，与卡加梅总统就刚果（金）冲突问题和地区形势举行会谈。同月，比合作与发展国务秘书访卢。9月，比利时工商代表团访卢。11月，比利时参议员代表团访卢。12月9日，卡加梅总统访问比利时。目前比在卢投资高达210亿卢郎。

2003年1月，比利时副首相兼外交大臣路易·米歇尔访卢，与卡加梅总统就刚果（金）形势举行会谈。2003年2月，比首相盖伊·维尔霍夫斯达德在第22届法非首脑会议期间召集布隆迪总统、刚果（金）总统和卢旺达外长举行四方会议，讨论大湖地区局势并发表和平声明。12月，比利时承诺将在今后6年向卢提供532万欧元，用于实施减贫战略和权力下放政策。

2004年3月10～13日，卡加梅总统率政府代表团访比，拜会比利时国王，与维尔霍夫斯达德首相以及外交、财政、国防部长等比利时政府高级官员举行会晤，就双边关系、两国经贸合作和大湖地区局势广泛交换意见。4月10日，比利时首相维尔霍夫斯达德赴卢出席大屠杀10周年纪念活动。5月，卢、比混委会第一次会议在基加利举行，比利时承诺今后3年向卢提供7500万欧元。6月5日，比利时副首相兼外交大臣路易·米歇尔访卢,为缓和卢旺达与刚果(金)的关系进行斡旋。同年 7 月和 8 月,在比利时的推动下,卢旺达、布隆迪和刚果(金)三国外长两度在布鲁塞尔举行会晤,商谈地区合作并决定重新启动大湖地区经济共同体。2005 年 2 月和 11 月,比利时外贸和发展合作部长德·德克尔两度访卢,卡加梅总统会见,双方签署总额达 1440 万欧元的援助协议。12 月,卢比两国政府签署协议,比利时将出资 750 万欧元用于促进卢旺达法制建设。

二 同德国的关系

德国是卢旺达历史上的第一个宗主国。卢旺达独立后同联邦德国一直保持密切关系。1977 年、1984 年和 1990 年卢旺达总统三次访问联邦德国。从 1962 年起,德国开始援助卢旺达。两国混委会轮流在两国首都举行。德卢合作覆盖了卢旺达国家生活的各个领域。1993 年前,德向卢提供了 5.89 亿美元的援助。卢旺达新政权成立后,两国关系继续发展,德国成为卢旺达的主要援助国。

2002 年 4 月,卡加梅总统访德。2003 年 2 月,卢旺达议长访德。近 10 年来,德每两年向卢旺达提供 8800 万马克的资金,其中 5000 万属财政合作,3800 万为技术合作。2005 年 3 月,德国外交部负责对非合作的国务部长穆勒女士访卢,卡加梅总统会见,双方就大湖地区安全问题交换意见。4 月,卢旺达财长卡贝鲁卡访德,就其竞选非洲发展银行行长做工作。5 月,双方签署德向卢提供 845 万欧元援助的协议,用于卢旺达基础卫生设施和权力下放等方面的工作。

2008 年 11 月 19 日,德国当局将 10 天前于法兰克福机场逮捕的卢旺达政府礼宾官罗斯·卡布耶引渡至法国,以便让法国司法当局直接审讯罗斯·卡布耶涉嫌参与的 1994 年击落卢旺达总统座机事件。其时正在德国访问的卢总统保罗·卡加梅探望了狱中的卡布耶，指责这一事件是德国对卢旺达主权的侵犯，并将严重影响卢旺达与德法两国的关系。非洲联盟发表声明，对德国逮捕卡布耶一事加以谴责，称这一行径是对国际法、国际准则的挑衅和违抗。卢旺达首都基加利爆发了群众示威游行，人们走上街头，抗议德国政府逮捕卡布耶。数千人在德国驻卢使馆和"德国之声"驻卢办公楼门前静坐示威，以示抗议。卢旺达驱逐驻卢的德国大使，同时召回了驻德国大使。虽然卢德关系因上述事件骤然降温，但两国均有意打破僵局。2010 年 5 月，卢德互派大使，恢复了正常的外交关系。

三　同法国的关系

62 年，卢旺达与法国建交。卢旺达前政权与法国关系密切。1962～1993 年 8 月，法国共向卢旺达提供援助 2.8313 亿美元，赠款 3655 万美元，免除卢旺达债务 1417 万美元。哈比亚利马纳总统曾 9 次访法，法国总统德斯坦和密特朗均出访过卢旺达。密特朗之子小密特朗在 1986～1992 年期间充当特使，频繁介入卢旺达和大湖区事务，据作家琳达·梅尔文披露，截至 1993 年，这个贫困国家每年从法国获得约 400 万美元军火援助。1990 年卢旺达爆发内战，法国派兵支持卢旺达前政权，击退了卢旺达爱国阵线。阿鲁沙协定签订后，法国伞兵蓄意设置障碍，让本可根据协议开进图西族聚居区维持秩序的 2000 名爱国阵线武装无法及时到位，这被认为是大屠杀得以蔓延的关键所在。

1994 年 6 月 22 日至 8 月 21 日，法国通过安理会授权在卢旺达实行"绿松石行动"。法国特种部队对胡图族军队的暴行视若无睹，甚至冷酷地将逃到自己驻地的图西族难民拒之门外，任凭他们被胡图人虐杀。当爱国阵线军队兵临城下、胡图族政权大势已去时，法国特种部队将一大批胡图族政府高官运回巴黎，理由

是他们很可能死于部族冲突，必须对他们实行人道主义援助。战后，卢旺达新政府与法国的关系一度中断。卢旺达对法国不承认对卢旺达 1994 年大屠杀负有直接责任表示不满。

2001 年 2 月，卢旺达外交和地区合作部长布马亚访法，重新开设于 1998 年关闭的卢旺达驻法使馆。8 月 13 日，法国外长韦德里纳访卢，同卢旺达政府就双边关系正常化问题进行会晤，这是 23 年来法国外长首次访卢。韦德里纳对卢旺达 1994 年大屠杀深表同情，强调在法国境内的所有大屠杀嫌疑犯均应受到法律制裁，表示双方应面向未来，在新的基础上发展关系。法国允诺向卢旺达提供 500 万美元援助。2002 年 1 月 22 日，法国外长韦德里纳与英国外交大臣联袂访卢，就刚果（金）和平进程问题进行斡旋。9 月 22 日，法国新任外长德维尔潘访卢，与卡加梅总统就大湖地区形势交换意见，并代表希拉克总统邀卡加梅访问法国。2003 年 2 月 21 日，卡加梅总统赴巴黎参加第 22 届法非首脑会议。这是卡加梅就任总统以来首次访法。2004 年 7 月，卢法外长在南非举行会晤，就改善双边关系交换意见，两国关系缓和。2005 年 12 月，卢旺达外长穆里甘德出席在马里召开的法非首脑会议，表示卢法关系逐步改善，双方均有使两国关系正常化的意愿。

2006 年 11 月，法国法官布吕吉埃要求卡加梅就前总统哈比亚利马纳坠机事件接受起诉，呼吁卢旺达国际刑事法庭审判卡加梅，并对卢旺达政府的 9 名高官发出了国际逮捕令，认为他们谋杀了哈比亚利马纳或参与了谋杀行动。卡加梅对布吕吉埃的指控十分愤怒，称法国是大屠杀的"同谋"。基加利发生了大规模的反法示威，卢旺达政府旋即中断了和法国的外交关系，召会驻法大使，命令法国驻卢旺达大使在 72 小时内离境。此外，卢旺达政府中断了所有法国资助的发展项目，关闭了基加利的法语学校、法国文化中心和法国国际广播电台的广播，称只有在法国政府对布吕吉埃签发逮捕令作出全面的道歉后才能恢复两国的外交关系。对此，法国政府予以拒绝。断绝外交关系标志着卢法双方近年来一直不畅的外交关系最终触礁。

2008 年 8 月，卢旺达政府公布了一份报告，称法国对 1994 年的大屠杀提供了"政治、军事、外交和后勤上的支持"，并列举了对大屠杀负有责任的 33 名法国前政府高官和军官的名字，其中包括法国前总理德维尔潘和已故前总统密特朗。报告敦促国际机构对相关人员提出指控。法国政府随即驳斥了这种说法，认为该报告的结论"难以接受"且缺乏公正性。此后，法国着意修补与卢旺达的关系。2009 年 11 月，卢法复交。2010 年 2 月 25 日，法国总统萨科齐对卢旺达进行访问，承认法国对大屠杀的认识存在"严重错误"，并承诺要"找到对种族灭绝屠杀负责的人，让他们受到惩罚"。经历多年的外交困境后，作为大屠杀以来首次访问卢旺达的法国总统，萨科齐的访问具有重要意义。

2010 年 3 月 2 日，法国当局逮捕了 1994 年 4 月 6 日死于神秘坠机事件的前总统哈比亚利马纳的遗孀阿加特·哈比亚利马纳，认定其涉嫌卢旺达大屠杀。卢旺达政府对此举表示欢迎，并督促将阿加特·哈比亚利马纳引渡回卢旺达。

四　同美国的关系

19 63 年，卢美建交。美国向卢旺达经济结构调整计划和战争难民提供援助，并向卢旺达派出和平队员。卢旺达前政权曾对美国以调解卢旺达内部分歧为由干涉卢旺达内政表示强烈反感。1994 年 7 月 15 日，美国政府率先宣布不再承认卢旺达胡图族政府，很快与卢旺达新政府建立外交关系，宣布向卢旺达难民提供 1 亿美元援助。1998 年 3 月 25 日，美国总统克林顿对卢旺达进行了 3 个半小时的闪电式访问。1999 年 7 月 16

日，卢旺达批准"卢美互相开放领空协议"议定书和"卢美互相简化签证手续协议"。美国克里斯托夫公司与卢旺达财政部签订美租用布塔雷省基更贝捕鱼开发权合同，该项目被列为卢旺达私有化项目之一。9 月和 10 月，美国两次减免卢旺达债务，金额分别为 500 万和 160 万美元。

2001 年 1 月 30 日至 2 月 8 日，卡加梅总统对美国进行正式访问。7 月 12 日，美国政府同卢旺达政府签署金额为 1120 万美元的 3 个财政援助协议。9 月 11 日，卡加梅总统就"9·11 事件"向布什总统致电慰问。10 月 11 日，美卢签署两项协议，美国向卢旺达追加 370 万美元的经济和社会援助。2002 年 1 月 15 日，美国负责非洲事务的助理国务卿瓦特·康斯坦内访卢，会见卡加梅总统，双方讨论了卢旺达国内情况及地区形势。6 月 12 日，美国宣布悬赏 500 万美元缉拿卢旺达大屠杀嫌疑犯，并公布了 8 名罪犯名单。9 月 25 日，美前总统克林顿访卢，与卢旺达政府签署约 1700 万美元的预防艾滋病合作协议。

2003 年 3 月 4 ~ 11 日，卡加梅总统再次访美，双方签署了给予美国公民国际刑事法院起诉豁免权的双边协议。8 月，美国向卢旺达提供 1000 万美元的无偿援助。2004 年 4 月 12 ~ 24 日，卡加梅总统应美国一些大学和机构邀请率卢旺达商工部长、农牧业部长、基础设施部长访美，广泛会晤美工商界人士，招商引资。6 月 21 日，美国负责非洲事务的副国务卿访卢，就大湖地区局势交换意见。年内，美国向卢旺达提供 4000 万美元抗艾滋病援助。

2005 年 2 月，美国负责国防事务的助理国务卿代表特蕾斯女士访卢，表示美国将继续支持卢旺达在维护非洲和平方面的行动。同年 4 月，卡加梅总统率团正式访美，与布什总统举行会谈，就双边关系、大湖地区形势以及卢参与达尔富尔地区维和行动等交换意见。5 月，美国驻欧部队指挥官兼北约高级指挥官詹

姆斯·约翰将军访卢，卡加梅总统会见。9月12～22日，卡加梅总统出席联合国成立60周年首脑会议并再次访美。

2006年，卡加梅3次访美。10月，美国贸易副代表访卢，美方决定2007年起把对卢旺达的援助提高至1.25亿美元。11月，卢旺达被纳入美"千年挑战账户"援助计划，每年可获5000万美元援助。同月，美政府认定活动于卢刚边境地区的卢反政府武装"解放卢旺达民主力量"对刚果（金）动乱负有责任，冻结其领导人在美财产。2007年3月，卡加梅总统对美国进行私人访问，并出席了在旧金山召开的非洲科技、信息和通信大会。5月，卡加梅总统访美，并出席了在纽约举行的卢旺达电影晚会。2008年1月，卡加梅总统赴美参加国际家用电器展览会。2月，卡加梅赴美出席美国科学进步学院2008年年会。同月，美国总统布什访卢。4月，卡加梅总统赴美参加"全球发展高等教育峰会"。

第三节　同非洲国家的关系

19 99年，卢旺达正式加入东部和南部非洲共同市场。2000年5月，卡加梅总统赴毛里求斯出席科迈萨成员国第5次首脑会议。10月，卡加梅总统先后赴马普托和卢萨卡参加南部非洲发展共同体首脑会议。11月，卢旺达决定签署非洲联盟章程。2001年4月16日，卢旺达议会批准该章程并递交非洲统一组织。2003年7月，卡加梅总统当选非盟首脑会议第一副主席。2004年2月，非洲发展新伙伴计划第9届执行委员会会议和首届非洲互查机制论坛在基加利举行，这是卢旺达独立以来承办的最高规格国际会议。8月和10月，卢旺达分两批派遣了387名军人赴苏丹达尔富尔地区参加非盟维和行动。2005年，卢旺达先后举办大湖地区区域部际委员会首次会议、东南非共同市场第 10 届首脑会议、第 19 届部长理事会会议暨第 2 届商务峰会、大湖地区议会论坛等非洲地区组织会议。1月，卡加梅总统出席在加蓬召开的非盟和平与安全理事会首次峰会。

一　同乌干达的关系

卢乌两国不仅是邻邦，而且卢旺达的爱国阵线组织同乌干达曾保持特殊的盟友关系。1959 年卢旺达发生族群冲突时逃亡乌干达的包括现任总统卡加梅在内的第一代图西族难民及其子女，在乌干达生存下来并接受了教育。1980～1986年在穆塞维尼进行游击战期间，这些卢旺达难民参加了穆塞维尼领导的民族抵抗军，为拥戴穆塞维尼执政立下汗马功劳。卡加梅因战功卓著，备受重用，升至乌干达"全国抵抗军"情报处长。1994 年，卡加梅领导爱国阵线打回卢旺达，在乌干达的支持下，一举推翻前胡图族政权，建立以爱国阵线为主导的民族团结政府。卡加梅总统与穆塞维尼总统过从甚密。

1998 年，两国联手介入刚果（金）冲突，支持刚果（金）叛军对抗由津巴布韦、纳米比亚、安哥拉和乍得支持的刚果（金）政府军。1999 年 8 月，两国军队在刚果（金）东部基桑加尼市发生大规模武装冲突。冰冻三尺，非一日之寒，实际上，卢乌虽表面上行动一致，但彼此间早已产生了裂痕。政治上，卢旺达不甘心长期受制于乌干达，而乌干达则依仗支持卢旺达爱国阵线取得了政权，一直充当卢旺达的"老大哥"。卢旺达则抱怨乌干达对卢旺达难民支持穆塞维尼的游击战争并取得政权所立下的功劳没有给予应有的承认，认为卢旺达尽了全力，乌干达无权对卢旺达指手画脚。此外，两国在刚果（金）的战场上也因为各自的目标和利益不同，在战略上和支持的对象上存在严重分歧，以致最终反目。

2000 年 5 月和 6 月，卢乌两军在刚果（金）的基桑加尼市再度火并，导致两国关系急剧恶化。7 月 1 ~ 2 日，卢旺达总统卡加梅对乌进行工作访问。9 月 22 日，乌干达总统穆塞维尼对卢旺达进行几小时闪电式访问。10 月 28 日，卡加梅总统访乌。2001 年 11 月 5 日，卡加梅与穆塞维尼在伦敦会晤，2002 年 2 月 14 日，卡、穆在乌边境小城卡巴莱再度会面，商讨缓和两国紧张关系的途径。两国领导人虽多次会晤，试图修补两国关系中的裂痕，但收效不大。

2002 年 10 月 17 日，卡加梅总统在英国再次会见穆塞维尼总统，就进一步改善双边关系举行会谈。10 月，卢旺达爱阵总书记穆里甘德访乌，与乌干达执政党全国抵抗运动领导人进行会谈。11 月，穆里甘德任外长后再次访乌。2003 年，两国关系较前缓解。1 月，乌干达向卢旺达复派大使。2 月，乌干达议长访卢，就加强双边合作交换看法。5 月，卡加梅与穆塞维尼在伦敦进行第三次会晤，表示要彻底解决影响两国关系的一切问题。2004 年，卢乌关系继续改善。1 月，卡加梅与穆塞维尼在伦敦进行第四次会晤，双方一致认为两国关系已无重大问题。2 月，卢乌混委会第五次常务会议在基加利举行。2005 年 5 月，乌干达内政部长访卢，卡加梅总统会见。7 月，两国外长主持第六次双边混委会，讨论加强两国边境安全、打击走私犯罪等问题。2006 年 5 月，卡加梅赴乌出席穆塞维尼总统就职仪式。10 月，卢乌外长在基加利出席两国第七次常设混委会会议。2007 年 5 月，乌干达负责东非共同体事务的总统府部长和负责难民与人道事务的部长分别访卢。6 月，卡加梅总统赴乌干达首都坎帕拉出席东非经济共同体首脑会议。11 月，卡加梅总统在出席英联邦共同体商业论坛会议期间同乌干达总统穆塞维尼举行会晤。2008 年 3 月，卡加梅总统再次访乌。

二 同刚果（金）的关系

卢旺达大屠杀发生后，胡图族前政府军以及民兵组织裹挟大批胡图族难民逃亡刚果（金），成为卢旺达安全的重大隐患。1998 年 8 月，卢旺达支持刚果（金）反政府武装发动叛乱并直接出兵刚果（金），推翻了蒙博托政权。卢旺达占据刚果（金）东部的大片领土，导致与刚果（金）政府关系破裂。2000 年 6 月 3 日，卡加梅总统与刚果（金）总统洛朗·德西雷·卡比拉在刚果（金）战事发生后首次进行元首直接会晤。双方同意恢复正常双边关系，尽快释放战俘，保证尽力推动实施卢萨卡停火协议，愿意共同推进地区和平、安定和稳定。

2001 年 1 月 30 日，卡加梅访美期间同刚果（金）总统约瑟夫·卡比拉会晤，双方陈述各自立场。7 月 9 日，在第 37 届非统首脑会议上，卢刚两国总统就结束刚果（金）战事举行会谈。9 月 26 日，卢刚两国总统在马拉维举行第 3 次会晤，双方就外国军队从刚撤出问题进行商谈，为此决定成立两国部际委员会。11 月 7 日，刚果（金）指责卢旺达在刚东北、东南地区增兵，卢方予以否认。2002 年 7 月 30 日，卢刚在比勒陀利亚签署和平协议，双方就撤军、解除卢旺达反政府武装等一系列问题达成一致。2002 年 7 月 30 日，卢旺达总统卡加梅与刚果（金）总统卡比拉在南非比勒陀利亚签署和平协议，卢旺达承诺从刚果（金）撤军。10 月，卢旺达宣布已从刚果（金）全部撤军。

2003 年 2 月 21 日，卡加梅总统在参加第 22 届法非首脑会议期间会晤卡比拉总统。10 月 18～21 日，卢旺达外长访刚，这是 1998 年双边关系紧张以来首位访刚的卢旺达政府高级官员。29～31 日，刚果（金）地区合作部长访卢，双方签署联合公报，表示将尽快实现双方关系正常化。11 月，卡加梅总统在南非与卡比拉总统再次举行会晤。

2004 年 3 月，卢旺达重开驻刚果（金）的大使馆，标志着两国在关系正常化方面取得重大进展。2004 年 5 月 28 日，刚果（金）外长贡达就刚东部布卡武发生冲突之事访卢，呼吁卢方保持克制，严守中立，避免局势复杂化。6 月 25 日，卡加梅与卡比拉在尼日利亚首都阿布贾举行会晤，决定成立联合核查机制。8 月，刚果（金）副总统鲁贝鲁瓦访卢。2004 年 11 月，卢旺达宣称本国安全遭到盘踞刚东部的前政府军和帮派民兵威胁，扬言要进入刚果（金）境内进行清剿。刚果（金）则指责卢旺达支持反叛武装与政府对立并直接派兵入侵刚果领土。两国边境局势一度紧张。2005 年 2 月，卢刚在刚果（金）东部城市布卡武启动两国联合巡逻与核查机制。2007 年 4 月，卢旺达、刚果（金）和布隆迪三国外长在布隆迪首都布琼布拉共同宣布，重新启动大湖地区经济共同体（CEPGL）。

2006 年 12 月，在卢旺达政府的斡旋下，刚果（金）政府代表与刚东部非法武装首领恩孔达的代表在基加利举行为期两天的会晤。2008 年 8 月，刚果（金）政府军与恩孔达的部队在刚果（金）东部发生激烈冲突。此后，两国外长多次会晤，就通过联合军事行动清剿刚东部地区非法武装等达成原则一致。2009 年 1 月，卢旺达派兵进入刚果（金）境内展开联合军事行动，卢军逮捕恩孔达。卢旺达反政府武装——解放卢旺达民主力量（FDLR）在刚果（金）境内的主要活动基地被摧毁。随后，两国恢复大使级外交关系。

三 同南非的关系

卢旺达同南非保持良好的关系。南非在基加利设有名誉领馆。卢旺达是南非在大湖地区重要的贸易伙伴，双方在能源、农牧业、电信等领域进行合作。南非控制卢旺达 25% 的移动电话市场，南非航空公司拥有"快运联航"49% 的

股份。1999 年 9 月 3 ~ 9 日，比齐蒙古总统和卡加梅副总统访问南非。2000 年 10 月 18 ~ 19 日，南非总统姆贝基对卢旺达进行国事访问，同时出席卢旺达第一届全国民族团结与和解大会，这是南非独立以来首位总统访卢。双方同意建立联合合作委员会，并签署了以促进、保护和加强农业、教育等领域合作的 4 项协议。

2001 年 3 月 16 日，卡加梅总统访问南非，与姆贝基总统就双边合作及大湖地区形势交换意见。8 月 5 日，由 30 人组成的南非企业家代表团访卢，双方探讨在渔业、工商和采矿业方面的合作。12 月 11 日，南非交通部长访卢。2002 年 3 月 14 日，卡加梅总统访问南非，就两国关系、非洲及大湖地区形势与姆贝基总统交换意见。6 月 23 ~ 24 日，南非副总统、布隆迪国内冲突调停人祖马访卢，向卡加梅总统通报了布隆迪和平进程的情况。12 月 5 ~ 6 日，南非外长祖马女士赴卢旺达出席卢—南非混委会，双方签署了鼓励南非商人到卢投资、避免双重征税的协议。2003 年初，卡加梅总统再次访南。4 月，南非总统姆贝基召集卢旺达、乌干达、刚果（金）和坦桑尼亚四国元首举行会晤，讨论刚果（金）安全局势。7 月，南非副总统、布隆迪危机调停人祖马访卢，就布隆迪局势举行会谈。2004 年 4 月，卡加梅总统出席南非新当选总统姆贝基的就职仪式。7 月，南非国防部长访卢并与卢旺达防长签署安全协议。2005 年 6 月 10 ~ 11 日，卡加梅总统对南非进行工作访问。2006 年 8 月，南非外长赴卢出席两国第四次经贸混委会，双方签署了有关加强双边合作的协议。10 月，卡加梅总统访问南非，并出席第四届非洲商业论坛。

四 同布隆迪的关系

卢旺达与布隆迪的关系目前良好。两国虽然在族群构成和历史演进方面存在紧密联系，但在各自独立后因执政的族体不同而一直关系冷淡。20 世纪 90 年代后，卢布关系取得了较大改善。卢旺达和布隆迪有着共同的战略利益，在刚果（金）的问题上立场相近，两国都面临着以刚果（金）为基地的胡图族反政府武装的威胁，卢旺达支持布隆迪的和平进程。

1999 年 9 月 25 日，布隆迪总统布约亚对卢旺达进行工作访问。2000 年 1 月 28 日，卢旺达布塔雷省尼亚祖县、吉贡戈洛省恩西利县和布隆迪卡扬扎省卡巴洛洛县举行边境安全联席会，研究整治双方边界混乱状况。2001 年 2 月 26 日和 10 月 1 日，卡加梅总统出席在阿鲁沙举行的布隆迪问题地区首脑会议。4 月 15 日，布约亚总统对卢旺达进行工作访问。11 月 1 日，卡加梅总统出席布隆迪过渡政府成立仪式，并与布约亚总统进行会晤。11 月 30 日，布隆迪公职、劳工部长卡伊泰西女士率团访卢。

2002 年 2 月 2 日，卡加梅总统会见到访的布隆迪总统特使，双方就双边关系及布隆迪和平进程交换看法。4 月 6 日，布隆迪参议院主席利贝尔·巴拉鲁涅雷策赴卢旺达参加大屠杀 8 周年纪念活动。8 月 12 日，布隆迪副总统恩达耶齐耶访卢。10 月 1 日，布隆迪外长西农古鲁扎率团出席在卢旺达举行的卢布混委会第 5 次会议，并向卡加梅总统转交了布约亚总统的信函。10 月 27 日，布隆迪议长让·米纳尼访卢。2003 年 2 月 21 日，卡加梅总统在参加第 22 届法非首脑会议期间与布隆迪总统布约亚就双边关系和地区形势举行会谈。4 月，卢旺达总理马库扎和外长穆里甘德赴布出席布新总统恩达耶齐耶的就职仪式。6 月，恩达伊泽耶总统访卢。2004 年 10 月，布隆迪议长米纳尼访卢，就布隆迪当前局势以及停留在卢旺达的布隆迪难民问题与卢领导人举行会谈。12 月，布隆迪副总统恩冈泽布霍罗访卢。2005 年 5～6 月，在卢布两国共同努力下，5000 多名在布隆迪的卢旺达人被遣返回国。2005 年 11 月和 2007 年 3 月，布隆迪总统恩库伦齐扎两次访卢。2008 年 2 月，布隆迪参议长鲁菲基里访卢。8 月，卢旺达总统卡加梅访布。

五 同坦桑尼亚的关系

近年来，卢旺达与坦桑尼亚关系不断改善。1999 年卢旺达总统比齐蒙古两次、卡加梅副总统 3 次访问坦桑尼亚。2000 年 3 月 17 日，卡加梅副总统访坦。4 月 22 日，坦桑尼亚总统姆卡帕出席卡加梅总统就职仪式。2001 年 1 月 8 日和 6 月 8 日，姆卡帕总统两度访卢，就大湖地区形势、在坦桑尼亚的卢旺达难民问题交换看法。7 月 22 日卢坦双方就难民问题举行第 9 次会议。9 月 28 日，卡加梅总统访问坦桑尼亚，就双边合作和大湖地区安全问题同坦桑尼亚总统会谈。2002 年 12 月，3000 多名卢旺达难民从坦返卢，至此，内战期间逃往坦桑尼亚的卢旺达难民基本全部回国。2003 年 1 月坦桑尼亚议长皮尤斯访卢。

六 同肯尼亚的关系

卢旺达与肯尼亚关系不断发展。肯尼亚是 2000 年卡加梅出任总统后的首访国家，双方发表联合公报，强调深化两国友谊与合作。5 月 12 日，肯尼亚总统莫伊应邀对卢旺达进行工作访问，双方商定成立双边合作常设委员会。7 月 14 日，卡加梅总统再度访肯。2001 年 1 月肯尼亚教官帮助卢旺达培训 310 名军人。2002 年 12 月 30 日，卡加梅总统致电齐贝吉，祝贺其当选为肯尼亚总统。2003 年 5 月，卢、肯混委会举行会议，就加强双方友好关系和合作进行磋商。

七 同赞比亚的关系

赞比亚总统奇卢巴积极调解大湖地区国家冲突。1999 年曾 4 次赴卢，就刚果（金）冲突交战各方停火事宜进行调解。4 月 22 日，奇卢巴总统赴卢旺达出席卡加梅总统就职仪式。6 月奇再次赴卢，就实施卢萨卡协议和结束卢旺达与

乌干达冲突进行斡旋。2001年3月16日，卡加梅总统访赞，解释未赴赞比亚参加卢萨卡签字国首脑会议原因，同时表示愿继续发展双边合作。2004年10月23日，卡加梅总统出席赞建国40周年庆典。

第四节　同中国的关系

一　双边关系简要概述

19 62年7月1日卢旺达独立时，中国总理周恩来和外长陈毅分别致电祝贺并承认。但卢旺达独立后即与中国台湾地区"建交"。1971年，在坦桑尼亚政府的推动下，卢旺达主动表示愿同中国发展关系。11月9～12日，中国驻坦桑尼亚大使仲曦东应卢旺达总统卡伊班达邀请，对卢旺达进行友好访问。两国签署建交公报，中华人民共和国政府和卢旺达共和国政府，根据两国的利益和愿望，决定自1971年11月12日起建立大使级外交关系。中华人民共和国政府坚决支持卢旺达共和国政府反对新殖民主义、维护民族独立和国家主权的斗争；支持卢旺达共和国政府在各国人民之间奉行的和平合作政策。卢旺达共和国政府承认中华人民共和国政府为中国唯一合法的政府。1972年5月7日，中国在卢旺达开设大使馆。

中卢建交以来，在政治、经济、文化、医疗等领域的友好合作关系发展顺利。卢旺达国家领导人对中国一贯友好和信任，通过访问和交往，加深了相互了解，密切了双方友谊，推动了两国友好合作关系。卢旺达新政府重视中国在国际上的地位和作用，希望在政治上和国际事务中得到中国的支持，在经济上得到中国的帮助。为推动和加强两国友好合作关系，卡加梅总统曾指示，要百分之百地同中国合作，对来卢旺达从事各种经贸活动的中国人和中国公司要提供便利，各部门要全力予以合作，对中国商品入境不要限制。卢旺达政府坚持"一个中国"的立场，针对台湾的"银弹外交"，比齐蒙古总统曾表示，卢旺达不会出卖自己，出卖原则。卡加梅总统也表示，卢中关系是建立在相互理解基础上的，这比金钱更重要。

二 双边政治往来

中卢建交以来，双方政治交往频繁，保持高层互访，为两国发展长期友好合作打下了坚实的基础。

中方访卢的领导人及主要政府官员有：国务院副总理耿飚（1978 年 10 月）、全国人大常委会副委员长荣毅仁（1985 年 1 月）、外交部副部长齐怀远（1987 年 6 月）、全国政协副主席钱正英（1988 年 7 月）、外交部副部长杨福昌（1990 年 8 月）、国务委员兼外交部长钱其琛（1993 年 1 月）、外交部部长助理吉佩定（1996 年 1 月）、外交部副部长王光亚（2000 年 2 月）、全国人大常委会副委员长许嘉璐（2001 年 5 月）和全国妇联副主席顾秀莲（2002 年 3 月）等。

卢方访华的主要有：国际合作部长奥古斯坦·穆尼亚内扎（1972 年 6 月）、外交和合作部长恩塞卡利杰·阿洛伊斯上校（1974 年 8 月和 1975 年 9 月）、总统朱韦纳尔·哈比亚利马纳（1978 年 6 月、1983 年 5 月）、外交和合作部长弗朗索瓦·恩加卢基因特瓦利（1980 年 3 月、1983 年 1 月和 1988 年 5 月）、国民发展议会议长恩塔霍巴里·莫里斯（1983 年 8 月）、最高法院院长约瑟夫·卡瓦鲁冈达（1989 年 4 月）、外交和国际合作部长卡西米尔·比齐蒙古（1991 年 11 月）、副总统兼国防部长保罗·卡加梅（1995 年 3 月）、总统巴斯德·比齐蒙古（1996 年 6 月）、议长恩库西·朱韦纳尔（1996 年 9 月）、全国人权委员会主席加萨纳·恩多巴（1999 年 12 月）、外交合作部长安德烈·

布马亚（2000 年 10 月）、总统保罗·卡加梅（2001 年 11 月）、外交与合作部长穆里甘德（2004 年 7 月）等。

2005 年 5 月，卢旺达爱国阵线总书记弗朗索瓦·恩加兰贝访华，中共中央政治局常委罗干、中联部部长王家瑞分别会见。2006 年 6 月 4～10 日，卢旺达参议长比鲁塔率卢参众两院联合代表团访华，全国人大常委会委员长吴邦国、副委员长顾秀莲分别会见。8 月 28～30 日，中共中央政治局常委、中央纪委书记吴官正率中共代表团访卢，会见卡加梅总统，与卢爱国阵线总书记恩加兰贝会谈。11 月 2～5 日，卡加梅总统率团出席中非合作论坛北京峰会。2007 年 5 月，卡加梅总统对华进行国事访问，胡锦涛主席与卡会谈，双方就两国关系及共同关心的国际和地区问题深入交换了意见。2008 年 12 月，中国人民对外友好协会会长陈昊苏、中国政府非洲事务特别代表刘贵今大使先后访卢。

2009 年 1 月 14～15 日，中国外交部长杨洁篪对卢旺达进行正式访问，这也是中国外交部长时隔 15 年后再次访问卢旺达。访问期间，杨洁篪外长会见了卢旺达总统卡加梅。杨外长表示，中卢两国传统友谊深厚，建交 38 年来双边关系始终发展顺利，政治互信日益加深，各领域合作成果显著。中方将继续为卢经济社会发展提供力所能及的帮助，鼓励中国企业赴卢投资，使两国友好合作关系取得更加丰富的成果。卡加梅总统高度评价卢中关系，他说，两国在双边和多边领域都进行了很好的合作，中国为卢旺达的发展提供了宝贵支持和援助，卢方对此表示感谢，并愿不断推动两国关系发展。同时，卢旺达将为推动中非合作论坛发展和促进中非友好合作作出积极努力。

三　双边经济往来

中卢两国间签订了多项经济技术合作协定、贸易协定、文化科学合作协定及中国政府向卢旺达派遣医疗队的议定书。截至 2004 年，中国援助卢旺达的成套项目主要有：水稻种植、糖厂、基加利—鲁苏莫公路、鲁奔迪和鲁瓦马加纳稻区开发、水泥厂、体育场、运动员宿舍、恩坦代齐农业兽医学校、基本戈医院扩建工程、缝纫车间等。1981 年 12 月起，中国在卢旺达开展以劳务承包工程为主的互利合作，中国路桥、中水电、中土和建材 4 家公司在卢设立了办事处，除工程承包外，还成立了建筑、搪瓷、黏土制品和水稻 4 个合资合营公司。1972 年两国政府签订贸易协定，规定双方贸易以现汇支付。2007 年双边贸易额 5843 万美元，比上年增长 70.4%，其中中方出口 3480 万美元，进口 2363 万美元。我主要出口机电产品、纺织品和鞋类等，进口钽—铌铁矿产品等。

1983 年 5 月，中、卢两国签订关于成立经济技术贸易合作混合委员会协定，并于 1985 年 10 月、1988 年 5 月、1991 年 7 月、2000 年 5 月和 2006 年 8 月分别在基加利和北京举行了 5 次混委会会议。

四　其他往来与合作

1982 年 2 月，中卢两国政府签订关于中国派遣医疗队赴卢旺达工作的议定书。此后，中国共派出 13 批医疗队赴卢工作。2008 年 7 月，内蒙古自治区副主席刘新乐率团访卢，同卢旺达卫生部长举行会谈，并视察慰问了我援卢医疗队员。

1983 年 5 月，两国政府在北京签署文化和科学合作协定，根据需要和可能，在科学、教育、卫生、文学、艺术、广播电视、新闻、体育、旅游等方面发展两国间的合作并交流经验和成果。之后，两国文化交流迅速发展，双方先后派出教育、卫生、新闻、体育、艺术等代表团互访。1999 年 4 月，卢旺达青年、体育和文化部长弗朗索瓦·恩加兰贝率卢旺达政府文化代表团访华。6月，中国成都木偶剧团在基加利市和布塔雷市访问演出。10月，卢旺达国家歌舞团来华参加中国举办的"1999年国际民间歌舞年"活动。2001年11月，卢旺达国家艺术团来华访问演出。同月，卢旺达妇女促进部长安热利娜·穆干扎访华。2006年7月6～14日，卢旺达性别和家庭发展部长瓦莱丽·尼拉哈比纳扎率卢妇女代表团访华，全国人大常委会副委员长、全国妇联主席顾秀莲会见。2008年7月，福建艺术团访卢并参加第十届泛非舞蹈节。

从1976年起，中国每年均向卢提供高校奖学金名额，包括理工、农学、水利、建筑、化工、纺织等十几个专业。2005年11月，卢教育、科学、技术及科研部负责高等教育的国务秘书穆贾瓦马里亚·让娜·达尔克女士来华出席中非教育部长论坛及联合国教科文组织第五届全民教育高层会议，并与中方签署《中华人民共和国教育部与卢旺达教育、科学、技术及科研部合作协议》等文件。

1978年7月，迟浩田副总长率军事友好代表团访卢。1979年9月，卢旺达武装部队副参谋长洛朗·塞鲁布加上校率军事代表团访华。1982年6月，总参谋长助理韩怀智率军事代表团访卢。2002年2月，中国国防部代表团访卢。2006年3月26日至4月2日，卢国防部长加特森齐访华，中央军委副主席、国务委员兼国防部长曹刚川与加会谈，全国人大常委会副委员长路甬祥会见。

布隆迪
（Burundi）

列
国
志

第一章

国土与人民

第一节 自然地理

一 地理位置

布隆迪共和国位于非洲中东部赤道南侧，是一个内陆国家，因其地理位置和形状，常常被称为"非洲的心脏"。布隆迪位于南纬 2°45′~4°26′、东经 28°50′~30°53′之间，东部毗连坦桑尼亚，西南濒临坦噶尼喀湖，西北与刚果（金）为邻，北部接壤卢旺达。东距印度洋最近处 1200 公里（距达累斯萨拉姆港 1430 公里，距蒙巴萨港 2025 公里），西到大西洋有 1800 多公里（距马塔港 1900 公里）。国土面积为 27834 平方公里，南北长约 345 公里，东西宽约 265 公里。

二 行政区划

布隆迪全国划分为 1 个直辖市（布琼布拉市）和 16 个省，分别为：布琼布拉城市省（Bujumbura Mairie），即首都布琼布拉市，下辖 12 个县；布琼布拉乡村省（Bujumbura Rural），9 个县；布班扎省（Bubanza），下辖 5 个县；布鲁里省（Bururi），9 个县；坎库佐省（Cankuzo），5 个县；锡比托克省

（Cibitoke），6 个县；基特加省（Gitega），11 个县；卡鲁济省（Karuri），7 个县；卡扬扎省（Kayanza），6 个县；基隆多省（Kirundo），7 个县；马康巴省（Makamba），6 个县；穆郎维亚省（Muramvya），5 个县；穆因加省（Muyinga），7 个县；穆瓦罗省（Mwaro），6 个县；恩戈齐省（Ngozi），9 个县；鲁塔纳省（Rutana），6 个县；鲁伊吉省（Ruyigi），7 个县。省下共设立 123 个县、2594 个乡。重要城市有首都布琼布拉、基特加、恩戈齐等。

三　地形特点

隆迪是一个山地国家，境内多高原和山地，地势西高东低，平均海拔 1600 米，土地肥沃，河网稠密，四季水源充足，拥有美丽的田园风光，气候清新宜人，有"非洲的瑞士"之称。

布隆迪全境位于一个断裂的高原之上，是非洲地势最高的地区之一。西部的山地是大裂谷带西支的上升部分，是在太古代基盘上突起的块状高地，上面残留着许多死火山。由于深受第三纪地壳变动的影响，在深陷的断层盆地中形成了鲁济济河与坦噶尼喀湖。鲁济济河谷平原与坦噶尼喀湖滨地区地势比较平缓，海拔不超过 1000 米。鲁济济河沿东非大裂谷的槽地流淌 104 公里，构成布隆迪西部边界 1/3 的北段，并将北部的基伍湖（海拔 1460 米）与南部的坦噶尼喀湖（海拔 770 米）连接起来。纵贯整个东非（北起红海，南至莫桑比克）的大裂谷在地质上仍然相当活跃，故在布隆迪境内时有地震发生。刚果—尼罗山脉贯穿南北，构成了刚果河和尼罗河的分水岭，海拔多在 2000 米以上，最高峰达 2760 米，地表切割剧烈，陡崖广布。刚果—尼罗河山脉向东逐渐倾斜，形成广大的高原区，高原上有鲁武布河流域，为尼罗河流域延伸至最南端的部分。高原东部边界下斜至 1525 ~

2000米，延伸到坦桑尼亚和马拉加拉西河的河谷，地表峡谷深切，"枣形"盆地与穹隆状残丘分布普遍。

四 河流与湖泊

布隆迪同邻国卢旺达同属于卡盖拉河及刚果河流域，河网稠密繁复，多急流险滩。较大的河流有鲁济济河、马拉加拉西河和阿卡尼亚鲁河等。世界第一长河——尼罗河就发源于布隆迪的山区。布隆迪西部的河流自高山倾泻，注入鲁济济河或坦噶尼喀湖，再经鲁库加河与刚果河相连。高原南部的河流，汇流于马拉加拉西河，注入坦噶尼喀湖。只有高原中部至北部之间的河流，注入卡盖拉河。由于四周土地的坡度平缓，大部分的河流都蜿蜒而行，形成沼泽地。

布隆迪西南部毗连坦噶尼喀湖，湖区分属4国：东岸大部分属坦桑尼亚，北端一部分属布隆迪，西岸属刚果（金），南岸及东、西岸南端的一小段属赞比亚。坦噶尼喀湖在布隆迪境内长673公里，约占其总面积的8%，约2600平方公里。坦噶尼喀湖地处东非大裂谷西支南端，为东非第二大湖。坦噶尼喀湖位于赤道常年多雨区内，水位变幅约0.7米，湖面狭长，东西宽16～70公里，延伸却甚远，南北长达720公里，是世界上最长的一个淡水湖。蜿蜒曲折的湖岸线长达1900公里，面积为3.29万平方公里，湖面海拔773米，低于维多利亚湖约341米。湖水很深，最深处达1435米，也是世界上仅次于俄罗斯贝加尔湖（水深1940米）的第二深水湖。坦噶尼喀湖属于标准的裂谷型湖，即构造湖，它的南北狭长就是由于地壳断裂下陷而成的，在断裂作用下，湖岸的坡度陡急，落差超过1000米，高崖峭壁林立，只有最北端的湖岸在河川冲积地上可以看到沙丘。湖水由马拉加拉西河、鲁济济河以及许多溪流汇入，西经鲁库加河转入刚果河，汇入大西洋。

关于坦噶尼喀湖湖名的来历，曾流传着许多种说法，第一种说法是，英国人理查德·伯顿及其伙伴于 1858 年到该地考察，认为湖名来源于班图语，在班图语中，"坦噶尼喀"意为"汇合"或"聚集"，是指无数溪流在此汇合以及许多部落群居在沿湖之滨；其二，在斯瓦希里语中，"坦噶尼喀"意为"岛屿"和"平原"，用做湖名意为"由岛屿和平原组成"，指湖中岛屿密布，湖岸草原广阔；其三，有人认为"坦噶尼喀"是湖中生长的一种荸荠的名称，这种植物漂浮水面，大片聚集，鲜嫩翠绿，果实可食，用作湖名是指这里为荸荠汇集的地方。

五 气候

尽管布隆迪邻近赤道，但由于地势较高，加之境内有面积广阔的坦噶尼喀湖，故而免受酷热之苦，气候十分温和，属高山亚赤道型气候，全年温差不大，年均温度在 18℃ ~ 23℃ 之间，只有濒湖地区一般是全年湿热。降雨量和降雨次数因季节不同有显著差异，按降雨量的不同，全年可分为四季：2 月至 5 月为大雨季，9 月至 11 月为小雨季，6 月至 8 月为大旱季，12 月至第二年 1 月为小旱季。年均降雨量在 1000 毫升至 1400 毫升之间。

根据地理和气候，布隆迪自西向东可分为 3 个自然区：西部平原区，由鲁济济河平原和大湖沿岸平原构成的狭长地带，海拔 774 ~ 1000 米，热带气候，最高气温 33℃，年平均气温 23℃，年降水量 800 毫升；中西部山岭区，由刚果—尼罗河山脉构成，海拔 2000 ~ 2670 米，气候凉爽，昼夜温差大，平均气温 17℃，日间可在 23℃ 以上，夜间降至 0℃ 以下，雨量充沛，年降水量 1400 毫米；中东部高原地区，海拔 1000 ~ 2000 米，温带气候，年平均气温 20℃，年降水量 1200 毫米，其北部和东南部多沼泽地。

第二节 自然资源

一 矿物

布隆迪的地下蕴藏着多种矿物，主要有镍、泥炭、铈、钒、锡、金、高岭土等，但储量一般都不很丰富，不足以在国民经济中发挥重要作用。截至目前，已经探明的矿产资源有镍、铁—钛—钒共生矿、金、锡、铌—钽、稀土、磷酸钙、碳酸钙、高岭土、大理石、白云石、泥炭、铂族（白金）金属、石英、长石矿产等。现已探明的矿物资源储备为：石灰石200万吨；泥炭5亿吨；稀土1万吨；钒1600万吨；高岭土1870万吨；黄金60吨；磷酸盐3050万吨；镍3亿吨，占全世界储量的3%。金属矿藏多分布在布隆迪的东南部，具有商业开采价值的锡矿和钨矿位于东北部与卢旺达接壤的边界地区。金矿分布较广，西北部储量较大。另外，地质评估表明鲁济济河河谷和坦噶尼喀湖东北部下面可能蕴藏着较多的石油。

二 植物

由于人口众多，布隆迪的森林资源遭到了很大破坏，1992年国家内乱前，森林面积为20.1万公顷，森林覆盖率为8%，但在1992~1998年间，有4万公顷森林被毁，特别是在1998年后，每年被毁面积达2%。目前，天然森林的面积已经从原来的5.6万公顷减至4万公顷，国家森林从8万公顷减至5.72万公顷，县乡森林从1.1万公顷减至7000公顷。森林大部分分布在刚果—尼罗河山脉的上部，其他地区仅残留着原始森林的遗迹。

在中部高原的农场里，可以看到桉树等外来的灌木和树种，其中许多是为了控制水土侵蚀而栽种的。因此，尽管在人口极为

225

稠密的高原地区，原生的森林早已不复存在，但仍可以看到树木和林地，布隆迪典型的景色是散布着桉树和香蕉林的小山和河谷，中间交错着一块块富饶的农场。向东随高度的下降由热带高树草原逐渐变为更加开阔的热带稀树草原，分布着大片大片不长树木的贫瘠草地，也有阿拉伯橡胶林和竹林。由于布隆迪的地势高低起伏，温带和热带的树种、灌木、矮树丛在这里都有分布，常绿植物和落叶植物应有尽有。

布隆迪还有一种形状奇特的树，这种树与一般的树不同，它没有枝丫，没有碎叶，在修长而结实的树干顶端，长着长长的翠绿欲滴的阔叶。这些阔叶也不像一般树木那样向四周扩散，它们只是整齐地向两侧伸展，既像开屏的孔雀，又似展开的扇面，这就是有名的旅行家树，也有人叫它"孔雀树"、"扇子树"。这种树最初生长在茫茫的沙漠上。当商旅和行人在满目黄沙、寸草不生的古漠中艰难行进时，来到这种树下，不但可借浓荫纳凉，小憩片刻，驱除疲劳，还可用刀在树干上划出一条口子，流出清凉可口的汁液用来解渴。正因为这种树对人类有特殊的贡献，尤其是沙漠旅行者不可缺少的朋友，故被称为"旅行家树"，又名"旅人蕉"。

布隆迪的土壤基本上是砖红壤，蕴涵丰富的金属化合物，但比真正的红土土壤更轻、更肥沃、更适宜农耕。在河谷中，特别是西部的鲁济济河河谷，分布着丰饶的冲击土。布隆迪近2/5的国土适合农耕，另外1/5的土地适宜放牧。农田和牧场以前都是森林地带，胡图族农民在几百年的时间里将其开垦出来。除了部分地区受到严重侵蚀和过度农牧活动导致的水土流失影响外，土壤富含腐殖质，肥力较高，比非洲许多其他地区的土质都要好。冲积河谷地区的土壤尤为肥沃，产量很高。布隆迪主要的经济作物为咖啡、茶叶、棉花和烟草，家庭作物则包括木薯、香蕉、甘薯、大豆、粟、稻米、玉米、高粱和花生，主要牲畜有牛、山羊和绵羊，牛皮是重要的出口物资。密集型的农耕活动，特别是在

陡坡地区，常常导致严重的土壤侵蚀。布隆迪的许多地区都存在着过度放牧的现象，一些地方在旱季中呈现光秃秃的景象。土壤侵蚀是布隆迪面临的一个严重问题。

三　动物

在布隆迪的农耕地区，生活在原始的雨林和热带稀树草原交错地带的大型野生动物现在已经很少见，但它们在东部和西部高温干旱的平原地区仍有分布。在一些地方，仍有为数不少的大象、河马、野猪、水牛、狒狒、猎豹、狮子、羚羊、狐猴和其他动物。在邻近农田的地方，众多的野猪和狒狒成为人们极力消灭的对象。布隆迪也是高级灵长类动物的家园，1990年时境内大约有400只黑猩猩。猩猩家族的"巨人"——大猩猩在布隆迪也有分布，但调查显示，大猩猩的处境令人担忧，数目日渐下降，世界各地不断蜂拥而至的游客正将它们推向绝境。除了游客和伐木工以外，埃博拉病毒已经成为威胁非洲猩猩生存的头号杀手。

布隆迪的野生鸟类包括几内亚野鸡、鹌鹑、野鸭和鹬类。布隆迪有一种奇特的鸟，人们称其为"射击鸟"，这种鸟体型似山鸡，羽毛鲜红，嘴巴硕大，有一条极富弹性的舌头，喜欢用嘴弹石块，能将100克重的石子弹射出去，速度快如枪弹，它讨厌灰狼，一见到灰狼就弹石子击之，使灰狼不敢靠近，当地农民遂利用"射击鸟"来对付灰狼。

第三节　居民与宗教

一　人口

布隆迪是非洲人口最稠密的国家之一，在1990年8月进行人口普查时，布隆迪的人口为513.9万人，其中

男性占 48.13% ，女性占 51.84% 。近年来由于局势动荡，布隆
迪一直没有进行人口普查。根据美国中央情报局 2008 年 7 月的
估计，布隆迪人口为 8691005 人。由于人口死亡率高、预期寿命
低，布隆迪人口的年龄构成呈现低龄化的特点：人口的平均年龄
为 16.7 岁，男性的平均年龄为 16.4 岁，女性的平均年龄为 17
岁，0 ~ 14 岁的人口约占 46.3% ，15 ~ 64 岁人口占 51.2% ，65
岁以上人口仅占 2.6% 。布隆迪的人口年龄结构在近期的变动不
会很大。随着医疗保健水平的提高，新生儿死亡率会大幅度下
降，人口金字塔的基础部分在不断加大。布隆迪人口的年均增长
率为 3.443% ，出生率为 41.72‰，死亡率为 12.91‰，平均每个
妇女生育 6.4 个孩子。人口的性别比率为 0.988 （男）：1 （女），
其中新生儿的男女比率为 1.03：1，15 岁以下人口为 1.01：1，
15 ~ 64 岁人口为 0.99：1，65 岁以上人口为 0.66：1。婴儿死亡
率为 60.77‰，其中男婴为 67.6‰，女婴为 53.73‰。人口的预
期寿命为 51.71 岁，男性为 50.86 岁，女性为 52.6 岁。[1]

布隆迪的人口分布很不平衡，大多集中在适宜农业和畜牧
的中部至北部之间的高原地区，约为每平方公里 295 人，与坦
桑尼亚交界的地区以及湖泊分布的低地区（东部和南部）人口
较少，布鲁里、布班扎和鲁伊吉诸省的人口更为稀少，人口密
度约为 100 人/平方公里。布隆迪的城市化程度较低，2002 年
城镇人口约占总人口的 9.6% ，预计到 2015 年增长到总人口的
14.5% 。

从人口发展趋势看，二战后医疗事业的发展导致人口迅速
增加。布隆迪的人口在 1950 年超过了 200 万人，在 1970 年达
到 300 万人，1979 年为 402.8 万人，1990 年为 535.6 万人，
按照目前的趋势看，人口在 26 年里将增长一倍。如果出生率

---

[1]　https：//www.cia.gov/library/publications/the-world-factbook/geos/by.html.

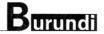

不下降，布隆迪的人口在 2030 年将达到 2000 万人。艾滋病对人口将会产生重要影响，导致预期寿命缩短、新生儿死亡率和人口死亡率的上升、人口增长率的降低，并影响人口的年龄和性别分布。

二 民族

布隆迪的民族构成与民族形成过程与邻国卢旺达十分相似，都是由胡图、图西和特佤三大族群构成，而且这三个族群在人口中的比例都大致相当。

特佤族是最早定居在东非和中非大地的居民，约占全国人口的 1%，属俾格米人种，以狩猎和采集为生，被称为"森林之子"，属原始部落群。特佤人身材矮小，成年男子平均身高 155 厘米左右，浅棕色皮肤，头发乌黑卷曲，鼻子宽平，胳膊细长，双腿粗短。几千年前，布隆迪的大地上生长着茂密的热带雨林，特佤人在这里繁衍、生息。目前，部分特佤人仍旧在残存的森林中保持着原始的生活方式，其他定居的特佤人主要以制陶等手工业为生。总体而言，特佤人受到胡图人和图西人的歧视，一直生活在布隆迪社会的边缘。

胡图族是布隆迪最大的族群，约占总人口的 83%。胡图人身材粗壮结实，成年男子平均身高在 165 厘米左右。在公元 9 ~ 11 世纪之间，大批属班图尼格罗人种的农耕者自西而来，到今天的卢旺达和布隆迪定居下来。他们砍倒树木，开垦土地，种植农作物，使海拔 2000 米以下的森林消失，使高原小丘上出现了层层田野。胡图族人数众多，社会文化先进，逐渐遍布布隆迪大地，特佤人的生存空间受到挤压，退居到雨林深处，少部分特佤人则被班图化。

图西人约占布隆迪人口的 16%，一直是布隆迪的统治族群。图西人身材修长，成年男子的平均身高在 172 厘米以上，一些前王室成员及宫廷舞者的后裔高达 190 厘米，拥有褐色的皮肤、高高的前额和挺拔的鼻子。在公元 14 ~ 16 世纪之间，尼罗—闪米特游牧居民的一个支系，史称希马人，自尼罗河流域或埃塞俄比亚穿过乌干达来到卢旺达及布隆迪境内。这些游牧者尚勇强悍，又有较严密的军事社会组织，在政治上后来居上，他们就是今日图西人的祖先。图西人在 16 世纪建立起封建王国，对胡图人进行统治。胡图人成为图西人的农奴，社会地位一直比图西人低下。由于存在着一个图西贵族阶层（甘瓦），布隆迪从未实现像卢旺达那样高度的中央集权，王权受到很大限制，不得不寻求胡图人的支持，因此布隆迪社会的弹性较大，图西与胡图两族的关系相对而言较为平和。在族际交往过程中，胡图人的农耕文明与图西人的游牧文化以及特佤人的狩猎文化相互融合，在语言方面，政治上处于统治地位的图西人接受了胡图人的语言。

布隆迪三个族体同讲基隆迪语，宗教信仰相同，习俗一致，相互通婚，据称，70% 左右的布隆迪人有多族血统。外貌上的差异也趋于淡化，现在仅凭体貌特征已经很难正确地判定一个人究竟是胡图族还是图西族。例如，布隆迪的图西族总统米孔贝罗就拥有所有的所谓胡图族的外貌特征。在 1994 ~ 1995 年的布隆迪政府中，4 名身材最高的成员恰恰都是胡图人。布隆迪是一个父权制社会，如果一个人的父亲是胡图人，即使其酷肖图西族的母亲，他仍然被视为胡图人，反之亦然。

西方殖民势力的入侵打断了布隆迪的自然历史进程和民族融合进程，分而制之的殖民政策人为地巩固和加强了图西族的统治，深化了各族群之间的分野，加剧了胡图和图西两族的矛盾和对立。独立后，占人口少数的图西人继续掌握政权，政府打击、排挤胡图人的政策导致了多次大规模的种族仇杀，二三十万人死于非命，数十万人沦为难民、流离失所。1993 年 10

月，布隆迪历史上第一位胡图族民选总统被图西族军人杀害，内战随之爆发，胡图和图西两族相互仇杀，死亡人数已超过 30 万人。

三　语言

官方语言为基隆迪语和法语，国语为基隆迪语，部分居民讲斯瓦希里语。基隆迪语与卢旺达语联系紧密，拥有共同的语法结构和统一的基本词汇，二者共同构成了尼日尔—刚果语系班图语族中的第三大支系。基隆迪语通用于全国，但存在方言和地区性的差异。图西人和胡图人所使用的基隆迪语非常相似，但特佤人所讲的语言则有自己明显的特点。法语是由比利时殖民当局引入布隆迪的，广泛使用在官方文件、报刊和广播方面。斯瓦希里语作为一种商业语言，在布琼布拉使用得较为普遍。

四　宗教

布隆迪 85% 的人口信奉基督教，其中天主教徒占总人口的 60%，新教徒占 25%。大约 13% 的人口信奉伊斯兰教，另有部分人口信奉原始宗教。

布隆迪的传统宗教信奉伊玛纳（Imana），为一神教，被称为基郎加（Kiranga）的高级祭司是神和人之间的中介。祖先的灵魂也受到极大的尊崇。在布隆迪的传统宗教中也存在着魔鬼，其形式就是死亡。基督教的传播也受到传统宗教的影响，上帝的名字就是伊玛纳。

基督教是在 19 世纪下半叶由罗马天主教传教士传播到布隆迪的。1879 年，两名最先到达布隆迪的传教士被杀。在德国殖民时期，传教士终于在布隆迪站稳了脚跟。传教士主要是法国人，比利时人到来后，资助传教士建立学校和医院，使其影响力大为增强。1911 年，德国路德派传教士将新教传入布隆迪。在德国人离开后，其他的新教教派陆续传入。

伊斯兰教（逊尼派）是在 19 世纪末由阿拉伯商人传播到布隆迪的。他们在坦噶尼喀湖畔的布琼布拉和鲁蒙日的市场周边地区建立了斯瓦希里文化中心。起初，皈依的信徒很少，伊斯兰教只是操斯瓦希里语的商人的信仰。在 1993 年内战期间，没有把自己归类为胡图人或图西人的穆斯林庇护来自任何一族的难民，在布琼布拉的主要穆斯林社区布杨济尤为如此。穆斯林是中立的，不参与族裔大屠杀的任何一方。他们的行为受到所有布隆迪人的认同，这也是导致皈依伊斯兰教的人数激增的原因之一。此外，穆斯林在祈祷时使用的古兰经已经翻译为基隆迪语，这也促进了伊斯兰教的传播。在布隆迪新建了好几座清真寺。开斋节已经成为布隆迪的国家假日。

第四节　民俗与节日

一　价值观

隆迪人具有较为浓厚的宿命论思想。许多谚语都表达了人力无法胜天、祸福得失都是由传统宗教中的主神伊马纳决定的观点，如"伊马纳是给予者，世间所有事物均取决于他"等。胡图人的许多谚语更鲜明地反映了胡图人在传统的等级制社会中受压迫的现实、无可奈何的宿命论心态以及一种独特的幽默感，如"你治好了一个图西人害病的眼睛，他就会睁圆双眼，好把你吞掉"；"你安排在走廊过夜的图西人将会把你从自己的床上赶走"。

布隆迪人对子女极为珍视。没有孩子被视为最大的不幸，"最大的悲哀莫过于没有孩子来悼念你"。孩子特别是男孩子的

出生，是一件喜事。男孩子可以增强宗族的力量，而女孩子尽管最终要离开自己的宗族，加入丈夫的宗族，但可以带来聘礼，因而也受到欢迎。一位胡图族妇女生 8~12 个孩子，并不罕见。图西族的出生率要低一些。

布隆迪人重视智慧，"没有智慧就不能得到伊马纳的财富"。传统的谚语中还反映出人们对口才和演说能力的看重。一个人可以凭借口才获得财富和社会地位。传统上，图西族青年接受演讲训练，以便培养其领导才能。

二　牛的重要性

布隆迪人将牛视为活的金子，是一种价值最高的财富和社会地位、威望的象征，而不仅仅是一种食物来源。在过去，图西族人与受其保护的胡图族人结成"牛群契约"，牛成为维系社会关系的物质基础。重要的协议通常通过交换牛加以确认。例如，在结婚彩礼中牛是最重要、最受青睐的。布隆迪有句俗语，"奶牛万岁，它是所有生命的源泉"。人们在赞美恋人时会说"亲爱的，你的眼睛就像母牛的眼睛"。布隆迪的神话、传说和史诗都表明人们的生活和牛紧密联系在一起。牛特别是母牛，是传说和史诗中的重要主题。基隆迪语中的许多词汇都是牧牛文化方面的，存在着许多描绘牛的特征和美德的词汇。当牛群繁盛时，主人就会过上幸福富裕的生活。如果牛不健康，主人也会忧郁、愁苦。布隆迪人从不加热牛奶，唯恐这样做会使奶牛的乳房疼痛，停止产奶。在吃豌豆和花生的日子里也不能饮用牛奶。任何有暴露的伤口的人都不得看奶牛生产，人们认为这样做会使其伤口进一步恶化。每一头奶牛都有自己的名字，受到精心照料。如果它自然死亡，人们将其食用，把它的角插入茅屋附近的土地中，作为其仁慈性格的象征，并表明"没有什么能胜过奶牛"。

三　婚俗

按照传统习俗，布隆迪人的婚事一般由父母操办，近年来这一习俗有所改变，不少青年人自由恋爱结婚。一般情况下，操办婚事的程序是：在婚事基本达成后，男方父母必须向女方家庭馈赠聘礼。在农村，聘礼一般是牛、珠饰和其他物件。在城市可以按照牛的价格折合成钱财。聘礼多少视男方家庭的经济状况而定。尽管在现行法律上没有明文规定结婚需送聘礼，但在实际生活中一直沿袭这种做法。待喜庆之日，男女双方首先须到县、市政府登记，履行结婚的法律手续；宗教信仰者还要到教堂举行宗教仪式。其次举行婚礼酒会，邀请至亲好友参加，双方家长和证婚人在仪式上讲话，表示祝福。女方父亲一般不出席仪式。酒会后，在双方至亲间举行小型婚宴，最后要求亲戚朋友参加舞会，直至次日凌晨。按照传统习俗，新婚夫妇1个月不干活，由新娘家送吃送喝。现在的新习惯则是新婚后一天不工作，第二天就下田或上班。新娘在婚后5个月，有的甚至在生了头胎孩子后才回娘家。新娘首次回娘家时，父母要送礼，在农村一般送牛、蜂蜜和香蕉酒等，城里则送金钱或其他贵重物品。

四　丧葬习俗

布隆迪人死后，死者家属、邻居均来帮忙，向亲友报丧、安排后事，有的陪伴死者家属守灵。一般安排在死者去世的当日进行土葬。农村安葬时没有棺材，大都是把尸体先裹上布单，再包上草席埋葬。在城里则棺殓安葬。出殡时，行人如遇到迎面开来灵车，须立正；车辆迎面遇到灵车须停行；后面车辆不得超越灵车，以示哀悼。居丧期一般为葬后一周。死者家属由于悲痛在这期间一般不干活，由亲友送来食物。丧事结束

后，死者家属安排一次大聚会，邀请前来探望的亲友，向他们表示感谢，并同时在聚会上对死者的财产或债务进行处理。

五 日常礼节

一般朋友、同事见面时互相握手问候。晚辈与长辈、下级与上级、百姓与官员握手时，前者稍向前倾身，用左手托右胳膊肘，右手与后者轻轻相握，以示谦恭。久别亲友相逢时，双方互相轻轻拥抱，并用右手搂腰或轻拍对方脊背，边拍边问候。妇女通常互相在左右脸颊上亲吻3下，以示亲热。在政治性集会和游行时，布隆迪人举起右手，伸出3根手指（食指、中指和无名指）表示致敬，这3根手指分别意味着"团结、劳动和进步"。现在群众也用此手势向外国人打招呼，表示敬意。

六 妇女的服饰

布隆迪妇女的民族服装称为"巴涅"。一般是上穿短袖衣衫，下围一块花布作为长裙。在农村山区，她们还外披一件色彩鲜艳的花布作衣裙。在上层社会，当参加重大节日或宴庆活动时，妇女们上穿白色或粉红色的丝绸短袖衣衫，下着色彩绚丽的长裙，外披一件质地轻薄的丝绸或细纱衣裙，左胳膊外露，左肩上方系紧，佩戴各式别针、插花或羽毛饰品，与印巴妇女穿着的"纱丽"颇为相似。

七 饮酒习俗

啤酒在所有重要的公众聚会中都是必不可少的。在婚丧嫁娶和宗教仪式中，人们都要畅饮大量啤酒。在日常的社会交往中，人们有时会将啤酒作为礼物或交换媒介。敬酒是友谊和敬意的表示。所有的成年人，特别是男子，都饮用啤酒。拒绝别人的敬酒是失礼的行为。醉酒不被视为一种恶习，而是一个成功男人的标志。布隆迪人喝酒不用杯碗，而是大伙围坐在一个陶罐的周围，用几根空心的植物茎管吸吮。喝酒次序和多少由主人论资排辈或按照尊卑贵贱来决定。喝完酒后需将吸管翘起，勿使余酒回流入罐。酒罐的类型表明了饮酒者的地位，不同社会地位的人使用不同类型的酒罐。在 7～10 月收获最丰的季节，人们大量酿造啤酒，但一年四季对啤酒的消费都不间断。香蕉、高粱、粟或蜂蜜都可以用来酿酒。人们对青香蕉酿造的酒情有独钟。香蕉酒有 3 种："英杜丽雷"浓郁香醇，是贡酒；"英松戈"质量上乘，作为待客之用；"乌卢瓦尔瓦"质量一般，家庭自饮。

八　名字

在布隆迪，除了穆斯林以外，几乎所有的人都有两个名字，一个在出生时起的传统名字和一个基督教名字。在殖民时期前，每个人只有一个名字。有时，布隆迪人还会有一个绰号或一个赞美性的名字。有些家庭开始采纳现代习惯，沿用父亲的名字，但这种做法并不普遍。妇女在婚后也不会改名。基督教的名字很多，通常是不太出名的圣人，或是约瑟夫、摩西等圣经里的名字。传统名字要复杂得多。布隆迪的国王只能使用 4 个王朝的名字：首位国王是恩塔尔（Ntare，意为狮子），以后依次是姆韦济（Mwez，意为月亮）、穆塔加（Mutaga，意为正午）和姆瓦姆布萨（Mwambutsa，意为交换）。宫廷里不同的官员各有专用的名字。一般说来，名字被用作保护孩子的一种方式，不是起穆加约（Mugayo，意为轻蔑或耻辱）就是叫恩塔奇纳（Ntazina，意为无名）这样的名字——颇有点中国所谓的赖名好养活的意味，就是将孩子托付给神。有时，一个人在认为危险已经过去后还可能改名。布约亚总统称其父母担心会像失去其他孩子一样养不活他，才给他起了这样一个名字，布约亚的意思是婴儿，但曾经准备等他长大后再给他改名。在孕期或孩子出生时发生的事件都有

可能成为一个名字的由来，例如，恩杨戈马（Nyangoma）的意思是鼓，意味着国王登基；基比雷蒂（Kibiriti）是在一战茅屋被火焚毁时起的名字，意思是火柴。近来，最常见的是感谢神、祈求神的帮助或保佑的名字，例如恩施米雷马纳（Nshimirimana，意为感谢神）、哈维亚雷马纳（Havyarimana，意为神赐予孩子）、马尼拉基扎（Manirakiza，意为神治愈病痛）、比奇马纳（Bizimana，意为神知道）或恩达耶齐耶（Ndayizaye，意为神是我的希望）等。

九 节假日

在布隆迪，劳动者享受下列法定假日：

国庆日——7月1日。布隆迪在19世纪下半叶遭受了德国殖民势力的入侵，1890沦为德属东非的一部分。在一战中为比利时接管。1922年成为比利时的委任统治地。1946年联合国通过决议将布隆迪交给比利时"托管"。布隆迪人民为了争取民族独立，进行了长期的斗争。1962年6月27日第十六届联大通过了关于布隆迪独立的决议，7月1日布隆迪宣布独立，成立布隆迪王国，由国王姆瓦姆布扎四世执政，实行君主立宪制。7月1日的独立日即成为国庆日。

卢瓦加索尔纪念日——10月13日。路易·卢瓦加索尔是布隆迪反对比利时殖民统治的民族英雄，1961年10月13日遭暗杀。1959年，卢瓦加索尔创建了布隆迪民族统一进步党，领导布隆迪人民进行反殖民主义、争取民族独立的斗争。

武装部队节——3月7日。

元旦——元月1日（4天）。

劳动节——5月1日。

升天节——复活节后40天。

万圣节——11月1日。

圣诞节——12月25日。

第二章

历　史

第一节　古代简史

布隆迪最早的居民是以狩猎采集为生的特佤人。在公元
9～11 世纪之间，属于班图人集团的胡图族农业生产
者自西而来，在今天卢旺达和布隆迪的地域上定居下来。考古发
现证明，早在公元前 250 年，这一地区就生活着农业生产者。他
们掌握了金属冶炼技术，饲养小型家畜。但根据对陶器风格的研
究，难以断定这些早期的农业生产者与胡图人有什么联系。根据
口头传说，胡图人的社会结构建立在氏族的基础上，小规模的王
国统治着有限的地域。这些国王被称为巴辛扎（bahinza），意思
是使万物成长的人，人们相信他们被赋予了超自然的力量，能够
决定土地是肥沃还是贫瘠，控制家畜和人的繁育能力，并能呼风
唤雨，保佑本地区五谷丰登、六畜兴旺。

大约从 14 世纪开始，来自北方和东方的游牧部族来到这一
地区，他们就是图西人的祖先，属于尼罗—闪米特人。与邻国卢
旺达不同的是，布隆迪有两种不同类型的图西人，即图西—希马
人（Tutsi-Hima）和图西—班雅鲁古鲁人（Tutsi-Banyaruguru）。
有的学者认为，图西人是在多次移民潮中先后抵达布隆迪的，图

238

西—班雅鲁古鲁人（即来自北方的人）的祖先是在 14、15 世纪到达这一地区的北方游牧居民，他们通过武力征服或与胡图族政体建立政治联盟的方式取得了统治权。在 17、18 世纪自东方而来的移民则是图西—希马人的祖先。两支图西人在种族上联系密切，常常被看作一个族裔，一些西方历史学家认为二者都与埃塞俄比亚的盖拉族存在亲缘关系。但在传统社会中，图西—希马人的社会地位低于图西—班雅鲁古鲁人，他们不能享有与王室通婚或获得牛群的特权。[1]

16 世纪早期，图西人建立了王国。图西人利用牛群作为制服土著部族的经济手段，凭借一种封建式的牧牛保护关系，取得了统治权。这种保护关系被称为"乌布加比尔"（ubugabire），可意译为"牛群契约"，即受保护者可以使用保护人的牧场，有权得到牛奶和牛犊，并因此负有向保护人支付实物和劳务的义务，双方结成类似于欧洲中世纪的效忠与人身依附关系。1675 年，图西国王恩塔尔（Ntare）一世建立了布隆迪第一个君主制国家，该王朝统治一直持续到 1966 年。恩塔尔一世在其统治期内（约 1675 ~ 1705 年），征服了布图西、恩科马、基里米罗和布杨济等地区。19 世纪上半叶，恩塔尔二世鲁加安巴国王（"恩塔尔"是王朝称号，"鲁加安巴"是国王的名字）大大地扩展了布隆迪的疆土，今天卢旺达和坦桑尼亚的大片土地当时都并入了布隆迪王国的版图。

布隆迪的王位继承问题一直没有得到很好的解决，每当一个新国王即位时总要引发冲突。布隆迪国王称为姆瓦米（mwami），人们视之为国父。国王每年在种植高粱的时候主持丰产仪式，以保证王国的繁荣、昌盛。从恩塔尔一世开始，布隆迪国王依次使

---

[1] Lisa H. Malkki, Purity and Exile, *Violence, Memory, and National Cosmology Among Hutu Refugees in Tanzania*, The University of Chicago Press, Chicago and London, 1995, pp. 22 – 23.

用 4 个王朝的称号，即恩塔尔、姆韦济、穆塔加和姆瓦姆布萨。
国王的后裔被称为甘瓦（Ganwa），也分为 4 个派别，即巴塔雷、
贝济、巴塔加和巴姆布萨，分别是 4 个王朝的王室后裔。这些具
有王室血统的王公构成了一个介于国王和民众之间的贵族阶层，
他们与国王分享权力。甘瓦是地方省份的首脑，控制着除王室领
地外的广大区域。即使是向国王效忠的甘瓦，也在自己的统治范
围内保留主权。他们自己任命小酋长，战时自行招募军队，自由
征收赋税和进行审判。国王的权威受到王公特权的极大限制，能
够有效控制的范围往往很有限，使布隆迪看起来更像是一个由半
自治的酋长国组成的松散的集合体。① 布隆迪从未建立起卢旺达
那样高度中央集权和等级制度森严的政权，军事结构明显薄弱，
王室和王族各支系之间存在的激烈竞争，导致了权力的极大分散。

　　虽然布隆迪国王和甘瓦都是图西人，但一般被认为是独立于
图西族大众之外的群体。图西族统治阶层内部各集团之间的竞
争，促使国王和甘瓦都力图寻求胡图和图西两族的支持。无论是
在国王还是在甘瓦统治的地区，都是由酋长负责基层的管理工作，
图西、胡图人都可以担任这一职务。国王往往倚重胡图人管理直
属自己的王室领地。国王选拔的法官也包括胡图和图西两族的成
员。控制着王国宗教权力的"班亚马班加"（Banyamabanga）一
般从胡图族中遴选，负责守护王室的秘密、组织播种节。他们除
了掌握宗教权力外，还控制着自治性的行政实体，大部分人拥有
武装的民兵，在自己的地盘中过着优裕的生活。在布隆迪王国，
图西和胡图族的成员都可以凭借自己的能力和才干获得向上的社
会流动机会。② 一位甘瓦在 1957 年曾这样说过："在布隆迪，除

---

① 勒内·勒马尔尚：《卢旺达和布隆迪》，商务印书馆，1974，第 67～68 页。

② Adebayo Adedeji, ed. , *Comprehending and Mastering African Conflicts*, Zed Books, London & New York, 1999, pp. 81－82.

了特佤族人以外，社会地位是由个人的功绩决定的……许多甘瓦把自己的女儿同样许给图西族和胡图族人。"[1]

普通的图西人和胡图人往来频繁，通婚现象十分普遍，族群的分野也因此变得模糊。在酋长国扩张期间，确实存在着暴力和冲突，但这种对抗不是胡图和图西两族之间的，而是不同酋长国之间的。研究大湖地区的学者勒马尔尚认为，在布隆迪，最重要的社会差异不是胡图人与图西人之间的，而是作为贵族的甘瓦与作为普通大众的胡图和图西人之间的。[2] 布隆迪社会虽然存在着图西人、胡图人与特佤人之间的区分，但这三个社会集团之间的差异并不是种族或族体性质的。在长期的共同生活和融合过程中，他们共同构成了一个民族——布隆迪民族。所有的布隆迪人，不论属于哪个社会集团，都使用共同的语言——基隆迪语，奉行相同的文化、习俗，信仰相同的宗教，相互混居在一起。

对比邻国卢旺达而言，图西族的霸权在布隆迪从未成为一个严重的问题。"尽管社会地位有很大的不同……图西族人和胡图族人进行友好的社交往来"，而且"［经济上］处境较好的胡图族人认为他自己在社会上与没有财产的普通图西族人处于同一地位"。但这些并不意味着布隆迪各族之间和睦、平等相处，特佤人被排挤到社会边缘，胡图族整体上处于受奴役、受剥削的地位，"由于四个半世纪的恐怖统治，胡图人在思想和行动上已成为奴隶，虽然没有卢旺达人在含族暴君［图西人］统治下的那种奴隶性"。[3] 在欧洲人到来之前，虽然胡图人曾经进行过反对甘瓦和图西人政权的起义，但都是地方性的，从未达到族际内战

① 勒内·勒马尔尚：《卢旺达和布隆迪》，商务印书馆，1974，第72页。
② Adebayo Adedeji, ed., *Comprehending and Mastering African Conflicts*, Zed Books, London & New York, 1999, p. 83.
③ 勒内·勒马尔尚：《卢旺达和布隆迪》，商务印书馆，1974，第67～68页。

的规模。布隆迪赤裸裸的族群分裂以及由此导致的血腥仇杀，完全是现代以后的事情。

第二节　近、现代简史

在布隆迪有记载的历史中，外国统治的时期较为短暂。在非洲大部分地区已经卷入列强争夺的旋涡后，这一地区凭借沼泽、山峦构成的自然屏障以及勇猛好战的名声，仍生活在相对隔离的状态中，按照自己的历史轨迹发展着。欧洲殖民者侵入布隆迪的过程也进行得十分缓慢，德国和比利时统治当局都奉行间接统治的政策，始终一贯地支持传统制度，致使布隆迪在殖民统治结束时，仍是非洲现代化程度最低下的地区之一。尽管殖民统治的插曲很短暂，但在布隆迪播下了具有巨大破坏力的民族冲突的种子，使得布隆迪在独立后饱受族群仇杀之苦。

从 19 世纪 50、60 年代起，欧洲探险家陆续来到卢旺达和布隆迪地区。1876 年，亨利·莫顿·斯坦利和戴维·利文斯顿来到了鲁济济河口地区。1879 年，一个宗教探险团体抵达了坦噶尼喀湖的东岸地带。1885 年的柏林会议将卢旺达和布隆迪划入了德国的势力范围内。1894 年，英德两国达成了瓜分非洲的协议，卢旺达和布隆迪在 1899 年成为德属东非殖民地的组成部分。1916 年，比利时的军队占领了卢旺达和布隆迪。在第一次世界大战结束后，这一地区在国联的批准下成为比利时的委任统治地。1925 年 8 月，比利时国会通过法律，将卢旺达—布隆迪与比属刚果合并为一个行政单位。

由于布隆迪存在着传统的封建王朝体制，德国和比利时的殖民者都采取了间接统治的方式，即在保留传统的政治结构和社会体制的基础上，将其改造为殖民当局进行统治的工具，以便缓解被统治地区居民的敌意和反抗，并节省欧洲的行政管理人员，用最小的代价在殖民地榨取最大的利润和利益。为了强化对殖民地的控制，德、比殖民政府都实施了分而治之的政策，利用布隆迪业已存在的社会等级体制，将贵族阶层对胡图人和特佤人的统治制度化。就这样，欧洲殖民者出于殖民统治的需要，将布隆迪社会图西、胡图和特佤三个社会集团的区分赋予了种族的意义。

　　当时的欧洲学术界否认非洲文明是非洲原创的，而是受亚洲文化或高加索文化影响产生出来的。人类学家塞利格曼将来自中亚的"游牧高加索人"称为含米特人（Hamite），宣称含米特人比"从事农业生产的黑皮肤非洲人拥有更高的智慧和更好的武装"，他们与非洲的土著居民尼格罗人和布须曼人进行接触，创造了非洲的文明。含米特人被视为欧洲人的表亲，天生的统治者，在历史和未来中都占据高贵的地位。为了寻找图西人统治的合法化依据，殖民者借用这种种族主义的"含米特"神话，宣称图西人是更高等的种族，在体质、头脑和能力上都优越于胡图人和特佤人。"图西族是土著中的精华，应该在土著社会组织中保持发号施令的地位"。[1]

　　在殖民地 1925 年的一份报告中，特佤族被描绘为一个"衰败且在迅速消亡的种族，特佤人身材矮小，肌肉发达，体毛浓重，他们有着像猴子一样的脸和大鼻子，与其在森林中逐猎的猿猴非常相似"。胡图人"表现出典型的班图人特征，他们一般身材矮胖，头颅较大，有着宽大的鼻子和肥厚的嘴唇"。在这份报告中，对图西人的描述则充满溢美之词，称图西人"除了肤色外，完全没有黑人的体貌特征"。传教士莫纳尔甚至称图西人为"黑皮肤的欧洲人"。欧洲人所刻画的所谓各"种族"集团典型的体貌特征具有鲜明的种族主义意味。更符合欧洲人审美趣味、黑人特征较少的图西人被认为在各方面都要优越于胡图人和特佤

---

[1]　勒内·勒马尔尚：《卢旺达和布隆迪》，商务印书馆，1974，第 134 页。

人。上面引述的报告就称图西人"富有智慧，展现出在原始居民中极为罕见的高尚情感。图西人是天生的领导者，具有超群的自我控制能力"。德国学者汉斯·梅耶的著述也反映出这种种族主义观念，他花费了许多笔墨阐明图西人和胡图人的心智特征，称"胡图人举止冲动，却缺乏坚强的意志。他们天性懒惰、淡漠、思想保守"。在描述图西人时，汉斯称少数图西人能够凌驾于150万胡图人的秘密就在于图西人在智力、沉着、镇定、残忍、狡诈、权谋、种族自豪感、团结一致和政治才能等方面都远远地超过了胡图人。①

值得注意的是，当时胡图人、图西人和特佤人之间的分野并不是完全由血统决定的。判定一个人应当归于哪一个社会集团的标准常常是很含混的。比利时殖民当局在统计人口时，将拥有牛只的数目作为确定族群身份的主要标准，拥有10头牛以上的人被划为图西人，拥有10头牛以下的人则为胡图人，没有牛的人被归入特佤人之列。而且，每个社会集团都不是封闭的，不同集团之间可以相互流动，个人或家庭的族群身份可根据财产状况的变动而随之变动：胡图人如果拥有10头以上的牛，也可摇身变为图西人；而图西人则可能因为牛的数量的下降而成为胡图人甚至特佤人。这实际上以族群的分野取代社会阶级的划分。

德国人来到布隆迪时，国王与反叛的王公们之间的斗争正激烈地进行着。恩塔尔二世死后，其诸子与王位继承人之间爆发了剧烈的对抗，冲突持续了很多年。到1900年，国王姆韦济·基沙博只能控制王国的一半，其余一半仍掌握在王公手里。1896年，德国人在乌松布拉（即今天的布琼布拉）建立了军事据点，但在10年后才对这一地区建立了有效的控制。德国殖民当局介

---

① Ellen K. Eggers, *Historical dictionary of Burundi*, second edition, The Scarecrow Press, Inc, London, 1997, pp. 154 – 156.

入图西族统治阶层的权力斗争，致使局势进一步恶化，布隆迪陷入了流血冲突和骚乱之中，王国濒临崩溃。贝济家族和巴塔雷家族之间的矛盾一直延续到布隆迪独立后。

比利时接手布隆迪后，基本上延续了德国殖民当局的统治策略。姆瓦姆布萨四世（1913～1977）只是名义上的国王，比利时在布隆迪的驻节长官才是最高统治者和权力的中心。他处心积虑地操纵贝济和巴塔雷家族之间的关系，让他们互相牵制，从而维护殖民当局的统治。在行政管理方面，布隆迪被划分为9个地区，每一地区都处于一个比利时地区专员的统治之下，所有的酋长都由殖民当局任免。在经济方面，比利时殖民当局实施残酷的劳工制度和严苛的税收制度。在20世纪30年代，殖民当局将咖啡引入布隆迪，并推行强迫种植制度，以便最大程度地掠夺布隆迪的自然和人力资源。在殖民时期形成的这种片面依赖生产、出口某种经济作物的单一制经济结构一直延续到现在。1936年，比利时在布隆迪和卢旺达进行司法制度改革，建立了"土著法庭"制度，由图西族酋长领导。尽管在布隆迪，土著法庭也强化了图西族的寡头统治，但由于布隆迪的社会和政治传统的作用，法庭滥用职权的现象少一些，没有像在卢旺达那样出现严重的不公正审判。

为了保证图西人的统治地位，比利时殖民当局在1926～1933年间进行了一次重要的行政改革，所有的胡图人都被清除出领导岗位。此外，殖民当局为皇族成员和图西人提供了优先的受教育机会，而胡图人和特瓦人则在很大程度上被剥夺了受教育的权利，人为地制造了布隆迪各族裔的不平等。殖民当局在1929年创立了慈善兄弟会学校，专门招收图西酋长之子，教授他们一个酋长所应掌握的技能。图西人的统治一直延续到独立后的现代政府的一个重要原因要归于殖民当局的歧视性教育体制。图西族学生在这种西式教育中潜移默化地形成了对胡图族的集团优越感和歧视胡

图人的理念，人为地拉大了胡图人与图西人之间的社会距离，加剧了两个集团之间的对立和不满情绪。在殖民统治下，布隆迪各族裔之间的关系恶化了。在欧洲人到来之前，布隆迪人一般首先根据出生地区，其次才根据所属族裔来确定自己的身份。但到了殖民统治结束的时候，族裔身份成为最主要的社会分野。

　　1946年，联合国通过决议，将布隆迪交由比利时"托管"。在联合国的压力下，比利时当局不得不缓慢地在布隆迪进行宪政改革，1952年在土著行政的范围内推行一点点民主，在小酋长辖区、酋长辖区、地区和托管区各级建立咨询机构。1953年的选举表明，图西族在地区和全国咨询会议都占据了绝对优势，分别控制了81.2%和91%的席位。

　　1959年，卢旺达爆发了激烈的族际暴力冲突，胡图族人向压迫和剥削自己400多年的图西族人展开了大规模的报复，冲突一直延续到1962年，数十万图西人死于仇杀或被迫逃亡邻国。卢旺达的剧变对布隆迪的政局和族际关系产生了深远的影响。布隆迪的胡图族人特别是受过教育的上层人士，对图西人的统治越来越不满，对卢旺达多数人的统治心向往之。恩根达杜姆韦（在布隆迪独立后曾经两度出任首相，1965年遭到暗杀）在1959年写道："卢安达—乌隆迪当前的悲剧，不仅在于存在着白人殖民统治这个事实，而且还在于一个矛盾现象，这就是，图西族尽管代表少数，然而几乎所有的酋长、小酋长和法官的职务全部掌握在他们手中。"[①] 与此同时，图西族人也怀着警觉和疑惧的态度关注着胡图人的政治觉醒，唯恐发生在卢旺达图西人身上的惨剧会在布隆迪重演。

　　与邻国卢旺达相比，布隆迪的独立过程相对平静。在独立前后，布隆迪的政治权力之争主要不是图西人与胡图人之间的，而

---

① 勒内·勒马尔尚：《卢旺达和布隆迪》，商务印书馆，1974，第151页。

是在甘瓦内部两大派别——贝济与巴塔雷之间展开的。这两大派别之间的竞争在 19 世纪中期就已经存在。20 世纪中期后，它们分别组建了各自的政党。贝济家族的甘瓦建立了民族进步统一党（UPRONA），简称乌普罗纳党或乌党，由国王的长子路易·卢瓦加索尔领导。卢瓦加索尔倡导国家主权，主张尽快实现布隆迪的自治，走向独立。他娶了一位胡图族的妻子，在胡图人中很有号召力。在他的领导下，乌党超越了族群的界限，以民族国家的统一为诉求，在领导层中包括胡图和图西两族的成员。巴塔雷家族的甘瓦建立了基督教民主党，较为保守，主张与比利时当局合作，在经济和社会取得进一步发展后再实行自治。不愿意放弃布隆迪的比利时殖民当局暗中支持基督教民主党。此外，布隆迪这时也出现了族群导向的政党，例如胡图进步党、人民解放党和人民党等。

从 20 世纪 50 年代后半期开始，殖民当局倚重图西人的政策开始转向。图西人从殖民统治不可或缺的"好助手"转而成为来到大湖地区统治压迫胡图人的邪恶的"含米特侵略者"。在 60 年代非洲民族主义浪潮兴起后，比利时殖民者进一步改弦更张，决定支持"勇敢的胡图族人民"，图西人则要承担殖民统治的一切罪恶和责任。特别值得指出的是，比利时殖民当局别有用心地取缔了一切跨越族群界限的政党，专门扶植那些以族群为基础的政党。布隆迪的驻节长官德费伊和法院视察官阿塞尔曼积极参加了支持胡图族的布隆迪进步民主联盟的筹建活动，并给予最激进的胡图族党派人民党最充分的支持。曾经居住在卢旺达并担任过副总督咨询会议委员的比利时移民阿尔贝·莫斯，疯狂地反对图西族，花费大量时间、精力和金钱来支持人民党，成为该党和比利时当局之间的主要联系人。①

---

① Adebayo Adedeji, ed. , *Comprehending and Mastering African Conflicts*, Zed Books, London & New York, 1999, p. 317.

布隆迪

在 1961 年 9 月举行的立法选举中，民族进步统一党得到胡图和图西两族的广泛支持，获得了全国议会 64 个席位中的 58 席，卢瓦加索尔当选首相，但旋即在 10 月遭到暗杀。卢瓦加索尔遇刺后，再也没有一位深孚众望的领导人能够弥合乌党内部与整个国家的分裂，乌党开始分裂为以族裔为基础的两个对立的派别，一派由继任首相职位的图西族王公穆希尔瓦领导，另一派由胡图人米雷雷卡诺领导。政治冲突演化为胡图人与图西人之间的族裔斗争。1962 年 1 月 14 日，布隆迪爆发了第一次族群冲突。5 名胡图人，其中包括两个著名的工团主义者，在首都布琼布拉北部被杀。这一事件在议会引起了轩然大波，议会随之分裂为以族群为基础的对立两派：胡图族议员组成了"蒙罗维亚派"，而图西族议员组成了"卡萨布兰卡"派。

1962 年 6 月 27 日，第 16 届联大通过决议，于 7 月 1 日宣布布隆迪独立，成立布隆迪王国。胡图与图西两族互相猜忌、互不信任的气氛，预示了深刻的族群分裂和长期的动荡与冲突。

第三节　当代简史

一　王国统治时期

独立后，布隆迪的政局很不稳定，在 1962 ~ 1965 年间，政府五度更迭。国王姆瓦姆布萨四世力图在政府中实现图西和胡图两族的平衡，以缓解族群冲突，因而在每届政府中，胡图与图西两族占据的比例大致相等。实际上，在 1961 ~ 1965 年第一届议会期间，布隆迪虽然已经带有族类政治的色彩，但还未出现明显的族群对抗局面，一则布隆迪的各政党都包括胡图族和图西族的成员，二则如果两族在议会中严重对立，就不会

248

通过任何法律，国家机器也不会正常运转了。因此，在这一时期，布隆迪政治上的分野并不总是和族群上的分野相重合，胡图人和图西人都不能永久性地占据政府中的所有职位或被完全地排斥在外。

1965 年 1 月，胡图族首相皮埃尔·恩根达杜姆韦（Pierre Ngendandumwe）在第二次出任首相组阁的一周后就被来自卢旺达的图西族极端分子暗杀。胡图人认为对行刺事件展开的调查是不公正的。人民党和民族进步统一党的一些胡图族领导人成立了只吸纳胡图人的政治组织，采取了鲜明的胡图主义立场。在 5 月进行的独立后第一次选举中，族裔属性成为主要的政治动员手段，布隆迪的族群对抗第一次明确地显现出来。胡图族在选举中获得决定性胜利，赢得了议会 33 个席位中的 23 席。但国王在图西精英阶层的压力下，修改宪法，拒绝成立新选举出的议会，并任命自己的表兄利奥波德·比胡·穆加尼（Léopold Bihu Mugani）为首相，而穆加尼甚至连国会议员都不是。胡图人就这样被剥夺了选举胜利的果实，民主制度遭到无情的践踏。在民主参与道路被堵死后，被激怒的胡图族宪兵队军官在 1965 年 10 月 19～20 日企图通过政变夺取权力。首相比胡受伤，穆郎维亚省的几个图西族家庭被杀害。布隆迪政府采取了残酷的报复手段。不仅参加政变的成员被捕并被处决，而且包括当选的胡图族议员在内的大部分胡图族政治家和支持政变的胡图人都被处决。在乡村地区，军队围捕、枪杀无辜的胡图群众。据估计，被杀的胡图人在 2500～5000 人之间。

二 米孔贝罗统治时期

1966 年 7 月，姆瓦姆布萨国王被其子恩塔尔五世废黜，首相米歇尔·米孔贝罗又废黜了后者，宣布布隆迪成为共和国。米孔贝罗解散了国民议会，由一些有权势的军官组成的委员会取而代之。布隆迪西南部布鲁里地区、米孔贝罗家乡的图西—希马人掌握了政权。布隆迪中部穆郎维亚地区的图西人在君主制体制下曾经被委以重任，他们不甘心将权力和地位拱手让与布鲁里地区的图西—希马人，图西人内部两大地方派别之间的权力之争主宰了布隆迪的政局，甚至有爆发图西人内战的危险。胡图人被夹在之间，成为牺牲品。当政的布鲁里图西人反对君主制，对胡图人抱着怀疑和敌视的态度，唯恐占人口绝对优势的胡图人会与被排挤出权力圈的穆郎维亚图西人联手反对政府。故而，在图西人内部矛盾日趋尖锐时，胡图人往往成为打击对象。族群对立和政治斗争搅在了一起。1969 年 9 月，一次所谓的胡图族政变图谋被发现，布隆迪政府宣布 26 人，其中包括 3 位前内阁部长，因策动政变和计划屠杀图西人而被判处死刑。在 1965 年对胡图族领导人的大屠杀后崛起的胡图族新一批政治精英再一次遭到灭顶之灾。在图西族极端分子的影响下，布隆迪政府在族群关系问题上变得更为强硬。

1972 年 3 月 30 日，流亡在外的被废国王恩塔尔五世回国。尽管得到米孔贝罗的安全保证，但恩塔尔五世还是被立刻逮捕，政府宣布他企图策动雇佣军入侵布隆迪。一些观察者认为政府此举在于加剧紧张局势，激发胡图人的不满，以便能够制造口实，严厉打击胡图人和穆郎维亚图西人。[①] 4 月 29 日，米孔贝罗解散内阁，免除执政的民族进步统一党执行秘书的职务。仅仅数小时后，政府的电台就宣布"支持君主制的帝国主义走狗和叛徒企图推翻共和国及其宪法"，并报道在首都布琼布拉和国内的其他几个地区发生了叛乱。当时驻布隆迪的美国大使称大约四五百名

---

① Jack David Eller, *From Culture to Ethnicity to Conflict*, The University of Michigan Press, 1999, p. 233; Jack David Eller, *From Culture to Ethnicity to Conflict*, The University of Michigan Press, 1999, p. 235.

胡图人进攻军警机构和政府的广播站。布隆迪政府宣称"（胡图族）武装叛乱分子同扎伊尔的流亡者勾结起来，在4月29～30日之间进攻布隆迪南部、基特加和布琼布拉"，"大约5万人被杀，其中大部分是图西人。叛军的目标是建立胡图族统治的共和国，对图西人进行清算"。但美国驻布隆迪大使称实际的遇难者在一两千人左右，被拘押的前国王则被政府以叛国罪处决。米孔贝罗政府展开了大规模的报复。屠杀从1972年的4月持续到11月，据估计，10万～20万胡图人被屠杀，另有15万～30万胡图人逃到国外。一所美国大学进行的调查报告（得到美国官员的证实）称，在几个月的大屠杀中殒命的人包括：内阁的4名胡图族成员；所有的胡图族官员；部队中几乎所有的胡图族士兵；布隆迪一半的小学教师；数千名公务员、银行职员、小商贩和家务人员。布隆迪全国仅留下一名胡图族护士，几乎所有受教育的胡图人都被杀或逃亡。日复一日，卡车满载着年轻胡图人的尸体，将它们送往坟墓，其中大部分人是中小学和大学的学生、教师、农学家和公务人员。[1]

具有讽刺意味的是，主宰布隆迪政局的图西人内部的权力之争转变为胡图人与图西人之间的矛盾和对立。即使是乡村地区的居民现在也认识到胡图人和图西人的身份究竟意味着什么，许多布隆迪图西人开始将胡图人视为敌人，认为只有消灭所有的胡图族领导人，也许是所有的胡图人，才是解决布隆迪问题、确保图西人生存和发展的唯一出路。族群关系被严重扭曲，"杀掉胡图人看起来成为每个图西公民的公民义务的组成部分"。[2] 有迹象表明，在大屠杀过程中，图西族学生就曾帮助列出他们的胡图族

[1] Rene Lemarchand, *Genocide in the Great Lakes*: Which Genocide? Whose Genocide? *African Studies Review*, Apr., 1998, p. 6.

[2] Jack David Eller, *From Culture to Ethnicity to Conflict*, The University of Michigan Press, 1999, p. 235.

同学的名单。①

非洲独立后第一次种族灭绝性质的大屠杀并不是发生在
1994 年的卢旺达，而是 1972 年的布隆迪。奇怪的是，这次大屠
杀并未引起了国际社会的广泛关注。布隆迪政府在非洲得到了广
泛的支持，非统组织接受了布隆迪政府的说法，扎伊尔应米孔贝
罗政府的要求提供军事援助。布隆迪 1972 年的大屠杀也很快被
遗忘，成为尘封的历史。

三　巴加扎统治时期

1976 年 11 月，米孔贝罗的表弟让—巴蒂斯特·巴加扎
（Jean-Baptiste Bagaza）在一次不流血的政变中夺取了
政权，成立了布隆迪第二共和国。巴加扎重新建立了由 65 人组
成的国民议会，其中 52 名代表由选举产生，13 名代表由总统任
命。布隆迪通过新宪法，宣布民族进步统一党是唯一的合法政
党。

巴加扎执政后，提出反对部族主义和地方主义，促进民族和
解的政策。政府鼓励在 1972 年的大屠杀后逃亡国外的胡图难民
回国，恢复其财产；废止大学里的种族隔离措施，鼓励胡图族与
图西族学生进行交往。此外，巴加扎政府着手扫除封建残余，废
除了人头税制度（布隆迪每个成年男性都需交纳 750 布郎），代
之以义务储蓄计划，但只限于那些有储蓄能力者。更为重要的
是，政府进行了有利于胡图人的土地改革。长期剥削压迫广大胡
图族农民的封建人身依附关系制度也被废止。以往，无地的农民
及其后裔为了换取对一小块土地的使用权，不得不向地主提供无
偿的劳役。新法律规定，土地属于实际的耕作者所有，所有以往

---

① Ellen K. Eggers, *Historical dictionary of Burundi*, second edition, The Scarecrow
Press, Inc, London, 1997, Chronology.

属于国家的土地都分配给人民。①

但是，这些改革措施仍不足以纠正布隆迪长期存在的对胡图人的制度化的歧视，广大胡图人在政治、经济上仍然受到压迫和歧视。在巴加扎政府被推翻之前，3/4 的内阁成员和国会议员、2/3 的大学学生是图西人，在 15 名省长中有 13 名是图西人，此外，所有的军队军官以及 96% 的士兵和警察都是图西人。布隆迪官方完全否认民族问题的存在。巴加扎认为，只要闭口不谈两大民族之间长期以来的矛盾和冲突，民族问题就会随之烟消云散。甚至连在布隆迪工作的外国人在公众场合也不得使用"胡图"或"图西"这两个词，否则就有被驱逐出境之虞。在巴加扎统治时期，胡图族与图西族之间的关系表面上相对平静，没有发生较大的冲突，但实际上依然很紧张，民族和解政策并未化解两族积蓄多年的怨恨和矛盾。1986 年，胡图族的恩达达耶建立了新政党布隆迪民主阵线（Frodebu，简称民阵）。民阵中包括了许多胡图族知识分子，其中许多人在 1972 年的大屠杀之后一直流亡卢旺达，恩达达耶就是其中之一。民阵在布隆迪获得了广泛的支持。

在宗教上，巴加扎政府强调政教分离，打击教会势力，限制教会活动。巴加扎在 1979 年发布法令，规定天主教会只能在星期天做弥撒。在 1980～1987 年间，450 余名外国传教士被迫离开布隆迪，神职人员遭到监禁。教会大学被政府接收，宗教教育受到限制。政府还封闭了天主教广播电台和报纸，并关闭了一个教会的扫盲团体，致使大批青少年失学。这些做法使政府与教会之间的关系十分紧张，引起广大教徒和群众的不满，在西方国家也引起强烈反响，从而使布隆迪与西方国家的关系日趋紧张。在经济上，巴加扎政府实行"自力更生和对外开放并举，优先发

---

① *Africa Today*, the Third Edition, 1996, Africa books limited, p. 489.

展农业"的经济建设方针，但政府盲目排斥外商的做法导致物资短缺，市场萧条。巴加扎曾经多次许诺给公职人员增加工资，但由于经济困难，一直未能兑现，使人们深感失望。在军队内部，由于中下级军官待遇低下，生活清苦，不满情绪日增。①

在对外关系上，巴加扎政府奉行积极中立和不结盟政策，重视国际合作，强调"外交为发展服务"，支持非洲和世界各地的民族解放运动。在布隆迪周边关系方面，巴加扎积极修补同邻邦的裂痕，发展交往与合作。1978年，坦桑尼亚总统尼雷尔访问布隆迪，布隆迪政府宣布为布隆迪军队1973年攻击坦桑尼亚所导致的人员和财产损失支付赔偿。1980年巴加扎总统对坦桑尼亚进行正式访问，达成了改善铁路和公路运输状况的协议，此举对布隆迪发展对外贸易至关重要。1981年2月，坦桑尼亚、卢旺达和扎伊尔同意和布隆迪在阿鲁沙举行会谈，以促进内陆国家的对外联系。1973年，布隆迪同利比亚签署友好协定，4年后又签订了科技和文化方面的合作协议。1985年5月，利比亚的领导人卡扎菲上校访问布隆迪。

四 布约亚统治时期

19 87年9月3日，以军队参谋部作战和训练局局长皮埃尔·布约亚（Pierre Buyoya）少校为首的一批军人在首都乘巴加扎总统到加拿大出席法语国家首脑会议之机发动不流血政变，推翻了巴加扎政权，成立第三共和国，布约亚任总统。布约亚执政后，强调对内加强民主和法制，保障公民的基本权利和宗教信仰自由；经济上强调优先发展农业，积极利用外资发展中小企业，对外奉行睦邻友好和不结盟政策，支持民族解放运动。

---

① 《万国博览·非洲卷》，第213页。

　　为了缓解巴加扎统治时期的社会矛盾，新政府释放了几百名政治犯，并在宗教方面力图与教会和解，但布约亚政府基本上仍然是倚重布鲁里省的图西—希马人进行统治。胡图人在所期冀的通过选举实现改朝换代的希望落空后，日益陷入绝望中。1988年，布隆迪再次爆发大规模的族群冲突。基特加一名富有的图西族咖啡商人拒绝支付欠一群胡图族农民的钱，对他们进行辱骂，还杀死了其中5人。愤怒的胡图人闯入这名图西商人的住宅，杀死了他及他的家人。这一事件成为族群冲突的导火索。8月，北方省的马兰加拉村出现了号召胡图族人行动起来，准备抵抗即将到来的民族迫害活动等内容的传单。政府为了平息事态，于8月5日派遣特使进驻该地区。8月14日，几名正在执行搜查任务的图西族士兵殴打了两名逃避搜查的胡图人，激起了当地胡图人的愤慨，将这几名图西族士兵杀死，以图西人为主的军队立即动用机枪和军用直升机，强行"恢复秩序"，导致了胡图人的起义。胡图人屠杀了北部城镇恩特加和马兰加拉的数百名图西人。军队在报复行动中，杀害了大约2万名胡图人，约6万名胡图族难民逃亡国外。27名胡图族知识分子抗议政府军的行动，并要求对大屠杀进行独立的调查，7人因此被逮捕，12名大学生被开除。

　　面对根深蒂固的民族矛盾，布约亚政府主张通过和平协商的办法化解两大民族间的积怨和仇恨，采取了缓解民族对立的举措。布约亚总统妥善处置了民族冲突事件，严惩肇事分子，拨款兴建住房，救济无辜平民，使外逃的难民很快重返家园。1988年10月19日，布约亚改组政府，重新设置了总理职位，任命胡图族的阿德里安·西博马纳（Adrien Sibomana）为总理，使图西族和胡图族内阁成员各占一半，并成立了一个由12名图西人和12名胡图人组成的民族统一咨询委员会，以调查最近发生的大屠杀真相。1989年5月，委员会发表了调查报告，这是布隆迪官方在独立后第一次承认胡图族与图西族冲突的严重性，并力图

采取有效举措解决这个危及布隆迪稳定与发展的重大问题。1991年，《全国统一宪章》在全民公决中以89.2%的票数获得通过。

20世纪90年代席卷非洲的多党民主制风潮也影响到布隆迪。1991年1月，反对派发表了一封致布隆迪总统的公开信，要求召开"全国会议"。官方报纸开展了关于多党制民主的讨论。5月，布约亚总统表示民意倾向于多党制，布隆迪不应当害怕实行多党制。尽管如此，在这一时期，布隆迪的族群武装冲突还是屡禁不止。在1991年11月的冲突中，胡图族武装分子向布琼布拉和西北的卢贡博和马巴伊地区发动袭击，暴力冲突持续了几天，数百人（主要是图西人）在叛乱中被杀。政府指责胡图人民解放党发动了这次叛乱。胡图人民解放党（Parti pour la Libération du People Hutu，简称Palipehutu）于1970年建立在坦桑尼亚的一个难民营中，是最激进、最强硬的胡图族政党，主张通过武装斗争推翻图西族统治。布约亚总统表示冲突不会影响民主化进程。

为了监督国家的民主过渡过程，布约亚政府建立了两个委员会，其中技术委员会负责起草选举规程和设计选举机构计划，国家咨询委员会负责为政府和各政党在民主和选举有关的重要问题上提供对话场所。1992年3月，布隆迪颁布了新宪法，为多党民主制铺平了道路。

五　内战与和平过渡期

19 93年6月，布隆迪举行了第一次公开的总统选举，民阵的总统候选人恩达达耶以64.7%对32.5%的绝对优势击败民族进步统一党的候选人布约亚当选。在立法机构的选举中，民阵获得了81个席位中的65席，成为当政党。恩达达耶是布隆迪独立后的第一位民选总统，也是第一位胡图族国家元首。在选举获胜后，恩达达耶宣布对500名政治犯进行大赦，图西人和胡图激进派都将此举视为一个和解的姿态。大赦的政治犯中既有被指控参与 1991 年 11 月族群冲突的数百名胡图人，也包括了因反对布约亚改革进程而参加 1992 年 3 月未遂政变的图西族士兵。恩达达耶也努力建立一个具有广泛基础的政府。他在 23 名部长中任命了 9 名图西族部长，并指定了布隆迪第一位女总理——图西族的西尔维·基尼基（Sylvie Kinigi）。此外，他力图让数十万胡图族难民重返布隆迪。

　　研究布隆迪的学者凯瑟林·瓦森在 1993 年 9~10 月号的《非洲报道》上撰文称，发动军事政变反对恩达达耶政府的可能性极小："军事政变将点燃整个国家。民阵现在得到热烈的支持。如果恩达达耶本人或他的总统任期受到危害，布隆迪的每个图西族家庭都将处在危险状态中。"然而，1993 年 10 月 21 日，在举行选举百天后，图西人控制的军队还是悍然发动政变，杀害了恩达达耶。据报道，恩达达耶在临终前说："当心你们所要做的，它非常危险"。[①] 翌日，首都布琼布拉和全国的许多省份爆发了多起屠杀图西人的事件，瓦森的预言变成了现实，一场血腥的内战就此拉开了帷幕。据报道，数千名胡图人和 10 万~20 万图西人被杀，占图西族总人口的 1/4~1/3，60 多万人逃亡国外。红十字会的一名医生称布隆迪的大屠杀是用大砍刀进行的战争。领导着一个强硬的图西政党的前总统巴加扎表示："这里的每个人都在磨刀霍霍"。在一年前，巴加扎曾经建议将布隆迪分割为"图西兰"和"胡图兰"两部分，"今天，人们正在用大砍刀分割布隆迪"。[②]

　　这种族际仇杀不仅造成大量人员伤亡和无法估计的经济损失，更可怕的是，它在每个人的心灵上都投下深深的恐惧，积累

① Ellen K. Eggers, *Historical dictionary of Burundi*, second edition, The Scarecrow Press, Inc, London, 1997, p. 99.

② Ellen K. Eggers, *Historical dictionary of Burundi*, second edition, The Scarecrow Press, Inc, London, 1997, Chronology.

了难以化解的仇恨，在布隆迪形成了一种极端危险的"种族灭绝"的心理状态。对于胡图人来说，恩达达耶被暗杀就是重演1972年一幕的先兆。图西人的观点截然不同，他们认为胡图人的想法毫无根据。身为少数族裔的图西人总是担心胡图人一旦有机会，就会毫不犹豫地除掉他们，就像卢旺达那样。只有以暴易暴，先下手为强，才能防止整个图西族遭受种族灭绝的命运。

在恩达达耶总统遇刺后，整个国家被笼罩在大规模族群流血冲突的愁云惨雾中，处在崩溃的边缘。倒行逆施的政变立即招致了国际社会的一致谴责，民阵政府很快重新控制了国家，逮捕了政变领导者。西尔维斯特·恩蒂班通加尼亚接任民阵的领导职务。1994年1月，国民议会选举民阵成员恩塔里亚米拉为总统。4月6日，恩塔里亚米拉与卢旺达总统乘坐的专机被火箭击落，这一事件引发了卢旺达的种族大屠杀。西尔维斯特·恩蒂班通加尼亚于4月8日出任为期3个月的过渡期总统，期满后将举行总统选举。军队中的不满分子发动了一次政变，但很快被挫败。9月，民阵同以民族进步统一党为主的反对党达成权力分配"政府契约"，国民议会选举民阵成员西尔维斯特·恩蒂班通加尼亚为总统。1996年7月25日，图西族控制的军队发动政变，罢黜恩蒂班通加尼亚总统，推举前总统布约亚为总统，布约亚总统任命恩迪米拉为过渡政府总理。

卢旺达大屠杀加剧了布隆迪的族群冲突。胡图族反政府武装以邻国为基地，不时回国骚扰。保卫民主力量和民族解放阵线是最主要的两个反政府武装组织，它们分别是胡图族政党保卫民主阵线和胡图人民解放党下属的武装组织，都坚持武装斗争，拒绝任何谈判和妥协，而且后来都与其所属的政治派别分离，成为独立的组织。它们不断地向几乎由清一色的图西人组成的布隆迪军队发起进攻，致使因两族冲突导致的血腥暴力和屠杀成为布隆迪的家常便饭。无论是胡图人还是图西人一方，都常常将整个敌对的族裔作为攻击和报复的对象，每一次的冲突都造成无辜平民的伤亡。在1996年末，布隆迪政府在若干个省份中实施了"重组"政策，即在受暴力冲突影响地区将村民转移到有警戒的营地中，在军事监管下从事农业生产活动。受"重组"政策影响的主要是胡图人。这一政策不仅使布隆迪农产品产量急剧下降，而且引发了胡图人的强烈不满。布隆迪政府此举本意是清除保卫民主力量和民族解放阵线在胡图族群众中的根据地，实际上却进一步加剧了紧张局势，客观上反而支持了反政府武装。

布隆迪发生军事政变后，其周边国家宣布对布隆迪实行经济制裁。布约亚政府为站稳脚跟，打破制裁，积极推进民族和解，与议会建立政治伙伴关系，通过扩大会议、改组政府，对胡图人的利益予以照顾。1998年6月，布隆迪过渡政府与国民议会共同制定和颁布了《过渡时期宪法》和《过渡时期政治纲领》，改组了过渡政府，扩大了国民议会，建立了过渡政权机构。与此同时，布约亚政府在布隆迪问题国际调解人、坦桑尼亚前总统尼雷尔主持下，在阿鲁沙与布隆迪国内各党派于1998年6月、7月、10月和1999年1月举行了四轮和谈，各党派一致同意停止一切暴力行为，认真谈判，通过和平方式使布隆迪冲突得到公正、持久的解决。1999年1月，东部非洲和大湖地区七国在阿鲁沙就布隆迪问题举行首脑会议，在肯定布隆迪和平进程取得进展的基础上，宣布终止对布隆迪的经济制裁。布隆迪各派别在阿鲁沙举行了第四轮会谈，成立了"冲突性质"、"民主良政"、"和平与安全"、"重建与发展问题"四个委员会，就选举制度、过渡期限、军队改组、反政府武装等实质性问题展开谈判，并取得部分进展。双方同意实行两院制，众议院由直接选举产生，参议院适当照顾图西人利益。10月，因尼雷尔病逝，和谈一度中断。12月1日，大湖地区第八次首脑会议决定推荐深孚众望的南非前总统曼德拉继任布隆迪国际问题调解人。布隆迪和平进程中最大的障碍就是保卫民主力量和民族解放阵线，它们拒绝参与和谈，并不断发动袭击、挑起冲突、制造事端，致使和平进程屡屡受挫，举步维艰。实现布隆迪军队的重组，保证胡图和图西两族在军队中占有平等的份额则是和谈中最重要和最困难的问题之一。图西军人对此当然坚决予以反对，布约亚总统受到来自图西军人和图西族强硬分子的巨大压力。

在曼德拉主持下，各派别经过多轮艰苦谈判，于 2000 年 8 月 28 日在坦桑尼亚的阿鲁沙签署了《布隆迪和平与和解阿鲁沙协定》。2001 年 2 月，曼德拉主持了由大湖地区国家首脑参加的新一轮阿鲁沙谈判，并提出 3 年过渡期分权方案。胡图和图西族的极端分子都加紧活动，企图阻挠和平进程的推进。2001 年 2 月 24 日，民族解放阵线进攻布琼布拉，政府军予以反击，战斗从市区蔓延到郊县，造成 2 万人无家可归。4 月初双方又在基特加镇发生冲突，民族解放阵线的民兵逃往卡比拉林地，伺机以此为基地再次向首都发起进攻。与此同时，保卫民主力量在布隆迪的南部同政府军之间的武装冲突也屡有发生。2001 年 4 月和 7 月，布隆迪的图西族军官发动未遂政变，企图换掉主张同胡图人谈判、和解的布约亚总统。2001 年 7 月 23 日，曼德拉在阿鲁沙召开了一次地区性峰会，以期打破谈判中的僵局。10 月末，南非在布隆迪部署了 700 人的维和部队，以保证流亡政治家回国参政。11 月 1 日，布隆迪成立了由 26 名成员组成的过渡政府，布约亚出任过渡期前 18 个月总统，原民阵总书记、胡图人多米蒂安·恩达耶齐耶（Domitien Ndayizeye）出任副总统。民族进步统一党和民主阵线的成员在临时政府中占据了大多数职位，阿鲁沙协定的签字党派都获得了部长席位。过渡性的国民议会在 2002 年 1 月 4 日宣告成立，除了前任议会的 121 名议员外，增加了 57 名新议员，其中大多是阿鲁沙协定签字党派的成员。布隆迪民主阵线的主席让·米纳尼（Jean Minani）当选为国民议会的主席。

2 月初，过渡性的参议院也开始运作，民族进步统一党的利贝尔·巴拉仑耶雷特斯（Libere Bararunyeretse）担任主席职务。

保卫民主力量以及民族解放阵线内部的少数派在 2002 年 10 月同政府签署了停火协议。在经历了艰苦的谈判后，保卫民主力量中由皮埃尔·恩库伦齐扎（Pierre Nkurunziza）领导的强硬派也于 12 月 3 日签署了停火协议。但是，停火协议并未能付诸实施，保卫民主力量与布隆迪武装力量之间的战斗在 2003 年上半年更趋激烈。2003 年 4 月 30 日，根据《阿鲁沙协定》，布隆迪顺利进行了政权交接，恩达耶齐耶接任总统，图西人卡德盖（Kadege）出任副总统，布过渡期平稳进入第二阶段。为监督和平过渡进程，在布隆迪部署了由南非领导的非洲派驻布隆迪特使团。

在南非总统姆贝基、副总统祖马的调停下，10 月 28 日，恩达耶齐耶总统与保卫民主力量领导人恩库伦齐扎在南非比勒陀利亚签署了《关于布隆迪政治、国防和安全权力分配的比勒陀利亚议定书》，11 月，双方又签署了一揽子和平协议，布隆迪和平进程取得重大进展。根据协议，保卫民主力量同意放弃武装斗争，进入过渡政府，将其成员安置到临时营地中，以换取 4 个政府部长的席位、武装力量中 40% 的指挥官职位，以及在外交职务和地方政府职位中的慷慨份额。11 月 23 日，保卫民主力量正式加入政府。恩达耶齐耶在 2004 年 1 月任命了新的军队最高指挥部，将 40% 的职位按照约定分配给保卫民主力量。布隆迪大多数地区恢复了和平，难民们返回故土。在 2004 年的头 5 个月中，大约 41000 名难民从坦桑尼亚返回布隆迪，其中大多数人得到了联合国难民署的帮助，从而使坦桑尼亚登记在册的布隆迪难民人数下降为 29 万，这是 1998 年以来最低的水平。然而与此同时，民族解放阵线却仍拒绝和谈，誓言继续战斗，在布琼布拉乡村省，民族解放阵线的大本营，突发性的冲突仍时有发生，数万名难民被迫离开家园。2004 年 8 月，民族解放阵线袭击了布隆

迪境内的加通巴刚果（金）图西族难民营，造成153人死亡。

2004年2~3月期间，恩达耶齐耶召开了一系列会议，与参与政府的各政党代表就新宪法草案内容和选举法等进行商讨，以期在这些悬而未决的关键性事宜上达成一致。然而，各政党的分歧很大，而且内战依旧没有平息，解除原反政府组织武装的工作也没有展开。恩达耶齐耶提议推迟大选的日期，并公布了新的选举时间表，总统选举被安排在2005年末，包括民族进步统一党在内的许多图西族政党都支持总统的提议。恩达耶齐耶所属的布隆迪民主阵线和保卫民主力量表示反对，要求执行原定的时间表。南非、坦桑尼亚等国家的领导人两次召开布隆迪问题地区首脑会议，批准了布隆迪权力分配协议，决定将布过渡期延长半年，并于2005年2~4月举行大选。此外，与会各国代表一致同意将拒绝参加和平进程的布隆迪胡图族反政府武装民族解放阵线定性为恐怖组织。

为了支持和帮助布隆迪人民实现民族和解与持久和平，安理会于2004年6月1日开始部署联合国布隆迪行动，简称联布行动，首次期限为6个月。安理会授权联布行动使用一切必要手段，确保遵守停火协定；执行国家战斗人员解除武装、复员和重返社会方案中的解除武装和复员部分；监测跨越国界的非法武器流动。此外，联布行动的任务还包括协助提供人道主义援助，建立必要的安全条件，促进难民及境内流离失所人员自愿返回，建立实现自由、透明、和平选举所需的安全环境，以协助成功完成《阿鲁沙协定》中规定的选举进程。

在即将对后过渡期宪法进行全民公决之际，各方围绕宪法内容展开激烈斗争。宪法草案规定，在大选后的政府和国民议会的成员中，胡图人占60%，图西人占40%。但是，这些议员或政府阁员究竟是来自以图西族为主体还是以胡图族为主体的政党，在此问题上，仍旧存在分歧。由于胡图人占布隆迪人口的绝大多数，胡图族政党（保卫民主力量或布隆迪民主阵线）赢得大选胜利几乎已成定局，它们当中的图西族成员将按照宪法规定占据议会和政府中为图西人设定的40%的配额，这些图西族议员和政府成员代表的是以胡图族为主体的政党的利益，而传统的图西族政党实际上将被排挤出政府，这背离了阿鲁沙和平协定所达成的在政治、族群基础上实现权力分享的原则。因此，图西族政党强烈反对这一点，并在2004年10月抵制为就宪法草案进行表决而举行的议会专题会议。恩达耶齐耶总统表示坚决支持宪法草案，并在11月11日解除了反对宪法草案的代表人物民族进步统一党的图西族副总统卡德盖的职务，指责卡德盖拒绝副署总统法令，阻挠政府工作，因此没有权利再留在这个职位上。恩达耶齐耶任命了民族进步统一党的另一名成员、国民议会第一副议长弗雷德里克·恩冈泽布霍罗（Frederic Ngenzebuhoro）为副总统。最终，图西族政党不得不放弃反对立场，一方面不情愿地与政府合作，支持选民登记的工作，另一方面积极进行游说，以争取在举行宪法全民公决前修改宪法草案。

由于现行宪法有效期到10月31日为止，议会两院通过了根据2000年阿鲁沙和平协定内容制定的新过渡宪法，直到后过渡期宪法颁布实施时止。在新过渡宪法实施前，许多以图西族成员为主体的政党请求宪法法院宣布该部宪法无效。然而，法院在11月初宣称它在这方面没有裁定权。在10月时，宪法法院拒绝审议后过渡期宪法草案，恩达耶齐耶总统愤怒地指责法官们怯懦、不负责任。宪法法院的成员这么做也是有难言之隐，因为他们处于两难境地，如果支持很可能在未来失势的一方（图西族政党），就会冒失掉工作的风险；如果站在未来的胜利者一边，就会被指责为出卖图西人，故而极力避免卷入政治斗争。

根据联合国秘书长安南的提议，恩达耶齐耶在国民议会10月投票通过后，于2004年12月27日签署法令建立南非式的

"真相与和解委员会"。该机构任期两年，必要时可延长 1 年。委员会将建立在布隆迪现有法律框架之内，被授予了进行调查和传唤证人的权力。委员会由 25 名成员组成，包括政党、宗教组织、妇女协会以及其他非政府团体的代表，总统将提名委员会成员，但委员会将独立运作。其任务是确定历史事实，确认布隆迪族体冲突的起因和真实情况，将布隆迪自 1962 年独立以来的种族犯罪归类并鉴别责任人，但不会对 2000 年政府与反政府武装组织签署和平协议后的暴行进行调查。委员会也将提出旨在推动和解的举措以及对受害者进行可能的赔偿和补偿的提议。一个国际司法委员会将会审阅"真相与和解委员会"的结论，判定哪些暴行是反人类的罪行，其中包括战争罪和种族灭绝。2004 年 12 月 2 日，布隆迪开始启动复员前战斗人员和重建军队的进程。

2005 年 2 月 28 日，布隆迪举行了宪法的全民公决，通过了新宪法。6 月和 7 月，布隆迪举行了乡镇选举和议会选举，保卫民主力量均以较大优势获得胜利。皮埃尔·恩库伦齐扎于 2005 年 8 月 19 日当选布隆迪过渡期后的首任总统，26 日宣誓就职。

然而，摆在恩库伦齐扎面前的道路并不平坦。首先，持续多年的流血冲突加深了胡图族与图西族之间的敌对情绪，如何促进民族和解将是恩库伦齐扎政府面临的最大挑战。胡图和图西两大族长期以来的仇恨与积怨以及由此产生的互相猜忌和互不信任情绪很难在短期内顺利化解。尽管在当选前，恩库伦齐扎多次表示，他的政府将为全体布隆迪人民服务，将没有任何种族偏见地处理政务，但大量图西族人担心在一位胡图族总统的领导下，他们的安全无法获得保障。其次，持续 10 多年的内战使布隆迪经济形势严重恶化，迅速恢复国家经济、提高人民生活水平也是恩库伦齐扎政府面临的一个重要任务。此外，推动布隆迪和平进程也将是恩库伦齐扎政府亟待解决的一个艰巨任务。

第四节　著名历史人物简介

恩塔尔二世（Ntare II）　　恩塔尔二世鲁加安巴国王是布隆迪历史上最著名的君主之一，在位时间约为 1795～1852 年。在其统治期内，布隆迪的疆土得到很大扩展，今天卢旺达和坦桑尼亚的部分地区当时都被纳入了布隆迪的版图之内。为了巩固对征服地区的统治，恩塔尔二世将其分给自己的儿子，结果却导致他们在新建的省份闹独立。这是布隆迪历史的一个转捩点，血亲王公甘瓦开始在布隆迪的政治体系中扮演决定性的重要角色。国王与甘瓦之间的竞争和对抗成为布隆迪政治的主旋律，直到 20 世纪 60 年代布隆迪王朝覆亡时才告结束。

姆瓦姆布萨四世（Mwambutsa Ⅳ Bangjilicenge，1912－1977）　　姆瓦姆布萨·班吉里森格，布隆迪国王，1915 年 12 月～1966 年 7 月在任。生于布杨济县的尼亚比约村，图西族，1915 年 12 月 16 日在其父王穆塔加二世去世后即位，称姆瓦姆布萨四世，由先王的摄政官执政。1925 年入比利时殖民当局为年轻君王开办的穆郎维亚小学学习。1927 年入布凯耶天主教教会学校。1930 年 12 月 24 日正式登基，亲理朝政。1936 年委托比利时行政长官代理国事。1943 年 12 月委托比胡穆加尼大酋长行使管理权。1950 年代末暗中支持长子卢瓦加索尔要求独立的政治主张。在刚刚当选内阁首相的卢瓦加索尔于 1961 年 10 月 13 日被暗杀后，倾向于主张布隆迪独立。1962 年 7 月 1 日，布隆迪结束比利时托管，宣布正式独立，实行君主立宪制，姆瓦姆布萨四世继续执政。由于族群冲突加剧，姆瓦姆布萨四世改组内阁，起用胡图人出任首相。1965 年 10 月，宪兵部队中胡图族官兵发动政变，姆瓦姆布萨四世逃亡国外，命令军队残酷镇压。同年指派幼子夏尔王子回国代为执政。1966 年 7 月 8 日，夏尔王子在米孔贝罗等青年军人的支持下发动宫廷政变后，姆瓦姆布萨四世被废黜，此后长期流亡国外。曾几度在欧洲招募雇佣军试图夺回王权，均未成功。1977年在瑞士日内瓦去世。

卢瓦加索尔（Louis Rwagasore，？－1961）　路易·卢瓦加索尔是领导布隆迪反对比利时殖民统治、争取独立和自由的民族英雄，是布隆迪历史上最受人们尊重和爱戴的人物之一。卢瓦加索尔是布隆迪国王姆瓦姆布萨四世的长子，在从荷兰安特卫普留学回国后，掌握了布隆迪民族进步统一党的领导权。卢瓦加索尔娶了一位胡图族女子为妻，关心胡图族的境遇，从而得到胡图族的支持。在他的领导下，民族进步统一党超越了族体的界限，以民族国家的统一为诉求，吸收胡图和图西两族的成员。卢瓦加索尔以其个人才干与领袖魅力将布隆迪各族裔、各阶层的精英团结到反对比利时统治、争取民族独立的事业中来。为此，比利时殖民当局十分憎恶卢瓦加索尔，称其为共产主义分子，用软禁等各种手段竭力限制他的活动和影响，公开支持保守的基督教民主党。

1961年9月，民族进步统一党在立法选举中取得压倒性胜利，获得了全国议会64个席位中的58席，卢瓦加索尔当选首相。为了使民族进步统一党成为布隆迪全体大众的政党，卢瓦加索尔努力维持胡图族和图西族在该党领导层的平衡。1961年民族进步统一党中央委员会由3名图西人和4名胡图人组成，但该党主席和副主席均为图西人。虽然身为国王的长子，但卢瓦加索尔倡导民主参与制，宣称只有现政府及王室支持布隆迪人民的解放，才支持君主制，并主张国王应当将权力交给政府。

1961年10月13日，卢瓦加索尔的政治反对派不甘心在选举中的失利，雇佣一个希腊枪手，在布隆迪独立前夕暗杀了这位深受人民爱戴的政治领袖。卢瓦加索尔遇刺后，布隆迪出现了政治真空，再也没有一位深孚众望的领导人能够弥合民族进步统一党内部与整个国家的分裂，胡图和图西人开始走向了公开的对抗，爆发了多次大规模的种族仇杀。卢瓦加索尔遇刺后的 32 年后，布隆迪陷入血腥的内战，不少布隆迪人认为如果卢瓦加索尔活着，布隆迪的历史将会改写。一位布隆迪驻美大使认为，卢瓦加索尔与坦桑尼亚总统尼雷尔非常相似，如果他能够活得更久一些，布隆迪就不会发生种族冲突和仇杀，而会像邻国坦桑尼亚一样保持政治稳定。

恩塔尔五世（Ntare V，1947－1972）　恩塔尔五世，原名夏尔·恩迪泽耶（Charles Ndizeye），布隆迪国王，1966 年 7 月 8 日~11 月 28 日在位。1947 年 12 月 2 日出生于基特加市，是姆瓦姆布萨四世与第二位夫人巴郎姆帕拉耶之子，图西族。早年在比利时的布鲁塞尔读小学，以后长期在瑞士的洛桑求学。1965 年 10 月姆瓦姆布萨四世因胡图族宪兵发动政变逃亡国外后，被国王指派回国，以摄政王的身份代理朝政。1966 年 3 月被立为王太子。同年 7 月 8 日，在国防大臣米孔贝罗上尉等军官的支持下发动宫廷政变，废黜父王姆瓦姆布萨四世，解除莱奥波德·比胡首相和内阁的职务，终止宪法，接管最高权力。次日任命米孔贝罗组织新内阁。同年 9 月 1 日正式登基执掌朝政，称恩塔尔五世。因同米孔贝罗首相在某些方面政见不合酿成冲突，曾几次试图解除其职务，均因米孔贝罗握有兵权而未能如愿。1966 年 11 月 28 日应邀赴扎伊尔参加蒙博托总统接管政权一周年庆祝活动期间，被首相米孔贝罗发动军事政变推翻，被迫滞留在扎伊尔，以后又流亡欧洲。1972 年 3 月 30 日被诱骗返回布隆迪，不久被捕入狱，同年 4 月 29 日以策划未遂政变罪被处决。

第三章

政治和军事

第一节　政治演变

布隆迪最早的居民特佤人一直处于以狩猎、采集为生的原始社会阶段，实行原始部落制度。在公元800～1000年间，胡图族农业生产者来到布隆迪，建立了氏族社会结构。16世纪，从北方和西方来到布隆迪的图西族游牧者建立了封建王国，对胡图人进行统治。

19世纪后半期，西方殖民势力侵入这一地区，并于19世纪末20世纪初开始了对布隆迪长达78年之久的殖民统治。1899年，卢旺达和布隆迪一道成为德属东非的组成部分，1922年成为比利时的委任统治地。1925年，比利时将布隆迪、卢旺达与比属刚果合并为一个行政单位，卢安达—乌隆迪实行独立的财政预算，但行政管理、关税和货币制度与刚果合并。1946年，联合国通过决议，将布隆迪交给比利时"托管"，要求比利时促进自由政治制度的发展，保证土著人民参与行政管理，逐步建立适合形式的代议制政府。比利时政府在联合国的督促下，对布隆迪进行了经济与政治方面的改革。在经济上，比利时政府实施了卢安达—乌隆迪十年发展规划；在政治上，于1952年颁

布法令，在小酋长辖区、酋长辖区、地区和托管区各级建立咨询机构。

1960 年 11 ~ 12 月，布隆迪举行了乡镇选举，1961 年 9 月举行了议会选举，布隆迪民族进步统一党获胜，路易·卢瓦加索尔当选布隆迪首任首相。10 月 13 日，卢瓦加索尔遇刺，安德雷·穆希尔瓦继任首相职务。1962 年 6 月 27 日，第 16 届联合国大会通过关于布隆迪独立的决议。同年 7 月 1 日，布隆迪正式宣告独立，实行君主立宪制，称为布隆迪王国。同年 9 月 18 日，布隆迪加入了联合国。

1963 年 6 月，皮埃尔·恩根达杜姆韦成为布隆迪的第一任胡图族首相。1964 年 3 月，国王姆瓦姆布萨四世解除了财政、内政、司法和公共工程部 4 位部长的职务，恩根达杜姆韦未能就建立新政府与国王达成协议，遂宣布辞职，前农业部长恩亚莫亚（Nyamoya）出任首相。1965 年 1 月，姆瓦姆布萨四世解除了恩亚莫亚的首相职务，并要求前总理恩根达杜姆韦再度复出组阁，恩根达杜姆韦旋即被来自卢旺达的图西族极端分子刺杀，民族进步统一党主席约瑟夫·巴米纳（Joseph Bamina）被任命为首相。3 月，姆瓦姆布萨四世解散国民议会，宣布实行大选。在独立后的第一次国民议会选举中，胡图族获胜，但姆瓦姆布萨四世修改宪法，拒绝承认新选举出的议会，任命图西贵族利奥波德·比胡·穆加尼为首相，胡图族军人发动政变，米歇尔·米孔贝罗领导的军队粉碎了政变，并大肆屠杀胡图人作为报复。

1966 年 9 月，代父摄政的夏尔王子在国防国务秘书米孔贝罗的支持下废黜了姆瓦姆布萨四世，解散内阁，终止宪法，任命米孔贝罗为首相，9 月 1 日正式登基执政，称为恩塔尔五世。11 月 28 日，米孔贝罗发动政变，废黜恩塔尔五世，结束君主制，宣布布隆迪成为共和国，自任为共和国的第一任总统，同时兼任总理和国防部长。1974 年 7 月 14 日，米孔贝罗颁布宪法，明确规定布隆迪民族进步统一党是唯一的合法政党，实行一党制，党的总书记即为总统、国家元首和政府首脑。米孔贝罗上台后，国内民族矛盾更趋尖锐，1969年、1972年布隆迪先后发生大规模的民族冲突，有10万~20万胡图人被屠杀，另有15万~30万胡图人逃到国外。

1976年11月1日，让—巴加扎少校发动政变，宣布解除米孔贝罗的一切军政职务，解散政府，成立第二共和国，巴加扎出任最高革命委员会主席、共和国总统兼武装力量最高统帅。1978年1月，总理的职位被取消，总统成为政府首脑，主持由11名成员组成的执行委员会。1979年12月，巴加扎在民族进步统一党第一次全国代表大会上当选为党主席。1981年11月，全民公决通过了布隆迪第二共和国宪法。根据宪法，布隆迪实行总统内阁制，总统是国家元首、政府首脑和最高军事统帅；部长会议是最高行政机构，由各部部长组成，其成员由总统任免，根据总统的指示，执行国家的总体方针政策；国民议会是立法机构，实行一院制。1984年8月，布隆迪举行全民选举，巴加扎连任总统。

在巴加扎统治时期，虽然实施了民族和解政策，但胡图和图西两族之间的关系没有从根本上得到缓和，民族矛盾仍然尖锐，加上政府内外政策偏激、经济政策不当等因素的影响，导致了政变的发生。

1987年9月3日，布约亚少校发动军事政变，推翻了执政11年的巴加扎政权，宣布终止第二共和国宪法，成立布隆迪第三共和国。军政府成立了"救国军事委员会"，作为布隆迪共和国的最高权力机构，由31名军官组成。救国委员会下设"执行委员会"和政治、经济、社会事务三个委员会。"执行委员会"由11名委员组成。政治、经济、社会事务三个委员会分别由1名执委会成员主持，主要负责制定政府在政治、经济和社会生活各个方面的方针和政策。根据军委会的决定，军委会主席即是共

和国的总统、武装部队最高统帅和民族进步统一党的最高负责人，行使国家元首的职权。1988 年 10 月 19 日，政府改组，增设总理，西德马纳出任总理。此届政府设置了国防部、计划部、对外关系和合作部、农业和畜牧业部、农业发展和手工业部、环境整治和旅游部、内政和地方集体发展部、司法部、高教科研部、初中等教育部、财政部、工商部、能源部、公共工程和城市发展部、交通邮电和通信部、劳动职业培训部、青年文化部、家庭和妇女发展部、社会事务部、公职部、卫生部、新闻部。

　　1992 年 3 月，布隆迪由全民公决通过了第三共和国宪法，国家由原来的总统内阁制度变为总统负责制。4 月，布约亚改组政府，使内阁中的胡图族成员占 2/3 多数，并颁布法令实行多党制。布隆迪民主阵线等 8 个政党成为合法政党。在 1993 年 6 月举行的总统选举中，恩达达耶击败布约亚当选布隆迪独立后的第一位民选总统，于 7 月 10 日宣誓就职。布隆迪民主阵线也在议会选举中获胜，占据了多数席位。10 月，布隆迪发生军事政变，恩达达耶总统被害身亡。政变引发大规模族群流血冲突。1994 年 1 月，国民议会选举民阵成员西普里安·恩塔里亚米拉为总统。4 月 6 日，恩塔里亚米拉遇空难身亡。9 月，民阵同原执政党民族进步统一党等反对党达成权力分配"政府契约"，国民议会选举民阵成员西尔维斯特·恩蒂班通加尼亚为总统。1996 年 7 月 25 日，由图西族控制的军队发动政变，废黜恩蒂班通加尼亚，推举前总统布约亚为总统。

　　布约亚政府积极推进民族和解，对胡图人的利益予以照顾，并与各党派举行和谈，于 2000 年 8 月 28 日在坦桑尼亚的阿鲁沙签署了《布隆迪和平与和解阿鲁沙协定》。2001 年 11 月 1 日，布隆迪过渡政府成立，布约亚出任过渡期前 18 个月总统，原民阵总书记、胡图人恩达耶齐耶出任副总统。2003 年 4 月 30 日，根据阿鲁沙协议，恩达耶齐耶接任总统，图西人卡德盖出任副总

统，布隆迪过渡期平稳进入第二阶段。10 月 28 日，恩达耶齐耶总统同最主要的反对派保卫民主力量强硬派领导人恩库伦齐扎在南非比勒陀利亚签署了《关于布隆迪政治、国防和安全权力分配的比勒陀利亚议定书》，11 月，双方又签署了一揽子和平协议，保卫民主力量进入过渡政府，布隆迪和平进程取得重大进展。11 月 10 日，恩达耶齐耶总统宣布解除卡德盖副总统的职务，任命国民议会第一副议长弗雷德里克·恩冈泽布霍罗为副总统。

2005 年 2 月 28 日，布隆迪举行了宪法的全民公决，新宪法以 92.02% 的高票率获得通过。6 月和 7 月，布隆迪举行了乡镇选举和议会选举，保卫民主力量均获得胜利。皮埃尔·恩库伦齐扎于 2005 年 8 月 19 日当选布隆迪过渡期后的首任总统，26 日宣誓就职。布隆迪的大部分地区都已经实现了和平，但最后一支反政府武装民族解放阵线仍拒绝和解，仍不时发动武装袭击。就在总统选举的前一天夜里，该武装还对位于布班扎省西部的政府军基地发动了袭击，造成 3 名士兵死亡。

2006 年初，布隆迪政府称反对派别力图发动政变，推翻恩库伦齐扎总统。2006 夏季，布隆迪政府逮捕了前总统恩达耶齐耶，并通过审判认定其有罪。恩库伦齐扎总统与保卫民主力量的党主席拉迪贾布关系紧张，拉迪贾布因卷入政变图谋而遭到逮捕，导致议会陷入瘫痪状态，内阁在 2006 年 9 月和 2007 年 2 月也进行了改组。为了使议会能够运转下去，恩库伦齐扎总统与民阵和乌普罗纳党达成分享权力的协议，在 2007 年 11 月改组内阁，成立新的联合政府。2006 年 9 月 7 日，布政府与最后一支反政府武装全国解放阵线（FNL）签署全面停火协议。但有关落实协议的谈判多次陷入僵局。2008 年 4 月，双方发生较大规模交火。5 月，在国际社会的积极斡旋下，双方再次签署停火协议。12 月，推动布隆迪和平进程地区国家首脑会议在布举行，

布政府与民族解放阵线就民族解放阵线转为合法政党及其在布隆迪政权体系内职位分配等问题达成一致，签署了新的和平协议。2009 年 4 月，民族解放阵线正式宣布放弃军事斗争，3500 名士兵被纳入布隆迪军队和警察系统。

第二节　政治制度

一　宪法

　　布隆迪第一部宪法是布隆迪王国的宪法，规定布隆迪的政体形式为君主立宪制，国王是国家元首。立法机关由国民议会与参议院两院组成。立法权由国王、国民议会和参议院共同行使，三方都有提案权。行政权属于国王，由国王和内阁行使，内阁对国王负责，国王的命令需经内阁大臣的副署方可生效。国王拥有任命并黜免内阁大臣、统率军队、宣战、缔结和约、召集国民议会、解散国会及宣布国会休会、赦罪或减刑、铸造货币的广泛权力。司法权由各级法院行使，法院的判决与裁定，均以国王之名义予以执行，解释法律的权力属于立法机关。

　　1966 年，米孔贝罗推翻布隆迪君主制政权，开始实行共和制，颁布了布隆迪共和国的第一部宪法。1976 年 11 月，巴加扎发动军事政变，建立了布隆迪第二共和国。1981 年 10 月，颁布了布隆迪第二共和国宪法草案，11 月经全国公民投票通过，共 10 章 81 条。根据 1981 年宪法规定，布隆迪是一个统一、独立、主权、世俗和民主的共和国，政府属于人民，来自人民，为人民服务。基本的国家机构是民族进步统一党、共和国总统、政府、国民议会和司法机构。国民议会和共和国总统共同行使立法权。布隆迪公民不分性别、肤色、宗教信仰和思想观点均享有平等的权利和义务。总统是共和国国家元首、政府首脑和最高军事统帅，他代表国家、体现民族团结，监督宪法、法律和司法的执行，保证国家的连续性和司法机构的正常运转。总统拥有最高的行政权力，经全民直接投票选举产生，获得半数票即可当选，任期5年，由直接普选产生，获得绝对多数票者当选。在职总统任期届满前至少20天、至多40天内举行新总统选举。民族进步统一党主席是共和国总统的唯一候选人，如果得不到半数的选票，则必须选举新任党主席，并在其后60天内选举共和国总统。最高法院为国家司法机构。共和国总统和国民议会有权修改宪法。总统在与党中央委员会磋商后，提出修改建议并提交国民议会审议，在获得国民议会2/3代表的同意后即可颁布实施。

1987年9月，布约亚少校发动政变，建立布隆迪第三共和国，宣布终止第二共和国宪法。1992年3月9日，布隆迪举行全民公决通过了布隆迪独立以来的第三部宪法，13日颁布实施。该宪法规定：实行以全国团结为基础的多党制，任何政党都必须拥护全国团结宪章，必须坚持保护和加强民族团结的原则，必须保护和促进基本人权。各政党必须禁止狭隘民族主义和地区主义，反对任何形式的暴力，禁止成立民族、地区、宗教、派别等性质的政党。行政、立法、司法三权独立，互相制衡。共和国总统由普选产生，任期5年，只能连任一次。总统候选人必须由200个资助人提名。政府总理以及高级军政人员均由总统任命，总理作为行政首脑负责国家日常行政事务，国家由原来的总统内阁制度变为总统负责制。1994年1月8日，布隆迪国民议会就1992年宪法有关总统选举的第85条通过修正案，规定在总统缺位时，新总统由议会选举产生，任期至原总统任期届满，总统候选人来自执政党，并执行其纲领。1996年7月政变后，新的政权终止了1992年宪法。

1998年6月4日，布隆迪国民议会通过了《布隆迪过渡时期宪法》，并于同年6月6日颁布实施。过渡期宪法主要对1992

年宪法中有关立法权、行政权和司法权的规定进行了原则性修改。在行政权上,规定总统是国家元首、军队统帅,主持内阁会议,政府对共和国总统负责。取消总理职务,增设第一副总统和第二副总统两个职务,总统与副总统磋商后任命政府成员,主持内阁会议,政府对总统负责,政府的结构按照合理性及实效的要求进行改组。在司法权上,重新建立宪法法院,以解释过渡期宪法并审理有关法律是否符合过渡期宪法。为了更好地贯彻执行过渡时期政治纲领,过渡政府与国民议会同意设立协调及后续机制,并指定争取民族团结与和解委员会为在政治纲领执行过程中发生争议时的和解机构。

2000 年 8 月 28 日,布隆迪各派别签署《布隆迪和平与和解阿鲁沙协定》,根据阿鲁沙和平协定的精神,布隆迪制定并实施了第二部过渡期宪法,这也是布隆迪独立以来的第五部宪法。宪法维护个人权力,强调公民的义务,保证出版自由,实行多党制,规定各政党需遵守民族团结的原则,不得组织公共示威。该宪法规定过渡期为 3 年,等分成两个阶段,共和国总统和副总统在阿鲁沙谈判框架内指定,任期 18 个月;过渡期第一阶段副总统将成为过渡期第二阶段总统;总统是国家元首、政府首脑和军队统帅。总统和副总统在征询和平协定签署各政党领导人意见后任命和罢免过渡期民族团结政府成员。过渡政府成员由不同政党代表组成,对总统负责。国防和安全力量服从于国家文职权力机关,并由职业人员组成,不参加党派。实行多党制。在过渡期担任总统的人员不得被提名为过渡期后的第一任总统候选人。第一任总统由众议院和参议院联合选举出来,候选人必须获得 2/3 以上的票数方可当选。如果在前两轮选举中未能达到 2/3 的票数,就必须继续进行新一轮投票,直到选举出获得法定的议会 2/3 以上票数的总统。

布隆迪在 2005 年 2 月 28 日举行了过渡期结束后新宪法的全

民公决，大多数政党都支持宪法，一些图西族政党则认为新宪法没有给予图西人足够的保障而投了反对票。公决是在和平的气氛中进行的，投票率很高，占全部登记选民的 92.4%。新宪法以 92.02% 的高票率获得通过。

新宪法确定了胡图和图西两族在议会、政府和军队中所占的份额。在国民议会中，胡图人占 60%，图西人占 40%，妇女至少占 30%。此外，议会为占人口 1% 的特佤人保留 3 个席位。选举法根据人口比例确定各选区的候选人数目。在参议院（国会上院）中，胡图和图西族各占 50%，特佤人有 3 个席位，妇女至少占 30%。如选举结果未能符合宪法规定的民族与性别比例，采用增补的方法予以修正。军队中的职位也在胡图和图西两族中进行均分。共和国总统、国民议会和参议院可提出修改宪法的提案。总统可将宪法修正草案交付全民公决。涉及国家统一、布隆迪人民的团结、国家的世俗化、民族和解、民主体制、共和国的领土完整的内容不容修改。宪法修正草案在国民议会 4/5 成员赞成、参议院 2/3 成员赞成后即获得通过。

二　议会

议会是布隆迪共和国的立法机关。根据布隆迪第二共和国宪法成立的议会为一院制，是布隆迪共和国的立法机构，1982 年 11 月 1 日成立，由 65 名议员组成，任期 5 年。宪法规定，国民议会和共和国总统共同行使立法权，有权修改宪法，通过预算、决算，制定各项法律和法规，批准条约、协定，监督政府工作并对政府提出质询。共和国总统与民族进步统一党中央委员会磋商后，可宣布解散国民议会并在议会解散后的 4 个月内重新选举。国民议会成员被称为"代表"，其中 4/5 由直接普选产生，1/5 由总统任命，代表每届任期 5 年。议会设立议长、副议长和秘书长，下设 5 个常设委员会：政治和司法委员

会、生产委员会、财政和经济委员会、教育和文化委员会、社会事务委员会。此外，议会应政府要求还可成立特别委员会。议会每年举行两次常务会议，分别于 4 月和 10 月的第一个星期二开始，每次会期不超过两个月。议会应总统或 2/3 议员要求可以召开特别会议。布隆迪国民议会是各国议会联盟的成员。1987 年，布约亚少校发动政变执政后，终止了 1981 年宪法，解散了议会。

1992 年宪法通过后，1993 年 6 月 29 日选举产生了议会，共81 个席位，在政党提名的基础上从 16 个议员选区按比例选举产生，其中布隆迪民主阵线 65 席，民族进步统一党 16 席。1993年 10 月，布隆迪总统恩达达耶、国民议会议长和其他几位议员在军事政变中被杀，使得国民议会几乎不能行使其职权。1995年初，国民议会作为国家最高立法机构的地位被取消。1996 年 7月政变后，新政府解散了国民议会，议会活动被禁止。在国际制裁的压迫下，新政府于 1996 年 9 月 12 日才决定恢复国民议会活动。

1998 年 6 月通过的布隆迪过渡期宪法规定，过渡期扩大的国民议会由 121 个议席组成，在原有的 81 席的基础上增补 40 个席位，新增补的议员来自在过渡期宪法颁布前已经被承认但在国民议会中过去没有代表的 12 个政党或社会团体。在这些政党中，每个政党各选出 1 位代表，由本党的全国领导机关专门为此召开会议选定。社会团体的议员代表为 28 名，由共和国总统、国民议会议长和民族团结与和解委员会主席、副主席经过磋商后指定。1998 年 7 月 18 日，扩大的过渡期国民议会正式成立。在实际组成过渡期国民议会时，只有 118 名议员，空缺 3 个议席，其中有两个政党因为内部争议未能提出议员代表，有一个政党表示不愿意参加过渡期国民议会。过渡期议会行使过渡期国家的立法权，表决法律，审计财政法以及法律范畴外具有规章制度性质的事项。过渡期国民议会有权监督政府工作，议员有权对

政府的行为和政策进行辩论，议员可向政府成员提出口头或书面质询以了解政府的活动。国民议会有权组成若干议会委员会，对政府活动的某些确定的目标进行调查，并向国民议会递交调查结论。

2001 年 11 月 1 日过渡期启动后，议会实行两院制，即由国民议会和参议院组成两院。过渡期国民议会和参议院分别于 2002 年 1 月和 2 月成立。国民议会议员由 1993 年选举产生的 81 名议员、1998 年政府与议会结成"政治伙伴关系"时指定的 40 名议员和 2002 年 1 月新增加的 54 名议员组成，这些议员来自代表签署阿鲁沙和平协定的 14 个政党。在议员民族构成上，胡图族占 60%，图西族占 40%。参议院共 53 席，胡图、图西两族各占 24 席，特佤族 3 席，加上两位前总统巴加扎和恩蒂班通加尼亚。

2005 年 2 月通过的布隆迪新宪法规定，任何人都不得同时担任国民议会和参议院的议员。两院的议员在任期内如变更所属政党，自动失去议会的席位，由候补者代之。国民议会代表和参议员在议会会议期间都不得因发表意见或投票而受追踪、搜捕、拘禁或审判。除现行犯罪外，在会议期间，只有得到国民议会或参议员执行局的同意，国民议会代表和参议员才能被起诉。在议会休会期间，非经其所属议员执行局的许可，国民议会代表和参议员不受逮捕，但现行犯、已经认可的追诉或者已经确定的判决除外。两院的议员不得兼任任何公职，如果接受其他职务，即丧失议员席位，但一旦职务冲突的情况消失，只要议员还在任期内，即可恢复其议员职务。在议员死亡、辞职、经常表现无能、无故缺席一次议会会议中的 1/4 以上的会议或出于组织法规定的某一罢黜事由时，议员的任期即告终止。

国民议会的议会下院，由 100 个直接选举产生的议员和 18～21 个增补产生的议员组成，任期 5 年。众议员候选人必须是年

满 25 岁的布隆迪公民，享有全部公民权和政治权利，至少具有
大专文化水平。众议员通过按比例代表组合的名单投票制选举出
来。名单应具有多民族特征，并考虑到性别平衡。在一份名单的
3 名候选人中，只有两人可属于同一民族，在 4 名候选人中，至
少有一人应是女性。国民议会每年召开 3 次例会，每次会期为 3
个月。第一次会议于 2 月的第一个星期一开始，第二次会议于 6
月的第一个星期一开始，第三次会议于 10 月的第一个星期一开
始。应共和国总统或国民议会绝对多数议员的要求，国民议会可
就某一确定的日程召开特别会议，每次特别会议的会期不超过
15 天，开幕和闭幕由总统通过法令的形式予以宣布。

国民议会对国家财政预算投票进行表决。如果国民议会在
12 月 31 日还未就预算进行表决，则可以按上一财政年度的 1/12
来安排下一年度的临时预算。应共和国总统的要求，议会在 15
天内召开特别会议，重新审理财政法草案。如果议会在此次特别
会议结束时仍未投票通过预算的话，则由部长会议通过法令形式
最终确定预算。宪法还规定建立一个审计法院负责检察和证实所
有公共事业部门的财务，以帮助国民议会控制和执行财政法。审
计法院向国民议会提交政府财务是否符合规定、资金使用是否符
合确立的程序以及国民议会同意的预算案的报告。

参议院是议会的上院，成员不少于 37 人，不超过 54 人，任
期 5 年。在全国的 17 个省份中，每个省从乡镇议员组成的选举
团中选举出图西族和胡图族参议员各一人。选举采用三轮投票
制。在头两轮选举中，候选人必须获得 2/3 的票数方能当选。如
果未能有人得到所需的票数，就必须在两个得票最高的候选人中
进行第三轮选举，获得多数票的候选人当选。除了这 34 名各省
选举出的议员外，参议员还有 3 名代表特伍人的参议员以及增补
的参议员，妇女应占参议员人数的 30%。前国家首脑自动成为
参议员。

参议员的候选人必须是年满 35 周岁的布隆迪公民，享有全部的公民权和政治权利。参议员召开例会的时间和会期与国民议会相同，有关召开特别会议的规定也与国民议会相同。参议院被赋予了以下的权限：批准修改宪法和组织法，其中包括规定选举程序的法律；审查有关公共管理各个方面的调查报告；批准涉及区域实体的界限、权限和权力的法令；进行关于公共管理方面的调查，在必要的情况下提出建议，以保证所有的地区都能享有公共服务；监督对宪法中关于政府所有机构特别是公共管理部门和国防与安全部队中的人员构成之民族比例与性别平衡的条款的实施情况；向总统和国民议会主席就所有问题特别是立法程序方面的问题提出建议；对国民议会通过的立法提出意见或修改建议；批准下列职务的人员任命：防卫和安全部队司令、省长、大使、政府监察官、最高司法会议成员、高等最高法院成员、总检察长和检察总署的官员、上诉法院的主席和行政法院的主席、上诉法院总检察长、诉讼法庭、商业法庭和就业法庭主席、检察官、全国选举委员会成员。

根据新宪法，布隆迪在 2005 年 7 月 4 日举行了国民议会的选举，近 30 个党派为 100 个议会席位展开角逐。观察者认为投票过程是自由、公正、透明的，主要政党都认可了选举结果的合法性。保卫民主力量赢得了多数，获得了 59 个席位，占议员总数的 57.8%；布隆迪民主阵线获得 25 席，占 21.68%；民族进步统一党获得 10 席，占 7.17%。此外，议会增选产生了 18 个席位，上述三大政党各占 5 席，特伍人获得 3 席。伊玛居莱·娜哈约女士（Immaculée Nahayo）在 2005 年 8 月 17 日的选举中当选为国民议会议长，奥内西穆·恩迪维马纳（Onésime Nduwimana）当选为国民议会第一副议长，迪达斯·基加纳尔（Didace Kiganahe）为国民议会第二副议长。

2005 年 7 月 29 日举行了参议院选举。参议员直接从各省乡镇参议会的选举团成员中选举产生。布隆迪每个省份各选举 1 名胡图族和 1 名图西族参议员，共计 34 人，其中，保卫民主力量获得 30 席，布隆迪民主阵线获得 3 席，保卫民主全国委员会获得 1 席。此外，在增选的 15 个席位中，上述三党以及民族进步统一党各获得两席，另有 3 名参议员来自特佤族。4 位前总统让—巴蒂斯特·巴加扎、皮埃尔·布约亚、西尔维斯特·恩蒂班通加尼亚和多米蒂安·恩达耶齐耶也跻身参议院，使参议员总人数达到 49 人。在 2005 年举行的选举中，盖尔威·吕非基利（Gervais Rufyikiri）当选为参议院议长，约兰德·恩齐科吕丽澳（Yolande Nzikoruriho）女士当选为第一副议长，内罗兹·比马朱布特（Nérose Bimazubute）女士当选为第二副议长。

三 总统

20 05 年 2 月通过的布隆迪新宪法规定，总统是国家元首，体现国家的统一，保障全国团结宪章和宪法得以遵守，保证国家独立、领土完整、信守国际条约。总统监督宪法的执行，保证政府的连续性和国家正常制度的运转。

总统候选人必须是年满 35 周岁的布隆迪公民，在提名为总统候选人时居住在布隆迪，享有全部公民权和政治权利，遵守宪法和民族团结宪章。总统候选人可以代表政党，也可以独立人士的身份参加竞选。每位总统候选人都应当经由一个 200 人组成的团体的介绍方可参加竞选，该团体的组成应当考虑到族群和性别的构成。总统通过两轮单名投票方式经直接普选产生。首轮获得绝对多数票者即可当选。如首轮选举未能有候选人获得绝对多数票，则在 15 天后举行第二轮投票，只有在首轮获得最多选票的两名候选人方可进入第二轮选举，如这两名候选人中有人宣布放弃，则由首轮投票中的票数第三多的候选人取而代之。在第二轮投票中获得相对多数票者即当选为总统。总统选举在总统任期届满前至少 1 个月、至多两个月间举行。选举法根据总统选举确定其他职位选举的时间。

总统在履行其职责时，由两位副总统进行协助，第一副总统负责政治和行政领域的协调工作，第二副总统负责经济和社会领域的协调工作。总统在预先得到国民议会和参议院的同意后提名副总统，并可以解除副总统的职务。副总统必须来自不同的民族和不同的政党派别。第一副总统受总统委托主持部长委员会。在第一副总统遇到阻碍的情况下，由第二副总统代行之。每位副总统在其主管部门通过制定决议负责实施总统颁布的政令。部长副署副总统的决议，并负责将其付诸实施。在副总统因辞职、死亡或其他原因不能履行其职务时，须遵循同一程序，在 30 天内提名一位与其前任来自同一族群、同一政党的副总统。

共和国总统行使法律制定权和保证法律的实施，在需要时，总统也可通过与副总统和有关部长联署法令来行使其权力。总统在与两位副总统协商后，任命政府成员或免除其职务。总统是武装部队统帅，在与政府、国民议会和参议院及国家安全委员会协商后，可以宣战或缔结停战协定。当共和国机构、国家独立、领土完整或其国际义务的履行面临严重威胁，或国家权力机构的正常运转被中断时，总统在正式征求国民议会和参议院、安全委员会和宪法法院的意见后，可通过法令宣布国家处于非常状态，并采取非常状态下所需要的一切措施。总统派遣和召回驻外使节，接受国外使节及呈交的国书，授予和颁发共和国勋章。总统在征询最高司法会议的意见并与两位副总统协商后，有权进行大赦。

总统在犯有叛国罪、严重滥用职权或腐败的情况下，国民议会和参议院在获得 2/3 代表同意的情况下可通过决议，宣布解除总统职务。总统不因对其任职时期的行为负责而受到刑事处罚，犯有叛国罪的情况除外。如总统违反宪法或法律，蓄意损害国家

的最高利益，严重破坏民族团结、社会安定和社会公正、国家发展，或严重侵犯人权、领土完整、国家的独立和主权，即被视为犯有叛国罪。最高法院负责审理总统的叛国罪案件。只有在国会两院在秘密投票中获得2/3多数的情况下方可起诉共和国总统，由至少3名共和国检察总署的检察官组成、共和国总检察长主持的检察团进行预审。当国会对总统启动起诉程序时，总统在司法程序取得结果前不得解散议会。

在总统暂时缺席或遇到暂时性障碍的情况下，第一副总统代行其职责，如果第一副总统无法履行职务，由第二副总统代之。在因总统辞职、死亡或其他原因而导致总统职务缺位并被宪法法院确认后，在1个月至3个月的期限内，举行新一届总统选举。在总统职务缺位期间，由国民议会主席暂时代行总统职权，如国民议会主席也不能履行职责，由共和国副总统和政府集体代行总统职权，政府在总统缺位的情况下即告辞职，但应保证及时处理日常事务，直至新政府成立。在任期届满后，共和国总统有权领取抚恤金、享有法律规定的所有其他特权和便利，总统被判定严重失职的情况除外。

布隆迪现任总统是皮埃尔·恩库伦齐扎，第一副总统为图西族人马丁·恩杜维马纳（Martin Nduwimana），来自民族进步统一党；第二副总统为胡图族人艾丽斯·恩祖姆昆达（Alice Nzomukunda）女士，来自保卫民主力量党。

四　政府

布隆迪新宪法规定，政府包括副总统、部长和根据需要而设立的国务秘书，对共和国总统负责。布隆迪新宪法规定，政府成员对总统负责。所有族群成员均可进入政府。在部长和副部长人选中，胡图族占60%，图西族占40%，妇女比例不得低于30%。国防部长与公安部长不得来自同一民族。政府成员在任命或提名公共行政或外交岗位的人选时，须注意保持民族、地区、政治和性别方面的平衡。政府成员不得从事任何职业性活动，也不能兼任议会的议员。政府成员负责实施所有的总统政令和副总统的决定。政府成员在履行职务时如有违法行为可受刑事追究，归最高法院管辖。

共和国总统、政府、国民议会和参议院共同拥有立法创议权。内阁会议对国家的总政策、国际条约和协议草案、法律草案、总统法令草案、副总统的决定和政府各部的法令草案进行审议。政府有权建议修改由议会议员提出的法令建议，议会的议员也有权建议修改由政府提出的法律草案。但如果议会议员提出的法律建议或修改意见在采纳后可能导致公共财源大量减少或造成国家重大负担的话，则是不能接受的，除非这些建议或修改意见还附有增加补偿性收入的建议。政府为执行其施政纲领，可要求议会授权政府在限定期限内，以政府法令的形式采取属于法律范畴的措施，但这些政府法令应由议会在下届会期内予以批准，否则即告失效。政府成员可以携专家参加国民议会和参议院的会议，如果要求在会议中发言，议会应予以听取。

布隆迪现任政府于成立 2005 年 8 月 30 日，经历了多次改组，目前的政府机构由 26 个部委组成，分别是内政部，公安部，对外关系与国际合作部，国防与退伍军人部，计划与重建部，财政部，总统府良政与私有化部，农牧业部，高等教育与科学研究部，中小学教育部，公共卫生部，司法掌玺部，能源与矿业部，新闻与议会关系部，工商旅游部，水、环境、国土整治和城建部，交通、邮政与通信部，公职、劳动与社会保障部，青体与文化部，民族团结、难民遣返、国家重建与社会复兴部，地方建权与市镇发展部，公共工程与装备部，人权部，艾滋病防治部，东非共同体事务部，职业教育、行业培训与扫盲部。在职的 26 位部长中，6 人为女性。

五　司法

19 82年的布隆迪共和国宪法规定，布隆迪司法机构包括最高法院、总检察院和全国最高司法委员会。审判公开举行，法律决定的秘密审理案件不在此限。一切判决均要证据充分，并当众宣读判决书。唯一合法的政党布隆迪民族进步统一党中央委员、议员、部长以及法律确定的其他知名人士触犯法律，由最高法院进行初审和终审。法官在行使职权时，只服从宪法和法律。118个乡镇中设立64个地方法庭。

布约亚发动政变后，终止了1982年宪法的实行，由共和国总统保证司法机关独立地行使司法权。中央设立最高法院、上诉法院、行政法院、审计院、商业法院和劳动法庭。地方设有省级大法庭。检察院为司法检察机关，中央设立共和国总检察院，各省设立地方检察院。

2005年的布隆迪宪法规定，司法权独立于立法权与行政权，由各级法院、法庭依法行使，检察院的职责和权力由检察院的检察官行使。总统在最高司法会议的协助下保证法官的独立。主要司法机构包括最高法院、宪法法院、特别最高法院、上诉法院、审计院、商业法庭、劳动法庭、省级法院以及总检察院、地方检察院等。

最高司法会议保证审判官在行使其职责时的独立，它是法官的最高纪律机构，负责司法管理工作，听取个人或政府监察官对法官职业表现的申诉，以及法官就法律尺度或对于其专业水平的异议所提出的上诉。法官只有在犯职业错误或不胜任，并且只有在最高司法会议提议下才可以被解职。此外，最高司法会议协助总统和政府制定司法方面的政策、起草如何防止逃避法律制裁方面的策略。最高司法会议每年向政府、国民议会和参议院提交一份关于司法状况的报告。最高司法会议的构成需符合民族、地区

和性别的平衡，包括 5 名由政府决定的成员、3 名最高法院的法官、2 名检察院的检察官、2 名常驻法庭的法官、3 名在私有部门行使司法职责的成员。最高司法会议的成员由总统在征得了参议院的同意后予以任命。

最高法院是共和国最高常设司法机关，保证各级法庭公正有效地使用法律。最高法院的法官由总统根据负责司法的部长的提议、在征询了最高司法会议的意见并征得参议院的同意后予以任命。总检察院成员的任命与最高法院法官的任命方式相同。宪法法院是判决法律是否符合宪法的裁定者和宪法的解释者，接受共和国总统就职宣誓和确认总统职位的空缺，宪法法院包括 7 名成员，任期 6 年，不得连任，至少 3 名成员必须是职业法官，由总统在征得了参议院的同意后任命。特别高等法院（La Haute Cour de Justice）由最高法院和宪法法院联席组成，由最高法院院长主持，负责审理在任期内的共和国总统的叛国罪、国民议会议长和参议院议长以及共和国副总统的罪行及严重的不法行为。如果被判有罪，共和国总统、副总统、国民议会和参议院的议长即被解除职务。对特别高等法院的决议不得提出任何上诉。

现任最高法院院长阿德里安·尼昂基耶（Adrien Nyankiye），宪法法院院长多米蒂耶·芭朗基拉（Domitille Barancira）女士，总检察长热拉尔·恩冈达邦卡（Gérard Ngendabanka）。

六　参议机构

为了保证人民参与对国家事务的管理，布隆迪宪法规定建立下述全国性的委员会：争取民族团结与和解委员会；防止与消除种族灭绝、战争罪和反人类罪监察委员会；安全委员会；经济和社会委员会；通信委员会。政府负责提供委员会运转所需要的资源。委员会负责向共和国总统、政府、参议院和众议院提供咨询，每年向上述机关提交年度报告，对总统、政

府、国民议会、参议院和其他公共机构交其审议的所有问题提出意见。各委员会成员由共和国总统在与副总统协商后予以任命。

民族团结与和解委员会由以道德高尚、关心民族团结问题而著称的贤人组成，主要职责是研究所有与民族团结、和平以及民族和解密切相关的问题，并提出建议；追踪布隆迪社会在民族团结与和解方面取得的进展；定期撰写关于民族团结与民族和解发展状况的报告，并公之于众；提出促进民族团结与和解的议案；酝酿并发起重建乌布辛冈塔赫（Ubushingantahe）体制①的行动，使之成为维护和平与增强社会凝聚力的工具；就其他具有全国性影响的问题提出意见和议案。

防止与消除种族灭绝、战争罪和反人类罪监察委员会的主要职责是掌握布隆迪社会对于种族灭绝、战争罪和其他反人类罪行的观点和见解，阻止和清除种族灭绝行为、战争罪及其他反人类罪行；提出有效反对有罪不罚现象的举措；推动建立地区性的监察机构；推动建立一个由各民族共同参与的反对种族灭绝、战争罪和其他反人类罪行以及集体负罪感的全国阵线；制定一部反对种族灭绝、战争罪和其他反人类罪行的法律；提出为种族灭绝、战争罪和其他反人类罪行的受害者平反的政策和措施；促成实施开展和平及全国统一与和解的教育、提高人们的觉悟的大型计划。

安全委员会成员负责协助总统和政府制定安全事务方面的政策，研究国家的安全形势，制定防卫与安全战略以及在危机情况下维持秩序的战略。所有有关国家安全的问题都可以向该委员会进行咨询。

---

① 乌布辛冈塔赫是一整套传统价值体系，通过一些以正直、宽容、公正、诚实等优良品质而著称的人体现出来。他们帮助解决邻里间的纠纷，虽然没有报酬，但在社会上受到尊重。乌布辛冈塔赫在长达几百年的时间里提供了布隆迪社会团结统一的基础，但在社会和政治危机中遭到严重破坏。

经济和社会委员会由在社会专业领域不同部门的知名人士组成，所属范围覆盖了所有与国家经济和社会发展相关的事务，凡制定发展规划草案、地区或次级地区合并草案以及所有与环保相关的问题，都必须向该委员会进行咨询。经济和社会委员会可以通过提出建议的形式使众议院、参议院或政府关注于经济和生活领域的改革。该委员会也可以通过共和国总统、政府、参议院或其他公共机构就所有关于国家经济和社会事务发展的问题发表意见。

通信委员会由通信部门和媒体领域内关心通信、出版和言论自由的成员组成，主要负责保证视听方面的通信自由，保证尊重与促进出版自由，保证政治、社会、经济和文化方面的各种观点能够在大众媒体上平等地表现出来。

七　政党

隆迪共和国自成立至1992年，一直实行一党制，布隆迪民族进步统一党是唯一的合法政党。1992年4月15日颁布《政党法》，实施多党制。截至2005年，布隆迪国内有合法政党19个，另有1个非法政党。

主要政党包括：

（1）保卫民主全国委员会—保卫民主力量（Conceil National pour la Défense de la Démocratie-Forces pour la Défense de la Démocratie au Burundi，CNDD-FDD）：简称保卫民主力量，原是胡图族政党保卫民主全国委员会的下属武装组织，领导人为让·博斯科·恩达伊肯古卢基耶（Jean Bosco Ndayikengurukiye），初为非法政党。该组织坚持武装斗争，拒绝与图西人领导的政府妥协，遂于1998年5月与尼昂戈马领导的保卫民主全国委员会分道扬镳。2001年10月，保卫民主力量发生内讧，分裂成以恩达伊肯古卢基耶为首的温和派和以恩库伦齐扎为首的强硬派，两

派分别于 2002 年 12 月和 2003 年 11 月与过渡政府达成停火协议。恩库伦齐扎派于 2004 年 8 月正式转变为合法政党，恩库伦齐扎当选主席，侯赛因·拉迪贾布（Hussein Radjabu）当选为总书记。在 2005 年举行的地方和议会选举中，保卫民主力量都取得压倒性胜利，恩库伦齐扎也以绝对优势当选为布隆迪过渡期结束后的首任总统。

　　（2）布隆迪民主阵线（Front pour la démocratie au Burundi，FRODEBU）：简称民阵。1986 年由恩达达耶建立，1992 年 7 月 23 日被批准为合法政党，是以胡图族为基础的政党。该党的目标是建立一个尊重、捍卫、促进人的基本权利和自由的真正的主权国家。在 1993 年举行的布隆迪首次多党选举中，获得压倒性胜利，恩达达耶也当选为布隆迪第一位民选的胡图族总统。让·米纳尼（Jean Minani）于 1995 年 1 月就任民阵主席，1996 年 7 月政变后流亡坦桑尼亚。2001 年 11 月 1 日过渡政府成立后，民阵前总书记恩达耶齐耶出任副总统，民阵主席让·米纳尼任国民议会议长。2003 年 4 月，恩达达耶出任过渡期后半期的布隆迪总统。2002 年 10 月 19 ～ 20 日，民阵召开全国特别代表大会，选举产生了由 81 人组成的中央委员会，米纳尼以绝对多数票连任党主席，前议长莱昂斯·恩冈达库马纳（Leonce Ngendakumana）被指定为党的总书记。

　　（3）布隆迪民族进步统一党（Le Parti de l'Unité pour le Progrès National，UPRONA）：简称乌普罗纳党，1959 年 10 月由路易·卢瓦加索尔建立，是图西族的最大政党。布隆迪独立以后长期执政，在 1992 年以前一直是国内唯一的合法政党。1993 年 6 月多党选举失败后，失去执政党地位。1996 年布约亚重新执政后，党内出现分裂，一派是主张和谈的亲布约亚派，另一派是以党主席夏尔·穆卡西（Charles Mukasi）为首的激进派，反对布约亚的民族和解政策，拒绝和谈。1998 年 10 月 7 日，该党中央委员会罢黜了穆卡西的主席职务，选举原通信部长吕克·卢金加马（Luc Rukingama）为主席。2002年12月7日，召开第四次全国代表大会，选举产生了新一届中央委员会和中央领导委员会，议员阿尔方斯·卡德盖（Alphonse Kadege）当选党主席，菲利普·恩乔尼（Philippe Njoni）为副主席。2003年4月30日卡德盖就任副总统后，由让·巴蒂斯特·曼万加里（Jean Baptiste Manwangari）任代主席。2003年12月19日，召开第二次全国特别代表大会，会上曼万加里和夏尔·恩迪蒂热（Charles Nditije）分别当选为正副主席。

（4）保卫民主全国委员会（Conceil National pour la Défense de la Démocratie，CNDD），是1994年10月从布隆迪民主阵线中分裂出来的组织，初为非法政党，主张武装斗争、国际军事干预和改组布军队。领导人为莱奥纳尔·尼昂戈马（Léonard Nyangoma，前内政部长）。1998年6月，尼昂戈马参加阿鲁沙和谈，后签署了阿鲁沙和平协定并加入过渡政府。

（5）胡图人民解放党（Parti pour la Libération du Peuple Hutu，PALIPEHUTU），简称解放党，1970年由流亡国外的胡图族难民建立，主张促进胡图族的利益，通过武装斗争夺取政权，初为非法政党，党主席艾蒂安·卡拉塔西（Etienne Karatasi）。2000年8月，胡图人民解放党与政府签署了阿鲁沙和平协定，进入政府。

（6）胡图人民解放党—民族解放阵线（Parti pour la Libération du Peuple Hutu-Front National de la liberation，PALIPEHUTU-FNL），简称民族解放阵线。原为胡图人民解放党的下属武装组织，1999年与胡图人民解放党分裂，坚持武装斗争，拒绝与政府进行任何妥协。民族解放阵线内部几度分裂。2002年10月，以阿兰·穆加巴拉博纳（Alain Mugabarabona）为首的势力较弱的温和派与过渡政府签署了停火协议并加入了过渡期政府，阿加东·卢瓦萨

（Agathon Rwasa）领导的强硬派则拒绝和谈，经常袭扰首都，并于 2003 年 12 月造成了枪杀梵蒂冈驻布大使事件和 2004 年 8 月屠杀加通巴难民营 150 多名刚果（金）图西族难民事件，现已被地区首脑会议确定为恐怖组织。

布隆迪的其他政党还有：人民和解党（PRP）、人民党（PP）、争取民主和经济社会发展集合运动（RADDES）、布隆迪人民联盟（RPB）、争取权利和发展全国联盟（ANADDES）、自由党（PL）、社会民主党（PSD）、劳动者独立党（PIT）、言论自由党（INKINZO）、布非拯救联盟（ABASA）、民族复兴党（PARENA）、远见者同盟（INTWARI）、布隆迪争取民主与和解党（PDR）、布隆迪争取发展自由联盟（ALIDE）、布隆迪争取民主和发展新同盟（NADEBU）、布隆迪争取和平与发展联盟（UPD）、恢复公民权利运动（MRC）等。

八　重要政治人物简介

米 孔贝罗（Michel Micombero，1940－1983）　米歇尔·米孔贝罗，布隆迪共和国首任总统，1966 年 11 月～1976 年 11 月在任。1966 年 7～11 月担任布隆迪首相；1966 年 11 月～1972 年 7 月兼任总理。民族进步统一党的总书记、主席，陆军中将。生于布鲁里省鲁托武县的穆欣加，图西族，天主教徒。早年在家乡的天主教教会学校上学，后在布琼布拉圣灵中学读书。1960 年 4 月入伍，被保送到比利时布鲁塞尔皇家军事学院学习，两年后毕业回国晋升上尉，被任命为布隆迪王国副总参谋长，不久后升任国防国务秘书。1965 年 10 月因粉碎胡图族军人政变有功被委以国防大臣要职，同年 11 月晋升为上校。1966 年 7 月 8 日在一些民族主义青年军人的支持下，米孔贝罗与年仅 19 岁的夏尔王太子合作废黜了国王姆瓦姆布扎四世，立夏尔为国王，米孔贝罗出任首相兼国防和内政大臣。同年 11 月

28 日米孔贝罗乘新国王出国访问之机，发动政变，废黜了恩塔尔五世，取消君主立宪制，结束了长达几个世纪之久的王朝统治，改制共和，出任首任总统兼总理和国防部长，并担任唯一合法政党——民族进步统一党的总书记，1968 年改任党主席。1973 年 12 月晋升为中将。1974 年 10 月在党代表大会上再次当选总书记（不再设党主席），并连任为期 7 年的总统职务。在其执政期间，于 1971 年 10 月恢复了由布隆迪单方面宣布中断的布中两国外交关系。1976 年 11 月 1 日被副总参谋长巴加扎发动的军事政变推翻，被软禁在外省恩戈齐市。1977 年 9 月获释后流亡索马里，此后曾进入摩加迪沙大学攻读经济学。1983 年 7 月 16 日在摩加迪沙医院去世。

巴加扎（Jean Baptiste Bagaza，1946 –   ） 让·巴蒂斯特·巴加扎，布隆迪共和国最高革命委员会主席，第二任总统，1976 年 11 月～1987 年 9 月在任。曾任布隆迪民族进步统一党主席，陆军上校。巴加扎于 1946 年 8 月 29 日出生在布隆迪南方的布鲁里省，图西族，天主教徒，是前总统米孔贝罗的表弟。1963 年 8 月在比利时布鲁塞尔军官学校读书，1966～1970 年 9 月在比利时布鲁塞尔皇家军事学院机械系学习，获军事学和社会学学士学位，后在比利时阿尔隆陆军学校进修 1 年。1971 年 9 月回国，获中尉军衔，先在军校任教官，后任总参谋部后勤部长，并晋升为上尉。1972 年 7 月任武装部队副总参谋长，同年 11 月任第一副总参谋长，升为中校。1975 年 7 月晋升为上校，成为军界第二号实力人物。1976 年 11 月 1 日，巴加扎发动政变推翻米孔贝罗政权，宣布成立第二共和国，任最高革命委员会主席，同年 11 月 9 日就任总统兼武装部队最高统帅和国防部长。巴加扎执政后宣布建立一个"所有部族、所有地区和农民、工人和革命知识分子的联盟"，促进民族和解，提出反对部族主义和地方主义，号召在国外的胡图族人回国，并给予妥善安置，同时在政

治、经济和社会方面采取措施，力求"建立一个公正的没有人剥削人的社会"。1979 年 12 月在布隆迪民族进步统一党第一次代表大会上当选为主席。1984 年 7 月连任主席。同年 8 月在全民选举中当选为总统。1987 年 9 月被布约亚少校发动的军事政变推翻，流亡国外，此后在乌干达政治避难。1989 年 1 月 15 日，巴加扎离开坎帕拉前往利比亚定居。曾于 1972 年、1976 年和 1979 年三次访问中国。

恩达达耶（Melchior Ndadaye，1953 – 1993）　梅尔基奥尔·恩达达耶出生于 1953 年，是布隆迪第一位民选总统，也是第一位胡图族国家元首，1993 年 6 ～ 10 月在任。布隆迪民主阵线领导人，胡图族。早年曾在基特加教师进修学院学习，并在卢旺达国家大学教育系深造。毕业后，在这所大学担任兼职教师。1972 年大屠杀爆发后，恩达达耶逃到卢旺达避难，于 1975 年在卢旺达组建了一个以胡图族难民为基础的政党——布隆迪工人党。在度过了 11 年的流亡生活后，恩达达耶在 1983 年返回布隆迪，曾经在布琼布拉的卡门精神病中心工作了几个月的时间，随后又受命负责为农民储蓄计划培训人才，1989 年被任命为农村发展部部长办公室顾问，后又受聘到梅里迪安银行工作，担任信贷部主任，此后在这家银行负责稽核工作。在此期间，恩达达耶也一直在从事地下的政治活动。1986 年，恩达达耶组建了新政党布隆迪民主阵线。1988 年在恩塔加和马拉加拉发生大屠杀后，恩达达耶在集会上呼吁实现更大的民主，并因此入狱两个月。恩达达耶宣扬非暴力和非宗派主义思想，称除非民阵的成员对别人也表示出尊重，否则就不会有正义。民阵的一些成员将恩达达耶比之为马丁·路德·金。

1993 年 6 月，在布隆迪历史上首次多党民主选举中，恩达达耶获得了 64.8% 的选票，击败布约亚当选为总统。恩达达耶力图建立一个具有广泛基础的政府，推动图西族与胡图族的和

解，在其提名的 23 名部长中有 9 名图西人，其中包括布隆迪第
一位女总理西尔维·基尼基，并宣布对 500 名政治犯进行大赦。
与此同时，恩达达耶开始计划进行军队改革，以改变图西人独自
控制军队的局面，并着手解决流亡在国外的 30 万难民的遣返问
题。1993 年 10 月 21 日，布隆迪军方中的极端派分子悍然发动
政变，杀害了恩达达耶，导致布隆迪再次发生严重的族群冲突和
血腥的内战。

布约亚（Pierre Buyoya, 1949 – ） 皮埃尔·布约亚，
布隆迪总统，1987 年 9 月～1993 年 6 月、1996 年 7 月～2003 年
4 月在任。民族进步统一党主席。1949 年 11 月 24 日，布约亚生
于布隆迪南部布鲁里省卢托武村，图西族，天主教徒。1967～
1975 年先后在布鲁塞尔王家军校和比利时装甲技术学院学习，
获社会学和军事学学位。1976 年 8 月～1977 年 1 月在法国装甲
和骑兵部队受训。1977 年 2 月回国后任武装部队侦察连连长。
1980 年 11 月赴联邦德国装甲军事学校进修。1982 年 8 月奉调回
国任装甲营司令。1984～1987 年任总参谋部作战训练局长。在
军界任职的同时，布约亚也从事政治活动，在 1979 年当选为争
取民族进步统一党中央委员会成员。1987 年 9 月 3 日，布约亚
在陆军和伞兵支持下，利用巴加扎总统出国访问期间发动不流血
政变，推翻巴加扎政权，任最高权力机构救国军事委员会主席。
同年 9 月 9 日建立第三共和国，任总统兼国防部长。1990 年 12
月在布隆迪民族进步统一党特别扩大代表大会上当选为党主席。
1988 年 8 月布隆迪再次发生种族仇杀。同年 10 月，布约亚改组
内阁，将胡图族阁员人数从 6 人增加至 12 人，并重新设置总理
职位，任命胡图人斯波马纳为总理。与此同时，布约亚建立了一
个由 12 名胡图人和 12 名图西人组成的民族统一咨询委员会，对
种族仇杀事件进行调查。1991 年 2 月，通过了民族统一宪章。
1993 年 6 月，布约亚在布隆迪首次多党总统选举中失败。在布

隆迪军队发动政变，刺杀了民选总统恩达达耶后，布隆迪陷入内战。1996 年 7 月 25 日军队再次发动政变，推举布约亚为总统，9 月 27 日宣誓就职。布约亚政府努力打破在国际舞台上受制裁的被动局面，积极推进民族和解，与议会建立政治伙伴关系，通过扩大会议，改组政府，对胡图族人的利益进行适当照顾，同时在坦桑尼亚的阿鲁沙与各党派举行和谈。

2001 年 10 月，根据阿鲁沙和平协定，布隆迪成立过渡政府，布约亚继任过渡期前 18 个月总统。2003 年 4 月 30 日，布约亚正式将权力移交给了胡图族人、副总统恩达耶齐耶，并呼吁布隆迪人在新政府的领导下为实现和平和重建国家而努力。布约亚曾于 1987 年、1989 年和 1999 年访问中国。

恩达耶齐耶（Domitien Ndayizeye, 1953 – ）　多米蒂安·恩达耶齐耶，布隆迪总统，2003 年 4 月 ~2005 年 8 月在任。恩达耶齐耶于 1953 年出生在卡扬扎，胡图族。1972 年因国内的大屠杀流亡比利时，1981 年获得了工业工程学位，1984 年回国，曾担任一家荷兰公司卢旺达—布隆迪分部的技术与商务部负责人达 12 年之久。恩达耶齐耶早年就开始从事政治活动，1974 年参加了布隆迪进步学生运动，1976 年成为布隆迪解放与进步运动埃诺分部的主席，1978 年进入了布隆迪解放与进步运动中央委员会，当选为财政与社会事务秘书长。在 1988 ~ 1992 年间，恩达耶齐耶负责主持布隆迪解放与进步运动在卢旺达支部的工作。布隆迪实行多党民主制后，布隆迪民主阵线成为一个合法政党。恩达耶齐耶在 1994 年被选入民阵全国领导委员会，1994 年成为常务执行书记，1999 年成为总书记和民阵的候补法律代表。恩达耶齐耶于 1995 年 2 月被捕，在布琼布拉公共安全警察局经受了肉体和精神方面的残酷折磨，后被转到姆潘巴中央监狱。1996 年 3 月出狱后，恩达耶齐耶继续在民阵工作，1997 年 2 月因反对 1996 年 7 月的政变而再次被捕。在布隆迪民主势力和国际社会的压力下，恩达耶齐耶得以恢复自由。狱中经历赋予恩达耶齐耶强烈的人权意识，在过渡期的第一阶段，被选为副总统。2003 年 4 月 30 日，恩达耶齐耶根据阿鲁沙和平协定的规定，接替布约亚担任布隆迪和平过渡期第二阶段的总统。

恩库伦齐扎（Pierre Nkurunziza，1963 － ） 皮埃尔·恩库伦齐扎，布隆迪现任总统。1964 年出生于布隆迪北部恩戈齐省的姆万巴。其父在 1965 年被选为国民议会的成员，在 1972 年的族群仇杀中遇害，年仅 7 岁的恩库伦齐扎成为孤儿。1979 年小学毕业后，恩库伦齐扎就学于基特加中学，1987 年进入布隆迪大学。当时布隆迪大学各学院依据学生的族群或地区身份进行招生，不准许胡图族学生进入军事学院学习，故而恩库伦齐扎虽然申请进入经济科学院或高等军事学院学习，但被指派到体育运动学院学习，毕业后曾经在中学教授体育课程，后回到布隆迪大学任教。1993 年，布隆迪因族群冲突引发内战。1995 年，图西族士兵进攻布隆迪大学，恩库伦齐扎险些被其执教的学生杀害。同年，他以士兵身份加入当时的胡图族反政府武装"保卫民主力量"，在 1999 年的战斗中，恩库伦齐扎曾经身受重伤，侥幸逃生。1998 年，恩库伦齐扎出任该组织副秘书长，并于 2001 年当选为主席。此后，"保卫民主力量"一度出现分裂。2004 年，恩库伦齐扎重新恢复主席职务。2003 年 11 月，恩库伦齐扎与布隆迪总统恩达耶齐耶在南非行政首都比勒陀利亚签署了和平协议，结束了旷日持久的内战。根据协议，"保卫民主力量"成为布隆迪的一个政党。恩库伦齐扎担任过渡政府中负责良政和国家总监察事务的国务部长。近年来，恩库伦齐扎一贯提倡各部族融合与团结的理念，使"保卫民主力量"在 2005 年举行的一系列地方及议会选举中以较大优势取得胜利。2005 年 8 月 19 日，恩库伦齐扎当选总统，26 日宣誓就职。

第三节　军事

一　概况

布隆迪武装部队的前身是比利时殖民统治时期的地方保安部队，布隆迪独立后改编为"国民军"。1967 年 3 月 7 日，布隆迪总统米孔贝罗将宪兵、警察和国民军合并为布隆迪武装部队，并确定该日为建军节。

布隆迪 2005 年宪法规定，布隆迪的国防和安全部队由布隆迪国防军、布隆迪国家警察部队和国家情报局组成。布隆迪国防军的任务是保卫布隆迪的领土完整、独立和主权。布隆迪国家警察部队的任务是维护和重建国家内部的安全和秩序。国家情报部的任务是搜集、汇总和利用所有有助于保障国家、国家机构、国际关系的安全以及有助于经济繁荣的情报。无论是国防部队还是安全部队，其成员均不得在履行职责时损害某个被宪法条款认定为合法的政党的利益；不得表示出政治倾向性；通过偏袒的方式为某一政党谋利；不得加入某一政党或具有政治特点的团体；不得参与具有政治特点的活动或示威。

布隆迪规定凡年满 18 周岁、具有中学文化程度的公民均可应征入伍，军官要求具有大专文化程度。士兵服役 6 年，军官无限期，直至退休。总统为武装部队最高统帅。国防委员会是最高军事决策机构。国防部为最高军事行政领导机关，武装部队总参谋部是最高军事指挥机构。军队总参谋部下设海军局和空军局，分管湖军和空军。总统兼武装力量最高统帅为皮埃尔·恩库伦齐扎，国防部长为盖尔曼·尼约扬卡纳将军，国家武装力量的总参谋长为加伊罗将军、副总参谋长为加兰巴尔上校。

布隆迪的国防开支一般占国家预算的 19% ~ 20%，但近年来，战乱与局势动荡导致军费开支增大，1998～2002年的军费开支均为568亿布郎，其中，军人的薪金占57%，装备、保养及其他开支占43%。1998年的军费开支占政府支出的59.8%，占GDP的14.2%。1999～2002年的军费开支在政府支出和GDP中所占的份额有所下降，2002年分别为37.5%和9.7%。

全国设布琼布拉、基特加、鲁伊吉、恩戈齐、布班扎和布鲁里6个军区，下辖20个兵营。设有高等军事干部学院一所、警官学校一所、军事训练营地两个和宪兵训练中心一座。1992年法国为布隆迪改组宪兵，提供全部装备并负责训练。美国帮助布隆迪组建城市警察，用以维护治安。①

二　三军实力及装备情况

隆迪军队由陆军、空军、和宪兵（包括警察）三部分组成。根据2007年12月的统计，布隆迪军队人数为27570人，警察人数为17693人，军警人数总计为45263人。

陆军编有7个步兵营、2个轻武器营、1个高炮营、1个工兵营、1个防空营及部分独立步兵连。主要装备：装甲侦察车共计85辆，其中AML型18辆，BRDM型30辆。装甲运输车：BTR—40型20辆，庞阿尔M—3型9辆，瓦利德型6辆，RG—31型12辆。牵引炮：D—30型18门。多管火箭筒：122毫米BM—21型12具。迫击炮：82毫米、120毫米共约90门。反坦克武器："米兰"式导弹若干枚。火箭发射器：83毫米"盲杀"型若干具。无坐力炮：75毫米60门。高炮：14.5毫米、23毫米、37毫米共150余门。地空导弹：SA—7型约30枚。

空军兵力约200人，在布琼布拉和基特加设有空军基地，编

---

① 葛佶主编《简明非洲百科全书》（撒哈拉以南部分），中国社会科学出版社，2000，第414页。

有 2 个战斗机中队、2 个武装直升机中队，另有 1 个伞兵营。装备：作战飞机 2 架，武装直升机 1 架。教练机：SF—260W/TP 型 2 架。运输机：DC—3 型 2 架。直升机：米—24 型 2 架，SA—316B 型 3 架，米—8 型 2 架。

外国驻军：联合国维和部队 1483 人（含军事观察员 80 人）。

三 军事人员复员计划

布隆迪政府于 2004 年 12 月 2 日开始启动复员、复兴与重建计划（Demobilisation，Reinsertion and Reintegration Programme，DRRP）。该计划由布隆迪政府的复员、复兴与重建全国委员会领导，同时也与联合国布隆迪行动进行密切合作，将在 5 年的时间里复员 55000 名战斗人员，留下大约 30000 人组建新的武装部队。复员进程是这样运作的：战斗人员在复员中心度过一段时间，接受心理辅导和医疗检查，并进行和解与人权速成课程的学习，根据复员前的职位得到退伍金，最低金额为 515 美元，在 10 个月内分四次付清。退伍金是由以下机构筹措的：多国复员与重建计划（Multi-Country Demobilisation and Reintegration Program），4200 万美元；世界银行，3300 万美元；德国政府，600 万美元。在 2005 年大选前预计复员 14000 名战斗人员，但到 2004 年底复员人员却仅有 1682 人。许多复员者是儿童兵，特别是胡图族民兵。复员与重建计划提供 350 万美元的专项资金，用以帮助这些儿童重新融入社会。

截至 2007 年 12 月 31 日，复员人数达 20330 人，其中包括 506 名妇女和 3042 名儿童。在复员与安置计划完成后，布隆迪军队人数将为 25000 人，警察人数为 15000 人。

第四章

经　济

布隆迪是世界上最贫困的国家之一，2007 年人均 GDP 仅为 105 美元。其经济以农业为主，农牧业人口占总人口的 93%，GDP 的 50% 来自农业生产，以咖啡、茶叶为代表的商品农业提供了 90% 的出口收入。近 10 年来，布隆迪战争频仍，局势动荡，1996 年 7 月政变后周边国家又对布进行了长达 30 个月的经济制裁，西方国家的援助基本停止，加之难民问题和气候因素，经济形势严重恶化，GDP 比战前累计下降了 22%～25%。2000 年签署阿鲁沙和平协定以来，随着和平进程取得进展，布隆迪经济形势有所好转，但其经济发展受到诸多结构性因素的制约，复苏缓慢。

第一节　概述

一　经济发展概况

布隆迪独立以来，民族经济有了一定发展。在 1960～1970 年间 GDP 年平均增长率为 4.4%。第一共和国政府曾组织实施了第一、二个五年计划，但收效甚微。1974 年 6 月 19 日，当时的布隆迪司法部长发布命令：征收外国垄断集团塞迪卡咖啡业联合组织的各个咖啡加工厂，并把这些工厂交给布隆迪经济作物局管理。据布隆迪报纸报道，这个外国垄断集团曾建议和布隆迪政府建立一个"混合协会"，布隆迪政府占其资本的 45％，布隆迪政府拒绝了这个建议。于是这个垄断集团就以关闭工厂来进行破坏活动，企图以此搞经济讹诈。布隆迪政府针锋相对地采取了这一国有化措施。

1976 年 11 月，巴加扎执政后，提倡发展国民经济，并采取了不少措施。强调优先发展农业，向平原地区移民，开垦荒地，发展大型农业垦区，以增加粮食作物和传统经济作物（咖啡、茶叶、棉花）的生产；扶植民族工商业，建立国营企业；开发能源，改善交通运输；扩大对外贸易，鼓励出口，欢迎外国投资；稳定物价，打击贪污受贿等。布隆迪政府又制订了第三个五年发展计划（1978～1982），投资总额为 1389 亿布郎。这个计划仅实现了 46.5％。布隆迪 GDP 按 1980 年不变价格计算，1985 年较 1979 年增长 19.6％，年平均递增 3％。1981 年和 1985 年的增长率最高，分别为 10.5％和 8.6％。

第四个五年发展计划（1983～1987），投资总额为 1070 亿布郎，其中一半以上依靠外援，其重点是发展农业、开发能源和修建公路，旨在提高生产能力，加速经济发展。这个计划刚刚开始执行，就遇到了巨大的困难，财政收入不利，支出有增无减。其原因在于布郎比值过高而使其外贸条件严重恶化、投资计划过于庞大等。为此，布隆迪政府采取了一系列的补救措施，如提高农产品收购价格以鼓励出口、减少政府财政预算赤字、努力提高公共和私人企业的生产力、寻求外援等。此外，布隆迪采取了一项重大的经济改革，1983 年 11 月，布郎与外币兑换率下调30％，布郎脱离美元，改为与特别提款权挂钩，原 1 美元等于90 布郎，调整后 1 美元等于 117 布郎，布郎贬值 37％。1982 年GDP 为 1090 亿布郎，约合 11.85 亿美元。1983 年由于咖啡喜获丰收，GDP 达到 1003.75 亿布郎，折合美元 10.8 亿，人均 244 美元。1984 年咖啡再获丰收，GDP 为 1159.54 亿布郎（折合美元 9.69亿）。1985 年由于采取了得当的措施，GDP 较上年增长了 8.6%。在整个"四五"计划期间，GDP 年均增长率达 4.7%。

1987 年 9 月布约亚上台执政后，于 1989 年初公布了第五个经济社会发展五年计划（1988～1992）。其重点在于：优先发展农业，增加粮食自给；利用外资和私人资金兴办中小企业，增加工业在国民经济中的地位，发展职业培训，增加就业，改善人民居住与医疗卫生条件等。"五五"计划总投资为 2052 亿布郎（国外投资 1592 亿布郎，国内投资 460 亿布郎），其中农业占31.2%，工业占 13.1%，公路、运输、住房、邮电等基本建设占 28.1%，教育、卫生等社会设施占 14.8%，贸易、银行和旅游占 4.2%，其余占 8.6%。"五五"计划规定 GDP 年增长率为5%，其中农业 3.6%，工业 10%，服务业 5%。

1986 年，为了减轻经济对咖啡出口的过度依赖、摆脱经济发展的停滞状态，减少沉重的外债负担，布隆迪与世界银行和国际货币基金组织签订协议，对经济进行结构调整。但到 1990 年，计划完成的情况并不理想，没有实现预期的目标。布隆迪的货币在 20 世纪 80 年代末已经几度贬值，在 1991 年 8 月又进一步贬值 15%。1992 年 5 月，布郎与特别提款权脱钩，布郎的价值由布隆迪主要贸易伙伴的货币决定。1991 年，布隆迪政府同国际货币基金组织签署第三阶段（1991～1994）结构调整计划协议。强调把农业放在优先位置，扶植多种经营，发展农产品加工，改善交通运输，扩大对外贸易，并注意对国营企业进行整顿调整或实施私营化等全面改革。1992 年 5 月，布隆迪引入公开的普遍许可证制度（open general licensing system），以实现经常账户交易的自由化，旨在方便进口贸易，推动出口的多样化，促进非传统出口物资的输出。1993 年，布隆迪建立了一个出口加工区，

但内战和政治动荡使其不得不中断运营。

1986～1992年间，布隆迪的经济发展相对稳定，年均经济增长为3.7%，人均收入亦有所增加。但另一方面，布隆迪的生产结构没有多少改变，第一产业进步缓慢，农业增加值占国民生产总值的40%～45%。自给自足的农业生产仍占据主导地位，农业出口变化甚微。第二产业在国民生产总值中所占的比重有了小幅度的增长，从8.2%上升到12.4%，但工业结构几乎没有改变，公有企业仍占主导。在政府财政方面，预算赤字在国民生产总值中所占的比例从8.4%上升到14.2%，反映出投资的增长，同期的投资在国民生产总值中所占的比例从11.6%上升到17.9%。布隆迪用外国债款弥补预算赤字，使布隆迪的债务增长了近一倍，从1986年的6亿美元增加到1992年的11亿美元，同期偿债支出与出口的比值从20%增加到45%。对通货膨胀的控制与预期目标较为接近，年均通胀率约为6.9%。布郎在这一时期经历了几次贬值，实际兑换比率下降了近50%。经常项目支付平衡方面的赤字在国民生产总值中的比例从10.2%上升至20.2%。进出口之间的抵付率从1986年的44%下降到1992年的30%，一方面发展计划的实施导致进口大幅度增加，而另一方面国际市场咖啡价格的逐渐下跌导致布隆迪的出口收入减少。尽管境外账户上的情况有所恶化，但布隆迪的净外汇储备的平均水平仍超过4个月的进口值。

1993年内战爆发后，布隆迪局势动荡，经济发展受到严重影响。1996年7月政变后，部分中、东部非洲国家［刚果（金）、埃塞俄比亚、肯尼亚、卢旺达、坦桑尼亚、乌干达和赞比亚］对布隆迪进行了长达30个月的经济制裁，对布隆迪出入境的货物设置限制和障碍，使得途经上述国家的进口食品、原材料、农业物资（种子、农具、化肥）和燃油的价格暴涨。直到1997年4月，对布隆迪进口的限制开始有所放松，周边国家在

1999 年 1 月对布隆迪的经济制裁才取消。在此期间,西方国家对布隆迪的援助亦基本停滞:1996 年前,国外援助资金每年为 1.35 亿美元,而 1999 年,国外援款只有 4300 万美元。此外,内战导致的难民问题加上不利的气候因素的影响,都使得布隆迪的经济急剧恶化。

1993 ~ 2002 年间,布隆迪的 GDP 下降了 20% ~ 30%,人均 GDP 从 1990 年的 210 美元锐减到不足 110 美元,使布隆迪跌入了最贫困国家的行列。1994 ~ 1996 年间,布隆迪 GDP 实际上都是负增长:1994 年为 – 3.7%,1995 年为 – 7.3%,1996 年为 – 8.4%。周边国家对布隆迪的经济制裁趋于缓解后,布隆迪的经济才有所复苏,1997 年 GDP 增长了 0.4%,1998 年增长 4.8%,但在 1999 年和 2000 年再度出现负增长,分别为 – 1% 和 – 0.9%。在此期间,投资率亦急剧下降,从 1992 年占 GDP 的近 18% 降至 2002 年的不足 9%。在出口方面,国际市场咖啡价格的下跌(2002 年每磅价格 50 分)对这个咖啡出口收入占其全部出口值 75% 的国家影响巨大,出口总额在 1992 年为 7930 万美元,1995 年为 1.13 亿美元,2000 年则减少到 3120 万美元。布郎对美元的兑换率下降了 346.8%,从 1992 年的 208.3 布郎兑换 1 美元跌至 2002 年的 930.7 布郎兑换 1 美元。外汇储备也减少了一半,对满足半成品的需求产生了巨大影响。沉重的外债负担更使得千疮百孔的布隆迪经济举步维艰,2002 年的偿债支出占出口的 157%,到期末付款约为 1.485 亿美元,未偿债务总额超过 GDP 的 180%。在 20 世纪 90 年代,通货膨胀率比 80 年代高出很多,年均通胀率达到 14.9%。1993 年的通胀率为 9.7%,1994 年为 14.7%,1995 年 14.6%。贸易禁运导致石油价格上涨了两倍多,1996 和 1997 年的通胀率高达 26.4% 和 31.1%。1999 年周边国家取消了对布隆迪的经济制裁,通胀率对比上年的 12.5% 下降为 3.4%,但在 2000 年又达到 24.3%,2001 年由于气候条

件极佳，扩大了粮食生产，农业获得较好的收成，通货膨胀率降至 9.3%。在内战期间，布隆迪人民的生活水平急剧下降，1993年 35.3% 的人口生活在贫困线以下，2002 年则上升到 68%。到2001 年初，世界粮农组织估计布隆迪有 45 万人依靠援助的食物维持生活。卫生、教育等方面的社会发展指标在内战期间也迅速恶化，各项主要社会经济指标明显低于撒拉哈沙漠以南非洲国家的平均水平。

自 1993 年内战以来，布隆迪的宏观经济变得非常脆弱。由于战争导致大批农村劳动力离家弃农，作为经济支柱的农业生产实际上已近崩溃，再加上周边国家对其实行经济制裁，阻碍了农产品的出口和生产资料的进口。此外，由于政治危机，经济现代化改革无法进行，国家也没有财力去实施减贫计划。因国内财政和进出口收支严重赤字，国家外汇储备空虚，宏观经济改革和结构改革无法实施。内战的爆发使布隆迪的国家财政极其脆弱，预算赤字不断加大，1994 年的财政赤字为当年 GDP 的 8.7%，尽管布隆迪政府占用了咖啡稳定基金（Coffee Stabilization Fund）的留余额，但在随后的两年里赤字仍占 GDP 的 9.3%。1997 年赤字有所减少，但仍为 GDP 的 6.6%。经过调整，1999 年的财政赤字为 122.446 亿布郎，占 GDP 的 2.7%，但在 2000 年又增长了2.8 倍，达到 463.709 亿布郎，占 GDP 的 8.0%，2001 年下降到284 亿布郎，占 GDP 的 5.2%。尽管努力增加税种，扩大税收来源，但入不敷出的局面仍然难以改观，原因是军费预算增加，教师和医务人员扩编，工资费用支出增大。

目前，布隆迪公布的失业率为 22%，但实际上失业率要高于这个数。劳动就业率低与私营企业数量少、规模小、设备陈旧、生产技术落后、缺乏企业管理经验、发展缓慢密切有关。通常情况下，劳动就业率低，反映出一个国家的社会政治状况，如民营企业经营状况好，就可吸收大批的劳动力，而相对地国有企

业容纳的就业人数会减少。

2000 年阿鲁沙和平协定签署以来，随着布隆迪和平进程取得进展，对布的制裁随之取消，国际援助亦逐步恢复。世界银行为布隆迪制订了 2000/2001 年度的过渡性战略，旨在稳定经济，阻止贫困状况的进一步恶化，为经济恢复创造条件。改革计划的一个关键内容就是拍卖由世界银行紧急经济恢复贷款（emergency economic recovery credit）提供的外汇以扶助私有部门的发展，与此同时稳定布郎。2002 年 3 月，世界银行批准了 2002/2003 年度的过渡性资助战略，提供 1.87 亿美元的贷款，资助经济重建以及抵御艾滋病等方面的保健服务项目。此外，世界银行从 2002 年 9 月开始分三部分发放另外一项 5400 万美元的紧急经济恢复贷款，以促进实现私有化战略并进一步推动汇率的自由化。

布隆迪政府在 2002 年 3 月制订了过渡期的减轻贫困战略报告，将减轻贫困作为经济政策的核心目标。2003 年 11 月，布隆迪政府对报告进行了修订，制订了 6 个方面的战略行动方针：推进和平与良政；复兴经济以便减轻贫困；提供基本的社会服务；重新安置和整合前战斗人员和弱势群体；与艾滋病作斗争；使妇女参与到布隆迪的社会和经济发展进程中。为了支持布隆迪的减贫战略，国际货币基金组织在 2004 年 1 月批准了减轻贫困和促进增长项目（poverty reduction and growth facility），总金额为 1.04 亿美元，分 3 年支付，用以控制财政赤字，并扩大政府收入来源。

随着和平进程的推进，布隆迪的经济艰难地从低谷中走向复苏，2001 年 GDP 增长了 2.1%，2002 年增长了 4.5%，但在 2003 年由于气候因素导致农业歉收，经济再次出现负增长，为 -1.3%，但非农业部门的发展势头依然强劲。由于在 2002 年的下半年汇率贬值了 20%，且农业歉收导致食物价格的上涨，通货膨胀在 2003 年的第三个季度上涨到 10% ~ 14%。2004 年，尽管北部遭受了严重的旱灾，但由于咖啡喜获丰收，产量在 38000

吨左右，且咖啡的价格有所提高，GDP 增长了 4.8%。通货膨胀率高于预期的目标，2004 年为 11.8%，到 2005 年 5 月末又上升为 12.6%，这主要是由于旱灾导致食物价格上扬和石油价格的波动而导致的。尽管通货膨胀增加，但利率大体保持不变。官方储备总额从 2004 年 5 个月的进口总值上升到 2005 年 3 月末的 5 个半月的水平。2004 年的对外收支往来账户赤字占 GDP 的 7%，出口增加了 28%。2005 年受咖啡减产以及北部地区干旱的影响，GDP 增长率不到 1%。2006 年的经济发展恢复了强势，GDP 增长了 5.1%，但在 2007 年，由于咖啡减产，产量从上年的 3 万吨减至 8000 吨，GDP 增长亦随之减缓，为 3.2%。2006 年和 2007 年的通货膨胀率仍居高不下，分别为 9.6% 和 14.4%。

目前，布隆迪的经济仍处于恢复时期，减轻贫困仍然是经济发展的核心目标。在今后的几年，布隆迪政府将与世界银行和国际货币经济组织合作，继续进行经济结构改革，推进私有化进程和外汇体制的自由化。布隆迪的经济发展举步维艰，面临许多严峻的挑战。虽然国内大部分地区已经实现了和平，但最后一个反政府组织民族解放阵线仍未停止战斗，此外，胡图与图西两大族抛弃积怨与猜疑，和谐相处，尚需时日，因此，布隆迪能否拥有发展经济所需要的安定的社会环境，仍然存在某些变数。除了发展环境外，布隆迪的经济也存在许多结构性问题，主要表现在以下几方面：绝大部分人口生活在贫困线以下，国内市场狭小，投资率和储蓄率都处于很低的水平；人口增长速度过快，耕地面积少，资源贫乏，资金短缺；本国无出海口，贸易交通运输不便；经济结构单一，工业基础薄弱，增长乏力，农业发展受气候因素和国际市场供求与价格因素的影响很大；财政赤字庞大，不足部分只能依靠贷款和国际社会的援助弥补。在今后的几年中，建立新的军队和警察部队、复员和安置前战斗人员，使得国防开支在今后的几年中仍将占据政府支出的较大份额，难民安置和重建家园的工作也需要大

量资金投入，财政困难的局面将长期存在下去。此外，巨额的债务成为经济增长的巨大负担，而且很多贷款和援助往往附加苛刻的条件，导致对外依赖性越来越大，经济发展难以独立自主（参见表 4 - 1）。

表 4 - 1　布隆迪主要经济指标

单位：百万美元

年　　份	2002	2003	2004	2005	2006
GDP(十亿布郎)	584.6	644.7	748.5	862.1	986.6
GDP 增长率	0.6	0.6	0.7	0.8	1.0
通货膨胀率	4.5	- 1.2	5.5	0.9c	5.1c
进口货物(fob)	104.8	130.0	148.9	239.0	286.0
出口货物(fob)	31.0	37.5	47.9	57.2	60.8
经常账户平衡	- 9.6	- 36.5	- 54.0	- 84.0	- 123.9
外债	1214	1328	1385		
外债偿付比率(%)	23	29	88		
外汇储备(除黄金外)	58.8	67.0	65.8	100.1	130.5a
对美元汇率	930.7	1082.6	1100.9	1081.6	1028.4a

资料来源：EIU, *Country Report-Brurundi*, May 2007, p.5。

二　基本经济结构

布隆迪是一个典型的农业国家，2007 年农业从业人口占总人口的93.6%，产值占 GDP 的 43.7%。茶叶和咖啡等经济型农产品虽然只占 GDP 的 5%，却占到出口收入的90% 左右。此外，棉花、牧业和渔业也是农业的重要组成部分。布隆迪的工业规模很小，主要是农产品加工和一些消费品生产，工业发展饱受战争、国际制裁、外汇短缺和国内需求不足的制约。日用化工、轻工、医药等制造生产技术落后。机电、化工、家电、化肥农药、农具、建材、文化用品及绝大多数轻工业产品完全依

赖进口。矿业开采也一直受到战争的干扰。2007 年，工业产值占
GDP 的 51.5%。布隆迪服务业总体水平低，主要有金融服务、批
发零售业和旅游业。其中，批发零售业相对较强，主要集中在首
都布琼布拉。旅游业方面自然景观有限，以人文和探险居多。
2007 年，服务业产值占 GDP 的 33.9%（参见表 4 - 2、表 4 - 3）。

表 4 - 2　GDP 生产部门指标（按照 1996 年不变价格计算）

单位：十亿布郎

年　　份	2001	2002	2003	2004	2005
农业	141.3	152.6	141.2	146.0	136.8
粮食作物	112.5	117.0	112.9	113.5	112.4
出口作物	10.6	16.9	9.0	12.3	3.3
牲畜	14.4	14.7	15.3	16.0	16.8
林业	2.9	2.9	3.0	3.1	3.3
渔业	1.0	1.0	1.0	1.1	1.1
工业	36.2	37.0	39.9	43.2	46.4
制造业	16.7	16.7	17.6	18.2	19.2
农产品加工业	1.7	1.7	1.8	1.9	1.9
食品工业	9.1	9.1	9.6	10.0	10.6
纺织和皮革制品	1.8	1.8	1.9	1.8	2.0
其他工业	4.0	4.1	4.3	4.5	4.8
手工业	8.5	8.8	9.3	9.8	10.2
建筑业	8.9	9.2	10.8	12.9	14.5
矿业和能源产业	2.2	2.3	2.2	2.4	2.5
服务业	78.9	81.3	85.4	90.4	98.5
公共服务	50.7	52.2	55.1	58.2	63.5
运输和通信	10.6	11.0	11.4	12.1	13.3
商业	10.1	10.4	10.9	11.5	12.7
其他服务业	7.5	7.7	8.0	8.6	9.0
GDP（市场价格）	277.2	289.5	285.9	299.8	302.5
GDP 增长率（%）	2.0	4.4	- 1.2	4.8	0.9

资料来源：国际货币基金组织 2006 年 8 月布隆迪国别报告。

表 4 – 3　布隆迪各行业就业情况（2000～2004）

单位：人

年　份	2000	2001	2002	2003	2004
农　业	2777991	2844944	2942653	3042703	3146155
工　业	59888	61339	63448	65605	67836
服务业	131228	134228	138838	143558	146439
总　计	2969107	3040511	3144939	3251866	3360430

资料来源：联合国开发计划署《2005 年布隆迪人文发展报告》。

第二节　农业

一　概况

农业是布隆迪最重要的经济部门，目前仍旧保持传统的经营方式，土地是生产的决定性因素。布隆迪现有耕地面积约 260 万公顷，国有土地 14 万公顷，实际耕作面积占耕地面积的 60%。在一些地方，由于人多地少，养家糊口已有困难。长期以来，布隆迪的土地一直处于过度使用的状态中，土地的品质也在不断下降，土壤退化现象严重，现在许多土地铁和铝基毒素的含量非常高，极大地影响了农业的产量。一些环保人士认为，如果现在的趋势延续下去，20 年后布隆迪将没有适宜耕种的土地。布隆迪的农业生产分三季进行。"A"季从 9 月开始，在 10～12 月间有少量的降雨，在 12 月至第二年 1 月间进行收获。"B"季的时间是从 2 月到 6 月，降雨集中在 3 月和 5 月。"C"季是从 7 月到 9 月，是最适合种植经济作物、蔬菜和玉米的时期。在非洲，一年三熟的农业生产模式非常罕见，这说明布隆迪的自然环境非常适宜农耕，但这也加速了表层土的流失，导致了土壤的退化。

20 世纪 80 年代，通过开发新土地，农业生产实现了增长，在 1980～1990 年期间，农业产值平均每年增长 3.1%。但这掩盖了单位产值下降的现实，而且这种增长方式也难以为继，到了 90 年代，农业生产开始走下坡路，战乱加剧了这一趋势。在 1990～2002 年间，根据世界银行的统计，布隆迪的农业产值年均下降 0.1%。牧业受到严重打击，牲畜数目急剧减少，天然肥料的供应量也随之减少，农业产量更趋下降。自然条件也对布隆迪的农业发展产生了不利的影响，在 1997～2000 年间，干旱严重影响了农业生产。

2002 年初，布隆迪政府对土地进行了再分配，着重于满足返乡难民的需要。布隆迪当局宣布，未使用的土地，特别是基安加（Gihanga）和穆坦布齐（Mutinbuzi）乡镇的土地，将进行再分配。与此同时，政府公布了对非法获得或占用的土地进行再分配的计划。为了向农民提供信贷，布隆迪当局于 2001 年建立了一项金额为 20 亿布郎的农村基金，以扶助农村的发展，同时也为返乡的农民和复员的战斗人员创造收入来源，预计外国捐助者对此也将提供资助。2003 年 3 月末，布隆迪农业与牧业部部长宣布，由于安全因素、雨水过少以及化肥供应不足的影响，农业产量减少 6%。世界粮食计划署也发出警告：超过 100 万的布隆迪平民需要紧急的食物援助。同年 2 月，世界粮食计划署组织实行了一项金额为 1.64 亿美元的三年期援助计划，向 63.1 万平民提供 2.4 万吨食物。虽然布隆迪全国基本实现了安定，但 2004 年的农业生产仍遭受严重的歉收，歉收最严重的省份分别是基隆多、卡鲁济、布班扎和布琼布拉省。联合国粮食计划署称，2005 年布隆迪约有 200 万人需要粮食救济，2006 年虽然减少到 150 万人，但仍占全国人口的 20%。

2003 年 12 月，政府公布了与土壤退化作斗争的三年期行动计划，预计耗资 103 亿布郎。近年来，降雨的模式变化不定，难以预测，对农业生产产生了很大影响。从农业结构上看，畜牧业和农业的结合不紧密，基本上都实行粗犷式的经营。由于土地的进一步开发受到限制，发展生产的唯一办法是畜牧业集中经营，利用有效设备改良畜种，使用有机肥。布隆迪农村经济软弱，市场狭小和农业生产基础的薄弱是集约式和现代式农业经营的最大障碍。尽管如此，通过经济恢复和实施脱贫的发展计划，农业领域还存在着潜在的发展能力。1993 年 10 月内战前，粮食、蔬菜生产都保持了增长态势，但因人口增长过快，所以农民的收入并未增长。农业的潜力表现在几个方面：充足的劳动力；经过良好培训和有经验的技术人员；农民能够接受集约经营和现代农艺；部分地区（包括沼泽地）还有可观的土地开发潜力；有些地方雨量充足，适合种植两季庄稼；有丰富的水域可供灌溉。然而，由于人口的压力、土地过度开发，肥沃的土地正在逐渐消失。

布隆迪政府总体目标是在短期内振兴农业经济，使农业生产达到并超越战前水平。具体措施如下，实现农业机械等农用物资分布渠道的多样化，促使农林和畜牧技术的结合；发展渔业养殖和捕捞业；振兴商品作物的生产并使其实现多样化，以增加出口，同时加快进行咖啡部门的改革；发展农产品的加工、储存和农业机械化；改善对自然资源的管理；充分调动财政资源以扩大农业生产；监督农业复兴战略的实施情况等。

二　粮食生产

食作物占耕地面积的 90%，2006 年的产值为 1528 亿布郎，占农业总产值的 71.6%。主要的粮食作物有香蕉、豆类、树薯、甘薯、芋头、玉米和高粱等，产品以家庭消费为主，剩余产品通过地方市场销售。香蕉是布隆迪最大宗的粮食作物，其产量约为每公顷 20 吨，农业部预计能够达到 30 吨。由于布隆迪海拔较高，加之安全局势较差，玉米和高粱的产量较

低。由于土壤肥力下降，豆子的产量受到很大影响。

在实施"卢安达—乌隆迪"十年发展计划（1952～1961）期间，布隆迪于 1953 年引进了水稻的种植，在因博（Imbo）地区取得了很大的成功，其他地区的农民也开始种植。布隆迪的农民通常将土地分为三等份，在 18 个月内依次种植水稻→花生→水稻，然后，土地再休耕 18 个月。由于水稻的种植需严格遵循播种和收割的计划进行生产，农民们却很少遵照这些要求去做，因而产量不尽如人意。从理论上讲，因博地区种植水稻应当比种植咖啡或其他作物的回报更高。在采用灌溉和化肥的情况下，每英亩的产量可达到 2 吨以上，但实际产量仅有一半。由于人口的快速增长，布隆迪政府引进新作物，以增加粮食的产量。1966年，政府颁布法令确定了种植粮食作物的耕地面积，并采取措施鼓励开发沼泽来种植粮食。

尽管布隆迪具有实现粮食自给自足的潜力，但内战破坏了国家的基础设施，阻碍了向城市的供应。1994 年 9 月，粮食缺口约为 20 万吨。此外，布郎对美元的官方汇率和平行汇率之间的差异鼓励了在布隆迪的邻国与布隆迪之间粮食和食糖的大规模的黑市交易，因博平原国营水稻农场（提供了全国 1/3 的稻米）向农民收购稻米的固定价格与布琼布拉市场价格之间的差异（1999 年底相差 3 倍），也鼓励了稻米的走私。布隆迪卫生部 2001 年的报告指出，布隆迪至少有 20% 的人口营养不良，一个主要问题就在于农村的土地越来越分散，每个农村家庭拥有的土地约 0.8 公顷，土壤的退化也降低了产量，其次，布隆迪的化肥使用率在非洲处于最低水平，2000 年和 2001 年向邻国卢旺达化肥走私的增加，加上农民购买力的下降，使化肥的使用进一步减少。

在粮食生产方面，布隆迪得到了国际社会的援助。在联合国开发计划署和粮农组织资助的一项农村综合发展计划中，因博高原的土地正在被开垦出来用以种植棉花和水稻。然而，水稻的发展计划一直受到战乱的影响。许多土地被荒弃，路况很差，水泵站遭到破坏。2000年，布隆迪接受了3000吨中国稻米以弥补国内产量的下降。2001年中期，粮农组织和欧盟同意资助一项发展计划，促进水稻生产，向北部地区的农民发放种子。在比利时、欧盟和世界银行的资助下，建立了16个种子生产和发放中心。2001年的水稻产量为60920吨，2004年为64532吨，2005年达到了12万吨，2001年3月，布隆迪政府请求外国捐赠以对抗木薯花叶病，这种作物病害1997年出现在乌干达，随后传播到卢旺达、坦桑尼亚、刚果（金）和布隆迪。布隆迪大学的农艺系于2003年8月在因博平原引进了新品种的马铃薯。2004年1月，农艺师向返乡的难民推进种植香蕉，并强调要复兴现存的农场。

近年来，布隆迪粮食作物生产发展势头不错，从2006年的3641吨增至2008年的3873吨，增长率约为3%，与人口增长率（2.9%左右）大体持平。粮食产量的增加一方面是由于降雨较为充沛，一方面也是布隆迪政府促进粮食作物生产的结果，主要包括提高公众意识、加强服务、推广抗病高产良种作物的种植、开垦湿地（350公顷）、修建粮食储存设施等方面的举措。此外，农户们得到了国际社会对主要作物的援助（8万棵果树苗、1400万棵甘薯的播种插枝、10吨花生种子等）。但是，粮食作物的生产仍然受到结构性因素的制约，包括可耕地分布分散、水利设施落后、粮食收获后管理及加工方面的问题等。农民得不到信贷支持，主要农产品缺乏竞争力。2007年，布隆迪当局采取进一步措施来促进粮食作物的生产。首先，引进监督和评估机制，对粮食安全和农村发展政策进行监控。其次，加强农业方面的科研工作，培养技术人员，促进农业现代化。在实施减贫战略的第一年，安装了280个脚踏式水泵，可灌溉158公顷土地，并恢复了

穆郎比水渠和卢贡博灌溉网络。此外，在基隆多省新建了3公里的水渠。尽管2007年粮食作物总产量增加，但农村人口的食品安全状况仍旧堪忧，主要是蛋白质重要来源豆类作物减产37%所致。越来越多的家庭需要到市场上购买粮食，说明布隆迪的粮食生产满足不了国内需求。粮食价格的波动也影响到人口的营养状况，低收入家庭受到的影响尤为显著（参见表4－4）。

表4－4　布隆迪粮食作物的生产情况

单位：千吨

	1998~2003 (平均)	2004	2005	2006	2007	2008 (预计)	变化（%） 2008/2007	变化（%） 2008/88~93
谷　物	298	280	290	282	290	289	-0.3	-3.0
豆　类	369	252	250	238	239	232	-2.9	-37.1
根茎类	1433	1649	1575	1458	1518	1573	3.6	9.8
香蕉和大蕉	1563	1590	1636	1663	1709	1779	4.1	13.8
总　计	3663	3771	3751	3641	3756	3873	3.1	5.7
增长（%）	—	2.9	-0.5	-2.9	3.2	3.1	-1.4	—

资料来源：国际货币基金组织2009年3月布隆迪国别报告。

三　经济作物

布隆迪主要的经济作物为咖啡、茶叶和棉花，它们是布隆迪出口贸易收入的重要来源。2007年经济作物的产值为473.8亿布郎，占农业总产值的17%、GDP的7%、全部出口收入的90%。

1. 咖啡

咖啡是布隆迪最重要的经济作物，也是最主要的出口创汇产品，咖啡出口一直占全国外汇收入的80%以上，尽管近年来，内战影响了咖啡的生产，加之国际市场上咖啡价格不断下滑，咖啡在出口中所占的比重不断下降，但咖啡仍旧是布隆迪的第一大出口创汇物资。

咖啡的种植于20世纪30年代由比利时人引入，已有70多年的种植历史。布隆迪的咖啡主要种植在海拔1250～2000米的山区，白天热，早晚凉，非常适宜咖啡生长，而且所产咖啡品质较好。布隆迪的咖啡有两个品种：东非阿拉比卡咖啡和硬咖啡。阿拉比卡咖啡是主要的种植品种，硬咖啡主要种植在因博地区1000米以下的低海拔平原地带，产量仅占4%。根据加工方法的不同，布隆迪生产的阿拉比卡咖啡分为两种类型：水洗咖啡是利用传统的手工办法加工而成的，分5个等级；完全水洗咖啡是用1980年引进的设备加工的，分7个等级。两种方法都是为了去除果壳，生产生咖啡豆。水洗咖啡的品质和利润都比较低，产量在不断下降。

咖啡种植面积约为6万公顷，主要形式为家庭农户种植，在布隆迪有近100万人从事咖啡的生产。咖啡种植仅占少部分不用灌溉的土地，但产量较低。大部分咖啡种植户拥有150～300棵咖啡树，每棵树可年产250克咖啡。当然，也有不少家庭拥有上千棵咖啡树，但是没有形成商业化的咖啡种植园。国营的布隆迪咖啡公司管理着咖啡的加工和出口，负责对咖啡豆的品质进行评估，确定其等级，并且向农民提供技术指导、农药和杀虫剂。

到了20世纪90年代，咖啡行业中的矛盾和问题益发明显，对严重依赖咖啡的生产和出口的布隆迪经济产生了强烈影响，表现为咖啡生产数量和质量衰退；世界市场价格过低；产业管理和加工生产结构过于死板；咖啡领域的决策没有咖啡生产商的参与；国内生产成本加大；国外资金潜力得不到利用等。1990年初，布隆迪开始吸引私人资本向咖啡行业投资，并放松布隆迪咖啡公司对咖啡出口的垄断，代之以公开拍卖的体制。布隆迪咖啡公司进行了重组，负责发展和协调包括销售在内的咖啡业的整体战略。咖啡公司董事会由政府代表、咖啡种植园主、加工企业业主、金融部门和出口商组成。然而，当决定销售计划、价格、自由化、私有化等问题时，还是以咖啡公司领导的意见为主，政府也间接地发挥着决定性作用。通过改革，政府经营的133个咖啡水洗加工站点转归咖啡水洗加工管理公司（SOGESTAL）的5个地区分公司管理，成立了布隆迪咖啡脱壳、加工公司（SODECO），以推动基特加和布琼布拉两个加工厂的咖啡出口。1993年开始的政治危机打断了改革进程。

自1993年10月布隆迪发生内战以来，咖啡生产受到严重影响，产量也随之下降，加上国际社会的制裁及禁运、国际市场上咖啡行情的不景气、价格起伏不定，咖啡出口的外汇收入跌入低谷，给布隆迪的经济和社会发展带来不利的影响。1993年，咖啡的出口收入仅为3600万美元，对比1991年的7400万美元下降了51.3%。在接下来的两年里，由于国际市场上咖啡价格显著回升，咖啡出口收入在1994年超过了9300万美元，在1995年则为8000万美元。然而在贸易禁运的影响下，1996年的收入急剧下降到2500万美元。1997年，咖啡出口商经由赞比亚、安哥拉和刚果共和国辗转将咖啡运送出去，出口收入增长了近两倍，达到7700万美元。1998年，尽管化肥短缺和种植园的老化导致产量下降（16000吨），但国际咖啡价格的提高仍然使当年的收入与前年相仿。1999年，咖啡获得丰收，产量比前一年增长了近一倍（31048吨），但价格的下跌则使当年的出口收入仅为4200万美元。布隆迪开始着手更新种植园，更换了一些咖啡树。

2000年布隆迪发生了严重的旱灾，许多咖啡树又遭遇病虫害，加上局势不稳定和化肥短缺，咖啡产量下降了40%，为18503吨。2001年情况依然没有好转，产量进一步下降到15834

吨，收入也减少为 2300 万美元。2002 年的产量又下降了 17.8%（13020 吨）。2003 年，咖啡获得大丰收（32000 吨），出口收入为 2268 万美元，占出口总值的 58.5%。2004 年的产量是 30 年来最低的，仅为 5600 吨。2005 年由于咖啡生长季节雨水充沛，加上田间管理较好，产量大幅度提高，约为 3.8 万吨。自 2000 年来，国际市场的咖啡价格从 1999 年的每磅 1.02 美元降至 2001 年的 0.50 美元，2003 年末为 0.60 美元。由于越南开始成为国际市场咖啡的主要供应国之一，导致供过于求，咖啡价格的下跌看来可能不是价格周期性的起伏，而将是一个长期的趋势。布隆迪因出口量相对较小且运输费用高，在市场竞争中处于不利地位（参见表 4 – 5）。

表 4 – 5 咖啡的产量与价格情况

	2000/2001	2001/2002	2002/2003	2003/2004	2004/2005
产量（生咖啡，吨）	18584.5	16206.9	36225.8	5673.4	38254.0
完全水洗	10212.5	10952.0	28235.8	5083.7	32312.6
半水洗	8282.0	5025.0	7990.1	589.6	5941.4
硬咖啡	90.0	229.9	0.0	0.0	0.0
出口（百万美元）	21.7	16.3	33.4	6.5	61.6
价格（布郎/公斤）					
完全水洗	500.0	500.0	646.5	660.0	968.0
半水洗	450.0	450.0	592.1	592.1	646.3
世界市场咖啡价格指数（1990 = 100）	84.6	51.6	55.0	67.5	75.3

资料来源：国际货币基金组织 2006 年 8 月布隆迪国别报告。

为了振兴咖啡业，布隆迪政府正在积极采取措施，加大恢复咖啡生产的力度，并继续推进咖啡企业私有化进程，以便扩大咖啡出口和提高创汇能力。布隆迪政府计划将布隆迪咖啡水洗加工管理公司属下的咖啡水洗站分 5 个标向社会公众出售，即卡扬扎水洗管理公司标（25 个水洗站）、基利米罗水洗管理公司标（32 个水洗站）、基隆多—穆因加水洗管理公司标（25 个水洗站）、穆郎维亚水洗管理公司标（23 个水洗站）、恩戈齐水洗管理公司标（28 个水洗站）。布隆迪咖啡公司也开始进行私有化改造，将国家持有的股份出售给个人，出售的股份是咖啡去果肉加工厂、脱壳厂、咖啡储存仓、国家咖啡公司等。

2. 茶叶

茶叶是布隆迪除咖啡外最重要的经济作物，也是占第二位的创汇产品，出口占全部产量的 97% 左右。大约 50% 的布隆迪茶叶在肯尼亚的蒙巴萨交易，其余大部分出口到巴基斯坦和英国。布隆迪的气候条件非常适宜茶叶的生长，种植面积约为 8600 公顷，现有 5 万农户从事茶叶种植，茶叶生产加工企业的从业人员（包括合同工、日工）为 9000 人。3/4 的茶叶来自家庭种植，其余的是由布隆迪茶叶公司所属单位种植的。布隆迪茶叶公司成立于 1971 年，属国家所有，拥有 5 个茶园及茶叶加工厂，是绿茶加工的垄断企业。布隆迪茶叶公司同时负有帮助茶农的义务，免费提供种子并以成本价贷款销售化肥和除草剂。

20 世纪 90 年代初期，在法国发展机构和欧洲发展基金的资助下，布隆迪的 5 个茶叶种植园得到了较大发展。1994 年的茶叶产量达到 6862 吨，比 1993 年的 5520 吨增加了 24.3%，1995 年的产量又增长了 1.7%，达到 6982 吨。然而在 1996 年，由于特扎茶厂遭到了破坏，产量下滑到 5716 吨，1997 年进一步减少到 4169 吨。1998 年，特扎茶厂重建，茶叶产量恢复到 6669 吨。随着地区贸易禁运的解除，布隆迪茶叶公司在 1999 年 1 月将每公斤茶叶的价格从 33 布郎上调到 45 布郎，以刺激生产的增长，这一年的茶叶产量达到了 6865 吨。2000 年虽然遭遇了旱灾，但茶叶产量依然增长到 8240 吨，加之 2000 年国际市场上每公斤茶

叶的价格上涨了 0.1 美元，达到 1.8 美元，故而当年的茶叶生产创造了高价值，但由于向邻国卢旺达走私茶叶数量增加，布隆迪国内市场的茶叶供应出现了短缺。2001 年的茶叶产量攀升到 9009 吨，但 2002 年减少到 6841 吨，2003 年复又增加到 7236 吨（参见表 4 - 6）。

表 4 - 6　茶叶生产与出口概况（2001～2005）

年　　份	2001	2002	2003	2004	2005
种植面积（公顷）	8114	8625	8758	8823	8883
家庭种植	6138	6649	6782	6847	6907
工业集团	1976	1976	1976	1976	1976
绿茶生产（吨）	44041	33236	35219	38222	39263
产量（公斤/公顷）	5428	3853	4021	4332	4420
干绿茶生产（吨）	9009	6841	7236	7793	7903
特扎茶厂	1634	1662	1672	1840	1949
鲁维古拉茶厂	2790	1832	2014	2198	1859
托拉茶厂	1652	1179	1478	1496	1723
杨达茶厂	2190	1514	1577	1570	1771
布霍罗茶厂	743	654	495	689	601
出口（吨）	8743	6515	6905	7361	7374
库存（吨）	3573	2221	1399	1545	1683
价格（布郎/公斤）	1370	1155	1094	1243	914
生产价格					
种植	75	80	100	100	110
采摘（工业集团）	15	16	20	24	30
平均出口价格	1054	1247	1570	1555	1256
商业运费	170	200	231	212	220
出口价格	884	1047	1399	1343	1036

资料来源：国际货币基金组织 2006 年 8 月布隆迪国别报告。

近年来，茶叶在布隆迪出口收入中所占的份额越来越大。1985 年，茶叶占出口总值的 5.3%，1993 年达到 12.6%。1999 年，茶叶的出口值为 61.33 亿布郎，占出口总值的 19.8%；2000 年出口值为 86.94 亿布郎，占出口总值的 24.6%。2002 年的茶叶出口值占到了当年前 10 个月全国出口总收入的 35.6%，而同期咖啡在出口总收入的比例则从 1997 年的 87.6% 下降到 43.6%。2003 年的茶叶收入为 116.6 亿布郎，占全国出口总值的 26.3%。

布隆迪茶叶公司处于严重的亏损状态，尽管每年公司赢利 10 亿布郎，但到目前为止，布隆迪茶叶公司所欠外债达 130 亿布郎。2003 年 12 月，政府宣布将对布隆迪茶叶公司实行私有化，与茶农组建联合体，实行股份制，让茶农入股。布隆迪茶叶公司计划引种新的茶叶品种，提高茶叶产量。同时，由于制茶设备陈旧老化，需要更新，公司将利用 100 万欧元的茶叶发展基金对茶叶加工设备进行改造。

3. 棉花

棉花是布隆迪第三大经济作物，主要种植区域分布在鲁济济（Ruzizi）平原和坦噶尼喀湖附近地区。棉花的生产同样也是由国家控制的，布隆迪棉花经营公司（COGERCO）负责棉花的收购和经营，布琼布拉纺织厂也属于国营企业，它直接销售坯布和印花布（参见表 4 - 7）。

棉花过去曾是布隆迪的第三位出口产品，仅次于咖啡和茶叶，几乎全部出口到比利时。1987 年棉花占出口总收入的 5.7%。此后，大雨摧毁了 600 公顷的棉田，产量也随之急剧下降，1993 年棉花仍占出口总值的 5%。内战的爆发强烈冲击了棉花的生产，许多农民放弃了棉花种植。由于没有利润，棉花种植的发展受到严重影响。1994 年的产量比前一年减少了近一半，仅为 4915 吨。在随后的几年里，因棉农为躲避战乱迁移到别处，棉花产量持续下降。1996 年棉花的出口中断，只能在国内市场

表 4 – 7　棉花的生产与出口概况

年　　份	2001	2002	2003	2004	2005
种植面积(公顷)	3115	3656	3934	5281	5058
北部	1138	1409	1334	1478	1447
中部	575	611	577	927	758
南部	1035	1168	1332	1813	1965
莫索	367	468	691	1063	888
种植者数目	17000	17050	17650	17781	17795
籽棉产量(吨)	2888	3062	3570	4731	4442
一等	2801	3062	3570	4731	4442
二等	87	0	0	0	0
单位产量(公斤/公顷)	927	838	907	896	878
轧棉效率(%)	43	43	43	43	43
棉纤维(吨)	1238	1302	1535	2041	1921
一等	1201	1302	1535	2041	1921
二等	37	0	0	0	0
绵籽产量(吨)	1567	1639	1937	2556	2417
消费和出口(吨)					
国内消费的皮棉	1200	1333	1277	794	1028
出口皮棉	0	0	0	0	2300
库存皮棉(年末)	239	554571	868402	1768848	880
棉籽的消费					
炼油厂	1219	1251716	1583693	1896554	1928740
种子	308	328815	305536	380601	324038
动物饲料	39	58830	18015	279408	162751
价格(布郎/公斤)					
皮棉的地方价格	920	993	1184	1419	1349
籽棉的生产价格					
一等	135	170	190	200	200
二等	120	150	130	180	180
同等的皮棉价格					
一等	315				
二等	273				
炼油厂收购棉籽价格	47	47	47	50	50

资料来源：国际货币基金组织 2006 年 8 月布隆迪国别报告。

销售。棉花种植面积在 1996 年和 1999 年减少了一半，从业人员减少了大约 1 万人，产量也不断下降，1997 年为 2381 吨，1998 年恢复到 3300 吨，但 1999 年在旱灾的影响下又减少到 2300 吨，2000 年略有增加，产量为 2900 吨。2001 年的暴雨影响了基隆多省的棉花生产，加上安全形势的因素，近两年的棉花生产仍然没有多大起色，2003 年的产量为 3200 吨，仅比前一年增加了 6%。

布隆迪的棉花质量很好，但价格很低，美国对棉花的补贴给国际价格带来了负面影响，加之棉花公司经营不善、纺织厂生产不足增加了固定成本比例。为了降低成本，公司给棉农的价格非常低。当前，棉花的销售前景并不乐观。近十几年，棉花价格持续下跌，从 1950 年的每公斤 5 美元下跌到 2002 年的每公斤仅 1 美元，加之世界市场对棉花的需求急剧减少，棉布总消费量在 1960 年降低到 70%，到 2002 年已少于 40%。布隆迪政府正在力图扭转 1993 年后棉花生产的颓势，着手推行棉花生产的私有化和自由化计划，并使布隆迪纺织厂的设备现代化。

4. 蔗糖及其他经济作物

在莫索（Mosso）地区的东南部，由非洲发展银行、石油输出国组织和阿拉伯非洲经济发展银行资助实施了蔗糖综合发展计划，在邻近布琼布拉的莫索高原建立了甘蔗种植园和一个榨糖厂，计划在 90 年代初满足 90% 的国内蔗糖需求，并具备出口的潜力。但是，内战和种植面积的不足阻碍了布隆迪蔗糖种植业的发展。来自坦桑尼亚的叛乱分子常常发动袭击，破坏生产。2000 年 10 月，叛乱分子袭击了一个水泵站，焚毁了"莫索糖业协会"的拖拉机。在战乱和干旱的双重打击下，布隆迪的蔗糖产量从 1999 年的 20620 吨下降到 2000 年的 18038 吨。现在，布隆迪已经成为一个蔗糖净出口国，但出口量变化很大，1995 年为 4

吨，1996 年为 3261 吨，1997 年为 300 吨，1998 年为 932 吨，
1999 年为 1675 吨，2001 年为 5213 吨，占全部出口收入的 5%。
2001 年 1 月，古巴向"莫索糖业协会"提供在古巴的甘蔗园和
炼糖厂培训的奖学金。2002 年，"莫索糖业协会"将产量提高了
2000 吨，达到 20000 吨，并向邻国出口了 4553 吨蔗糖。2003 年
的产量略高于前一年，出口量为 3163 吨，收入为 13.2 亿布郎，
占出口总值的 3.1%。2004 年，布隆迪甘蔗制糖厂共产糖 20100
吨，是该厂建厂 18 年来第四个产糖量达 2 万吨的年份。

为了减轻贫困，布隆迪力图实现经济多元化，减轻对咖啡种
植的依赖，开发新的经济增长点。国家计划采取行动，帮助种植
咖啡的农民转向生产西番莲果、木瓜、奇异花卉等高附加值的出
口作物、水果、蔬菜和花卉。布隆迪的气候和地理条件适合种植
高质量的水果和蔬菜。1980 年初已开始水果、新鲜蔬菜及鲜花
的种植，到 1996 年产量达到 1076 吨，这些产品都销售到欧洲，
但到了 2002 年，出口量下跌到了 35 吨。出口下跌的主要原因是
航空运输难以保障，运输周期太长，此外，布隆迪直达欧洲市场
的航线已中断。因安全问题，进入地区市场很困难，并难以保障
新鲜产品出口。另外，布琼布拉机场没有水果、鲜花的保鲜设
备，商业贷款成本高，缺乏质量控制手段和可靠的出口商。然
而，这个领域仍然可成为有生气的非传统产品出口领域。

四　畜牧业

布隆迪境内多山，牧场面积占国土面积的 30%，天然
牧场为 147.7 万公顷，牲畜以牛、羊为主，肉类主要
供内销，皮张供出口。畜牧业原来比较发达，但其发展一直受到
传统社会观念的影响，传统观念认为牲畜的多寡是财富、地位的
象征，导致畜群规模过大，利用率却很低。现在由于环境资源的
恶化，畜牧业已呈现倒退趋势（参见表 4-8、表 4-9）。

表 4 – 8　主要牲畜数量

单位：万只

年份	2004	2005	2006
牛	32	31.5	32.5
猪	7	7	7
绵羊	21.5	23	23
山羊	75	75	75
家禽	410	430	430

资料来源：联合国粮农组织。

表 4 – 9　畜牧产品

单位：吨

年份	2004	2005	2006
牛肉	8600	9100	9100
羊肉	3900	4000	3900
猪肉	4100	4200	4200
家禽肉	5800	6100	6100
牛奶	18600	19300	19300
羊奶	9000	9000	9000
蛋类	3000	3000	3000
牛皮	1800	1800	1800

资料来源：联合国粮农组织。

在 20 世纪 90 年代初，皮张的销售增加，成为最有价值的出口收入来源之一，在 1994 年达到 6.41 亿布郎。然而，畜牧业的发展也受到内战的影响。在 1995 年、1996 年，牧民迁移了整个畜群（一些牛被反政府武装用来探测在军营周围的地雷），出口收入因此锐减，在 1998 年为 3210 万布郎。1999 年，皮张的出口增加到 7680 万布郎，2000 年为 8880 万布郎。2001 年出口量

为 479 吨，仅比 2000 年少 4 吨，但出口值下降到 4740 万布郎。由于禁运导致了牲畜用药物的匮乏，在 1999 年 3~7 月间，布隆迪东部地区暴发了口蹄疫。2000 年的干旱迫使人们不得不宰杀牲畜，加上反政府武装偷盗牛只，畜群蒙受了重大损失。2002 年 12 月，穆郎维亚和穆瓦罗省再度暴发口蹄疫，一个主要原因就是牛群的主人买不起清除疾病所需的疫苗。2003 年初，法国宣布出资 7000 万布郎以帮助 40 个农民社群发展新品种牛羊的养殖业。根据联合国有关机构的统计，在 1993 年的内战后，牛、小型反刍动物、猪和禽类的数量分别减少了 11%、38%、67% 和 51%。2003 年 9 月，联合国粮农组织估计东部鲁伊吉省大约 80% 的牛只和 50% 的小型反刍动物受到叛乱组织的劫掠。2003 年，布鲁里省暴发了口蹄疫和猪瘟热。布隆迪政府向锡比托克、基特加、卡鲁济、卡扬扎省的农民发放了牛羊，以促进畜牧业的发展。2004 年 2 月，农牧业部部长宣布与肯尼亚、马拉维和南非的兽医实验室合作发展一种新疫苗以消除口蹄疫。根据联合国粮农组织的估计，2006 年布隆迪约有 32.5 万头牛，23 万只绵羊和 75 万只山羊，总价值比上年增长了 22%，达到 290 亿布郎。

五　林业

布隆迪人工林的发展可以追溯到 20 世纪早期，人们开始意识到保护自然的森林资源以及人工造林的必要性。到了 1948 年，森林资源日渐枯竭促使当局成立了一个服务性机构，主要负责保护天然森林和人工林的管理工作。在 1960 年代晚期，布隆迪政府制定了明确的林业政策。1970 年代，布隆迪认识到环境保护的重要性，采取措施确定森林保护区的边界。1978 年，布隆迪政府开展了大规模的造林计划，目标是使森林覆盖率达到国土面积的 20%。1980 年 3 月，布隆迪通过了关于建立国家公园和自然保护区的法律。在 1982 年的第二届森林研讨会上，确立了下列目标：每个家庭植树 300 棵，使家庭林地达到 20 万公顷；种植 30 万公顷的人工林；保护 4.1 万公顷的山地森林和 1.5 万公顷的热带草原林地，森林总面积达到 58 万公顷，合国土面积的 20%。到 1980 年代末，林业部门在鼓励当地居民造林方面取得很大进展，不仅增加了森林的面积，也满足了居民对食物、燃料和其他林业产品的需求。在立法方面，布隆迪 1985 年通过了森林法，1986 年通过了土地法。森林法废止了以往许多相互矛盾的立法。

1992 年，乡镇和政府造林的面积约为 9.5 万公顷，布隆迪的森林面积达到了 21 万公顷，森林覆盖率从 1978 年的 2% 增加到 8%，约占国土面积的 8%。在国家内乱前，国有天然森林为 5.6 万公顷，一般森林 5.5 万公顷，原始森林 1.9 万公顷，县级所有森林 1.1 万公顷，乡村所有森林 6 万公顷。但自 1993 年 10 月以来，布隆迪的林业遭到了内战、乱砍滥伐和野火的严重冲击。大批人口流离失所，1994 年后卢旺达难民涌入了北部地区。1992～1998 年间，有 4 万公顷被毁，特别是在 1998 年后，每年被毁面积达 2%。

布隆迪每年森林的砍伐量高达 2%，即每年有 3 万公顷的林木和 1.7 万公顷的天然森林被毁。为满足现今近 700 万人的建设和生活必需，每年需要木材 1137.5 万立方米，其中家庭做饭用材 1050 万立方米，家具类用材 59.5 万立方米，建筑用材 28 万立方米。1993～2004 年间，天然森林面积已经从原来的 5.6 万公顷减至 4 万公顷，国家森林从 8 万公顷减至 5.72 万公顷，县乡森林从 1.1 万公顷减至 7000 公顷。布隆迪现有森林（包括人工种植）面积约为 18 万公顷。发展林业的当务之急是要扩大森林种植面积，提高森林覆盖率，改善森林结构，强化木材采伐、销售、税收管理机制。

六　渔业

布隆迪的渔业据估计仅占全国农业生产总值的 1%，占 GDP 的 0.5%。尽管这个数据表明渔业在布隆迪国民经济中的作用并不大，但鱼类作为布隆迪特别是坦噶尼喀湖沿岸地区居民食物来源的作用不容低估，鱼类占布隆迪人全部动物蛋白质来源的 30%，是一些居民赖以维持生活的最重要的营养物质。在湖区和布琼布拉、基特加和恩戈齐等大城市里，鱼类是最主要的动物蛋白质来源。此外，渔业在就业方面也具有重要意义，从事手工捕鱼的渔民的收入高于全国平均水平。

布隆迪的鱼类几乎全部都产自坦噶尼喀湖，坦噶尼喀湖的面积和深度使其具有海洋的一些特征。在 20 世纪，由于人口的急剧增长以及技术的引进与发展，坦噶尼喀湖的鱼类产量大幅度提高。1995 年，布隆迪在坦噶尼喀湖的鱼类产量为 21000 吨。布隆迪境内的小湖泊，特别是北部与卢旺达交界处的科瓦湖等湖泊，有罗非鱼和鲇鱼的渔场，但它们在全国鱼类产量中所占的份额很低。鲁济济河、卡盖拉河、马拉加拉西河以及与其相联系的沼泽、漫滩仅出产少量的鱼类。

坦噶尼喀湖的鱼类生产一般可划分为传统型、手工型和工业型。传统的渔业主要使用捞网（并结合用火光或灯光来吸引鱼群的方法）来捕捉鲱鱼，使用刺网、多钩长线、收执钓线、陷阱、长矛或毒药来捕捉水底的鱼类。大多是一两个人驾驶着独木舟（有些小船装有大三角帆）进行这种传统的捕鱼作业，收获的鱼类主要用于自己消费。近几十年来，采用这种捕鱼方式的人越来越少。据估计在 1995 年，在布隆迪坦噶尼喀湖沿岸的 54 个停泊点，大约有近 700 艘独木舟。

在坦噶尼喀湖进行手工捕鱼主要是出于商业目的，使用升降网。自从 20 世纪 50 年代引入升降网以来，手工捕鱼的发展十分迅速。这种捕鱼方法通常是由四五个人驾驶着两条铺装木板的独木舟,用杆子连在一起构成双体船,由舷外的发动机驱动,并配备有电压灯。在 90 年代,又引入了大型的升降网,大幅度增加了捕鱼的能力,使之与用拖拉大围网捕鱼的效率不相上下。用升降网主要捕捞的是鲱鱼。在 1995 年,布隆迪大约有 630 个这样的捕鱼组合。

工业捕鱼通常由一艘 16~20 米长的钢铁主船、一艘小型的撒网船和三四条轻快的小船构成,需要 20~40 个人合力操作。在 20 世纪 50 年代,希腊人将这种捕鱼方式引入布隆迪,由于鱼类资源的减少,从 90 年代起,工业捕鱼的收获量日趋降低,1994 年每个工业捕鱼集团捕获量为 166 公斤,在 1996 年减至 111 公斤。在 1992 年,布隆迪还有 13 个工业捕鱼集团,到 1995 年仅有两个还在进行捕鱼作业。

布隆迪的地理和水文特征使之适宜发展水产养殖业。在 20 世纪 50 年代引入了水塘养鱼的方式,但成果甚微。1985 年,美国援助组织帮助推广一种饲养罗非鱼的简单技术,农村的养鱼业再次发展起来。一些其他的非政府组织也帮助农民发展小规模的养鱼业,在 80 年代晚期引起了广泛的关注。联合国粮农组织在 1987 年实施了一个长期的发展规划,以便在布隆迪全国促进水产业的发展,粮农组织负责在协调和管理方面提供技术帮助。在 90 年代初期,布隆迪有 2000~3000 名养鱼人,每年池塘鱼产量为 40 吨。养鱼业的发展前景十分光明,布隆迪在 1998 年开始实施一项新的计划,以便进一步推动水产养殖业的勃兴。

首都布琼布拉和沿湖的各港口及停泊点都有道路相连,捕获的大部分鱼类在这里进行交易。布隆迪法律规定,采用工业捕鱼方式捕获的所有鱼类都必须在布琼布拉交易。手工捕鱼捕获的鱼类一般先在湖滨晾干,然后再卖掉,在雨季捕获量达

到最高峰时，常常造成严重的浪费。为了提高鱼类的加工效率和产品质量，联合国粮农组织、联合国开发计划署和世界银行曾经在 20 世纪 70 年代中期推行了一系列的发展规划，建立了熏制、腌制、烘制和包装鱼类产品的设施，但都收效不大。

由于捕鱼技术特别是机械化捕鱼方式的发展，坦噶尼喀湖出现了过度捕捞和鱼类资源急剧减少的现象。今后，渔业发展的重点主要集中在可持续发展战略方面。在鱼类产品的加工和市场销售环节上，也可以提高效率，通过减少浪费和污染来增加供应量。其他的发展措施致力于恢复坦噶尼喀湖中心地区的鱼类资源，使之具有每年最少提供 750 吨罗非鱼的潜力。此外，小规模的池塘养鱼业也是布隆迪渔业发展的重要途径。

内战影响到布隆迪的渔业生产。1996 年 4 月，布隆迪政府禁止在坦噶尼喀湖捕鱼，因为有消息称来自扎伊尔和坦桑尼亚的叛乱分子利用坦噶尼喀湖作为中转路线。1998 年，湖区的安全形势好转，禁令取消，捕鱼活动得以恢复。2003 年中期，出于安全原因的考虑，政府规定坦噶尼喀湖的捕鱼活动只准许在白天进行。据联合国有关机构的统计，在 1993 ~ 2000 年间，渔业产量下降了 37％。布隆迪政府在 2002 年鼓励北部小型湖泊水产品的发展。2007 年，渔业产量比预期的 14407 吨减少了 2907 吨，同比减产了 18％。产量下降主要是以下原因所致：使用禁用的蚊网捕捞鱼苗；湖岸湿地一带过度和无序的农业；捕鱼水域的水葫芦污染破坏了鱼类的产卵。

修建港口设施是提高渔业产量的先决条件。尼杨扎湖和卡亚加湖两个新开放的渔港将提高坦噶尼喀湖的捕鱼效率。保存和加工技术对渔业发展至关重要。发展水产养殖业对巩固食品安全有重要意义（参见表 4 - 10）。

表 4 – 10　渔业概况

单位：公斤

年份	传统水产品	人工捕鱼	工业捕鱼	总计
2000	458133	16365449	55320	6878902
2001	1062016	9010604	96700	10169320
2002	986996	13050922	138363	14176281
2003	677607	12737453	292499	13707559
2004	605057	12683885	225789	13514731
2005	696698	8703955	204224	9604877
2006	1036423	12849432	257688	14143543
2007	981302	10553668		11534970

资料来源：国际货币基金组织 2009 年 3 月布隆迪国别报告。

第三节　工业

一　概况

布隆迪在独立以前几乎没有什么工业。独立以后，工业虽有了一些发展，但也仅限于一些很小型的企业和加工厂。由于长期遭受殖民主义统治，布隆迪工业起步迟，基础非常薄弱，缺乏资金、技术和管理人才，后来才逐步建立起纺织印染、农具、火力发电、咖啡加工、茶叶加工等国营企业。

由于地理方面的局限性，布隆迪的进出口受到极大限制，因而，布隆迪的企业不得不储备大量原材料，以便将供应中断引起的损失降到最低点。企业平均储备 10 个月的库存原材料，其价值占全年生产总值的 39%，占全年原材料消耗的 89%。这种情况影响了企业资金的周转，提高了生产成本。此外，布隆迪企业设备陈旧，平均寿命都已超过 10 年，有些甚至超过 20 多年。工业企业的大部分设备是在 1975～1988 年期间装备的，此后，由于布隆迪政治危机、禁运和外汇匮乏等原因，机械设备只部分地进行过更换和更新，总体来说基本上已无法使用或非常破旧。企业只能依靠当地市场，勉力维持生产。面对日益扩大的竞争需要，不少企业只能减少资本储备金，有些资本不足的企业只能通过提高产品售价或降低质量的办法来弥补。与周边国家相比，布隆迪企业使用的工艺比现代工艺更消耗能源，其经营成本明显增加。加之，大量现代设备和加工工艺需要一定经济基础，特别需要可靠的电力能源供应，这些布隆迪也难以实现，成为工业发展的又一掣肘因素。

在实施第三个五年发展计划（1978～1982）期间，工业方面的投资比例较大，产量亦有相当的增长。1970～1982 年间，工业年均增长 8.6%。第四个五年发展计划（1983～1987）曾提出，工业发展方向以实现进口替代为主导，着重发展利用农业主要资源的加工工业，旨在推动工农业生产共同发展，实现产品多样化，并促进出口。在 1980～1990 年间，工业产值年均增长 4.5%。在 1990～2001 年间，由于受到内战的影响，工业产值平均每年下降 1.7%。战争中的破坏引起的电力供应问题，加上经济制裁导致的进口原材料的匮乏，严重影响了 1996 年的工业生产。尽管在 1997 年电力供应得到了改善，但进口原材料短缺仍然使当年的工业生产总值下降了 4.9%。1998 年，由于周边国家的禁运不那么严格，工业生产总值增长了 3.1%，达到 613 亿布郎，在此后的几年里，工业产值的增长率分别为23.1%、13.4%、16.5% 和 25.4%。2005 年，包括制造业、采矿业和建筑业在内的工业产值为 978 亿布郎，占 GDP 的16.7%。

二　制造业

布隆迪的制造业以轻工业为主，主要行业有农产品加工业、纺织、卷烟、化工、建材、农用工具等，啤酒业是布隆迪产量最高、效益最好的工业。布隆迪啤酒公司成立于1955年，是合资企业，60%的股份属于喜力啤酒公司，40%属于布隆迪政府，一向是布隆迪的纳税大户，在1996年提供了布隆迪40%的税收。制造业生产总值在1980～1990年间年均增长5.7%，但在1990～1999年间平均每年下降5.0%。根据国际货币基金组织的估计，制造业的生产总值在2000年增长了3.2%，在接下来的几年里，基本上维持在这一水平上。2005年的制造业产值大约占工业产值的45.2%，占GDP的7.6%。

中国援建的布琼布拉联合纺织厂是布隆迪最大的国营企业，拥有1.5万枚纱锭，528台织布机和相应的印染设备，年印染加工能力为900万米，厂区占地面积11公顷，总建筑面积3.54万平方米。主厂房为钢结构及钢筋混凝土结构，建筑面积2.63万平方米。1980年建成投产后，产品花色品种增加到1200多种，有些产品还荣获1986年西班牙国际博览会金质奖章。纺织厂在20世纪80年代进行了两次技术改造和扩建，由中国纺织工业对外公司承建。1985年8月绒布设备安装完毕，9月试车，一次生产出合格绒布，年加工能力为100万米。1987年2月涤棉设备安装完毕，年加工能力300万米。

在1993年内乱前，纺织业占GDP的11.5%，到1999年时，跌至7.3%。目前，布隆迪的纺织设备非常陈旧，生产效率低，产品质量差，成本高，缺乏竞争力。1995年末，高压线电塔的破坏使得首都布琼布拉的电力供应中断了几个星期，布琼布拉联合纺织印染厂等企业都因此暂时中断生产。布隆迪政府修复了遭到破坏的设施，并派军队进行监管。纺织厂的产量在1997年增

长了 11%，1998 年增长了 4.2%，因为卢旺达市场需求的扩大以及布郎的迅速贬值，1999 年的产量又增长了 15.7%，产值也相应地从 1997 年的 24.69 亿布郎增加到 1998 年的 36.69 亿布郎、1999 年的 55.16 亿布郎。然而，由于国内棉花产量下降，布琼布拉纺织厂不得不主要依靠进口原材料来维持生产。1999年 10 月，纺织厂签订了从马拉维进口 1000 吨棉花的合同。

除了纺织业外，制药厂、火柴厂、卷烟厂等大多数企业的生产在 1999 年都继续下滑，啤酒和饮料的产量分别下降了 5% 和11.5%。2000 年，制造业的生产普遍下降，布琼布拉纺织厂的生产下降了 45%，啤酒和饮料的生产也下降 9.4% 和 5.6%，卷烟下降了 18%，维隆迪（Verrundi）玻璃和制瓶厂停产倒闭，但塑料制品的生产增长了 134%，聚乙烯也增长了 62%。2001年，啤酒和饮料的生产又下降了 21%，导致产品价格的上涨，但布隆迪啤酒公司仍维持了质量最好的阿姆斯特金牌啤酒（Amstel Gold）的生产。2002 年初，为了刺激国内消费，政府同意啤酒公司将产品降价 10% 的要求。2002 年布隆迪的食品工业和纺织工业有所回升，但化工及其他工业的生产则继续下降。2001 年工业平均生产指数为 83.2%，2002 年工业平均生产指数为 83.4%，与 2001 年基本持平。在食品工业中，啤酒增长了25.5%，饮料增长 17.9%，啤酒的出口收入达 11.65 亿布郎，排在当年出口收入的第四位（前三位分别是咖啡、茶叶和蔗糖）。布琼布拉联合纺织厂在经历了 2000 年的减产后，在 2001年和 2002 年都实现了增产。2003 年，工业生产部门表现良好，增长了 12.7%。啤酒的生产增长了 16.5%，饮料增长了 8.8%，卷烟增长了 14.2%，服装和纺织品增长了 9.5%，药品增长了44.9%，但建筑材料的生产下降了 30%。在出口方面，啤酒的出口额为 11.06 亿布郎，卷烟的出口增长了近一倍，达到 7.46亿布郎（参见表 4－11）。

表 4 - 11 主要工业品 (2001 ~ 2005)

产品名称	单位	2001 年	2002 年	2003 年	2004 年	2005 年
啤酒	百升	702187	752549	876160	973117	1012471
普利默斯啤酒	百升	533368	540597	676682	764089	776201
阿姆斯特啤酒	百升	168819	211952	199478	209028	236270
汽水饮料	升	94405	111269	121064	119578	143574
棉籽油	升	86750	74800	125000	157850	135900
糖	吨	18186	17661	20268	20152	19058
动物饲料	吨	144				
卷烟	箱（1 万盒）	29306	31025	35439	37605	41905
油漆	吨	478	493	477	518	544
氧气	立方米	52906	45177	45883	39099	44627
聚乙烯	千克	179309	204355	158526	122364	103852
床垫	张	25265	19192	19264	21139	18799
塑料容器	个	147429	221201	180154	233007	112018
肥皂	吨	3072	3009	2824	3086	2975
香皂	吨	133	129	138	149	156
药品	百万布郎	950	590	855	677	494
火柴	箱（1000 盒）	12768	11670			
毯子	张	121598	103576	123217	106756	43253
布匹	百万米	6	7	70	5	5
聚氯乙烯管	吨	94	96	68	92	115
石棉水泥	吨	2510	1397	758	390	397
钢管	吨	17	59	44	98	19
卫生纸	吨	94	127			
瓶盖	百万个	147	160	110	11	
纸盒	吨	98				

资料来源：国际货币基金组织 2006 年 8 月布隆迪国别报告。

布隆迪规模小但多样化的制造业在地区性市场上有一定的竞争力。布隆迪于 2004 年 1 月加入东南非共同市场自由贸易区，进一步拓展了区域市场。布隆迪啤酒公司和布琼布拉联合纺织厂都在积极地利用这个机遇促进生产和出口。2002 年 4 月，布隆迪啤酒公司宣布投资 4000 万欧元来扩大经营规模，并将普利默斯（Primus）啤酒的价格下调 10%。纺织厂也宣布在中国政府的援助下开发更有竞争力的产品。而一些小企业则担心在加入自由贸易区、取消了关税保护后，难以同肯尼亚、乌干达和埃及的产品竞争。在布隆迪的道路交通全面恢复、实现全国范围内的和平与安全后，工业发展将会拥有更多的机会。

三 电力和能源工业

布隆迪的电力工业发展缓慢。布琼布拉和基特加省是主要用电区，布琼布拉省的消费量在 95% 以上。布琼布拉和基特加两个火力发电站每年发电量仅为 100 万～200 万千瓦，布隆迪所需的绝大部分电量来自刚果（金）的布卡武水电站。随着工业及乡村建设的发展，从 1976 年以来，电的消费量逐年增加。中国援建的穆杰雷水电站位于布琼布拉以南 20 多公里处，装机容量为 8000 千瓦，是布隆迪最大的水电站。该水电站和穆杰雷—布琼布拉高压输变电线路（长 14.5 公里）于 1982 年 6 月竣工并投入使用。此外，一些小型的水电站也建成使用。目前，布隆迪的能源主要来自水力发电，共有水力发电站 9 座，装机容量 30.9 千瓦时，与刚果（金）、卢旺达合资建设的水力发电站 2 座，可开发的水力资源为 30 万千瓦时。

1996 年 1 月，为了防止出现电力短缺或中断的情况，布隆迪政府花费 350 万美元购买了一座热电站，包括 4 台发动机，总发电量为 5200 千瓦。2001 年 3 月末，在政府军与叛乱武装的交战中，通向鲁济济二号（Ruzizi Ⅱ）水电站和卢维古拉

（Rwegura）水电站、提供全国 70% 电力供应的主电缆遭到了损坏。4 月初，叛乱武装破坏了卢维古拉电缆，布琼布拉的电力供应几乎全部中断。2004 年 1 月，布隆迪国家水电公司将水费和电费分别提高了 20% 和 25%。尽管布隆迪是一个电力进口国，但政府在 2002 年 9 月签订了一项互联协议，同意国家水电公司向坦桑尼亚的基戈马省出口电力。在开发其他能源方面，爱尔兰泥炭开发机构帮助布隆迪开发泥炭沼泽作为一项替代能源，1992 年开采了大约 1.2 吨的泥炭（参见表 4 - 12）。

表 4 - 12　电力供应和费用（2001 ~ 2005）

年　份	2001	2002	2003	2004	2005
电力供应(万千瓦时)	11392.1	12709.5	10445.5	9122.2	9923.9
进口	4075.0	4025.5	5702.5	7260.6	7120.4
鲁济济一号水电站	2998.1	2800.5	2613.2	3027.7	2028.4
鲁济济二号水电站	1076.9	1225.0	3089.3	4232.9	5092.0
电力消费	12215.3	11887.6	12409.3	12576.9	11979.1
工业用电	4207.7	4994.7	4227.9	6036.9	4389.1
电价(布郎/千瓦时)	53	60	64	80	78
石油制品(吨)					
消费	48093	64652	59174	55512	63788
进口	46304	65394	58405	56702	62446
库存	9565	5467	4647	5647	4002

资料来源：国际货币基金组织 2006 年 8 月布隆迪国别报告。

四　采矿业

截　至目前，布隆迪已经探明的矿产资源有镍、铁—钛—钒共生矿、金、锡及重金属、铌—钽、稀土、磷酸钙、碳酸钙、高岭土、大理石、白云石、泥炭、铂族（白金）

金属、石英、长石矿产等。

1. 镍矿

布隆迪主要的超碱岩高地大部分被红镍土覆盖。红镍土矿位于布隆迪南部的马班达（Mabanda）至坎库佐省（Cankuzo）的北部，穿越布隆迪中部地区，矿带宽度为 20 ~ 40 公里。在该地区的红镍土中，除含有镍外，还含有铜、钴、铂族金属。目前已经探明的三大主要矿区是穆松加迪（Musongati）、尼亚比克雷（Nyabikere）和瓦加（Waga），它们的氧化镍蕴藏量名列世界第六位。其中，穆松加迪镍矿土储藏量为 1.8 亿吨，镍含量 1.62%；尼亚比克雷矿区的镍矿土储藏量为 4600 万吨，镍含量 1.45%；瓦加矿区的镍矿土储藏量为 3500 万吨，镍含量为 1.38%。此外，在基热莫拉（Kiremera）、鲁图福（Rutovu）、鲁霍罗（Buhoro）、布基拉萨齐（Bukirasazi）、穆热迈尔（Muremere）、穆吉纳（Mugina）、恩扬日（Nyange）、松加（Songa）等地区，也蕴藏有丰富的镍矿资源，具体储量和含镍品位有待进一步勘察。

穆松加迪位于鲁塔纳省（Rutana）北部，在基特加东南方 60 公里处，是布隆迪迄今发现的最大的红镍土矿区，其成分为超碱复合矿。该矿区位于海拔 1700 米的高原上，它被两条小河分割为布安达（Buhinda）、吕巴拉（Rubara）和格于卡（Geyuka）三个矿区。该矿区中还有超碱岩红土和柔松岩石，两者所含的铁成分几乎相等。超碱岩红土除含有约 0.3% 的镍外，还含有针铁矿。针铁矿位于红镍土矿的表层，其化学成分显示，它的含铁量在 38% 以上。柔松岩石则位于红镍土矿的下层，含铁量低于 38%，但含有 16.2% 的镁。柔松岩的主要矿物成分是镁化硅。

穆松加迪红镍土矿区的镍土蕴藏量作过三次勘探调查，第一次是 1973 ~ 1974 年，第二次是 1976 ~ 1977 年，第三次是 1983 ~ 1984 年。第三次勘察仅在布安达矿段进行，勘察覆盖面占布安达高原（高地）的1/3，即4.34平方公里。前两次勘察为高密度勘察，勘察结果证明，该矿区镍矿富集。第三次对占布安达高地1/3的面积进行勘察的结果表明，该矿区的含镍量得到了认可，并且适合进行工业开采。布隆迪的穆松加迪镍土矿，与危地马拉、多米尼加、澳大利亚、菲律宾的镍矿相比，其含量相当，甚至要高于它们。此外，布安达区域除含镍矿外，还含有钴、铜、铂族金属。位于高地表层的穆松加迪镍矿，可用机械进行露天开采，而且开采量也很大，不存在排水、场地堆放、残留物（残渣）异地搬运等特殊问题。

美国全球石油公司矿产科学部和瑞士矿产局及苏尔泽兄弟公司（Sulzer Frères de Suisse）曾建立冶炼试验厂，对镍矿冶炼进行试验。试验结果表明，布安达矿区可采用常规湿法或者热（干）法来提取镍。美国曾经对布隆迪镍矿冶炼提取的经济效益作过可行性研究。研究表明，所有的镍矿都需经过热处理，把蒸汽作为热冶炼或降温冶炼。利用布隆迪丰富的泥炭资源作为加热燃料，以替代石油，可以较大地降低生产成本。但是，要开采布隆迪镍矿，有两个重要因素不可忽视，一是布隆迪电力供应严重不足，如一年开采3000万～4000万吨的镍矿，需要40兆瓦的电力，它超过了布隆迪目前全国的用电量。二是运输费用较高，从布隆迪运输至海口港肯尼亚的蒙巴萨港或坦桑尼亚的达累斯萨拉姆港，运距较长。

布隆迪目前镍矿勘探开采情况：自1993年布隆迪发生内战以来，因安全原因，布隆迪的镍矿开采基本处于停顿状态。随着安全局势的好转，2004年3月31日，布隆迪矿产与能源部已经向南非矿产勘探有限公司（Miner search of Africa limited）颁发了甲类勘探许可证，勘探范围为布鲁里省的鲁图福，基特加省的鲁霍罗、布基拉萨齐和坎库佐省的穆热迈尔地区，勘探品种为镍、钴、铜、铂（白金）。2004年5月21日，南非另一家公司也向布隆迪矿产与能源部提交申请，希望在坎库佐省的穆雷梅拉（Muremera）地区获得硫化镍的勘探权，目前，布隆迪政府对其申请尚在审核中。原已获得在穆松加迪地区开采许可证1999～2004年7月的安多弗（Andover）公司，由于安全原因而暂停开采，现该公司正向布隆迪政府申请延长5年的开采期。到目前为止，布隆迪的镍矿尚未开采。

2. 金矿

布隆迪的金矿主要分布在西北部的锡比托克省、东北部的穆因加省、东部的坎库佐省和布隆迪中部地区，储量尚缺乏准确数据。

锡比托克省的金矿主要是金砂矿。1930年由米耐坦（Minetain）私人公司发现，并一直开采至1962年，采用人工开采，在1933～1940年间，开采量为2598公斤，在1940～1960年间，开采了2712公斤。由于金含量越来越少，米耐坦公司在1962年停止了开采。

1966～1974年，布隆迪央行对开采出的金进行收购。1979年，开采量仅9公斤，1980年改由私人收购，收购点就设在锡比托克和布班扎。此后，当地金矿开采为非官方开采，政府只发挥指导作用。1993年，在联合国发展计划署的帮助下，布隆迪国家矿产部地矿司对锡比托克省的金矿资源进行了勘探。从勘探结果看，该金砂矿常存在于褐铁角砾岩中，矿带长数公里，宽100多米。金矿在褐铁角砾岩的某些地段中，矿床长100多米，宽10米，矿土含金量平均为5克/吨。

东北部的穆因加省金矿，与石英石矿接壤，但金矿常独立存在，与黄铁矿混合的情况很少，与火成岩也不相关。在布隆迪东北部地区，在某些区域作了十年的勘探，证实该地区确实蕴藏有金矿。从目前所知道的金的各项指标数据以及褶皱结构之间的关系，获得了金矿区勘探走向的宝贵资料。1988年，布隆迪矿产公司与卡塔尔多哈矿产投资公司（Mannais Investisment Company de Doha）组成合作公司，对该地区进行金矿勘探，其中，布隆迪政府占有 25% 的股份，卡塔尔多哈矿产公司占有 75% 的股份。地质勘探、T. M. 空间图片、航空拍照及地球物理学等勘探研究，获得了 20 个很有价值的金矿指标。在布提达（Buthida）区域发现了好几处含有金的石英石矿。

　　达马河（Dama）和吕齐巴里河（Ruzibali）上游金矿位于布琼布拉市东南部，交通便利。这两个金矿过去已发给米耐坦和索穆基（Somuki）两个私人公司准采证，但开采获得率很少。地矿司曾作过辐射、地质摄影、地质化学结构和地质结构等方面的勘测，并对上述两河流域的三个淘金河段作过开采前景评估。从电石化石英物体、石英矿脉以及褐铁砾岩取样分析，其含金率有开采价值。

　　近几年，布隆迪全国的黄金开采量约 1～2 吨，全部为人工开采，由私人黄金收购代理商收购后出口。

　　3. 钒

　　钒矿分为原生钒矿和氧化钒矿。目前布隆迪已经探明的原生钒矿储量为 970 万吨，钒含量 0.63%，断口含量为 0.2%；氧化钒矿为 210 万吨，钒含量 0.60%。在布隆迪中部距基特加省会 13 公里处的穆坎达（Mukanda）地区，发现有钛磁铁—钒共生矿。1979～1984 年，布隆迪地矿部在联合国开发计划署的帮助下，由挪威公司组织勘探，1985 年完成初步可行性报告。铁—钛—钒存在于辉长岩和三斜长石复合矿物中，辉长岩和三斜长石复合矿物面积约 100 平方公里，位于穆松加迪和穆坎达地区之间。矿藏为非规则型，倾角 50°，向南倾斜，矿脉斜向纵深线与地表线构成一个近似三角形。该矿的勘探作业面为 100 米长，20～25 米宽，深 190 米，矿藏分布面广，分散于岩石之间，深度 20～25 米，勘探采用区块钻探，

钻探 47 孔，共计 5746 米，最大深度 220 米，作为主要矿体的钒磁铁矿，五氧化二钒（V_2O_5）的平均含量高于 10%。富集的钒矿从地表延伸至地下 80 米左右。非富集的弥漫性钒矿，从地下 35 米一直延伸至地下 220 米左右。在弥漫性钒矿斜面层的上部，是磁黄铁矿，其矿脉厚度与富集的钒矿矿脉相当，但矿脉长度比富集的钒矿矿脉还要长。此外，在地表至地下约 36 米之间，在富集的钒矿层下，伴有褐铁矿。研究报告认为，在开采的前 4 年，为露天开采，4 年后便转为地下开采。钒矿的精选采用重力法，用弱磁和强磁将钒分离，使钒矿富集。用弱磁分离法获取的钒可用于生产钒钢和钒铁制品。用强磁分离法获取的钒，制成球团后，进行焙烧、洗滤、淀析，制取五氧化二钒。

据布隆迪能源矿产部地矿司司长介绍，布隆迪其他地区也有钒矿，具体储量有待进一步勘察，但实际储量会超过目前探明的总量。直至目前，布隆迪的钒矿和氧化钒矿、磁黄铁矿尚未开采。

4. 铂族金属（白金）

在穆松加迪的镍矿中，含有铂族（白金）矿，尽管缺乏系统的勘探，但对一批样品进行分析后得知，铂含量为 5ppm。从鲁图福、瓦加、尼亚比克雷三个镍矿区超碱钻探试样的试验分析来看，铂族金属含量也许是可观的。布琼布拉北部的鲁济济河流域的冲积平原勘探表明，铂族金属矿的蕴藏情况值得进一步调查。

5. 重金属

在布隆迪的北部和西北部的冲积地区，曾有几个私人公司开办了几个规模很小的锡矿、铌—钽矿、锰铁钨矿开采点，开采出的初级矿向境外销售。虽然锡的价格不高，但米奥克勒（Muhokore）的初级锡矿值得进一步勘察，因为在米奥克勒地区，已经发现约 40 个厚度为 1 米的石英石矿脉，在某些地方，每吨矿的氧化锡含量可达 5 公斤。

6. 稀土

布隆迪从 1948 年就开始在加卡拉（Gakala）开采稀土矿，起初是露天开采，后来是地下开采。开采出的初级矿需进行浓缩（富集）处理。据现有资料得知，当时已经开采的初级矿为 5000 吨左右。1982 ~ 1983 年，布隆迪能源矿产部地矿司曾与德国合作，对加卡拉 5 个矿区的稀土矿作过评估，初级矿储量为 5000 吨左右，可获浓缩（富集）矿 3900 吨。为了了解其储量，布隆迪地矿司曾在穆拉果（Murago）和恩扬扎湖地区作过钻探，但目前没有具体资料。

7. 磷酸钙与碳酸钙

马同戈（Matongo）的磷酸钙与碳酸钙矿位于卡扬扎省，距离布琼布拉市 72 公里，国家一号路可达矿区，而且国家一号路可与卢旺达的基加利、乌干达的坎帕拉、肯尼亚的内罗毕及蒙巴萨港相连。矿区处于南北向的一狭小地带，长约 2 公里，宽 0.5 公里。磷酸钙、碳酸钙与鲁武布高原的碱复合物共存。1982 ~ 1983 年，英国硫化公司作了一个初步可行性报告，用剖面法（截面法）和地质统计法对磷酸钙储量作了一个计算，认为磷酸钙储藏量在 930 万 ~ 1730 万吨之间。1985 年，芬兰公司对该地区进行钻探，结果认为，碳酸钙储量为 244 万吨，断口含量为 42%。

美国国际化肥发展中心（I.F.D.C.）对用马同戈的磷矿（磷酸钙）生产磷肥作过评估。评估认为，该磷矿可通过磁浮选法和磁分离法使磷富集（浓缩），然后生产单一的超磷酸盐（SPS）和不完全型的磷酸盐（RPPA）。单一超磷酸盐的化肥质量与巴西的单一超磷酸盐的化肥质量相当。芬兰一家公司认为，磷酸钙矿石可采用露天开采，但碳酸钙矿石则需采用

地下开采。1991～1992 年，英国研究所对该矿的开采技术、经济效益进行过研究。目前，布隆迪的磷酸钙和碳酸钙尚未开采。

8. 高岭土

1985 年，中国曾派一个考察小组对布隆迪的两个高岭土资源作过考察，一个是恩戈齐省的微耶瓦（Vyerewa），交通便利，面积为 1 平方公里，储量为 1600 万吨左右，可生产陶瓷产品。另一个矿点是卡扬扎省南部的马同戈，距离卡扬扎省省会 20 公里，高岭土储量 270 万吨左右，可制作高级陶瓷产品。该矿曾用来作杀虫剂的生产原料，但开采量很少，目前基本没有开采。

9. 长石矿

1985 年，中国考察小组在布方的协助下，在卡扬扎省会北部 20 公里处的矿区作过考察，该矿区就在布隆迪国家一号路附近，预计储量 73 万吨，质量符合工业要求，尚未开采。

10. 硅石矿

硅石矿位于恩戈齐（Ngozi）以南 11 公里处，处于穆坎亚（Mukinya）石英矿的腰部，面积 20 平方公里，估计储量 570 万吨，尚未开采。

11. 泥炭

布隆迪无煤，但泥炭蕴藏丰富，主要位于布隆迪北部的阿卡尼亚鲁（Akanyaru）河流谷地，该谷地以河流中线为界，对面为卢旺达。据芬兰公司勘察，阿卡尼亚鲁河流谷地布隆迪一侧的沼泽地面积为 1.3 万公顷，泥炭的蕴藏面积为 3400 公顷，可用泥炭储量 4.66 亿立方米，折合干泥炭 3000 万吨，或等于 1750 万吨石油。20 世纪 60 年代，布隆迪才开始泥炭开采，自此以后，对沼泽地区作了勘探和开采研究。1977 年，在布琼布拉东南约 60 公里处的高海拔沼泽地进行了少量开采。隶属于布隆迪地矿部的布隆迪泥炭公司（ONATOUR）直接负责泥炭的开采销售。

目前布隆迪的泥炭销售市场为每年 1.1 万吨。布隆迪政府鼓励客户使用泥炭作燃料，以减少石油进口。

12. 石油

1993 年布隆迪发生内战前，美国一家石油公司曾用自有资金在布隆迪所属的坦噶尼喀湖一侧及其周围的平原地区作过石油钻探勘探，勘探结束后，美国只简单地向布方作口头通报，说石油含量很少，没有商业开采价值，最终美国也没有把任何勘探资料提供给布隆迪。因此，对布隆迪而言，地下是否蕴藏石油，储量多少，至今仍然是个谜。

目前，布隆迪当局正在积极寻求与外国政府或者外国公司进行下列勘探合作，着重于以下几方面：（1）除了继续对布隆迪中部的基特加省穆坎达（Mukanda）地区的钒矿进一步勘察核实外，对其他周边省份进行钒及钛磁铁等矿产资源的勘探，以便基本摸清该矿的总储量，为今后规模开采做准备。（2）对布琼布拉省、布鲁里省北部的鲁美扎（Rumeza）及卡扬扎省等部分地区进行稀土资源的普查勘探，扩大矿源。（3）对布琼布拉省东部的伊建达（Ijenda）地区进行硫、镍、钴等矿藏储量勘探。（4）对陶土工业开采储量进行勘探。（5）除了已经探明的镍矿区外，对其他地区进行镍矿勘探。

布隆迪鼓励外国公司或者外国私营公司参与矿产资源的开采，为来布隆迪投资矿产勘探、开采和矿产开发利用提供优惠条件，如对来布作矿产投资的公司，给予 25 年的开采经营特许权，而且可以延长两次，每次 10 年；矿产开采企业进口的设备可免征进口税；矿产开采的水电费优惠。在对外贸易中，布隆迪国家银行将保证投资收益汇出；合同外币债务可用外币偿还；外国雇员的工资收入可自由汇出；投资企业产权转让或者经营中止时，外国资本汇出不受限制；在布隆迪作矿产长期投资的企业，其利益不可侵犯等。

五 建筑业

隆迪的建筑业在 1970～1981 年间发展得很快，增长
15.6%。1980 年建筑业增加值为 44 亿布郎，占 GDP
的 5.5%，1981 年增长为 51 亿布郎。但此后，建筑业就一直很
不景气，在内战开始后进一步陷入低谷，1996～1999 年的经济
制裁更使其雪上加霜。但在布琼布拉，建筑业自 2001 年以来已
经开始逐渐复苏。在 2003 年建成并开业的阿马霍罗（Amahoro）
饭店拥有 33 个房间和一个会议厅，是布隆迪寥寥无几的"商务
级"饭店之一。首都外其他城镇的建筑业仍旧处于低迷状态，
更多的是维修内战中损毁的建筑，而不是开始新的工程。布隆迪
进口数据表明，2001 年进口的建筑设备比 2000 年增加 7%，比
1997 年实行禁运时增长了 46%。此外，2001 年建筑物资的生产
也急剧增长，但在 2003 年又有所下降，这说明随着局势的日益
稳定，布隆迪的建筑业市场需求在不断扩大，但经济发展水平低
下以及来自其他国家同行业的竞争成为建筑业发展的障碍。汇率
不稳定也影响了布隆迪的建筑业，降低了其竞争力。外国建筑企
业在投标时，可选择坚挺的外国货币作为主要支付货币，当地货
币仅占小部分，基本上用于支付当地人员工资。布隆迪本国企业
只能使用本币来投标，提前面临本国货币贬值的风险。

第四节 商业、服务业

隆迪的服务业从业人员约占全部劳动力的 5%，产值
约占 GDP 的 1/3。1980 年代以来，布隆迪的交通运
输、商业、银行、社会服务等服务业逐年有所发展。1993 年内战
爆发后，服务业也同其他部门一样受到很大影响。1992 年，服务
业的产值为 365.43 亿布郎。在 1993～1996 年间，服务业产值均为

负增长，每年下降幅度分别为 2.3%、3.2%、4.4% 和 11.4%。1997 年才扭转了连续下降的势头，比上一年增长了 1.9%。2002 ~ 2005 年服务业平均每年增长 3.5%，2005 年服务业产值按市价计算约占 GDP 的 40%，其中，交通和通信占 13.5%，商业占 12.8%，其他服务占 9.5%，公共服务占 64.2%。

布琼布拉是传统的商业中心和地区性贸易集散地，但长期的经济危机特别是贸易禁运使得商业受到沉重打击，批发和零售业的活动都出现下降。在商业领域，比利时、希腊、印度、巴基斯坦等地的外国商人发挥着主导作用。

自 1962 年独立以来，布隆迪的银行和金融机构明显增加。目前共有 9 家银行和 9 个金融服务机构，所有银行在布琼布拉以外地区都设有办事处，但其数量仍旧满足不了需要，114 个市镇中只有 12 个市镇有银行分行。

布隆迪共和国银行于 1964 年成立，为中央银行，其职能包括发行布郎、给国家金库垫款、负责管理各私营银行的经营活动、确定贷款的最高限额、管理外汇等。1999 年，布隆迪共和国银行的资产总额为 931 亿布郎，2002 年增长了 31.8%，达到 1227 亿布郎，2003 年减少了 2.8%，为 1192 亿布郎，2004 年增长了 54.2%，2005 年又增长了 11.5%，达到 2042 亿布郎，其中外国资产 842 亿布郎，向政府贷款 872 亿布郎，向其他银行贷款 210 亿布郎，向其他金融机构贷款 21 亿布郎，向私有部门贷款 17 亿布郎，其他资产 80 亿布郎。1999 年，布隆迪共和国银行的储备金为 374 亿布郎，2005 年增长了 43.3%，达到 536 亿布郎。

商业银行共有 7 家，分别为布隆迪商业和投资银行，成立于 1988 年，经营范围为金融、投资，总资产为 34.51 亿布郎，资本和储备金为 5.074 亿布郎；布隆迪商业银行有限公司，1988 年合并而成，经营范围为商业金融，总资产为 341.885 亿布郎，资本和储备金为 46.525 亿布郎；商业和发展银行，成立于 1999

年，总资产为 50.247 亿布郎，资本和储备金为 10.16 亿布郎；布琼布拉信贷银行，成立于 1964 年，经营范围为资本流通和信贷，总资产为 225.468 亿布郎，资本和储备金为 32.824 亿布郎；管理和投资银行，成立于 1992 年，总资产为 38.478 亿布郎，资本和储备金为 7.601 亿布郎；布隆迪人民银行，成立于 1992 年，资本和储备金为 11.558 亿布郎，储蓄额为 67.568 亿布郎；布隆迪同业银行有限公司，总资产为 145.457 亿布郎，资本和储备金为 16.236 亿布郎。除了这 7 家商业银行外，布隆迪还有发展银行和合作银行各 1 家，分别为国家经济发展银行有限公司，成立于 1966 年，资本为 7.40 亿布郎，储备金为 12.884 亿布郎，储蓄额为 85.721 亿布郎；储蓄和信贷互助合作银行，成立于 1995 年。

布隆迪政府对银行采取自由化的政策。本国和外国投资者平等对待：银行可接纳布隆迪资本、外来资本或合资资金。法规明确规定外资公司的利润，包括投资资本或全部投资，在停止经营活动时可撤回，中央银行要提供足够的外汇。布隆迪商业银行和布琼布拉信贷银行这两家银行有 49% 的外来股份。

布隆迪的国内储蓄率（国内储蓄与 GDP 的比值）处于较低水平，2005 年国内储蓄总额为 148 亿布郎。由于布隆迪绝大部分人口主要从事自给自足的农业生产，剩余产品不多，储蓄的能力也就非常有限。现代私有部门的情况也不乐观，能够有多余的现金储蓄的个人和家庭不多，而且储蓄金额也非常有限，每户平均储蓄额不足 500 布郎。1986～1993 年，布隆迪国内年均储蓄率是 0.9%。内战爆发后，国内储蓄率常常是负数，1998 年是 -2.5%，2000 年是 -5%，2001 年 -6.5%，2002 年达到 -8.7%。

布隆迪的投资率在 90 年代急剧下降，一方面是因为私有部门在战乱的影响下不愿意进行投资，另一方面，公有部门资源紧缺，无法投资。根据 1980 年的价格计算，在 1992～2002 年间，固定资本构成总值缩减了 38.2%，1998 年降到了最低点，其数

值仅相当于 1990 年的 28%。1998 年的投资总额为 358 亿布郎，占 GDP 的 8.9%，国内储蓄总值与投资总值的比值为 -28.1%，在 1998~2002 年间，投资总额年均增长 3.55 亿布郎，2002 年达到 50 亿布郎，占 GDP 的 8.5%，储蓄与投资的比值为 -96.2%（参见表 4-13）。

表4-13 布隆迪国库券与银行利率（2001~2005）

年 份	2001	2002	2003	2004	2005
发行的国库券(百万布郎)	32356	32032	31629	29632	28309
1 个月	15085	13780	14350	18218	17323
3 个月	10071	112896	10904	6139	5998
12 个月	7200	6963	6375	5275	4888
利率(%)					
1 个月	16.59	16.55	14.95	10.15	7.92
3 个月	19.00	15.83	13.92	11.6	8.18
12 个月	11.99	11.99	11.99	11.99	11.99

资料来源：国际货币基金组织 2006 年 8 月布隆迪国别报告。

布隆迪主要的保险公司包括布隆迪保险公司，成立于 1977 年，半国有性质，资本 1.8 亿布郎，经营各类保险；保险和再保险联合会，成立于 1986 年，为合资公司，经营商业保险及再保险，资本为 1.5 亿布郎；商业保险及再保险总公司，成立于 1991 年。

第五节 交通与通信

一 交通

1. 公路

布隆迪是内陆国家，全国至今无铁路，运输以公路为主。目前有公路 7500 公里，其中国道 1740 公里，省

道 5000 多公里，其中柏油路面只占 16%，主要是连接布琼布拉与基特加、卡扬扎和恩扬扎湖的公路。由于布隆迪地处高原，境内多山，修建和维护公路都比较困难，特别是在多雨的季节里，很多公路无法通行，洪水、塌方、冲毁道路的现象经常发生，全国只有 370 公里的公路为全天候道路。布隆迪的桥梁较少，1992年初竣工的协和大桥横跨在鲁济济河上，是全国最长的桥梁。首都布琼布拉是交通枢纽。陆运主要经过卢旺达、乌干达抵达肯尼亚的蒙巴萨港出海，全长为 2025 公里，路况较好。

在内战中，道路交通受到很大的破坏，乡村地区尤为严重。布隆迪的交通运输费用高于该地区平均水平，进口费用要更高一些。每个集装箱出口的平均费用是 2147 美元，而该地区则是 1600 美元，每个集装箱进口的费用更高达 3705 美元，比该地区的平均价格（1986 美元）高了近一倍。除了高昂的运输费用，运输途中所需的时间也极为漫长。在布隆迪，完成一项跨国交易，从签署最终合同到交货所需的时间，出口贸易是 47 天，进口贸易为 71 天。相比而言，撒哈拉以南非洲地区的平均水平分别是 35 天和 44 天，而经合组织则仅需 10 天和 5 天。

为了促进经济发展，布隆迪政府在第四个五年计划（1983 ~ 1987）期间，着重发展运输，修建公路。1992 年，布隆迪政府宣布在过去的 3 年里修复了 600 公里的铁路，并公布了改善公路运输状况的四年期计划，预计将再整修 1000 公里的公路。近年来，由于坦桑尼亚的道路系统有所改善，卢旺达和乌干达边境也于 1994 年重新开放，布隆迪到蒙巴萨的线路更加便利，加上布隆迪国内私人运输企业与坦桑尼亚铁路局为争夺布隆迪来往货物而展开竞争，都降低了运输的费用。国内的公共交通工具主要是面包车，但其运营常常受到安全问题的影响。国有的公共运输公司（OTRACO）成立于 1985 年，主要经营汽车客运。根据国际公路联盟的估计，1996 年布隆迪有客车 192000 辆、卡车和货车 182000 辆。

2001 年，世界银行拨款 4000 万美元资助修复连接布琼布拉与坦桑尼亚的边境城镇穆吉纳（Mujina）的公路、布隆迪西北部鲁贡博（Rugombo）与卡扬扎之间公路的维护，并修建中部地区的恩亚卡拉罗（Nyakararo）—穆瓦罗（Mwaro）—基特加公路。经济开发基金会（EDF）宣布修建连接基特加、穆因加（Muyinga）和坎库佐（Cankuzo）的公路。非洲阿拉伯经济开发银行（BADEA）也在 2001 年宣布资助修建马坎巴—布鲁里、鲁蒙盖（Romonge）—布鲁里—基特加的公路。2004 年，世界银行国际开发协会（IDA）向布隆迪提供 5170 万美元贷款，用于公路的建设、维修和管理（布隆迪不需提供配套资金）。该贷款还款期限为 30 年，宽限期 10 年，即从 2014 年开始逐年分期归还。该款用于 3 号路（布琼布拉通往鲁蒙盖方向）、4 号路 [布琼布拉通往刚果（金）东部边境]、10 号路（鲁贡博通往卡扬扎）共 161.8 公里的国家级柏油路的维修，1 号、5 号、7 号路的局部维修，以及修建鲁济济河岸防护堤，这部分费用为 2920 万美元，占该笔援款的 57%。另外，用于修复省、乡级土路 350 公里，费用 940 万美元，占援款的 18%。余款用于普通柏油路、碎石路、土路的维护保养和管理，其里程为 2800 公里。欧盟也与布隆迪签订了两个援款协议，一是对国家 12 号路即基特加—卡鲁济—穆因加 104 公里路段进行修复和路面铺沥青的援款，金额为 2400 万欧元；二是修复和整治首都布琼布拉市区 40 公里道路，金额为 1550 万欧元。

1987 年，布隆迪宣布了修建一条连接布隆迪、乌干达、卢旺达和坦桑尼亚的铁路的计划，这条铁路将与基戈马—达累斯萨拉姆铁路连接起来，能够极大地改善布隆迪的运输状况。然而，内战的爆发使这一计划不得不暂时搁置。

2. 水运

水运是布隆迪同其他国家进行往来的主要交通运输方式。主

要航道为坦噶尼喀湖（布隆迪拥有 8% 的主权），从布琼布拉经坦噶尼喀湖南下到达坦桑尼亚的基戈马港，航线总长 175 公里，转铁路抵达累斯萨拉姆港出海，全长 1428 公里。布琼布拉港是 1959 年由世界银行贷款修建的，1962 年建成。设计年吞吐量为 50 万吨，有 5 个装卸码头，总长 300 多米，4 个处理一般货物，另 1 个可处理燃料、润滑油等液体类散货。1996 年，贸易禁运以及反政府武装对过往船只的袭击严重影响了水路运输，布隆迪港的吞吐量从 1995 年的 211900 吨锐减至 1996 年的 97200 吨，1997 年略有回升，为 99000 吨。由于当局采取措施保护坦噶尼喀湖的运输，加上因布隆迪与坦桑尼亚未能就过境货物的关税达成协议而减少了达累斯萨拉姆线路的运输量，故而改走经赞比亚抵达南非德班港出海的路线，布隆迪港的吞吐量在接下来的 3 年里不断增加：1998 年为 151200 吨，1999 年为 170700 吨，2000 年为 198500 吨。2001 年由于咖啡出口和进口货物的减少，吞吐量减少为 175230 吨，2002 年基本维持不变，2003 年比前一年增长了 15.1%，达到 202466 吨（参见表 4 – 14）。

表 4 – 14　布隆迪港的货运量

单位：万吨

年份	2001	2002	2003	2004	2005
进港	15.5	15.6	17.53	16.91	18.85
出港	2.03	1.96	2.69	1.46	1.65
总计	17.56	17.56	20.22	18.37	20.50

资料来源：EIU, *Burundi Profile*, 2006。

3. 空运

首都布琼布拉有国际机场，可起降波音 747 等大型客机，由布隆迪国家航空管理局（RSA）管理，2002 年客流量为 8.3 万人次，货运量为 2516 吨。比利时、法国、俄罗斯、坦桑尼亚、埃塞俄比亚、卢旺达、喀麦隆、肯尼亚、刚果（金）等国有定期航班飞往布琼布拉。布隆迪国家航空公司辟有通往卢旺达、肯尼亚、坦桑尼亚和刚果（金）的航线。1996 年 7 月布隆迪政变后，一些外国航空公司取消了飞往布琼布拉的航班（参见表 4－15）。

表 4－15　布隆迪的空运情况

年　份	2001	2002	2003	2004	2005
入境					
旅客（人）	36658	44690	46719	63168	73072
货物（吨）	3085	2222	2018	3025	3093
出境					
旅客（人）	35454	38252	39634	54218	63908
货物（吨）	237	294	222	212	188

资料来源：EIU，*Burundi Profile*，2006。

二　通信

在通信方面，布隆迪还很落后，是世界上电话覆盖率最低的国家之一。2003 年，布隆迪全国平均每千人拥有 3 部电话，布琼布拉为 54 部，而撒哈拉以南非洲国家则为 33 部。2005 年，布隆迪的公用电话为 80 部，平均每千人拥有 0.01 部。

布隆迪国家电信局（Onatel）垄断了电信行业，拥有大约 1.8 万条电话线路。内战爆发后，电信网络几乎得不到维护和扩展。1999 年，布隆迪政府对国家电信局进行了审计，以便对其进行私有化改造，国内局势的不稳定影响了这一进程。2002 年，国家电信局启动了 400 万美元的系统升级计划，将使得用户数量增加到 2.8 万。在电话资费方面，2001 年当地电话每 3 分钟 2 美分，国际长途 3 分钟 7.3 美元。2000 年，电信业的收入为 910 万美元，投资为 230 万美元。

在移动通信运营方面，有 3 家私营公司开展这一领域的业务，其中最大的公司服务范围覆盖全国，国家电信局拥有其部分股权，另外两家公司只覆盖布琼布拉。布隆迪国家电信局也在准备进入移动通信领域。2004 年，布隆迪国家电信局举行 GSM 移动通信项目的招标，该项目是一个捆绑式的电信项目，由三个子项目组成：一是 GSM 移动网络通信项目，项目规模 6 万线（6 万用户），其主要用户分布在首都布琼布拉及主要省会城市；二是中部和西部地区 3 个中心城市的固定交换机项目及相应的配套产品；三是覆盖全国、解决边远地区通话的无线接入项目。在国家电信局 GSM 移动通信项目建成后，与固话网联网运行，将能够解决布隆迪全境的通信问题，使布隆迪的通信迈上一个新的台阶。新的无线接入（CDMA）系统，将缓解布部分农村山区无固定电话通信的窘境。中国的华为公司自 2004 年 4 月 5 日在布隆迪国家电信局 GSM 移动通信项目中标后，经过近 20 天的谈判，于 2004 年 4 月 23 日，与布隆迪国家电信公司正式签署了 GSM 移动通信项目合同，合同金额 931 万美元，这是自 1993 年布隆迪发生内战以来，中国在布隆迪获得的最大合同项目，也是中国公司首次打入布隆迪通信领域的项目。布隆迪的移动电话用户约有 5.6 万。

在信息网络方面，布隆迪也是世界上发展最落后的国家之一。根据联合国开发计划署 2005 年的报告，布隆迪大约有 10000 台与网络连接的电脑，平均每 670 人拥有一台能够上网的电脑。国家信息中心是从事网络运营的主要部门。

布隆迪是万国邮政联盟的会员国，邮政发展仍处于比较落后的状态。1996 年，全国邮政系统共有职工 306 人，其中全日制

职工为 300 人。邮政当年总收入 68.9239 万美元，业务总支出为 9.123 万美元。

第六节　财政金融

一　货币与汇率

布隆迪的货币为布郎，由布隆迪共和国银行发行。1960 年 8 月，布隆迪、卢旺达和刚果（金）组成货币联盟，后刚果退出，布隆迪和卢旺达成立卢旺达—布隆迪开发银行，发行布隆迪—卢旺达法郎。1964 年，货币组织解散，布隆迪成立了国家银行——布隆迪王国银行（1966 年以后改称布隆迪共和国银行），发行了自己的货币布郎，与比利时法郎等值，布郎与美元的比价为 1 美元兑换 50 布郎。货币联盟的解体使得布隆迪失去了重要的出口市场，导致在国际收支方面出现了巨大的赤字。布隆迪政府引入了双重汇率体制，从官方外汇市场上获得的外币只能用来进口重要的物资，而进口其他物资的外币则是从"自由市场"上获得的。双重汇率体制很快被政府操纵的浮动汇率制取代，经国际货币基金组织认可，1 美元等于 87.5 布郎，该体制一直延续到 1970 年。此后，布郎与美元挂钩，在石油危机和日用品危机后，政府对汇兑的控制加强。20 世纪 80 年代初，美元大幅度升值，布郎从 1983 年改与特别提款权挂钩，原 1 美元等于 90 布郎，调整后 1 美元等于 117 布郎，布郎贬值 37%。1991 年 12 月，1 美元等于 181.5 布郎。从 1992 年起，布隆迪政府参考 19 种货币确定布郎的汇率，并开始进行外汇体制的自由化改革，取消了一些限制。1993 年，1 美元等于 242.78 布郎。

内战爆发后，经济发展大幅度倒退，欧美停止了对布隆迪的援助，邻国也对布隆迪实行贸易禁运。从 1997 年开始，布隆迪政府对外汇制度实施了一些限制性措施。2000 年，布隆迪政府暂停支付股息，并制定了准许用布隆迪共和国银行的外汇支付的进口商品表。此外，超过 5000 美元的进口货物事先要经过布隆迪共和国银行的批准，而且出口咖啡、茶叶和棉花这些传统商品所获得的收入要全部上交。为保持出口的竞争力，布郎数度贬值，从 1995 年的 1 美元等于 249.76 布郎调整为 1999 年的 1 美元等于 563.6 布郎，但由于布隆迪的通货膨胀率高于其贸易伙伴，布郎实际上仍旧处于升值的状态。1999 年 11 月，布隆迪政府引入了另外一个官方市场以降低平行的外汇市场的作用。新市场向银行和外汇机构开放，以便将出口非传统商品所获得的收益（传统出口商品所获得的收入都被主要的官方市场吸纳）引导到准许进口货物表以外的商品上来。结果，第二个市场很狭窄，因为非传统商品的出口值很低，而且在 2000 年只有一个外汇机构比较活跃。私人可以拥有外汇账户，但受到一定限制。

不稳定的汇率严重妨碍了外贸的发展和外贸形式的多样化。长期以来，在布隆迪官方外汇市场之外一直存在着一个由布隆迪中央银行管理的平行的外汇市场，这个平行市场主要存在于首都布琼布拉，基本上是一个"现金"市场，主要的外币在这里进行溢价交易，有时兑换价格比官方汇率高出 50% 之多。平行汇率与官方汇率之间的差价是由多种因素导致的：长期的赤字预算引起宏观经济失衡，导致外汇匮乏；官方汇率定价过高；政府对外汇交易进行严格限制；一些经营者希望绕过官方渠道进行外汇交易等。降低平行汇率与官方汇率之间的差价并最终消除平行的外汇市场是布隆迪政府的一个主要目标。

从 2000 年开始，布隆迪政府开始取消前几年对外汇体制施行的限制性措施。2000 年 7 月，布隆迪实行以每周外汇竞价为基础的浮动汇率制度，各银行可以参与竞价，两个官方市场随之合并。在多重价格的基础上对外币进行分配，每个胜出的投标确定自己的汇率，根据各胜出的投标制定出参考汇率，一周内有效，布隆迪共和国银行保留驳回投标的权力。竞价并没有一周举行一次，只有在布隆迪共和国银行认为有足够的外汇出售时才举行。由于进口货物仍旧需要得到准许，因而对外汇的额外需求只能在平行市场上得到满足，官方市场与平行市场的汇率一直存在较大的差异。2002 年，布隆迪政府加快了汇率改革的步伐，在 8 月取消了准许进口商品列表，从 9 月起每周都举行竞价拍卖。到 2003 年底，对商品及劳务交易的支付方式所实行的限制基本上都取消了。出口传统商品所获收益的上交比例在 2003 年 1 月降低到 70%，年底又降为 50%。此外，授予商业银行在受理外汇业务方面更大的自主权，简化了外汇机构办理许可证的程序，并增强其透明度。2003 年 1 月起，央行取消了外汇拍卖封顶价和最低保护价的限制。在每周的外汇拍卖会上，国家央行将外汇卖给经营外汇业务的商业银行，拍卖时确定的汇率便是本周的官方汇率。从 2003 年 1 月 1 日起，对外汇管理制定了新的规定，即允许各商业银行重新拥有外汇储备职能。

平行市场的规模难以进行估测。它在布琼布拉公开地运营，主要用美元进行交易。根据布隆迪当局的资料，2003 年官方市场上交易的外汇每月约为 250 万美元，平行市场的交易量每月约为 30 万美元。在平行市场上购买外汇的主要是那些有进口许可但无法从政府那里得到外汇的进口商、从事转口贸易或走私活动的商人、需要外汇来旅游或在海外长期居留的个人。另外，平行市场也被从事贩毒、劫掠（叛乱武装）或其他犯罪活动的人所利用。平行市场上流通的外汇来源难以查明，在很大程度上与走私出口物资有联系，还有一部分外汇来自多开进口物资的发票。90 年代中期以前，从扎伊尔进口黄金再出口到欧洲成为平行市场上外汇的重要来源，因为这无须上交出口收益，并常常用现金

支付。由游客（包括海外布隆迪人和非政府组织成员）带到布
隆迪的外汇是另外一个来源。

在外汇拍卖制度实施前，官方汇率与市场汇率之间的差价高
达47%，2002年汇率制度改革后缩小到26%。2002年8月，布
郎贬值了21.5%，进一步缩小了两个汇率间的差价。随着布隆
迪政治的逐步稳定、外国援助的增加，到2005年，官方汇率与
市场汇率的差价已经缩减到10%以下（参见表4-16）。

表4-16　布郎与主要货币的汇率

年　份	2001	2002	2003	2004	2005
美元	830	931	448	1101	1082
英镑	1195	1395	731	2016	1967
欧元	744	879	507	1369	1346
兰特（南非）	96.3	88.5	59.3	170.7	170.1
人民币	100.3	112.5	54.1	133.0	132.0
日元	6.83	7.42	3.86	10.18	9.81

资料来源：EIU, *Brundi Profile*, 2006。

二　政府财政

布隆迪的政府预算由普通预算和发展预算组成。预算收
入主要来自税收，大约占全部收入的90%以上，包
括所得税、国内贸易税、外贸税等。近年来，咖啡出口收入锐减
对政府收入产生了重大影响。布隆迪税收总水平低于非洲国家平
均值。在2003~2005年间，布隆迪税收总水平为GDP的20%左
右，比撒拉哈以南非洲国家的平均值低1/4左右。

预算支出划分为经济发展、行政、国防、公安、教育、卫
生、社会保障与福利、文化娱乐、利息支付等项目。布隆迪的政

府财政收支长期处于赤字状态，一般由国外和国内贷款以及赠款弥补。1993 年内战爆发后，生产和贸易下滑，财政收支严重失衡，入不敷出，赤字不断加大，1996 年政变后国外援助的停滞和贸易禁运使得布隆迪的财政更加困难，只能靠增加向中央银行的借贷、推行宽松的货币与私人信用政策来维持。2001 年，央行因为直接向国家财政支出提供大量资金，而给商业银行提供的资金相应减少。2002 年，布隆迪政府继续沿用上年办法，至2003 年中期，央行的净资产从账面上增加了 100 亿布郎，导致货币流通量快速增长（等于 2002 年货币流通量的 27%），实际上对经济无补。

布隆迪现行财政政策是通货膨胀的财政政策，使得国家财政收入对于因贫困加剧而导致的通货膨胀率的增长，既不能进行调控也不能给出计算指标。自 1993 年以来，布隆迪通货膨胀率的上升是通过居民人均收入下降表现出来的。专家认为，国家银行应选择遏制通货膨胀、制定外汇储备盈余的政策。在国际货币基金组织战后紧急援助下，布隆迪把遏制通货膨胀、增加外汇储备列入了 2003 财政年度计划，国家央行对资金流量采取了严格的管理措施。近几年，经过国际社会的少许援助，布隆迪的财政困难有所缓解，但财政赤字仍然很严重。在 2001 ~ 2005 年间，预算赤字在 GDP 中所占的比例约为年均 8%。

在 2008 年的布隆迪政府财政预算报告中，预算收入为4838.22 亿布郎（2007 年为 4288.28 亿布郎），同比增加12.82%，其中，国家收入占总收入的 48.57%，国外捐赠占51.43%。基本预算开支为 5197.56 亿布郎，在各项预算支出中，教育部占 23%；经济、财政与合作发展部占 22.91%；国防部占13.83%；公共安全部占 8%；卫生部占 5.68%；农牧业部占2.06%（比上年增加 4 亿布郎）；公共事业支出 711.6 亿布郎，占 13.69%；偿还国家债务支出占 8.97%，偿债支出比上年增加

73 亿布郎。2008 年预算赤字 359.66 亿布郎。布隆迪政府还制订了 2008～2010 年的投资计划，其中用于公路、城市、住宅建设的投资比例为 18%，能源矿产为 15%，农牧业为 14%，教育、科学为 10%，公共卫生为 7%（参见表 4－17）。

表 4－17　布隆迪政府财政状况（2001～2005）

单位：十亿布郎

年　　份	2001	2002	2003	2004	2005
收入	110.2	118.4	136.0	146.9	172.1
税收收入	103.1	104.8	120.5	133.6	158.9
非税收入	7.0	13.6	15.5	13.4	13.2
支出和净贷款	149.8	151.5	224.8	291.2	316.7
经常性支出	118.6	119.6	141.8	163.2	200.6
薪金	40.1	45.9	53.8	58.6	72.6
物资与服务	44.2	38.5	47.3	53.6	65.7
转让与补助	15.9	16.4	15.8	26.4	30.3
支付利息	18.5	18.7	24.9	24.5	32.0
额外支出	0.0	0.0	0.0	10.7	33.2
发展（资本）支出	35.1	33.4	85.0	119.9	84.3
国内	18.5	6.4	26.5	36.2	19.5
国外	16.6	27.0	58.4	83.7	64.8
净贷款	-3.9	-1.4	-2.0	-2.6	-1.4
盈余					
包括赠款	-28.4	-7.9	-40.2	-39.2	-53.9
不包括赠款	-39.6	-33.1	-88.7	-144.3	-144.6
融资	18.3	23.6	90.9	210.3	165.8
国外	5.0	41.3	71.8	143.7	154.9
私有化进程	0.0	0.0	0.0	0.0	0.4
国内	13.3	-17.7	19.1	66.7	10.4
GDP（市场价格）	550.0	584.6	644.2	731.5	860.8

　　资料来源：国际货币基金组织 2006 年 8 月布隆迪国别报告。原表数据略有出入，照原表。

第七节　对外经济关系

一　对外贸易

独立后，布隆迪的外贸结构一直没有多大改变。布隆迪主要的出口换汇商品是咖啡、茶叶、糖、皮革和棉花（自 1997 年起，已没有出口），出口收入取决于当年咖啡、茶叶等作物的产量、品质以及国际市场上的价格。自 1966 年以来，布隆迪的对外贸易几乎年年入超，仅在 1976 年和 1977 年由于国际市场上咖啡价格上涨，外贸出现多年来难得的顺差。1998 年的贸易逆差为 5970 万美元，1999 年由于进口减少，贸易逆差比上年减少 29%，为 4230 万美元，在随后的 3 年里（2000～2002），进口变化不大，出口则连年下降，贸易逆差分别增长了 38.8%、17.9% 和 5%，2002 年的逆差达到 7270 万美元。此后的几年里，贸易逆差逐年扩大的趋势有增无减，2004 年、2005 年分别为 1.5 亿和 1.8 亿美元，2007 年增长到 2.65 亿美元。预计在 2009 年，受国际金融危机的影响，布隆迪的出口收入因咖啡价格的下降而减少 12%，但另一方面，进口也会随之减少，占进口总值 1/4 的石油和粮食的进口将会因国际市场上价格的下调而减少 18%。

1. 出口贸易

布隆迪 1992 年的出口总额为 7740 万美元，比上年下降 14.8%，1993 年又下降了 4.5%，1993 年回升到 8050 万美元，1995 年由于国际市场上咖啡价格的上扬，出口收入比上年增长了 39.8%，达到 1.125 亿美元。1996 年在贸易禁运的影响下，出口下跌了 64.2%，仅为 4030 万美元。1997 年，由于国际市场上咖啡价格的上涨以及布隆迪努力打破禁运的限制，出口总额增长了 115.9%，达到 8740 万美元，但在随后的 5 年里（1998~2002），出口总额不断下降，降幅分别为 26.8%、14.1%、10.7%、20.2%、20.3%。2002 年的出口值为 3120 万美元，2003 年回升了 18.6%，达到 3700 万美元。为了促进出口，布隆迪政府在 1999 年建立了金额为 10 亿布郎的鼓励出口基金，以资助出口公司的运营。2007 年，布隆迪的出口总值占 GDP 的 5.2%。1997~2007 年间，出口平均占 GDP 的 6.2%。咖啡和茶叶是布隆迪最主要的出口商品，在 2003~2007 年间，咖啡占出口总值的 65%，茶叶约占 20%。受到咖啡生产周期化模式的影响，布隆迪每年的出口总值也随之起伏不定。内战对咖啡的生产造成了很大的破坏，导致咖啡的出口比内战前下降了很多，2001~2007 年间的年均出口额比 1993~2000 年间的年均出口额下降了 20%，比 1985~1992 年间下降了 40%。

2. 进口贸易

布隆迪进口的商品主要是制成品、化工产品、石油及石油制品、纺织品、服装、机器设备和运输设备。这样的进口商品结构表明布隆迪本身缺乏具有竞争能力的地方工业和能源资源。20 世纪 80 年代末 90 年代初，布隆迪每年的进口商品总值常常接近 2 亿美元，20 世纪 90 年代后期在经济制裁的影响下，进口不断下降。在制裁解除后，进口有所增加，但由于外汇短缺、国际援助没有及时到位，进口的增长仍旧受到一定限制。在进口商品结构上，2005 年化工产品类占全部进口商品总额的 25.2%，其中药物及其制品占 12.2%；食品与牲畜类占 16.4%，其中谷物占 10.7%、麦芽占 2.8%；原材料类占 5.7%；燃料类占 17.4%，几乎全都是精炼的石油产品；机器和运输设备占 32.4%，其中通信设备占 3.4%、车辆及其配件占 12.8%；纺织品与服装类占 3%（参见表 4-18）。

表 4 – 18　外贸概况 （2001 ~ 2005）

单位：百万美元

年　　份	2001	2002	2003	2004	2005
出口总额	39. 2	31. 0	37. 5	47. 9	56. 5
咖啡	19. 7	16. 7	22. 9	29. 4	40. 3
茶叶	10. 6	8. 8	10. 3	10. 2	8. 8
皮张	0. 1	0. 1	0. 1	0. 3	0. 4
其他初级产品	4. 2	1. 4	1. 0	1. 7	1. 1
制成品	4. 6	4. 0	3. 2	6. 3	5. 2
进口总额	138. 8	130. 0	156. 8	175. 9	265. 2
资本货物	35. 0	32. 0	36. 4	43. 1	49. 6
半制成品	54. 8	51. 2	60. 8	68. 8	136. 0
消费品	48. 9	46. 8	59. 6	64. 0	79. 6
食品	12. 1	12. 9	18. 6	13. 7	12. 6
其他	36. 8	34. 0	41. 0	50. 2	67. 1

资料来源：国际货币基金组织 2006 年 8 月布隆迪国别报告。

3. 主要贸易伙伴

布隆迪同 50 多个国家和地区有贸易关系，最大的贸易伙伴是欧盟。对外贸易的主要出口对象国为比利时、德国、英国、瑞士、法国、肯尼亚等，主要进口国有比利时、法国、德国、日本、中国、沙特阿拉伯等国。近年来，布隆迪与欧洲的贸易量有所减少，同非洲国家的进出口贸易都有了较大幅度的增长（表 4 – 19）。

表 4 – 19　主要贸易对象进出口状况

单位：%

年　　份	2001	2002	2003	2004	2005
出口					
德国	3. 01	0. 78	0. 41	9. 81	23. 38
比利时	4. 05	2. 63	2. 14	4. 09	10. 20
荷兰	2. 79	1. 61	1. 61	1. 37	7. 74

续表 4－19

年　　份	2001	2002	2003	2004	2005
美国	0.04	0.06	0.61	2.82	4.36
巴基斯坦	0.00	0.00	0.00	3.34	3.98
卢旺达	2.20	3.12	2.14	2.81	3.35
进口					
肯尼亚	9.34	15.70	22.51	29.56	35.30
坦桑尼亚	11.23	13.44	18.38	24.14	28.83
比利时	21.51	21.36	23.27	18.38	27.13
意大利	2.98	3.26	3.34	12.81	23.07
乌干达	0.00	1.00	9.00	12.00	15.00

资料来源：EIU，*Brundi Profile*，2006。

4. 对外经贸管理部门

（1）对外贸易促进会（Agence de Promotion des Echanges Extérieurs，APEE）

对外贸易促进会成立于 1990 年 3 月，是一家为促进对外贸易与发展提供各项服务的合营公司。总部设在布琼布拉市，拥有资金 1.43 亿布郎，1435 份股份，99 位股东，其中国家持股 54%。董事会由 15 人组成，其中 3 人职位属于国家职位。这 3 位国家职员中一位已去世，其余两位从 1996 年任职至今从未更换。贸促会规模很小，共有 7 名员工，年工资收入共 1300 万布郎。贸促会目前还存在着法定性质不明的问题。根据 1996 年 3 月 16 日的法律条文对公私合营公司的规定，贸促会这种合营公司的结构组成是不符合标准的，这样的实体更适合归属于国家管理机构的范畴。该公司也未完全遵守经营条例。在 7 条经营管理准则中，贸促会只遵守了两条。由于财源匮乏，1999 年公司活动甚少，主要提供商业信息并组织召开促进出口的会议。这些均属无偿服务，因为该公司的活动是非商业性的。

　　贸促会的财源主要来自国家津贴。国家将共和国银行征收的进口商品检验管理税的超额部分分别以 2/3 和 1/3 的比例拨给布隆迪工、农、手工业商会和对外贸易促进会。1998 年度贸促会共获得 1400 万布郎的津贴。尽管数目不大，但公司的境况还是好的，现有的 1.44 亿布郎的资金仍多于公司 1.43 亿布郎的原始资金。这主要归功于公司大量紧缩开支。1999 年贸促会支出 3500 万布郎，超过实际预算 3400 万布郎，公司未作出预算执行情况报告，对国家财政逆差达 5900 万布郎。

　　（2）布隆迪工商业部

　　工商业部负责制定对外贸易的方针、政策、法律条例及法令，布隆迪实行贸易自由化政策，除极少数物资诸如毒品、武器等禁止进口外，绝大部分商品可自由进出口。布隆迪是优惠贸易区协定和洛美协定签字国。根据上述协定，布隆迪产品出口欧洲市场时免征关税并不需要配额。在对外国投资的管理方面，布隆迪工商业部与计划部有着很密切的合作。工商业部部长担任国家投资委员会副主席，该部在促进外国对布隆迪产业部门的投资方面起着很重要的作用，并有能力促使投资项目的成功。

　　（3）布隆迪计划部

　　外国投资者欲在农业、工业、手工业、旅游业和运输业方面投资时，必须将有关项目的技术、法律、经济和财务文件呈报布隆迪计划部，经部长批准，再由他送交国家投资委员会审批，之后由计划部通知投资者。

　　（4）布隆迪海关

　　布隆迪海关隶属于财政部，负责办理港口、机场的边境人员以及商品的进出境手续。根据布隆迪进出口的有关规定，务必向保险公司投 103% 的保险，货物到邻国港口后，凭提单办理进关手续，货物到布琼布拉市海关时再办理提货手续，先交 4% 的海关统计税、17% 的交易税和进口税（税率随商品不同而异）。布

隆迪对从东南非洲优惠贸易区国家和中非经济发展共同体国家进口的商品执行优惠税率。对用于生产出口产品的原材料和包装材料的进口免征进口税。当商品未交给收货人又重新出口或进口时，或当商品在布隆迪未出售时，则可退税。最高进口税为100％，最高优惠税为78％，最高出口税为20％。

5. 参加贸易组织情况

布隆迪是多个贸易组织的成员国。从1965年起，布隆迪曾加入贸发组织，1995年世界贸易组织成立后，它又成了该组织的成员。作为联合国的成员国，布隆迪也是若干联合国专门机构的成员和世界银行集团的成员，与欧共体和非太美洲加勒比77国集团签订了科托努（Cotonou）协定。布隆迪属于最不发达国家，它可以得到发展中国家的优惠政策，但由于布隆迪各种各样的问题，使得它与世贸组织签订的很多协议并没有得到执行，世贸组织取消了布隆迪在多边贸易中可得到优惠的资格。

区域经济一体化及其对外贸易情况使布隆迪意识到，对外贸易是推动生产发展经济的强劲动力，能够为实现"新世纪发展目标"发挥积极而重要的作用。加入区域经济一体化和地区经济一体化，是加入多边贸易机制的重要一步。布隆迪已经成为多个区域组织的成员国（有的区域组织相互交叉），如1994年，布隆迪加入了东南非共同市场（COMESA），同时，布隆迪也是尼罗河流域组织（IBN，1999年成立）的创始国之一，并且是大湖地区共同体成员国（CEPGL）和中非国家经济共同体成员国（CEEAC）。

布隆迪加入东南非共同市场是其与世界经济结合战略的重要步骤。东南非共同市场目前有20个成员国，这些国家决定通过发展贸易来加强地区合作。东南非共同市场加强贸易合作的目标是推动成员国在更广泛的利益和服务范围内采取贸易自由化政策。事实上，该市场大部分成员国的国内市场都很脆弱，不能激

发经济发展或为经济作物提供足够的市场。该市场力图在各成员国的经济发展中刺激竞争，使经济增长更快，与世界经济的结合更紧密。计划到 2020 年，东南非共同市场将被改造成货币和海关统一的市场。2000 年 11 月 1 日，该市场自由贸易区开始生效，20 个成员国中的 9 国进入自由贸易区，来自东南非共同市场的商品免除全部关税。布隆迪是在该市场自由贸易区内起重要作用的国家之一。从 1993 年起，布隆迪就按照协定，对来自成员国的进口商品减少 60% 的关税，其他减税政策随着经济危机和地区经济封锁的缓解将逐步实行。布隆迪为此修改了与自由贸易区法律相抵触的法律条款，对来自成员国的进口商品，减少关税 60%。2003 年 1 月，关税又减至 80%，2004 年完全进入自由贸易区。

二 外债与外国援助

1. 外债

自1993 年 10 月布隆迪发生内乱以来，经济受到严重打击，国家债务也日益加重。2004 年，布隆迪的外债高达 14 亿美元，到期需要偿还的债务合计为 8800 万美元，相当于当年出口收入的 70% 左右，拖欠的利息约为 1900 万美元。布隆迪几乎所有的债务都是官方的贷款，其中大部分是多边捐助者发放的贷款，58% 的债务是欠国际开发协会的优惠贷款，可以用本国货币偿还。布隆迪获得的贷款大部分是特许贷款，平均利率为 1%，有 8.5 年的宽限期，平均到期日为 37 年。

2002 年布隆迪的债务与出口的比率是 39∶1，已经跌入严重负债国的行列。2004 年 3 月，巴黎俱乐部重订了一些已经与国际货币基金组织达成"减少贫困，促进发展"协议的国家的债务计划，布隆迪所欠的 440 万美元的双边债务被勾销，其中主要是拖欠的利息，其余的 8100 万美元的债务也重新制订了偿还计

划，从而使布隆迪在 2004～2006 年间每年需偿还的债务维持在 2000 万至 2100 万美元之间。根据 2005 年 6 月 29 日国际货币基金组织、国际开发协会与布隆迪政府的谈判结果，鉴于布隆迪已经按照最贫穷重债国的减债基本框架要求对经济政策进行了必要改革，并且已符合最贫穷重债国的减债目标，因此，世界银行决定将布隆迪列入世界银行 28 个最贫穷重债国的减债国名单，正式获得减免债务的优惠待遇。布隆迪属于减债范围的多边债务总额为 7.01 亿美元。世界银行还宣布，布隆迪作为最贫困的重债国，世界银行把提供贷款变成提供赠款，为其提供 1.7 亿美元的赠款。

目前，布隆迪的外债负担依然很沉重，使国家财政和收支平衡不堪重负，成为发展经济减少贫困的主要障碍。2007 年，布隆迪的外债为 15.4 亿美元，占 GDP 的 157.9%，占出口总值的 997.5%，根据最贫穷重债国减债计划获得减免的债务为 5710 万美元，偿债支出与出口总值的比率为 7.5%（参见表 4 - 20）。

表 4 - 20　布隆迪的外债状况（2001～2007）

单位：%

年　　份	2001	2002	2003	2004	2005	2006	2007
外债/GDP	162.0	181.6	224.6	220.1	183.0	165.1	157.9
外债净现值/出口				1722.3	1332.2	840.8	997.5
外债净现值/收入				666.3	594.7	461.9	468.0
（重债穷国计划实施前预定的）偿债率	93.4	134.7	101.8	109.2	46.7	54.4	60.6
（重债穷国计划实施后）的偿债率	31.4	73.6	51.5	152.1	28.4	11.1	7.5
重债穷国计划减免的债务（百万美元）				0.0	39.0	39.6	57.1
外债（百万美元）	1073.0	1140.8	1336.4	1462.8	1465.2	1516.1	1537.5

资料来源：国际货币基金组织 2008 年 8 月布隆迪国别报告。

2. 外国援助

根据世界银行的有关统计，布隆迪是世界最贫穷的五个国家之一。国际援助在布隆迪社会经济发展中起着举足轻重的作用。自布隆迪独立以来至 1993 年期间，布隆迪接受国际多边或双边援助的金额在每年 3 亿美元左右。国际援助主要用于资助布隆迪难民安置、各方派出维和部队所需费用、艾滋病防治、减轻财政亏损、政府重要工程和改善人民生活的有关项目。在 1993 年战乱之前，布隆迪制订了若干个五年计划，国际援助金额在第四个五年计划（1983～1987）和第五个五年计划（1988～1992）中占布隆迪国家总预算的 14% 和 12%。

20 世纪 90 年代，布隆迪每年能获得外援 2 亿～3 亿美元，但最近几年布隆迪获得的外援每年都在减少，1996 年为 1.46 亿美元，1999 年只有 8700 万美元，减少了 39%。2000 年 12 月布隆迪各派签署阿鲁沙和平协定后，西方资助国和有关国际组织在法国召开了巴黎会议，与会者承诺在 5 年内资助布隆迪 15 亿美元（1 年 3 亿美元），其中 4.5 亿美元得到了确认。2001 年 12 月布隆迪成立过渡政府后又召开了第一次日内瓦会议，2002 年 11 月召开了第二次日内瓦会议。第一次日内瓦会议上确定了资助重点为治疗艾滋病和协助偿还外债，承诺金额为 2.05 亿美元，第二次日内瓦会议承诺援助布隆迪 8.32 亿美元。2004 年 1 月，布隆迪政府在布鲁塞尔举办了发展伙伴讨论会，旨在争取获得双边和多边的紧急财政支持。会议的主要议程是为实现以下四方面的目标争取援助：（1）实现预算和国际收支平衡；（2）重新安置受冲突影响的难民；（3）实现军事力量改革；（4）实现国家的良好治理。与会者承诺在 2004～2006 年间资助布隆迪 10 亿美元。

西方资助国的承诺大多是纸上谈兵，兑现的不多。2001 年布隆迪只获得外援 1.4 亿美元，比 2000 年的 1.64 亿美元减少 18%。在这些外援中，人道主义援助占了 42%，为减轻财政负

担和技术方面的援助分别占 13% 和 18%，用于发展项目的资金
占 25%。从资金来源看，多边、双边和非政府组织分别占 56%、
31% 和 13%。从资金性质看，85.1% 是赠款，14.9% 是贷款。
以 2001 年为例，赠款的 60% 用于人道援助。贷款方面，用于发
展项目的贷款金额为 400 万美元，弥补财政亏空的贷款金额为
700 万美元，用于投资项目的贷款金额为 1000 万美元，总的来
说，这种贷款的年利率为 0.75%，宽限期 10 年，还款期长达 40
年。2002 年布隆迪获得的援助比上年又增长了 25.3%，达到
1.72 亿美元，其中 1.53 亿美元为赠款（参见表 4－21）。

表 4－21　外国援助一览表

单位：百万美元

年　　份	2000	2001	2002	2003	2004
双边	40.9	54.7	84.7	121.2	184.3
美国	1.0	4.9	21.2	49.0	43.8
法国	4.8	4.7	7.1	4.4	34.8
比利时	6.0	7.5	16.5	15.9	25.1
荷兰	4.4	11.7	9.6	12.7	23.3
挪威	5.3	5.7	10.2	12.2	11.9
英国	1.7	1.7	1.2	3.5	9.5
多边	51.7	82.6	87.4	103.7	166.4
欧盟	9.2	62.6	36.5	47.8	69.1
国际开发协会	27.6	2.2	25.0	27.6	43.3
联合国难民署	3.3	6.5	8.9	7.8	7.2
联合国开发计划署	6.4	4.5	5.4	6.0	8.9
联合国儿童基金会	2.9	2.5	2.5	4.0	3.4
联合国技术援助	2.9	0.5	2.1	1.5	2.4
总计	92.7	137.4	172.1	224.9	350.7
捐赠	74.5	145.2	152.8	200.6	277.5

资料来源：EIU, *Brundi Profile*, 2006。

随着政治局势趋于稳定，外国援助不断恢复。在参加 2005 年布隆迪总统就职仪式期间，欧盟、比利时和世界银行代表公开承诺向布隆迪提供援助。2005 年的援助额几乎是 2004 年计划的一倍，增加了 2000 万美元。其中，社会基础设施和难民安置 6300 万美元，农业、卫生、排雷、重振经济、教育 500 万美元。

在 2008 年 4 月举行的世界货币基金组织会上，为帮助布隆迪战后恢复重建和减贫，世界货币基金组织承诺，从 2008 年 7 月至 2012 年 7 月的 4 年间，将向布隆迪提供 3.2 亿美元的援助，援助领域包括农业、教育、卫生、公共工程、难民回国安置、经济管理、基础设施建设等。世界货币基金组织近期将与布隆迪政府商签提供 1200 万美元援建基隆多至加瑟尼公路，提供 1000 万美元用于治理沼泽地和修建乡村道路。世界银行、非洲发展银行和欧洲投资银行三机构也表示，对布隆迪的财政预算援助亦从原先承诺的 2500 万美元增至 3000 万美元，并将启动减免布隆迪部分债务的谈判。

三 国际收支与外汇储备

1. 国际收支

近年来，布隆迪的国际收支赤字不断加剧，主要靠赠款弥补。由于运输费用高、政府服务依靠国外引进，布隆迪存在结构性服务业赤字。2006 年，布隆迪的外贸赤字为 2.2 亿美元，经常账户的赤字为 1.23 亿美元，占 GDP 的 12.9%（参见表 4-22）。

表 4-22　国际收支指数

单位：百万美元

年　份	2001	2002	2003	2004	2005
出口货物（fob）	38.5	31.0	37.5	47.9	57.2
进口货物（fob）	-108.4	-107.2	-128.3	-148.9	-239.0

续表 4 – 22

年　份	2001	2002	2003	2004	2005
外贸平衡	– 69.9	– 76.2	– 90.8	– 101.1	– 181.8
服务:贷方	6.9	7.7	12.5	15.8	34.0
服务:借方	– 30.0	– 33.0	– 36.4	– 76.4	– 123.6
收入:(净)	– 12.3	– 13.7	– 17.9	– 18.1	– 20.3
公债利息	– 9.7	– 11.7	– 11.1	– 9.9	– 11.4
转让(净)	74.6	93.0	105.2	125.9	207.6
官方转让	68.1	87.5	98.2	115.4	190.3
经常账户平衡	– 30.8	– 22.3	– 27.3	– 54.0	– 84.0
财政平衡	– 4.0	– 2.4	– 12.4	6.7	6.6
直接投资	0.0	0.0	0.0	10.0	15.0
中长期官方贷款	– 13.1	– 3.1	2.0	11.5	37.7
资本账户平衡	7.1	14.1	33.0	48.1	26.2
错误和遗漏	– 13.6	– 7.2	10.4	10.2	13.4
总平衡	– 41.3	– 17.8	– 17.1	– 11.1	– 22.1
融资	41.3	17.8	17.1	11.1	22.1
动用储备金	13.2	– 5.7	– 8.1	14.9	– 31.0
欠款的变化	28.2	23.4	– 1.9	– 106.1	– 22.2
额外筹资	0.0	0.0	27.1	80.1	31.1

资料来源：EIU，*Brundi Profile*，2006。

2. 外汇储备

自从 1996 年布隆迪周边国家对布隆迪实行贸易禁运、国际援助趋于停滞后，布隆迪的外汇储备从 1995 年的 2.09 亿美元剧降到 1999 年的 4800 万美元。但此后由于国际上的贷款与赠款陆续到位，布隆迪的外汇储备又有了较大幅度的回升，到 2005 年末达到了 1 亿美元，能够抵付 4 个月的进口需求（参见表 4 – 23）。

表 4 - 23 外汇储备

单位：百万美元

年 份	2001	2002	2003	2004	2005
外汇	17. 20	58. 13	66. 29	64. 84	99. 30
特别提款权	0. 06	0. 16	0. 14	0. 35	0. 35
在国家货币基金组织的储备金头寸	0. 45	0. 49	0. 54	0. 56	0. 56
除黄金外的全部储备	17. 71	58. 78	66. 97	65. 75	100. 08
黄金(本国估价)	0. 27	0. 34	0. 40	0. 42	0. 49
黄金(百万金衡盎司)	0. 001	0. 001	0. 001	0. 001	0. 001

资料来源：EIU, *Brundi Profile*, 2006。

四 外国资本

因缺乏重要资源以及安全局势和社会稳定问题，布隆迪吸引的外来直接投资一直都不多，内战和经济制裁使外资进一步减少，在 1996 ~ 1998 年间正式记录在案的外资为零。到了 2000 年，这种情况有所改善。但只有在实施了私有化计划并且投资者认为布隆迪的政治稳定后，外资才会有较大幅度的增加。2007 年，布隆迪的外国直接投资存量为 4800 万美元，占GDP 的 4.8% 。

布隆迪鼓励投资政策的法规主要有两个：一是 1986 年颁布的《投资法》，二是 1992 年颁布的《免税区法》。根据《投资法》和《免税区法》，凡在布隆迪投资的外国企业，在布隆迪设立商业类、生产类和服务类企业时，均可依法申请享有免税区的各项优惠。免税区企业分为 4 类，即农牧业类、工业和手工业类、商业类与服务业类。目前的投资法基本以 1986 年颁布的条文为蓝本，确定了对在布隆迪的投资所给予的保障、有关投资的权利和义务以及实施这些投资的各种体制。如投资额等于或超过

2000 万布郎，并欲在农业、工业、手工业、旅游业和运输业方面创办企业及面向出口的企业，必须将投资项目的有关法律、经济、技术、财务文件呈报主管计划的部长批准。而政府也会对在布隆迪国土上设立生产性企业的自然人和法人保证其定居和投资自由。布隆迪是《华盛顿公约》的签字国，这将在一定程度上保障投资纠纷的解决。

第八节　旅游业

一　概述

布隆迪政府在减贫战略中提出要开发多样性的旅游产品，利用毗邻坦噶尼喀湖的地理位置，发展生态旅游业和体育旅游业。体育旅游是旅游者以参与和观赏体育活动为目的，或以体育为主要内容和手段的一种旅游活动形式。体育旅游以其参与性、健身性等特性受到广大旅游者的欢迎。布隆迪力争到 2015 年吸引 15 万游客，到 2020 年吸引 30 万游客。为了实现这一目标，布隆迪政府制定了以下举措：提高旅游从业人员的素质和专业技能，提高服务水平；利用信息和通信技术大力推介布隆迪的旅游资源、提高国家的形象；投资重建被破坏的基础设施特别是旅游点周围的道路和建筑等；发展生态旅游和以地方社区为基础的文化旅游业。旅游业与手工业的发展有密切联系，发展与旅游相关的手工业能够促进就业、提高居民的收入，减轻贫困状况。为此，布隆迪政府计划组织和发展手工业部门、提高手工产品的质量、鼓励进行相关的技能培训。

2005 年，旅游业在布隆迪政府支出中所占的份额为 0.7%，约为 80 万美元，旅游业的投资为 400 万美元，占全国投资总额的 6.7%。旅游业直接从业人口为 29290 人，实现产值 1766 万美

元，占 GDP 的 2.4%。然而，旅游业对布隆迪经济的贡献并不限
于此，与旅游业直接或间接相关的经济活动产值达 3312 万美元，
占 GDP 的 4.5%，从业人口为 55540 人，占全部就业人口的
3.5%。近年来布隆迪旅游业发展情况以及未来趋势见下表：

表 4 – 24　旅游业情况一览

单位：百万美元

年　　份	2000	2001	2002	2003	2004	2005	2014
个人旅游	25.69	31.95	30.97	33.13	31.02	33.90	79.97
商务旅游	9.58	13.03	14.05	12.32	11.63	13.01	27.59
团体	8.36	11.48	12.50	10.78	10.18	11.41	24.42
政府	1.23	1.55	1.55	1.54	1.45	1.60	3.17
出口	2.64	3.15	2.21	2.67	3.27	3.92	9.63
资本投资	3.78	3.57	3.67	3.54	3.67	3.97	9.45
旅游消费	36.74	46.63	46.33	47.44	44.85	49.48	112.94
旅游需求	42.49	52.28	51.54	52.43	50.32	55.57	128.18
旅游业直接创造的产值	14.04	17.81	17.03	17.50	16.29	17.66	34.91
旅游业从业人数（万人）	2.187	2.968	2.838	2.840	2.833	2.929	3.450
与旅游业相关部门创造的产值	26.92	33.34	31.22	32.15	30.45	33.12	67.47
与旅游业相关部门的从业人数（万人）	4.246	5.618	5.255	5.267	5.353	5.554	6.753

注：2003 年和 2004 年的数据是估计数字，2014 年的数据是预测出来的。
资料来源：世界旅游理事会 2005 年布隆迪报告。

二　风景名胜

布隆迪是中部非洲风景秀丽的一个山地国家，浓缩了非
洲几乎所有的美丽的自然风光。这里虽地处热带，却
气候宜人，常年四季如春。布隆迪境内绿色的植被覆盖着数以千

计的丘陵，到处可见各种树种，赤道阳光直射形成的平顶树，参天蔽日的芒果树，被串串果实压弯了腰的香蕉树，挂满青青红红果子的油梨树，丈把高的仙人掌，丛丛的芦荟与不知名的开满璀璨红花的大树把这片红土地装扮得充满迷人风情。

布琼布拉是布隆迪的首都，毗邻坦噶尼噶湖，犹如一颗明珠镶嵌在东非高原之上。布琼布拉始建于 1876 年，起初只是坦噶尼喀湖畔的一个小港口，但很快发展为一个重要的商港，并成为布隆迪的首都和第一大城市。布琼布拉旧名乌松布拉，这是比利时人统治时期使用的名称，直到 1962 年布隆迪独立后才恢复其原有的名称——布琼布拉。在初建时期，西方殖民主义者从东非招来一批工匠，在那里修建哨所和码头，这些工匠便成为该市的第一批公民，布琼布拉则成为殖民者统治布隆迪和卢旺达的行政中心。在布隆迪独立时，布琼布拉仅有几个小居民区，人口在 6 万人左右。经过 40 多年的建设，已经发展成一个拥有设备完善的 9 个区、人口达 60 万、市区占地面积为 120 平方公里的新兴港口城市。

布琼布拉位于坦噶尼喀湖北端的东岸，坦噶尼喀湖像一条银带从西边和南边环绕着这个美丽的湖滨山城，从空中俯瞰，布琼布拉宛如一个从湖水中升起的城市。苍翠葱茏的埃吉皮拉山（意即森林山）犹如一条青龙环绕着布琼布拉市，它向北一直伸展到卢旺达共和国境内，成为非洲西部的刚果河流域和东部的尼罗河流域的分水岭。当飞机穿过云层抵近布琼布拉时，俯视下面的大湖，烟波浩渺，气象万千。向前望去，整个城市就像一片绿海，一栋栋不同色彩的房屋点缀其间，在阳光下晶莹闪烁。

布琼布拉没有摩天大厦，也称不上繁华热闹，但确是满目苍翠，鲜花似锦，恰如一座幽雅、秀丽、恬静的花园。总统府、布隆迪争取民族进步统一党总部、政府各部办公楼、银行、商店、宾馆、酒店等建筑物分别坐落在市中心的行政区、商业区和湖滨旅游区。重要的文化设施有布隆迪大学和非洲文明博物馆。在一片片新建的居民住宅区里，一幢幢造型别致的别墅、一排排色彩淡雅的楼房，掩映在茂盛的树木花丛中。这里虽然没有高大的建筑物，但那些一二层的房屋，不论在造型上，还是在色彩上，都别具一格。城中林荫大道两侧是苍翠葱茏的树木，有的傲然屹立，有的枝如华盖，生机焕发，花果累累。马路两旁是修剪整齐的松墙和平坦柔软的草地。很多庭院的围墙都是花树组成，一簇簇，一丛丛，姹紫嫣红，争奇斗艳。城中到处都能听到飞鸟欢快的啾鸣，看到它们矫健的身影从空中掠过，即使在繁华的市区也是如此，布琼布拉人民一年四季都生活在花香鸟语之中。独立市场位于布琼布拉市中心，广场中央立有一座独立纪念碑。在白色的碑石上，雕刻着一面鼓和一个狮子头，周围还有几支利箭。布隆迪人民将鼓视为自己古老的国家、悠久的文化传统的一种象征，将强劲有力、节奏感极强的鼓声作为国乐。狮子被布隆迪人认为是最能显示国家强大力量的动物，利箭则代表着布隆迪人民保卫祖国不受外来侵犯的坚定决心。在纪念碑的顶端，雕塑的是3根手指，代表构成布隆迪的胡图、图西和特瓦三族的紧密团结。

坦噶尼喀湖是布隆迪著名的旅游胜地，它紧邻首都布琼布拉市区，在布隆迪境内长673公里，是由于地壳裂变陷落而形成的东非著名的淡水湖。坦噶尼喀湖湖面狭长，东西宽16～70公里，延伸却甚远，南北长达720公里，是世界上最长的一个淡水湖，湖面海拔73米，面积为3.29万平方公里，最深处达1435米，也是世界上仅次于俄罗斯贝加尔湖（水深1940米）的第二深水湖，被人们誉为非洲腹地的"地中海"。它也确如大海一样，气势磅礴，变幻无穷。当风和日丽的时候，站在湖畔，湖面碧波荡漾，波光云影，白帆片片，极目远眺，可以望见湖对岸连绵起伏的群山，依稀可以看到缕缕上升的炊烟，风光格外绮丽。在阴雨天，

满湖烟波浩渺，浪花飞溅，水天相连，就像置身于海边。清晨，微风吹拂，层层浪花舔着湖边细沙，发出细碎的响声，落日西坠时，晚霞辉映，湖面上浮光耀金，犹如千万尾锦鳞跃出水面。

坦噶尼喀湖沿岸不仅景色秀丽，气候宜人，还是考察野生动植物的广阔天地。这里植物生长繁茂，野生动物成群出现，湖中多鳄鱼和河马，周围有大象、羚羊、狮子、长颈鹿等非洲的特有动物。由于鸟类众多，坦噶尼喀湖被人们称为鸟的王国。这里的鸟类不仅数量繁多，而且种类也很丰富，有白胸鸦、红喉雀、斑鸠、白鹭、黄莺、灰鹳、鹦鹉等，其中最著名的当属红鹤。红鹤的脖子和双脚细长，嘴巴粗短而略带弯曲，全身白白的羽毛闪着一层淡淡的粉色的光泽，它像仙鹤一样清瘦，但比仙鹤更为秀丽。每天晨曦微露，红鹤放开歌喉，千啭百啼，奏起了一支快乐而富有生气的晨曲。烈日高照，晴空万里，红鹤成百成千地飞翔在蓝天间，只见它们首尾处在一条直线上，翅膀摆在同一水平线上，上下翻飞，左右盘旋，齐崭崭地一横排，蔚为壮观。而当红鹤成片成片歇落在水面上时，简直如九天飘降的粉红云霞，在湖面上浮动。它们时而浮身水面，悠闲地徜徉；时而弯下美丽的颈脖，在水中觅食；时而又拨开清波，向远方游去，真像一只只白色的轻舟，在碧水中荡漾、漂泊。

坦噶尼喀湖绮丽的山光水色以及丰富的动植物资源，使它成为诱人的旅游和休憩的场所。为了发展湖滨旅游业，充分利用坦噶尼喀湖这一宝贵资源，布隆迪在湖边因势修建了游泳场、俱乐部、别墅、旅馆、饭店等设施。每到周末或节假日，布琼布拉的市民便举家至此，或游泳、钓鱼、晒太阳，或泛舟湖上，或进行各种水上运动。椰树婆娑的沙滩上出现五颜六色的遮阳伞，人们在湖边游泳、钓鱼、晒太阳，水上俱乐部的摩托快艇在宽阔而平静的湖面掀起一道道白色的浪花。坦噶尼喀湖幽深而洁净的湖水、柔细而松软的沙滩，也吸引了世界各地的游客，每年都有许多外国人慕名而来，饱览这里独特的非洲风光。

在布琼布拉以南基特加省的山区里，人们可以看到尼罗河的发源地。举世闻名的尼罗河，发源于非洲中部高原，分为白尼罗河和青尼罗河。青尼罗河的源头在埃塞俄比亚高原，在布隆迪发源的是白尼罗河，流经苏丹全境至埃及注入地中海，全长 6000 多公里。如此气势壮观的尼罗河，其源头却可以追溯到一个名为基洛峰的普通小山冈上的涓涓细流。尼罗河的源头是由德国探险家伯克哈尔德·瓦德克尔（Burckhard Waldecker）发现的。为了纪念他，在尼罗河的源头处至今还建有形如金字塔的纪念塔。

距首都布琼布拉约 30 公里处是鲁济济河自然保护区。鲁济济河是坦噶尼喀湖的支流，非洲中部高原的洪水都是从这里倾泻出去的。河里常年流水潺潺，河马和鳄鱼经常出没其间，在河的两岸延伸着宽阔的沼泽地带，芦苇丛生，百鸟栖息。这个占地数百公顷的自然保护区，吸引了许多游人前来观光，世界知名的生物和生态学者常常到此地进行考察。

基隆多地区位于布隆迪东北部，距离布琼布拉约 200 公里，海拔在 1300～1800 米之间。这一地区湖泊星罗棋布，栖息着大量的水鸟，许多鸟类从世界各地飞赴这里度过一季，因而有鸟湖之称。游客可乘一叶扁舟游览科瓦湖、鲁维安达湖、卡卡米兰达湖和康齐日里湖。

除了上述介绍的旅游胜地外，布隆迪主要的旅游名胜还有路易·卢瓦加索尔王子墓地、布琼布拉生命博物馆、基特加博物馆、门迪勒日纳天主教堂、无名军人纪念碑、米苏日十字架和姆雅加教堂、王室陵墓、基肖拉鼓手观光地、西比托克德国人公墓、1993 年 10 月大屠杀纪念馆等。

布隆迪的国家公园和自然保护区主要有鲁伊吉国家公园、刚果—尼罗河分水岭森林带、基格弗纳—鲁蒙盖森林保护区、鲁维布国家公园、尼亚卡聚—姆维尚加保护区、基比拉国家公园。

第五章

教育、文艺、卫生、社会人文

第一节　教育

一　历史沿革

传统教育：在罗马天主教和新教的传教士于 20 世纪初引入欧洲教育体制前，布隆迪的传统教育是非正规的，目的在于将儿童培养成为合格的社会成员，使他们能够履行自己的社会和经济责任。教育儿童的责任是由直系的家庭成员和亲属集团承担的。早期教育大多是在家庭内进行的，幼童被教授正当的行为举止，并做力所能及的家务。在儿童到了 5 岁的时候，就要到户外拾柴火、看护牛犊和山羊。在 10 岁的时候，胡图族男孩子学习在田里做农活，女孩子则学习做主妇所需的技能。12～15 岁的男孩子开始承担照顾牛群的任务，常常几天不回家。图西族男孩子在到了青春期时，要被送到王室或王公（甘瓦）的宫廷居住，以便学习维持其社会地位所需的技艺：传统舞蹈、谈话的艺术、口述的传统以及军事技能等。完成这样的训练标志着年轻人进入了成年人的社会。

殖民时期的教育：西方传教士建立了进行宗教教育的小学校，将正规教育的体制引入了布隆迪，最早的教会学校是在

1900 年建立的。在 1916 年比利时传教士到来后，教会学校越来越多。1925 年，比利时殖民当局正式批准了这些教会学校，让它们承担进行初级教育的责任，殖民政府制订教育大纲，并提供资助。在比利时对布隆迪进行委任统治期间（1923～1946），教育集中在初级教育方面，更高层次的教育被排除在外。除了教会学校外，还有各种各样非正式的礼拜堂和识字学校提供宗教和基本的扫盲课程。这些学校的学生数目远远超过了政府资助的教会学校的学生。

比利时政府资助的学校包括两年制的初级小学和三年制的高级小学，大多数学生只完成了两年的基础培训。在 20 世纪 40 年代早期，初级教育又添加了 1 年，共计 6 年。1946 年，法语成为正式的教学用语，此前对非洲学生的教育都是采用基隆迪语和斯瓦希里语进行的。除了初级学校外，布隆迪还有面向欧洲儿童的更高层次的教育体系，以及为穆斯林儿童服务的古兰经学校。1948 年，布隆迪的教育制度又进行了改革。高等小学的课程被划分为两部分，3 年的"普通课程"和 4 年的"选修（高等）课程"。初级小学的课程包括算术、绘画、歌唱、体育、手工艺、基隆迪语、宗教（或德育课）等。高级小学继续这些课程的学习，并增加了农业、法语、职业培训课和每天 2 小时的实践课，选修课程包括地理和写作。1950 年，在布隆迪和卢旺达，政府资助的小学的学生总数为 102897 人。在非正式的礼拜堂和识字学校的学生总数为 343773 人。

在殖民时期，科技和职业教育几乎完全是为了培养办公人员、小学教师和技术人员，其他人都无法获得这种教育。20 世纪 20 年代，罗马天主教慈善兄弟会在卢旺达的阿斯特里达建立了一个教育中心，向教师提供中学课程。1932 年，殖民政府将这个教师培训部门转变为一个培训非洲人从事低级行政工作的中心。在 40 年代，慈善兄弟会在基特加又开办了一所教师培训学校。除了阿斯特里达中心外,布隆迪和卢旺达没有一所能够提供完整的中级教育的学校。1956 年,在布隆迪和卢旺达的各类中等学校(普通中学、教师培训学校、特定职业学校)中共有 4135 名非洲学生,不足适龄青年总数的 1%。殖民当局建立的学校远远不能满足适龄儿童的教育需求。由于社会和健康问题以及教师素质的限制,即使那些能够上学的儿童也难以从学校教育中获取应得的收益,此外,欧洲式的课程设置也不足以满足非洲学生的需求。

1948 年后,联合国要求比利时当局对非洲儿童的教育问题予以更大的重视。1957 年,联合国访问团的报告称在卢旺达和布隆迪上小学的学生为 236193 人,一年级学生数目为 110852 人,而六年级学生数目仅为 1788 人。对女童的教育更为有限,仅有 20%的适龄女童上小学。在 50 年代,殖民当局在布琼布拉开办了 1 所男女合校的多种族公立学校——阿泰内皇家中学。1956 年,该校有 157 名学生,其中 76 人是非洲学生。比利时政府在布琼布拉另外建立了 10 所小学和 1 所师范学校,在基特加建立了 1 座中学。1956 年,在阿斯特里达建立了 1 座学校,招收卢旺达、布隆迪和比属刚果的学生,作为初中教育和大学教育之间的衔接。1958 年,在阿斯特里达建立了 1 个农学院,这是卢旺达—布隆迪托管地的第一座大学层次的教育机构。

二 教育领域现状

隆迪的成年人识字率仅有 37.7%,是世界上文盲比例最高的国家之一。妇女的识字率更低,为 27.3%,男性为 48.4%。

教育特别是初级教育,在 20 世纪 80 年代取得一定发展,小学老师的数目增加了两倍,入学率从 1980 年的 29%上升到 1992 年的 72%,但仍不能满足需求,对于社会上的弱势群体和贫困

人群来说，他们接受教育的机会更加渺茫。1993年内战爆发后，教育的发展大幅度倒退，许多学校关闭或被毁，社会和政治危机进一步加剧了教育领域的供求矛盾。1993年小学适龄儿童入学率为52%，1996年下降为35%。近年来，在政府的努力下，不少学校恢复或重建。2002～2003年的小学入学率约为57%，适龄男童的入学率约为59%，女童入学率仅有48%。2003～2004年的小学入学率为81%。在入学的儿童中，很多孩子年龄偏大，而且留级率和辍学率都很高，个别为31%和6%，只有10%的学生毕业后能够升入中学。中学与高等教育机构主要集中在首都布琼布拉，中学入学率从20世纪90年代的6%提高到2002～2003年的9%，2003～2004年进一步增加到13.6%。在1999～2003年间，大学的学生数目增长了一倍多，从6600人增加到16000人。2003年的大学入学率为1%，私立高校的学生数目增长较快，在2005年约占学生总数的35%。

　　学校的分布在城乡间存在很大差异，不同的乡村地区的情况也有很大不同。中学和大学主要位于首都布琼布拉和其他城市地区，这里的社会保障水平普遍高于大部分的乡村地区。农村地区严重缺乏合格的教师，师资质量达不到标准，而且教科书以及其他教学辅助设备短缺的情况也非常突出。

　　教育资金主要来自四个方面：布隆迪中央政府、外部援助、乡镇和家庭。中央政府、乡镇和家庭主要投资于初等和中等教育的层次，而外部援助不仅数额有限而且大多限于初等教育方面，中等和高等教育面临资金短缺的局面。布隆迪1998年的教育开支为149亿布郎，占财政支出的15.7%，2002年增加到230亿布郎，其中日常支出为223亿布郎，发展支出为7亿布郎，占财政支出的15.2%，占GDP的3.9%。自2005年实施重债穷国计划以来，布隆迪获得的援助大幅增加，在2007年，世界银行、联合国儿童基金会等国际组织对布隆迪教育部门的援助达

497.47 亿布郎。布隆迪政府也加大了对教育的投入力度，2007年，教育支出为800.94亿布郎，占政府开支总额的16.7%。

布隆迪教育目前面临的主要问题是：（1）教师短缺，基础设施严重不足；（2）教学计划设计不合理；（3）地理、地区与社会差异；（4）对技术和职业培训重视不足；（5）对教育部门、特别是对私立教育缺乏组织性和制度性的监督。布隆迪政府致力于创造条件，使入学率尽快恢复到内战前的水平，并着手进行深入的改革，以实现教育部门的可持续发展。近期的工作主要是恢复在战乱中遭到破坏的教学设施，并建设新设施；重新部署师资，以满足师资匮乏地区的需求；组织教师培训课程，对教育系统的深层次改革进行研究。除了这些紧急措施外，布隆迪政府还将实施复兴教育部门的战略：（1）培养各层次的教学人员，保证其数量和质量；（2）为公立和私立的教育机构提供适合的师资；（3）更新技术教育和大学课程；（4）提高教师的地位和待遇；（5）使学校的设置和布局更加合理；（6）最大程度地发挥学校在重建各民族之间的信任、促进实现民族和解方面的作用；（7）制定为失学的青年人提供职业培训的国家政策。

鉴于布隆迪现在的师资队伍数量和质量都不敷所需，政府将和合作机构采取措施，改进培养教师的制度。教师的职业必须得到尊重，在社会上具有很高的地位，使教师能够从其培训的投入中获得高回报，从而安心本职工作。与此同时，政府鼓励创办私立教育机构，在国际合作的支持下，使其能够获得办学所需的基础设施、教学设备和师资。

布隆迪各级教育的目标如下。

在初等教育层次，主要致力于实现适龄儿童的普遍入学。小学教育将逐渐成为完全义务制的，对贫困家庭实行免费，这需要在基础教育领域加大财政投入。2005年8月，布隆迪总统恩库伦齐扎在总统就职演说中表示实行免费的小学教育，并立即生

效。实行小学免费教育后，适龄儿童入学率将增加到 100%，对教育领域本已极度匮乏的物力与人力资源形成巨大的压力。2004年，布隆迪乡村地区小学的一个班中大约有 150 名学生，2005年新生入学后，一年级学生人数从 26 万人增加到 50 万人，需布隆迪政府额外支出 800 万美元。联合国儿童基金会向布隆迪提供420 万美元的援助，用以购买校服、重建学校和培训教师，并动员国际社会的资源支持布隆迪发展初等教育。在课程设置方面，布隆迪政府于 2007 年开始在小学中开设斯瓦希里语和英语课程。

在中等教育层次，鼓励建立乡镇学校（community colleges）。政府需要从捐助者那里获得大量支持，从而能够为乡镇学校提供足够的教学设备、合格的师资和最低限度的基础设施以保证教学质量。这些学校将逐步发展为提供初高中教育的学校，以便消除从初中课程过渡到高中教育的瓶颈制约。

在高等教育层次，重点是保证大批中学毕业生可以接受有质量保证的高等教育：（1）采取措施以便保证合格的教师能够投入教学和研究工作；（2）教学课程多样化，以便实现人才培养和市场需求之间的平衡；（3）鼓励私立学校提供质量符合要求的高等教育。

三 教育体制

学前教育时间为 2 年（3~5 岁），由私立机构兴办。小学入学年龄 6 岁，时间为 6 年（6~12 岁），学生毕业后获得小学教育结业证书。中学教育分为初中和高中两个层次。只有通过国家入学考试的学生才能够接受初中教育，时间为 4 年（12~16 岁），毕业获得初中毕业证书。所有完成初中学业的学生都必须参加国家考试，其成绩提交到国家定向委员会（National Orientation Commission）。高中教育的时间为 3 年（16~19 岁），毕业获得国家文凭（Diplôme d'Etat），这是升入大学的必经阶

段。在中等教育这一层次，除了普通中学外，布隆迪还有技校和职业中学。技校学习期限为5年（12~17岁），学生毕业后获得初级技师文凭。职业中学的学习期限为7年（12~19岁），毕业后获得技师文凭。

师范学校是培养小学教师的机构，学制四年，分为两个阶段，每个阶段的学习为两年时间。农村教育局（Office for Rural Education）定期对在职的小学教师进行培训。布隆迪大学培养中学老师，每个专业的学习时间均为4年。此外，部分中学教师毕业于教育学院，学习时间为3~5年。

布隆迪高等教育的入学率略高于撒哈拉以南非洲地区的平均水平。高等教育的主要机构是布隆迪大学。布隆迪大学基本上由政府提供资金，在行政管理方面拥有自主权。大学校长由共和国总统任命，任职4年，主持学校的管理工作。管理委员会负责决策，其成员亦由共和国总统任命，代表着高等教育发展的主要领域。自成立之初，布隆迪大学的主要目标是培养行政事务所需的各类人才。布隆迪大学的运作在1993年的社会与政治危机后受到很大的干扰，学生罢课，教职人员罢工，学术规划遭到延误，校园被关闭，教科书和教学设备无从获得，学术人才大批外流。除了布隆迪大学外，布隆迪还有4所私立大学。私立高校的学生数目增长较快，在2003年约占学生总数的35%。

20世纪60年代，布隆迪的高等教育由3所机构组成：卢旺达—布隆迪农业学院、乌松布拉学院、乌松布拉科学院。1964年，这3所学院合并成立了布琼布拉官方大学。1965年，成立了高等师范学校，以培养初中教师。1972年，成立了培养公务人员的国立高等管理学校。1973年，布琼布拉官方大学、高等师范学校和国立高等管理学校合并组成布隆迪大学。这一合并并没有立即付诸实施：国立高等管理学校在1975年并入了布琼布拉官方大学的经济与管理学院，高等师范学校和布琼布拉官方大

学直到1977年才合并。20世纪80年代初，成立了另外4所非大学性的高等教育机构，以培养行政事务所需的技术人员，分别是新闻学校、商业学校、城镇计划与发展学院、农学院。1989年，上述这几所学校并入了布隆迪大学，以便实现高等教育资源的最优化。在合并的过程中，商业学校更名为商学院。2007年，布隆迪大学设有高等技术学院、高等农业学院、高等商业学院、教育学院、体育教育与运动学院、文学与人文科学系、心理与教育学系、法律系、经济与管理学系、医学系、科学系、应用科学系、农业学系。布隆迪大学有普通教授14人、副教授25人、课程主管69人、教育主管5人、助教35人、助理17人，总计165人；管理人员456人，其中男性222人，女性234人；学生8265人，其中男生6091人，女生2174人，留学生71人。①

1993年，布隆迪政府将25%的教育开支划拨到高等教育领域，而撒哈拉以南非洲地区为17%。布隆迪大学的常规预算和总预算的结构表现出极大的不平衡，人力资源和奖学金方面的预算失衡现象更为突出。1990～1993年，奖学金预算的增长比其他方面快得多。在这期间，奖学金预算的年均增长率比注册学生预算多5.7%。奖学金预算占1992年大学常规预算的98%。而同期合作预算的年均增长率为－15.8%，合作预算在总预算中所占的份额从1990年的30%降至1993年的13%。布隆迪大学的所有合作项目在1996年暂时终止。在1989～1994年间，人力资源预算年均增长率为25%，而同期教学预算和研究预算则平均每年减少10%和9%。1994年，人力资源预算占大学常规预算的71%。

由于工作条件差，布隆迪大学学术人才流失的情况非常严重。根据大学的规定，最低的教学任务是每年180～220学时，

---

① 布隆迪大学网站，http：//www.ub.edu.bi。

但对教师的教学技能特别是对教学提纲的质量和教学方法的运用，没有制订评价标准。布隆迪大学 1990 年实施的校规规定了教师的权利和义务。大体而言，布隆迪大学和布隆迪政府保证教师享有学术自由。在过去，不遵守其职业操守的教师并不多。然而自 1993 年内战后，有一些教师对与自己同一民族的学生给予特殊眷顾。

在研究与出版方面，布隆迪大学为协调学术研究，于 1978 年成立了一家出版社和一个研究单位，由掌管学术事务的校长负责监督。1985 年 2 月，设立了研究主任的职位，以协调和监控大学研究政策的实施情况。1986 年，布隆迪大学理事会建立了大学研究理事会，这是一个咨询性机构，负责设计和监督所有的研究和出版工作。布隆迪大学开展的研究对国家的社会和经济发展起到了一定作用。目前，布隆迪大学设立了 3 个研究中心：经济与社会发展研究中心；个人、共同体与社会发展中心；临床心理学中心。

第二节　文化艺术

一　艺术

当代布隆迪的许多艺术和建筑形式延续了前殖民时期的风格。尽管政府力图推进新的建筑样式，但传统的围墙环绕的圆形住宅仍是最普遍的。在前殖民时期，一神论宗教的影响以及木材的匮乏使得布隆迪在雕刻和面具制造等艺术方面并不突出，制陶工艺也不很发达，人们日常使用的牛奶罐等器皿大多是木制的。

传统艺术主要表现在实用工具和项链、手镯等饰物及高雅工艺品的制造方面。这种艺术在众多的地区性手工艺中心得到表现

和发扬，吉舒比中心以其陶器闻名，布加拉马则以编篮工艺著称，恩戈兹擅长制席。布隆迪妇女擅长编篮工艺。手艺高超的艺人们随心所欲地自由创造，而不拘泥于以往的样式。编篮使用的唯一工具就是一把锥子，原材料则多种多样，纸草柔韧的纤维、树皮、香蕉叶和香草等，不一而足。原料一般被染成黄色或棕褐色，许多篮子用黑色或紫红色的纤维进行装饰，排列成几何形状。简单的之字形图案很普遍，有时也采用三角形。在 V 型或螺旋形的篮子中，图案排列成梅花型。这些细窄的条纹仿照香蕉叶的天然格子状纹路编织而成，这是布隆迪编篮工艺中一个普遍的样式，因为香蕉酒在布隆迪的社会关系中有着重要的意义。篮子的底座和盖子采用相同的图案。有些篮子还装饰着白色和蓝色的珠子，白色珠子排列成三角形或钻石型。所有的篮子都具有重要的社会价值和使用价值。一般来说，一个家庭拥有的篮子的数量及其所展现的工艺和艺术性，表明了这个家庭的社会地位。手艺娴熟的艺人向年轻人传授技艺，学习各种技巧和图案需要花费大量的时间和精力。用一头牛交换一只精美的篮子，也不是一件不寻常的事情。布隆迪艺人在编篮或制造铁器和皮革制品时，保留了传统的艺术风格，在装饰手法上一般用几何图案，在不对称或相对立的图案中体现出和谐和韵律。制品大多是深底白色或黑底白色的，奢侈品有时也做成红色或蓝色的。进入现代社会后，传统的艺术风格受到了很大冲击。陶艺制品通常是由特佤人制作的，纯手工制作，不使用陶轮，包括大型未加修饰的水罐和各种形状、大大小小的精心雕饰的罐子。

现代装饰艺术一直受到基督教传教机构的赞助和支持，教会鼓励宗教雕像和绘画艺术的发展。吉赫塔的艺术学校和吉塔加的职业中心教授绘画、雕刻和陶瓷制造艺术。20 世纪末期的布隆迪知名画家有莫波拉·贾汉古和皮埃尔·贾汉古。在 1982 年，布隆迪文化部了解、熟悉的雕刻家有 35 位，其中最知名的是安东尼·马尼朗帕、莱昂尼达斯·贝扬耶耶和朱利安·班扎。尼亚卡比加的木板香蕉叶画也很著名。首都布琼布拉的生活博物馆举办最全面的全国艺术展览,展览始于 1977 年,一直侧重于传统艺术的展示。

二　音乐和舞蹈

乐和舞蹈在布隆迪人民的生活中占有重要地位。家庭聚会和活动都离不开音乐,表达各种情绪和不同场合都有相应的歌曲。音乐的曲调通常比较简短,重复的节拍伴随着不同的歌词和舞蹈。比利托(Bilito)是由女子演唱的哀歌,曲调哀怨、伤感。科威松戈拉(Kwishongora)则是一种男性歌曲,篇幅较长,热情奔放,节奏鲜明,慷慨激昂,充满颤音,需要清亮、高亢的嗓音。乐器有竖琴、单弦小提琴和一种口琴。

布隆迪歌手:卡佳·南是最著名的布隆迪歌手。她幼年离开布隆迪来到扎伊尔和欧洲,用法语、斯瓦希里语和基隆迪语演唱,其唱片在 1996 年被法国电视一台选中作为夏季宣传广告。卡佳·南的部分歌曲反映了非洲的事情,例如 1998 年关于布隆迪禁运的歌曲等。另外一名著名的歌手是让—克里斯托弗·马塔塔,1980 年代他在布隆迪开始了演唱生涯,移居卢旺达后成为一名歌星,后前往比利时。他创作了《胡图人,图西人,我们都是兄弟》、《别把我送到那里》、《回归理性,否则你会失掉一切》等歌曲来推动布隆迪的和平与和解进程。当马塔塔回到布隆迪演出时,布琼布拉市的市长送给他国旗和统一的旗帜,称其为"和平斗士"。其中一面旗帜现在放在了他的卧室,另外一面在其布鲁塞尔的录音室。

在君主制和封建保护制度下,布隆迪形成了丰富多彩的音乐传统,制鼓与独特的鼓舞艺术闻名于世。布隆迪人喜爱跳舞,他们从小就习舞,不论男女老少,基本上个个都会跳。鼓舞是布隆

迪人民最喜爱的传统民族舞蹈。在布隆迪王国时期，鼓是王权的象征。在基隆迪语中，鼓和国王（姆瓦米，mwami）是同一个单词。布隆迪的国旗上也有鼓的图案。鼓在布隆迪是一种受尊重的乐器。即使鼓手也不可以随意演奏，只有在特殊的仪式上才能击鼓，而且也不是每个人都能随鼓点起舞。人们不能随随便便地走进布隆迪的商店中去购买一面鼓。制作鼓和表演鼓舞的往往是同一批人。根据传说，一个国王牵着自己的公牛来到布隆迪，他杀了牛并将牛皮铺在一个树洞上面晒干。他躺下来睡觉但突然被一条蛇的声音惊醒了，这条蛇从洞里钻出来，蛇头就停在牛皮的旁边。国王告诉手下人将晾牛皮的那棵中空的树制成一面鼓，这面鼓就成为圣鼓，象征着王室的合法性以及王国的福祉。圣鼓被保管在圣堂里，守卫者基本上都是胡图人。在王室发生重大事件或举行一年一度的高粱节（在播种季节的开始）等庆典时，都会用到圣鼓，届时，全国各地的鼓手齐聚首都。鼓舞仪式一直保留至今。

鼓舞原是宫廷舞，现已普及全国各地。凡重大节日、迎宾、庆祝活动均表演这种舞蹈。布隆迪鼓舞具有与其他非洲国家不同的特色，它是一种鼓乐与舞蹈相结合的艺术。表演者为男性，身着红、白或绿、白两色长袍，额上、胳膊上及胸前交叉佩戴着珠带，腰上系着腰带。10余名甚至几十名演员头顶大鼓（每面鼓的重量为25~50公斤），边敲边上场，围成半圆形，各自把鼓放在面前，中间安放一鼓，由演员们轮流击打，其他人各击自己的鼓伴奏。演员们随着鼓点的节奏表演各种舞姿，时而凌空腾跃，时而旋转舞动，还有伴唱和类似活报剧的动作。鼓舞具有强烈节奏，鼓点密集，震天动地，气氛热烈、欢快，表现了布隆迪人欢乐和刚毅的性格。即使在以鼓手和鼓乐著称的非洲大陆，布隆迪的鼓手也是最著名的。布隆迪的鼓乐在世界上许多地方巡演过，并录制了几张唱片。

"阿加森波"是流行于南方马康巴省一带的传统民族舞蹈。演员头插鸟毛，上身裸露或胸前佩戴红、白或绿、白两色交叉的绸带，下身围着草裙，脚系铃铛，手持流苏，十几名或几十名男演员进行表演。一名长老手持权杖作为领队。表演时，长老边走边说一些祝愿万事如意的话语。演员们边跳边踏点，轮流表演各种动作。这种舞蹈的特点是演员在表演中不时地像陀螺般旋转，动作敏捷、灵活、柔软。布隆迪人称这是一种杂技舞蹈。

三 文学

在前殖民时期，布隆迪的文学是口头形式的，即使现在，口头文学也比书面文学丰富得多。文学作品通过故事、传说、寓言、谚语、诗歌、谜语和民歌等多种形式流传下来，涵盖了宗教、哲学、历史和道德伦理方面的内容，既有描绘日常生活的，也有传播信息的。许多作品是诗歌形式的，这些诗歌在朗诵的时候常常伴随着音乐，或转化为歌曲，诗歌和歌曲往往很难区分。老人们将他们的所见所闻讲述出来，每个人讲故事的方式都不相同。人们对历史事件有许多不同的观点。在每个故事中，历史人物的性格用隐蔽的形式表现出来，常常存在很大差异。在布隆迪文学中，隐喻、典故、间接论证是最受看重的，一部书面或口头文学作品的价值取决于其所采用的隐喻和典故的巧妙。隐喻在礼貌性的社交活动中也被广泛采用。人们在提到特定的人和事件时常常如此隐讳、含糊，以至于只有当事人才能理解。如果不了解这种独特的表达风格和布隆迪人的价值观，外来者常常很难理解布隆迪文学作品和日常讲话中的含义。

四 新闻出版

布隆迪的主要报刊有《新生报》，为官方法文日报，1978年4月创刊，日发行量2700份。此外，布隆迪还有 30 多家私营报纸。1996 年 7 月政变后，大多数原总统派报纸被查禁。在布琼布拉可以见到布隆迪民主阵线的《黎明报》和一些代表图西人利益的报纸。布隆迪的报纸发行量较小，在布琼布拉以外的覆盖面微不足道。《团结》周刊是基隆迪文官方刊物，主要面向农村，发行量 10000 份；《布隆迪形象》是法文不定期刊物，发行量约为 800 份，此外还有《布隆迪基督教报》（法文周刊）、《布隆迪画报》（月刊）、《文化与社会》（季刊）、《经济和财政公报》（半月刊）、《布隆迪公报》（月刊）等。

布隆迪新闻社为官方通讯社，1976 年 6 月创建。黑非洲通讯社（Agence Azania）和新闻网（Net Presse）均为民办通讯社。新闻网支持激进的图西族反对派，常常惹上法律纠纷。

广播是布隆迪的主要大众传媒方式。在布隆迪有很多波段，言论很自由。最主要的广播电台是国家广播电台，分一台和二台，一台用基隆迪语对内广播，二台用法语、英语和斯瓦希里语对内对外广播。此外，布隆迪还有数家民办电台。布隆迪工商会电台（CCIB）是布隆迪第一家合法的私营电台，在布琼布拉市方圆 30 公里的范围内广播，节目侧重经济和贸易方面。希望电台于 1996 年 3 月建立，节目主要涉及人权问题。文化电台于 1997 年 5 月创立。非洲公共电台开办于 2000 年，提供独立的广播，特别关注和平进程问题。由一个美国非政府组织资助的伊延博演播室（Ijambo Studio）制作的节目强调解决冲突，这一主题也是其他电台广泛关注的。在调频波段可以接收到英国广播公司（BBC）的英语和基隆迪语广播。

布隆迪电视台为国家电视台，1982 年 12 月由法国援建，每天 17～23 时用基隆迪语、法语播放新闻和专题节目。由法国和布隆迪共同出资兴建的通信卫星地面站于 1980 年在布琼布拉建成并投入使用。

第三节 医疗卫生

一 基本概况

由于布隆迪的经济发展落后，其医疗卫生状况长期处于世界上的最低水平。1993 年，布隆迪政府的医疗卫生开支为 30 亿布郎，占全部财政支出的 4.4%，为 GDP 的 1.3%。内战爆发后，医疗卫生的开支遭到削减，1995 年降至 21 亿布郎，在财政开支和 GDP 中所占的比例也分别减少到 3.2% 和 0.7%，1996 年进一步减少到 19 亿布郎，在财政开支和 GDP 中所占的比例也相应地下降到 2.5% 和 0.6%，在此后的几年大体一直维持在这一水平上。2005 年，布隆迪政府的医疗卫生开支达到了 60 亿布郎，占全部财政支出的 1.9%，占 GDP 的 0.7%。人均医疗卫生支出费用约为 3 美元，在非洲居倒数第一位。在全部医疗卫生开支中，布隆迪政府的支出占 21.5%，私人支出约占 78.5%。

20 世纪 90 年代的政治和社会危机不仅导致医疗开支的减少，而且也使医疗卫生设施遭到极大的破坏，公共机构常常成为反政府武装袭击的目标。1998 年布隆迪全国有 36 所医院、352 个卫生中心，但其中至少有 60% 在 1993 年后遭到部分破坏或全部被毁。在一些省份，公共的医疗卫生服务系统已经彻底瘫痪。1990 年，每 25200 人中有 1 名医生，每 3800 人中有 1 名护士，由于战乱的影响，医疗资源更趋匮乏和紧张。2004 年，布隆迪每 38400 人中有 1 名医生，1300 人中有 1 名护士。每 16.7 万人中有 1 座医院。布隆迪的医疗保健机构分布得很不平均，布琼布拉聚集了 70% 以上的医生。广大乡村地区的医疗卫生状况极为落后（参见表 5 - 1）。

表 5 – 1 医疗卫生状况（2004 ~ 2007）

年　　份	2004	2005	2006	2007
医疗卫生预算/政府开支总额	3	2	7	6
医疗卫生预算/GDP	1	1	3	2
医疗卫生预算年度变化(％)	19	– 11	277	– 23
人均医疗卫生预算(美元)	1	1	2	2

资料来源：国际货币基金组织 2009 年 3 月布隆迪减贫战略年度进展报告。

　　布隆迪的常见病有疟疾、艾滋病、血吸虫病、肝炎、霍乱、肺结核等，疟疾、脑膜炎和霍乱等流行病定期暴发，呼吸系统感染和痢疾也常常成为主要疾病。内战迫使大批居民不得不居住在难民营中，导致传染性疾病的蔓延，难民营里极为糟糕的卫生状况致使因感染和寄生性疾病而导致的死亡人数在 1993 ~ 1998 年间增加了 2 倍，与此同时，疟疾、痢疾、呼吸系统疾病和皮肤病的发病率都有大幅度的提高。内战致使死亡率大幅度上升。疟疾目前是布隆迪占第一位的死亡原因。2006 年，医疗中心记录在案的疟疾病例超过了 200 万（2265970 例），在医疗中心接受治疗的患者中，77% 的病人死于疟疾。肺结核近年来也在布隆迪肆虐。各年龄段的人都有可能染上肺结核，囚犯、难民、营养不良的人和艾滋病毒携带者则是高危人群，布隆迪每年新增结核病患者约为 7000 人。腹泻是导致 5 岁以下儿童死亡的主要原因。

　　2002 年，布隆迪人的预期寿命下降到 42 岁，新生儿死亡率约为 116‰。布隆迪的死亡率很高，导致死亡的原因常常与极度恶劣的环境条件、缺乏卫生习惯和缺乏饮用水有关。2005 年，布隆迪的成年人（15 ~ 59 岁）死亡率男性为 65.4%，女性为 52.5%；5 岁以下儿童的死亡率男性为 19.7%，女性为 18.3%。在全部人口中，预期的健康寿命为 35.1 岁，男性为 33.4 岁，女性为 36.8 岁。

由于卫生健康服务很差，许多青少年很难获得性和生育方面的教育、信息和服务，导致了大量非意愿妊娠、不安全堕胎的现象和很高的产妇死亡率、不孕率，以及艾滋病和其他性传播疾病的流行。产妇死亡率（8.55‰）构成了布隆迪最重要的公共健康问题之一。大约80%的婴儿是在家里出生的，产妇得不到受训的专业人员的帮助。布隆迪的出生率在6%左右，育龄人口采用避孕措施的比率仅为5.4%。性暴力仍旧是一个重要的社会问题。

约有68%的布隆迪人处于饥饿和营养不良的状态。1987年、1994年和1998～1999年对布隆迪5岁以下儿童的营养状况进行的调查，显示了严重的蛋白质和能量摄取不足的问题。在3～36月的儿童中，50%处于长期营养不良的状态，5.6%严重营养不良，25%的新生儿体重不足2.5公斤。1992年肺结核和麻疹的疫苗接种覆盖率分别为91%和75%，1996年降至64%和49%；怀孕妇女接受孕期保健的比率在同一时期也从90%降至66%，导致母亲死亡率大幅度上升。2002年，布隆迪1岁儿童接受白喉、百日咳、破伤风混合免疫的比率为74%，麻疹免疫率为75%，脊髓灰质炎的免疫率为69%，肺结核免疫率为84%。内战使得情况进一步恶化。随着和平进程的推进，布隆迪的社会状况趋于好转。2003～2004年在布隆迪进行的调查显示了布隆迪人口总体营养状况的提高。营养不良疾患中心收治的患者人数比上一年也有所减少。然而，居高不下的疾病发生率、低下的饮食质量水平和长期的食物匮乏状况抑制了营养状况的提高。

二　医疗制度

在1980年前，布隆迪实行免费医疗制度。但政府由于经济困难，无力维持这一制度，在1984年实行部分的免费医疗制度，采用医疗互助金和医疗证办法，军人就医全部

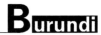

免费，平民实行部分免费医疗，公职人员每月向互助基金交纳工资的10%（个人6%，政府财政补贴4%）。医疗证可全家使用，凭医疗证就医者交纳医药费的20%。1988年，布隆迪卫生部对医疗制度进行了改革。为了解决财政和管理方面的困难，卫生部在1999年宣布改变预付费制度，实行每次看病直接付费的政策。从2002年2月起，布隆迪政府推行了"花费—收回"制度（cost-recovery policy），患者需负担所有的医疗费用，其中包括药物、检查和治疗等费用，即全部的基本花费，政府在药物价格上给予患者15%的补助，以便负担地方上的额外花费并补偿那些无力支付医疗费用的患者。这一制度覆盖了布隆迪大约500万的人口，此外，非政府组织在布隆迪卫生部的协助下，正在试验推行两种做法。一种是部分的（比例为50%）花费—收回制度，也称为"花费分摊"制度，即患者需支付一半的医疗费用，目前，这一制度仅在马康巴省推行，有22万人从中受益。另外一种做法是"全部平价"制度，患者一次付清各项医疗费用，这一制度在卡鲁济、坎库佐、鲁伊吉和布琼布拉乡村省推行，覆盖了大约52.5万人。

在"花费—收回"制度下，在初级医疗中心看一次病的花费相当于一个家庭每周收入的70%。另外两种制度虽减少了基本的医疗花销，但仍令大多数人不堪重负，"全部平价"制度的花费相当于一个家庭每周收入的20%，"花费分摊"制度则为31%。如果一个家庭中两人同时染病，情况就更为困难。在"花费—收回"或"花费分摊"制度下，分别有81.5%的和74.6%的患者需负债或变卖家产来支付医疗费用。相对而言，"全部平价"制度虽削减了患者负担的医疗费用，但仍有一半以上的病人（59%）需负债或变卖财物来看病。根据无疆界医疗组织2004年在布隆迪进行的调查，"花费—收回"、"花费分摊"和"全部平价"三种医疗制度下的死亡率分别为每天0.16‰、

0.19‰和0.12‰，均超过了紧急状态的界限（每天0.1‰）。儿童的状况更令人忧虑，5岁以下儿童的死亡率在三种制度下分别为3.3‰、3.1‰和4.9‰，而紧急状态的界限为0.2‰。

2004年，布隆迪有近百万人（约占总人口的1/5）被排除在基本的医疗保障之外。实际上，在现行的医疗制度下，17.4%的病人因经济原因而无法获得医疗保健服务，即使在身患重病的病人中，14.5%的人也没有看过病，大多数人都只是将疾病拖下去，丧失了治疗的时机，从而导致了布隆迪居高不下的死亡率。在"花费—收回"制度覆盖的人群中，36.2%的病人认为自己的疾病不是很严重就不去看病，其主要原因是无力负担医疗花费。[①]

三 艾滋病问题

艾滋病是布隆迪面临的一个严重问题。自1983年发现首例病例以来，艾滋病的阴影一直笼罩着布隆迪，1993年内战爆发后，大批人口流离失所，经济和社会结构濒于崩溃解体，从而导致艾滋病的蔓延呈愈演愈烈之势。2005年底，布隆迪有25万人感染了艾滋病，感染者主要集中在15～49岁的年龄段，约为22万人，占该年龄段全部人口的8.3%。在布隆迪被艾滋病感染的人群中，95%通过性途径感染，血液感染占0.5%。据估计，布隆迪的艾滋病感染率约为11.2%，其中城市地区为18.6%，在农村地区为7.5%。在文化水平低下、信息闭塞的农村地区，艾滋病的传播尤为迅速，1989年艾滋病感染率还不到1%，而在不到10年的时间里感染率增加了6倍左右。[②]

---

① Medicins Sans Frontiers, *Access to health care in Burundi: Results of three epidemiological surveys*, April, 2004.

② 联合国艾滋病规划署，UNAIDS, *Country-specific information: BURUNDI*。

在布隆迪，妇女感染上艾滋病的几率更高。在城市地区，妇女的感染率为13%，男性为5.5%，在半城市地区，妇女的感染率为10.5%，男性为6.8%；在农村地区，该比例分别为2.9%和2.1%。[①] 妇女的高感染率主要是以下原因造成的：她们的受教育程度低，缺乏艾滋病的相关知识；妇女在经济上不能自立，需要依赖其丈夫。在战乱和冲突时期，居住在难民营中的妇女更容易感染上艾滋病和其他性传播疾病。据估计，布隆迪有23.7万左右的儿童因艾滋病失去了母亲或父母双亲。许多艾滋病孤儿本人也感染了病毒，他们的处境堪忧，其中大部分人几乎没有任何获得医疗救助和教育的机会。即使能够被收养，布隆迪普遍的贫困状态使得这些艾滋病孤儿更多地被视为负担。

布隆迪政府已经将抗击艾滋病作为"减轻贫困与促进经济发展战略"的六大目标之一，成立了专门的艾滋病防治部，制订了"抗击艾滋病的全国行动计划"。主要内容如下：（1）阻止艾滋病的进一步传播。具体措施包括在全国各地建立相应的机构，阻止母婴之间的传播；通过各方面的途径，宣传、普及防治艾滋病的知识，加强媒体在这方面的作用；在农村地区，对社群的领导人进行培训，再由他们向同侪进行艾滋病感染、传播途径及其相关影响因素的教育；宣传和推广对安全套的使用；制作和发放关于艾滋病的知识材料以及针对艾滋病感染者的医疗与心理辅导指南。（2）关心艾滋病感染者和患者，为他们提供医疗和心理方面的服务和支持。具体措施包括使更多的人能够获得治疗艾滋病的药物，对接受治疗的患者进行监控；加强对艾滋病孤儿的照顾；在国际社会的帮助下，鼓励艾滋病患者在家庭内接受照顾和治疗，以减轻对医院的压力；支持对艾滋病的研究，其中包括使用传统药物治疗艾滋病。（3）建立一个保护艾滋病感染者

[①]　联合国艾滋病规划署，UNAIDS, *Country-specific information*；*BURUNDI*。

的法律体制，保证他们得到法律方面的帮助。（4）增强抗击艾
滋病的机构和组织的力量，具体措施包括加强与非政府组织的合
作；加强对艾滋病及其他性传播疾病的信息收集和管理的工作；
协调国际社会在艾滋病防治方面的行动。

据布隆迪卫生部称，随着对艾滋病相关知识的教育普及以及
防治运动的开展，布隆迪感染艾滋病的人口比率自 2000 年来逐
步趋于稳定，但在今后的几年里，每年仍将有大约 5 万人死于艾
滋病。只有极少数艾滋病感染者能够负担起进行逆转录药物治疗
的高额费用，大多数人只能消极地等待疾病的发展、恶化（参
见表 5 - 2）。

表 5 - 2　2005 年的艾滋病状况

成年人(15 ~ 49 岁)感染率(%)	4%
成年人感染人数(人)	220000
青年(15 ~ 24 岁)感染人数(人)	46916
成年妇女(15 ~ 49 岁)感染人数(人)	130000
安全套发放数量(个)	10399064
能够得到艾滋病资源咨询检测服务的人数(人)	70628
能够得到艾滋病母婴传播阻断治疗的孕妇人数(人)	2007
等待治疗的患者人数(人)	25000
得到治疗的患者人数(人)	6416
死亡人数(人)	40000

资料来源：联合国艾滋病规划署，UNAIDS, *Country-specific information*：*BURUNDI*。

布隆迪的制药工业公司在 2003 年开办了第一个生产抗艾滋
病逆转录药物的工厂。这家公司属于 1920 年就在布隆迪经营的
印度宋吉家族所有。除了国外的非政府机构发放的药物外，布隆
迪每月在治疗艾滋病上的支出约为 10 万美元。制药工业公司宣
称该工厂将使布隆迪能够生产国内所需的 70% 的抗逆转录药物，

这将使患者的药费下降 47% ~ 67% 。尽管抗逆转录药物费用大幅下降，但仍超出了布隆迪大多数贫困人口的承受能力。而且，最为严重的是，大多数艾滋病病毒感染者根本不知道自己已经受到感染。艾滋病的蔓延使得布隆迪本已紧缺的医疗资源更趋紧张，也给国家促进经济增长、减轻贫困的目标蒙上了厚厚的阴影。

四 精神健康问题

内战给布隆迪人带来了巨大的、难以弥合的心理创伤。对 1998 ~ 1999 年布隆迪"国家生活水平调查"数据的初步分析结果表明，布隆迪有 1/3 的人口患有精神抑郁症。调查还发现，布隆迪城市人口受到的心理影响小于居住在该国暴力冲突更集中的山区、西部高原、平原和东部高原的人口。精神抑郁症患者患病的可能性是其他人的两倍。有些精神抑郁症患者的子女入学的可能性更小，男童被留在家中的可能性大于女童。抑郁症与贫困之间也存在明显的联系。在社会贫困阶层中，抑郁症的发病率往往是最高的。为了解决国民的心理保健问题，布隆迪政府利用现有的世界银行的贷款来解决精神卫生问题，在其"社会行动项目"中就有一个包括精神卫生问题的早期儿童成长方案。

第四节 社会人文

一 人文发展指数

布隆迪是世界上最不发达的国家，也是世界上最贫穷的国家之一。根据联合国的人文发展指数统计，1992年，布隆迪的人文发展指数为 0.341，在联合国对 174 个国家人文发展指数进行的排名中列在第 165 位，人文发展指数的三个分项指数，即预期寿命指数、教育指数、人均 GDP 指数都处于非洲国家的最低水平。内战的爆发使得布隆迪的人文发展状况进一步恶化。2005 年，布隆迪的人文发展指数值为 0.413，在 177 个国家中排在第 167 位，世界人文发展指数为 0.741，排位第一的国家冰岛为 0.968。布隆迪的人口预期寿命为 48.5 岁，预期寿命指数为 0.31，教育指数为 0.51，成人识字率为 58.9%，小学、中学和大学的总入学率为 35.1%，GDP 指数为 0.31。布隆迪的人文贫困指数值为 37.6%，在世界上 108 个贫困国家中排在第 81 位。1990 年，能够使用卫生设施的人口占 44%，2002 年则下降为 36%；1990 年，能够获得饮用水的人口为 69%，2002 年上升到 79%。在 1990～1992 年间，布隆迪有 48% 的人口营养不良；在 2000～2002 年间，这一比例上升到 68%。在 1995～2003 年间，5 岁以下的儿童有 45% 体重过低。就布隆迪的社会发展趋势看，1975 年的人文发展指数为 0.285，1980 年为 0.311，1985 年为 0.345，1990 年为 0.353，1995 年为 0.324。[①]

二　贫困状况

资源贫乏、人口增长过快、生态环境恶化、经济结构落后且发展水平低下、国内民族矛盾尖锐、冲突频繁是导致布隆迪贫困的主要因素。即使在内战爆发前，布隆迪每年的人均收入也仅有 200 美元，使布隆迪在 174 个国家中处在第 166 位。1993 年内战爆发所导致的政局不稳、社会动荡、经济与社会发展倒退严重使布隆迪更深地滑入了贫困的深渊，GDP 下降了 30% 左右，人均收入下降了大约 1/3（110 美元）。

布隆迪的贫困率（贫困人口在总人口中的比例）迅速攀升，从 1990 年的 34.9% 上升到 1997 年的 63.5%，2000～2002 年间

———————————
① 有关数据参见联合国开发计划署 2007 年《人文发展报告》。

又增至 68.7%，意味着布隆迪绝大部分的国民难以满足其衣食住行、教育及卫生等方面的最基本需求。贫困状况的恶化还通过物价飞涨表现出来，在 1993～2005 年间，消费者物价指数增加了近 4 倍。在农村地区，失业和不充分就业的情况非常严重，贫困人口也在大幅度上升，贫困人口从 1992 年的 35% 上升到58%。大批年轻人来到城市谋生，更加剧了城市的就业压力。在政府部门和其他公共服务部门工作的人员构成了城市中最大的就业类别，其受教育程度和收入水平都相对较高，他们的生活水平也大幅度下降（参见图 5 – 1）。

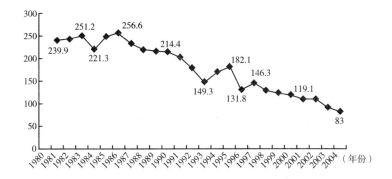

图 5 – 1　布隆迪的人均收入变化情况

　　尽管贫困在布隆迪是普遍现象，但不同地区的贫困程度不尽相同，这不仅表现为城市和农村之间的差异，而且在不同的省份和自然区域以及不同的社会经济集团之间都存在着差异。受冲突影响最大的布班扎、锡比托克和卡鲁济等省份贫困指数增长得最高，而在鲁塔纳和卡鲁济省，冲突前的贫困人口就已经超过了50%，1999 年的贫困率分别为 70% 和 86%。首都布琼布拉尽管在 1992 年的贫困水平相对较低，但在 1993～2002 年间，居民收入的购买力迅速下降，贫困人口比例上升了 1 倍，67% 的人口跌

入了贫困线之下，这一方面是由于人口增长过快，另一方面是农村人口大量流入城市所致。就自然区域而言，2003～2005年平原地区的贫困率最高，为75%；其次是东部高原地区，为72%，高原与平原过渡地带和西部高原的贫困率分别是66%和65%。布隆迪国家统计学院的调查表明，家长的就业状况与受教育程度决定了该家庭的生活水平，家庭规模与贫困之间也存在联系：两口之家的贫困率为57%，由六七个人组成的大家庭贫困率则升至67%。①

三　老人问题

根据1990年的人口普查数据以及1993年、1998年和2003年的估算结果，布隆迪的年龄结构呈现年轻化的趋势。大约40%的人口为年轻人，老年人（65岁以上）不足人口的4%，15～65岁之间的人口占总人口的一半左右。布隆迪的人口结构较为稳定，由于生育率的增长，特别是医疗条件改善所带来的新生儿死亡率的下降，近期内能够预见甚至现在就已经出现的变化是人口金字塔的基础部分在不断加大。老年人在人口中所占的比例也呈现地区性差异，在2%～4%之间，在中部地区平均寿命更高一些。随着社会经济的发展，例如生活条件的改进、出生率的下降和医疗水平的提高，老年人在总人口中所占的比率将会有所增加。

在布隆迪的传统社会中，老人被视为文化、智慧和生活经验的化身，人们向他们请教和咨询，给予老人尊重和关爱。当老人已经没有能力满足自身的需求时，也会得到赡养，老人的家庭成员和邻里都有照顾和帮助老人的责任。不幸的是，自1993年以

---

① Brundi, *Interim Strategic Framework for Accelerating Economic Growth and Reducing Poverty*, November 2003.

来，在内战的冲击下，布隆迪传统文化中所特有的对老人的尊重和善待难以维系下去。战乱和社会危机造成了无数家庭的离散，大多数人陷于贫困状态，互助精神也因此不复存在。无家可归或与子女离散的老人境遇悲惨，失去了生活的希望。一些老人凄惨地死去，其他人被迫从事与其年龄、身份不符的事情，例如一些老人不得不以乞讨为生。布隆迪的老年人因为其年龄而在社会中处于不利地位，那些失去了亲属和财产的老人处境更加悲惨。他们需要心理方面的治疗和帮助，以便使其免受不良心绪和情感的困扰而导致健康水平下降。

四　劳工状况

1. 工作与休假

根据布隆迪劳动法规定，工人每天工作 8 小时，每周工作 5 天半，为 44 个小时。雇主一般不得在星期日和节假日安排雇员加班，如需加班，下周应给予补休。经劳动总监同意的加班时间应支付额外报酬；超过每周合法工作时数的头两个小时应增付 30% 的报酬，而后每小时增加 50%。劳动者有权享受年度休假，全年带薪休假合计 20 天，在同一单位工作每满 5 年增加一天休假。休假期内，劳动者有权享受不低于工作日报酬的津贴，如有实物补贴，则应加上实物补贴。此外，劳动者遇以下情况，可请事假：婚假可请 4 天事假；妻子生产可请 4 天事假；配偶、父母等直系亲属去世可请 4 天事假；子女结婚可请 4 天事假；劳动者调动工作需搬迁可请 4 天事假；祖父母去世可请 2 天事假；兄弟姐妹去世可请 2 天事假。女职工有权享受 12 周（需要时可延长至 14 周）产假，其中 8 周必须在产后休息。此外，劳动者享受各种法定假日。

2. 工资

1976 年，布隆迪城市地区（布琼布拉和基特加）最低工资为每天 88 布郎，约折合 1.07 美元，1982 年时增长了 59%，为 140 布郎，约折合 1.56 美元，1988 年增长为 160 布郎，但折合成美元计算的话则为 1.14 美元，实际上下降了 26.9%。对比 1976 年的水平，1982 年消费者物价指数增长了 1.27 倍，1988 年增长了 2.18 倍，因而就实际价值而言，1982 年的最低工资比 1976 年下降了 30%，1988 年又比 1982 年下降了 18.5%，仅为 1976 年的 57.1%。自 1988 年后，布隆迪城市地区的最低工资就没有再增加，考虑到物价上涨和通货膨胀的因素，其实际价值在不断下降。其他地区的工资水平更低，最低工资在 1976 年时为 88 布郎，从 1982 年至今一直是 105 法郎。具体而言，各类职工的最低工资因通货膨胀的缘故，每年都有变动。一般熟练工人每天的工资在 500~600 布郎之间，工龄 10 年以上的熟练工人每月工资可达到 4 万~4.5 万布郎（参见表 5-3）。

表 5-3　布隆迪最低工资（2001~2005 年）

年　份	2001	2002	2003	2004	2005
单位:布郎/天					
城市地区	160	160	160	160	160
其他地区	105	105	105	105	105
实际价值(1991 年 = 100)					
城市地区	39.9	40.5	36.6	33.9	29.9
其他地区	26.2	26.6	24.0	22.2	19.6
单位:美元/天					
城市地区	0.19	0.17	0.15	0.15	0.15
其他地区	0.13	0.11	0.10	0.10	0.10
布郎与美元的汇率	830	931	1083	1101	1075

资料来源：国际货币基金组织 2006 年 8 月布隆迪国别报告。

3. 保险

（1）养老和工伤保险。

布隆迪于 1956 年首次制定养老保险法律，现行立法颁布于 1981 年。劳动和社会事务部负责对养老保险进行一般性监督，全国社会保障协会负责管理年金方案。养老保险的覆盖范围是除短期雇佣的临时工外的受雇人员。政府雇员则另有专门制度。保险基金来源：受保人交纳收入的 4%，雇主交纳雇员工薪的 4.5%，政府不负担。交纳保险费和享受年金待遇的收入最高限额为每月 8 万布郎。年满 55 岁以及交纳保险费 15 年（含最近 10 年内交纳 60 个月保险金）的人员可以享受养老金的待遇。养老金的标准为雇员最近 3 年或 5 年平均收入的 30%（择较高者）。交纳保险费超过 180 个月的，每超过 1 年增发 2%。养老金最低限额为法定最低工资的 60%，最高限额为平均收入的 80%。老年安置费的金额为月平均收入乘以交纳保险费的年数，一次性支付。

在非职业性事故中丧失谋生能力 2/3、参加保险满 3 年（包括最近 12 个月内交纳 6 个月保险费）的员工可以享受伤残补助。受保工人的永久伤残补助的标准与养老金标准相同。经常护理补贴为补助金的 50%。死亡雇员符合领取年金的条件，或死亡时已保险 180 个月者，其遗属可以领取遗属补助，标准为受保人年金的 50%，支付给照料子女的遗孀或孕妇，条件是受保人死亡前至少结婚已经 1 年。根据同样条件，遗属补助也可支付给受供养的伤残鳏夫。受保人留下的每一个 16 岁以下的孤儿可获得受保人收入的 25%，父母双亡的孤儿可以得到 40%。受供养的父母或祖父母每人可以领取受保人收入的 25%。

工伤保险于 1949 年首次立法，现行立法颁布于 1990 年，覆盖范围为受雇人员、学徒、培训人员以及技术学生。工伤基金由雇主交纳工薪总额的 2%，交纳保险费和享受工伤补助金

的收入最高限额为每月 8 万布郎，受保人和政府不负担。完全残疾者可领取永久伤残补助，标准为月平均收入的 100%。残疾 15% 及以上者根据残疾程度领取一定比例的恤金。残疾低于 15% 者一次领取 3 年的补助。经常护理补贴为恤金的 50%。雇员遗属补助的标准为受保人收入的 50%，支付给遗孀或鳏夫。对再婚的遗孀或鳏夫，一次性支付 6 个月。受保人留下的每一位 16 岁以下的孤儿可获得受保人收入的 20%，父母双亡的孤儿可以得到 40%。受供养的父母或祖父母每人可以领取受保人收入的 20%。遗属补助的最高限额是受保人完全残疾补助的 100%。丧葬费为雇员日平均收入的 30 倍，一次性支付。

（2）疾病和生育保险。

1966 年的劳工法要求，雇主于每年度初交纳工人工资的 2/3，至多交纳 3 个月，同时要为工人及其家属提供医疗照顾，此外要为怀孕前服务满 6 个月的妇女支付 50% 的产假工资，至多 12 周，包括产后至少 6 周。

五　消费

内战爆发后，布隆迪的物价大幅度上涨，以 1991 年的物价为基准，2001 年的物价总指数上涨了 3 倍。2002 年的物价较为平稳，变化幅度不大，其中食品价格略有下降，总指数比上年下降了 1.3%。2003 年和 2004 年的物价总指数均比分别比上年增长 10.7% 和 8%。2005 年的前三个季度物价涨幅较大，第四个季度物价有所回落，全年的物价总指数比上年增长了 13.6%。

在消费结构方面，以布琼布拉的家庭消费指数为例，食品是最主要的支出项目，占全部支出的一半以上，居住和燃料费用约占 1/4，其他各项消费所占的比例都比较小，医疗和文化教育分

别仅占总支出的 2% 左右，反映出布隆迪的消费水平还处于很低的层次（参见表 5 - 4）。

表 5 - 4　布琼布拉家庭消费指数（1991 年 = 100）

	食品	穿	住及燃料	家庭用品	医疗	交通通信	文化教育	其他服务	总指数	变化（％）
1991 年加权系数	51.9	5.3	27.0	4.9	2.0	5.3	1.9	1.7	100.0	
2001 年	398.0	407.9	433.7	319.9	305.7	367.2	325.7	460.0	400.6	9.3
2002 年	377.8	426.8	448.4	317.2	328.5	371.9	316.4	448.7	395.3	- 1.3
2003 年	427.4	534.5	468.6	334.7	387.9	471.5	324.3	494.9	437.5	10.7
2004 年	470.0	555.2	512.1	362.8	394.0	560.7	362.8	552.4	472.5	8.0
2005 年	551.5	624.6	518.1	377.5	423.1	565.6	355.8	586.6	535.7	13.6

资料来源：国际货币基金组织 2008 年 6 月布隆迪国别报告。

六　饮用水和居住条件

在农村地区，1992 年有 55% 的人口可以获得饮用水，由于供水系统在内战中遭到破坏，而且国家也停止了这方面的财政资助，供水设备的维护落在了使用者的身上。在不到 10 年的时间里，供水率下降了 12%，在 2000～2002 年，仅有 43% 的农村居民可以获得饮用水。在城市地区，供水率约为 93%，此后的发展极为缓慢，2002 年约为 95%。布隆迪水电局在 2007 年生产了 3900 万立方米的饮用水，其中 3100 万立方米是供应首都地区的，占其产量的 80%（参见表 5 - 5）。

在农业地区，散落着一个个村落，布隆迪的农家住宅称为"卢戈"。院子用热带树木、灌木围成，中间树立着一座圆锥形茅屋。屋内用围席间隔成几间，作为父母与孩子的住房。一般前院供人活动，后院则是牛羊等牲畜的厩棚。子女长大后，父母在

表 5 – 5　饮用水的生产情况（2003～2007）

单位：立方米

年　份	2003	2004	2005	2006	2007
布琼布拉	25313828	27883675	28166589	27539004	31256807
东部地区	1741578	1627984	1384608	1656412	2151529
南部地区	799264	709783	639433	816355	1807074
北部地区	1377026	1378872	1209193	1059645	1634543
西部地区	1513518	1789500	1676871	1886702	2065730
总　　计	30745214	33389814	33076694	32958118	38915683

资料来源：国际货币基金组织 2009 年 3 月布隆迪减贫战略年度进展报告。

院内一角为他们建造一些小茅屋。男孩子结婚后则在附近的山坡上另建一个新的"卢戈"单独生活。现在，一些富有人家在建房时也用铁皮或水泥瓦楞作为屋顶。

　　总体而言，布隆迪的住房数量不敷所需而且质量达不到标准。20 世纪 90 年代，城乡地区成千上万的房屋毁于战乱，更加剧了住房短缺的情况。布隆迪政府和国际人道主义机构致力于从事住房建设，大约 39460 户家庭能够购买住宅并使用重建的社会设施，但仍远远不能满足需求，因为约有 54 万户家庭仍然流落他乡或准备从国外返回故里。此外，布隆迪全国范围内的住宅质量普遍都很差。

七　布隆迪千年发展目标

第一大目标：消除极端贫困和饥饿

　　目标 1：在 1990～2015 年间，将每天收入少于 1 美元的人口比例减少一半。

　　目标 2：在 1990～2015 年间，将遭受饥饿的人口比例减少一半。

第二大目标：普及初等教育

目标3：保证在2015年儿童将能够完成初等教育的全部课程。

第三大目标：促进性别平等，使妇女能够掌握权力

目标4：在2005年消除在初等和中学教育领域的性别不平等，在2015年消除所有教育领域的性别不平等。

第四大目标：减少儿童死亡率

目标5：在1990~2015年间，将5岁以下的儿童死亡率减少2/3。

第五大目标：提高母亲的健康水平

目标6：在1990~2015年间，将母亲死亡率减少3/4。

第六大目标：与艾滋病、疟疾和其他疾病作斗争

目标7：到2015年终止并开始逆转艾滋病的传播。

目标8：到2015年终止并开始逆转疟疾和其他主要疾病的发生率。

第七大目标：保证环境的可持续发展

目标9：将可持续发展的原则引入到政策和规划中，逆转环境资源的流失。

目标10：到2015年，将无法得到安全饮用水的人口比例减少一半。

目标11：到2020年使贫民区居住者的生活条件得到显著改善。

第八大目标：建设全球范围内的发展合作伙伴关系

目标12：建设一个开放、有规可依、非歧视性、可预期的贸易和金融体制。

目标13：致力于解决最不发达国家的特殊需求问题。

目标14：致力于解决内陆国家的特殊需求问题。

目标15：通过本国和国际社会的努力全面解决发展中国家

的债务问题，力争使债务控制在可以承受的范围内。

目标 16：与发展中国家合作，发展和实施青年生产工作战略。

目标 17：与制药公司合作，使人们可以得到可承受的主要药物。

目标 18：与私有部门合作，使人们可以利用新技术特别是信息和通信方面的新技术。①

第六章

外　交

第一节　外交政策

布隆迪曾先后沦为德国和比利时的殖民地，于 1962 年 7 月 1 日独立，成立布隆迪王国。布隆迪在独立之初宣布执行和平、中立、不结盟的外交政策。在王国时期，布隆迪在美国和比利时的压力下，这一政策在具体执行中有时表现得摇摆不定。

20 世纪 60 年代后期，在米孔贝罗和巴加扎执政时期，布隆迪的民族主义倾向有所发展，反对外来干涉，主张非洲团结，强调睦邻友好，在反帝、反殖、支持南部非洲民族解放运动中较以前活跃，有时参加非洲"进步集团"国家的活动。1987 年布约亚执政后，布隆迪注重推行全方位外交，主张南南合作和建立国际经济新秩序。恩蒂班通加尼亚执政期间，优先改善和加强同卢旺达、扎伊尔、坦桑尼亚等周边国家的关系，希望通过地区合作推动本国内部问题的解决；维护非洲团结，支持非洲经济一体化计划；重视同法国、比利时、美国、德国等西方国家的关系。

1996 年 9 月，布约亚执政以来，布隆迪奉行不干涉别国内政、不结盟及国际合作的外交政策，主张国际关系特别是国际经济和贸易关系实现民主化和公正化。布隆迪推行全方位的发展外交，重视同西方国家的关系，呼吁国际社会关注布局势并对布隆迪提供援助。布隆迪重视睦邻友好，强调邻国对布隆迪和平的重要作用，积极恢复和发展同周边国家的关系，认为大湖地区各国只有在加强团结的基础上才能得以发展。1999 年 1 月 22 日，第 7 次布隆迪问题大湖地区国家组织首脑会议决定中止对布隆迪的经济制裁。此后，布隆迪与邻国关系不断改善。

布隆迪是联合国、不结盟运动、非洲联盟、中非国家经济共同体、大湖国家经济共同体和东非共同体等国际和地区性组织的成员国。目前，布隆迪已同 116 个国家建立了外交关系。

第二节　同西方国家的关系

一　同比利时的关系

比利时是布隆迪的前宗主国，两国传统关系较深。比利时在农牧、教育、卫生等方面向布隆迪提供资金、技术援助。1996 年 7 月布隆迪发生政变后，比利时一度中断了与布隆迪的合作。近年来，比利时加大了对布隆迪的援助力度。

1989 年 2 月，比利时首相马尔腾斯访布。1994 年 2 月，比利时副首相兼外交大臣克拉斯访布。1990 年 6 月，布隆迪总统布约亚访比。1991 年 6 月和 1992 年 11 月，布隆迪总理西博马纳两次访比。1993 年 8 月，布总统恩达达耶访比，并出席比利时国王的葬礼。1994 年 11 月，布隆迪总统恩蒂班通加尼亚、总理卡尼安基科先后访比。1996 年 2 月，布隆迪总理恩杜瓦约访比。1998 年 6 月，布隆迪国民议会议长恩根达库马纳访比；9 月，布约亚总统和第一副总统邦弗吉尼恩维拉先后访比。1999 年 2 月，比利时合作部向布提供粮种援助 67.6 万美元。10 月 25 日，比

利时外交部秘书长让德·博克访布。26 日，比利时政府同意向
布提供 5000 万比利时法郎的人道主义额外紧急援助。2000 年 4
月，比副首相兼外交大臣米歇尔访布，7 月 1 日，米歇尔赴布参
加布隆迪国庆活动。2001 年 2 月，比利时政府向布隆迪提供 2
亿比利时法郎人道主义援助。26～29 日，比利时发展合作国务
秘书布特曼斯访布。11 月 23～24 日，任欧盟轮值主席的副首相
兼外交大臣米歇尔率欧盟代表团访布。12 月 3～5 日，布约亚总
统对比利时进行工作访问。2001 年，比利时已兑现巴黎出资国
会议上所作承诺的 22%，并另向布隆迪提供 600 万美元用于母
婴保健和保护部队费用。2002 年 4 月，布隆迪副总统恩达耶齐
耶访比。7 月 1 日，比副首相兼外交大臣米歇尔访布，参加布隆
迪独立 40 周年庆典。比利时政府还承诺在 2001～2003 年间向布
隆迪提供 10.8 亿比利时法郎的援助。2003 年 1 月，比利时副首
相兼外交大臣米歇尔访布。2 月，布约亚总统参加第 22 届法非
首脑会议后顺访比利时。7 月，恩达耶齐耶总统访比。8 月，比
利时国防部长安德烈·弗拉奥访布。10 月，比利时外长和发展
与合作部长访布。

2004 年 1 月 13～14 日，恩达耶齐耶总统赴布鲁塞尔出席布
隆迪捐助国圆桌会议。比利时在 2004～2005 年度捐助 3500 万欧
元。8 月 24 日，比利时政府特使穆顿访布，会见布隆迪副总统
卡德盖和国务部长恩库伦齐扎。比利时政府向布境内刚果（金）
难民提供 55 万欧元物资援助。26 日，布隆迪对外关系与合作部
长西农古鲁扎访比，会见比利时外长古赫特，就布隆迪当前局势
交换意见。2005 年 3 月和 12 月，恩达耶齐耶总统和恩库伦齐扎
总统先后访比，当年比利时对布援助 3000 万欧元。2006 年 3
月，布国民议会议长纳哈约访比。5 月，比利时国防大臣访布，
布隆迪外长访比。7 月和 10 月，比利时发展合作大臣两度访布。
2007 年 4 月和 7 月，比利时外交大臣和国防大臣分别访布。

2008 年 3 月，布隆迪外长访比，与比利时签署两国政府合作协议。4 月，比利时外交大臣和发展合作大臣访布。10 月，布隆迪第一副总统萨因古乌访比。

二　同法国的关系

法关系长期稳步发展，两国签有经济、技术、军事、文化等方面的合作协定。法国在布隆迪的专家、技术人员共计 150 余人。1996 年 7 月布隆迪发生政变后，法国一度停止了与布隆迪的合作，仅向布隆迪提供人道方面的捐助。

法国总统密特朗于 1982 年 10 月和 1986 年 2 月两次访布，并于 1984 年 12 月出席在布隆迪举行的第 10 次法非首脑会议。布隆迪总统巴加扎曾 3 次访法。1991 年 12 月，布约亚总统对法国进行正式访问。1992 年 10 月，布隆迪总理西博马纳访法。恩蒂班通加尼亚总统 4 次访法。布约亚总统 4 次（1991 年、1998 年、2001 年、2002 年）访法，并于 2003 年赴法参加第 22 届法非首脑会议。2000 年，法国宣布免除布隆迪所有债务，并允诺向布隆迪提供 4000 万法郎的援助。2001 年 1 月 11 日，法国积极促成布隆迪政府与叛军全国解放阵线在利伯维尔会谈。6 月，法国总理若斯潘表示法将努力促进解决大湖地区危机。2005 年 10 月，布法达成协议恢复两国间军事合作。2006 年 2 月，法外长访布，会见恩库伦齐扎总统，并向布提供 510 万欧元援助。11 月，恩库伦齐扎总统访法，希拉克总统会见。2007 年 2 月，恩库伦齐扎总统赴法出席第 24 届法非首脑会议。2002 年以来，法国共向布提供 5 次预算援助，总计 1450 万欧元。

三　同美国的关系

美国在医疗卫生、农业、环保、能源和培训等方面向布隆迪提供援助。1996 年 7 月，布隆迪发生政变后，美国停止了与布隆迪的合作，仅同意通过非政府组织向布隆迪卫生、营养、保健等部门提供人道援助。

1998 年 9 月，布隆迪总统布约亚出席第 53 届联大并顺访美国。1999 年 1 月，美国国会代表团访布，与布隆迪讨论布和平进程问题。10 月 4 日，美国政府就布隆迪近来发生的流血事件发表声明，谴责一切针对平民的暴力。2000 年 6 月，美国大湖地区特使理查德·波高斯安访布，表示美国希望加入布隆迪合作伙伴行列。2001 年 5 月，美国 4 个药物研究实验室与布隆迪政府签署协议，向布隆迪提供治疗艾滋病的抗血清阳性药物。8 月 7 日，美国向布隆迪提供 900 万美元用于布防治艾滋病等传染病。9 日，美国向布隆迪提供奖学金，这是 12 年来美国首次恢复向布隆迪提供奖学金。9 月 12 日，布约亚总统就"9·11事件"致电布什总统，强烈谴责恐怖行为。12 月 11 日，在参加美国驻布使馆纪念"9·11 事件"的活动中，布隆迪内政公安部长恩蒂哈博塞表示将为消除国际恐怖主义作贡献，并宣布布隆迪已成立打击恐怖主义委员会。9 月，布约亚总统赴美参加第 54 届联大，并应邀出席布什总统与中东非国家领导人会议。

2003 年 8 月，美国驻欧洲部队副司令访布。2005 年 8 月，美负责非洲事务的副国务卿出席布总统就职仪式。9 月，恩库伦齐扎总统赴美参加第 60 届联大，国民议会议长纳哈约赴美出席第二届世界议长会议。12 月，美取消对布实施的禁运政策并将布纳入"非洲增长与机遇法案"。2005 年，美国对布隆迪援助 6183 万美元。2006 年 3 月，布隆迪国民议会议长纳哈约访美。2007 年 3 月，美国负责非洲事务的助理国务卿访布，会见了恩库伦齐扎总统。11 月，美国参议院代表团访布。12 月，美国宣布将对布年度财政援助由 1860 万美元上调至 2860 万美元。2008 年 2 月，恩库伦齐扎总统访美。

第三节　同非洲国家的关系

一　同卢旺达的关系

隆迪与卢旺达独立前同属比利时托管地，两国在民族、宗教、语言、文化和风俗等方面相同或相似，但由于独立后当政的族体不同，两国关系冷淡，长期以来，在民族、侨民等问题上时有摩擦。

1996 年 7 月布隆迪发生政变后，卢旺达参加了对布隆迪的制裁。制裁中止后，两国关系迅速改善。1997 年 5 月和 10 月，布约亚总统两次访卢。1999 年 9 月，布约亚总统再次对卢旺达进行工作访问。4 月，卢旺达总统比齐蒙古对布进行工作访问，双方签署联合公报。2000 年 4 月，布约亚总统赴卢出席卡加梅总统就职仪式。2001 年 4 月 15 日，布约亚总统对卢旺达进行工作访问，就布隆迪和平进程和刚果（金）局势对布卢两国的影响交换看法。11 月 1 日，卢旺达总统卡加梅出席布隆迪过渡政府成立仪式。25 日，布隆迪对外关系与合作部长西农古鲁扎访卢，寻求对布隆迪反政府武装实施制裁的支持。2002 年 4 月 6 日，布隆迪参议长巴拉鲁涅雷策赴卢参加大屠杀 8 周年纪念活动。8 月 2 日，布隆迪副总统恩达耶齐耶访卢。10 月 1 日，布、卢两国混委会第五次会议在卢旺达召开，布隆迪外长西农古鲁扎率团参加并向卡加梅总统转交布约亚总统的信函。27 日，布隆迪议长访卢。2003 年 6 月，恩达耶齐耶总统访卢。2005 年 8 月，卢旺达总统卡加梅出席布总统就职仪式。11 月，布总统恩库伦齐扎对卢进行工作访问。2006 年 3 月，卢旺达总参谋长卡巴雷访布，布隆迪第一副总统恩杜维马纳访卢。11 月，布隆迪执政党保卫民主力量主席拉贾布访卢，卢总统卡加梅会见，双方就连接两国的公路和铁路建设以及重启大湖地区经济共同体等问题交换了意见。2007 年 3 月，恩库伦齐扎总统访卢。4 月，布隆迪、刚果（金）和卢旺达外长在布琼布拉举行会晤，宣布恢复大湖地区国家经济共同体（CEPGL）活动。10 月，恩库伦齐扎总统前往卢旺达出席"连通非洲"峰会。2008 年 5 月，布隆迪第一副总统萨因古乌访卢。7 月，卢旺达参议长比鲁塔访布。

二 同刚果（金）的关系

布隆迪与刚果（金）在历史、地理、经济、文化方面有着密切联系，但两国曾在边界、石油勘察以及难民问题上存有争议，关系时有起伏。1996 年 7 月布隆迪发生政变后，前扎伊尔政权曾予以强烈谴责并参加对布的制裁。1997 年 5 月，卡比拉推翻蒙博托政权，建立刚果民主共和国后，与布隆迪的关系改善。1997 年 10 月，卡比拉总统访布。1997 年 9 月，布约亚总统访问刚果（金）。1998 年刚果（金）冲突爆发后，刚果（金）政府指责布隆迪入侵刚领土，而布隆迪政府则指责刚支持布反政府武装，两国关系恶化。1999 年，布约亚总统赴赞比亚出席卢萨卡停火协议签字仪式，布约亚强调布隆迪未参与刚果（金）冲突，故未在协议上签字。

2001 年 1 月约瑟夫·卡比拉任刚总统后，两国关系有所改善。2001 年 7 月和 2002 年 1 月，布隆迪两任外长相继访刚。刚果（金）允诺不再支持布隆迪反政府武装，而布隆迪则承诺从刚果（金）撤军。2003 年 2 月，布约亚总统访问比利时期间与刚果（金）和卢旺达外长签署了旨在推动地区和平进程的《布鲁塞尔约定》。2004 年 8 月加通巴难民营惨案发生后，布刚关系一度紧张，后逐步缓和。9 月，恩达耶齐耶总统在出席第 59 届联大会议期间与卡比拉总统就地区局势举行会晤。2005 年 2 月，布外长西农古鲁扎访刚果（金），实现两国关系正常化。2007 年

1月，刚果（金）总统卡比拉特使访布。2月，布隆迪参议长赴刚出席大湖地区国家议员会议，讨论大湖地区的和平、安全、民主和发展。

三　同坦桑尼亚的关系

隆迪一贯重视同坦桑尼亚的关系，布隆迪一半以上进出口物资经坦桑尼亚转运，目前有 30 万难民流落在坦桑尼亚。但是，两国也曾因坦乌战争和布隆迪在坦桑尼亚的难民问题而发生过争执。1993 年布隆迪发生未遂军事政变后，坦桑尼亚前总统尼雷尔被推举为布问题国际调解人。1996 年 7 月布隆迪发生政变后，坦桑尼亚联合其他布邻国对布隆迪实施经济制裁。此后，两国关系严重恶化。1999 年中止对布制裁后，布坦关系开始改善。4 月，坦桑尼亚复派驻布大使。2001 年 1 月和 8 月，布约亚总统两次访问坦。2003 年 4 月，恩达耶齐耶总统访坦。2004 年 3 月，布国民议会议长米纳尼访坦。2004 年 9 月，恩达耶齐耶总统在出席第 59 届联大会议期间与坦总统姆卡帕就地区局势以及布和平进程等问题举行会晤。12 月，米纳尼议长再度访坦。2005 年 8 月，坦总统姆卡帕出席布总统就职仪式。12 月 20 日，恩库伦齐扎总统出席坦桑尼亚新总统基奎特的就职仪式。2006 年 3 月，布隆迪第一副总统恩杜维马纳访坦。9 月 7 日，布隆迪政府和反政府武装全国解放阵线在坦首都达累斯萨拉姆签署全面停火协议。2008 年 1 月，坦桑尼亚国防部长访布。同月，恩库伦齐扎对坦桑尼亚进行工作访问。6 月，布隆迪第一副总统赴坦桑尼亚参加次地区发展问题首脑峰会。

四　同乌干达的关系

布隆迪同乌干达虽不直接毗邻，但布隆迪大量进口物资须经包括乌干达在内的北方通道转运，两国经济关系较密切。1996 年 7 月布隆迪发生政变后，两国关系逐渐冷淡，乌干达对布隆迪制裁态度强硬。1997 年 5 月和 9 月，布约亚总统两次访乌。1998 年，布隆迪启动和平进程后，乌干达总统穆塞维尼成为布隆迪和平地区倡议组织主席。1999 年中止对布隆迪的制裁后，两国关系有所改善。2000～2002 年，布约亚总统 5 次出访乌干达。2003～2004 年，恩达耶齐耶总统 3 次访乌。2004 年 9 月布副总统卡德盖访乌。2005 年 10 月，恩库伦齐扎总统对乌干达进行正式访问。2006 年 5 月，恩库伦齐扎总统赴乌出席穆塞维尼总统就职仪式。10 月，恩库伦齐扎总统赴乌出席乌国庆活动。2007 年 6 月，恩库伦齐扎总统赴乌出席东非共同体首脑会议。11 月，布隆迪第一副总统萨因古乌赴乌，代表布隆迪作为观察员出席英联邦首脑峰会。2008 年 11 月，恩库伦齐扎总统访乌。

第四节 同中国的关系

一 双边政治关系

19 62 年 7 月 1 日布隆迪王国成立时，中国总理周恩来和陈毅外长分别致电祝贺并承认。1963 年 12 月 21 日，布隆迪与中国建交。1965 年 1 月 29 日，布隆迪政府在美国和比利时的压力下，单方面宣布中断两国外交关系。1966 年米孔贝罗执政后，布隆迪表示愿意同中国恢复外交关系。1971 年 10 月 13 日，布中复交。此后，两国友好合作关系发展顺利。1976 年巴加扎总统执政后，布中关系得到了较为迅速和全面的发展。巴加扎总统于 1979 年 3 月访华。

1993 年 10 月，布隆迪发生军事政变后，中国政府一直希望布隆迪尽快恢复和平，实现民族和解，主张布隆迪人民自己解决

布隆迪的问题。布约亚总统于 1989 年 2 月和 1999 年 11 月两次访华。1991 年 7 月,中共中央政治局常委、书记处书记李瑞环访布。1993 年 1 月,国务委员兼外长钱其琛访布。2000 年 2 月,外交部副部长王光亚对布隆迪进行了工作访问。

2001 年 3 月 19 ~ 26 日,布隆迪社会活动与妇女发展部长罗曼·恩多里马纳率妇女代表团访华。全国人民代表大会常务委员会副委员长、全国妇联主席彭珮云会见。3 月 27 ~ 28 日,外交部副部长杨文昌对布隆迪进行工作访问。布隆迪总统皮埃尔·布约亚和第一副总统弗雷德里克·邦弗吉尼恩维拉分别会见,布隆迪对外关系与合作部长塞弗兰·恩塔霍姆武基伊举行了会谈。双方签署了《中华人民共和国政府和布隆迪共和国政府经济技术合作协定》。4 月 28 日,中国驻布隆迪大使孟宪科和布隆迪对外关系与合作部长恩塔霍姆武基伊在布琼布拉分别代表各自政府签署了《中华人民共和国政府和布隆迪共和国政府关于免除布隆迪共和国政府债务的议定书》。6 月 11 ~ 18 日,布隆迪公共卫生部长斯塔尼斯拉斯·恩塔霍巴里率团访华。卫生部部长张文康同恩塔霍巴里部长举行了工作会谈。9 月 17 ~ 24 日,布隆迪国民议会议长莱翁斯·恩冈达库马纳访华,李鹏委员长和许嘉璐副委员长分别会见。

11 月 2 日,外交部发言人朱邦造在就布隆迪 11 月 1 日成立过渡政府一事回答记者提问时说,中方对布隆迪过渡政府成立表示欢迎,认为这是继有关各方签署阿鲁沙和平协定后,布隆迪和平进程取得的又一重要进展,中方对布隆迪有关派别努力谋求和解,积极推动和平进程表示赞赏,并高度评价国际社会特别是有关非洲国家和布问题国际调解人曼德拉先生所作的巨大调解努力。中方呼吁布隆迪反政府武装尽快停火,加入和平进程,希望各派以国家的和平稳定和人民的根本利益为重,继续加强对话,推进民族和解,使国家早日走上稳定、发展的道路。同时也希望国际社会对布隆迪和平进程和经济发展给予更大支持。

2002 年 5 月，布隆迪外长西农古鲁扎率团来京参加两国政府经贸混委会第 9 次会议，7 月布总统外交顾问塞巴斯蒂安·恩塔胡加访华。2002 年 3 月 31 日 ~ 4 月 4 日，应布隆迪社会行动与妇女发展部邀请，全国妇联副主席顾秀莲率中国妇女代表团访布，布约亚总统、恩达耶齐耶副总统和米纳尼议长等会见。中国代表团向布隆迪妇女组织赠送了 50 台缝纫机和 40 台脱粒机。5 月 13 ~ 15 日，中布经贸混委会第九次会议在北京召开，外经贸部副部长魏建国和布隆迪对外关系与合作部长西农古鲁扎共同主持，双方签订了《中华人民共和国政府和布隆迪共和国政府经济技术合作协定》。7 月 23 ~ 30 日，布隆迪总统外交顾问恩塔胡加访华，钱其琛副总理和杨文昌副外长分别予以会见。11 月 25 日 ~ 12 月 3 日，布隆迪国防部长尼永盖科少将访华。2003 年 6 月 13 ~ 16 日，外交部非洲司司长杜起文率团对布进行工作访问。6 月 30 日，驻布大使冯志军与西农古鲁扎外长签署《中华人民共和国政府和布隆迪共和国政府经济技术合作协定》。10 月 25 日至 11 月 1 日，应外交部邀请，布隆迪总统办公厅主任姆博纳约·阿卢瓦访华。2004 年 6 月，副总统阿尔方斯—马里·卡德盖访华，总理温家宝和国家副主席曾庆红分别予以接见，在会谈结束后，曾庆红和卡德盖出席了《中华人民共和国政府和布隆迪共和国政府经济技术合作协定》等文件的签字仪式。

2005 年 8 月 26 日，中国政府特使李金章出席了布隆迪新当选总统恩库伦齐扎的就职仪式，并发表讲话。布隆迪共和国新总统恩库伦齐扎会见了李金章一行。李表示，布隆迪顺利结束过渡期，和平、和解进程取得重大成果，中方对此表示高度赞赏。中国政府和 13 亿中国人民对布隆迪即将结束长达 12 年的内战，即将迎来和平、部族和解、经济重建的新时期而感到由衷的高兴。中布两国人民有着深厚的传统友谊。两国友好合作的基础坚实。

中国政府和人民愿与布隆迪政府和人民一道，继续深化和拓展双方在各个领域的合作，把中布友好合作关系提升到一个新的、更高的水平。恩库伦齐扎总统感谢中国为推动布隆迪和平进程和经济社会发展所提供的帮助和支持，表示布隆迪新政府将继续奉行对华友好政策，坚持"一个中国"立场，不与台湾发生官方关系。

2006 年 11 月，恩库伦齐扎总统率团来华出席中非合作论坛北京峰会，国家主席胡锦涛、全国政协主席贾庆林分别会见，双方就两国关系和中非合作论坛等交换看法。2007 年 7 月，布隆迪农业与牧业部长让—德迪约·穆塔巴齐访华。同月，布隆迪外长巴图穆布维拉出席在纽约举行的中国与非洲国家外长首次政治磋商。2008 年 1 月 9~10 日，中国外交部长杨洁篪对布隆迪进行正式访问，与巴图穆布维拉外长举行会谈，并会见了恩库伦齐扎总统。8 月，布隆迪总统恩库伦齐扎来华出席北京奥运会开幕式，并参加胡锦涛主席同非洲国家领导人集体会见。9 月，布隆迪第二副总统恩蒂塞泽拉纳来华出席北京奥运会闭幕式，会见了习近平副主席。同月，中共中央书记处书记、中央纪委副书记何勇率中共代表团访问布隆迪，会见恩库伦齐扎总统，并同布隆迪执政党"保卫民主力量"主席热雷米举行会谈。12 月，中国人民对外友好协会会长陈昊苏访问布隆迪，布隆迪总统恩库伦齐扎和第一副总统萨因古乌分别会见。2009 年 5 月，布隆迪执政党"保卫民主力量"主席恩让达库马纳访华，会见了中共中央书记处书记、中纪委副书记何勇，并与中联部副部长李进军举行了工作会谈。2010 年 3 月，布隆迪第一副总统萨因古乌来华参观考察。

二　双边经济关系

19 71 年中布复交后，两国经济技术合作不断发展，中国政府提供的援助一直受到布隆迪朝野的好评。在双边经贸关系和经济技术合作方面，中布两国政府分别于 1972 年、1979 年、1985 年、1996 年、1999 年、2001 年、2002 年、2003 年和 2004 年签署了 9 个经济技术合作协定。

1993 年内战爆发后，西方国家全部停止与布隆迪的经济合作，中布双方的经济合作仍在正常进行。1981 年，中布双方决定成立贸易混合委员会，1983 年 9 月决定扩大为经济贸易混委会，至今已举行了 10 次会议。第九次会议于 2007 年 9 月在北京举行，由中国商务部副部长姜增伟与布隆迪商业与工业部长埃斯泰拉·尼卡延齐女士共同主持。双方回顾了第九次会议以来两国经贸合作的发展情况，对业已取得的成果表示满意，并就新的合作框架交换了意见，签署了新的经济技术合作协定。为进一步发展两国间的友好关系和两国经济技术合作，中布双方于 2001 年 3 月签订经济技术合作协定。根据布隆迪共和国政府的需要，中华人民共和国政府向布隆迪共和国政府提供 2000 万元人民币的无偿援助，用于中、布两国政府商定的经济技术合作项目或提供一般物资。2007 年 7 月，布隆迪农业与牧业部长让—德迪约·穆塔巴齐访华。

1972 年 1 月，中布两国签订贸易协定，规定两国贸易以现汇支付。1989 年中布贸易额曾达到 1000 多万美元。我国从布隆迪进口一定数额的咖啡和棉花，向布隆迪出口棉布、自行车、小五金、农具和建筑材料等。布隆迪亦先后进口过中国的聚丙烯编织袋、糖果、面粉加工、布鞋、铁钉等生产线。内战爆发后，中布经贸合作明显下降，其主要原因是布隆迪政局动荡不定，特别是在 1996 年 7 月 25 日因军事政变而遭受国际社会的强烈谴责并宣布终止财政援助和给予经济制裁后，布隆迪财源枯竭，经济濒临崩溃，无钱投资新项目。近年来，中布双边经贸有了较大的发展。按中国海关统计，2004 年两国贸易额 513.3 万美元，2005 年达到 1221.7 万美元，双边贸易的规模扩大主要来自中国向布隆迪商品出口的大幅增长。2004 年前，布隆迪市场的大部分中国商品主要通过阿联酋的迪拜中转，从 2005 年开始，直接来华采购的商人逐渐增多。中国向布隆迪出口的轻工日用品、服装、鞋、箱包、五金建材、农具、农药、汽车和自行车轮胎等商品量稳步上升。2007 年，中布双边贸易额达 1371 万美元，同比增长了 15%。其中，中国对布隆迪出口贸易额为 1303 万美元，同比增长了 28.1%，从布隆迪进口贸易额 67 万美元，同比下降了 61.4%。2009 年，中布两国贸易额 3500 万美元，同比增长 96.4%，其中中方出口 3400 万美元，进口 100 万美元。

2001 年，国内有关公司打开了以中药为主要成分的抗疟疾药"科泰新"的布隆迪市场，建立了初步的客户营销网络，这也是对西方传统抗疟疾药"奎宁"的一次成功的互补尝试，在这个基础上今后还有可能在布隆迪就地建厂、扩大销售，并设立全套的防治疟疾研究中心。2004 年，中国华为公司在布隆迪移动通信项目和布隆迪国家电信公司（ONATEL）移动通信项目竞标中胜出，两项合同金额共计约 1200 万美元，使中国高科技产品成功进入布隆迪市场。由于中国商品的质量不断提升，价格合理，赢得了布隆迪进口商和消费者的赞扬和信赖。目前，我国在布隆迪设立的个体或者私营企业主要集中于医药、轻工日用、建材、保健品、中医诊所、餐馆等行业，经营情况良好。

中国与布隆迪之间的经济合作有着很强的持续性，即使在布隆迪内战最困难的时期，中国对布隆迪的政府援助也从未中断。中国援布的成套项目主要有：布琼布拉联合纺织厂、穆杰雷水电站、高压输变电工程、布琼布拉至尼罗河公路、竹藤草编手工业培训中心、七号公路治理工程、鲁卡拉垦区和姆丹巴拉至布鲁里公路和缝纫车间等。自 1981 年以来，中国路桥、中水、中纺、中地、中农及江苏、重庆、安徽等地共 8 家公司相继进入布市场，承揽了一些基础设施工程。自 1993 年 9 月布隆迪发生内战到 2005 年民选政府成立，中国每年都提供数额不等的赠款或援款。在人力资源开发培训方面，为进一步落实 2002 年中非论坛达成的协议，2004～2005 年，中国政府为布隆迪培训的政府官员、技术官员达 60 多人，为布隆迪战后恢复重建培训人才。在 12 年内战期间，一些中国公司始终留在布隆迪承揽工程或开展贸易。

三　其他往来与合作

在其他往来方面，中布两国政府于 1982 年 1 月签订文化协定。沈阳杂技团、内蒙古艺术团、陕西杂技团、中国铁道杂技团等先后赴布访问演出。从 1975 年起，中国开始接受布留学生。目前布在华留学生 36 人。1986 年 7 月，两国政府签订关于中国派遣医疗队赴布隆迪工作的议定书。目前在布有中国医疗队 3 支，共 29 人。1975 年 1 月，两国签订中国向布隆迪派遣体育教练议定书，至 1981 年中国共派出教练 6 批。自 1974 年以来，中国青年足球队、广东男子篮球队、辽宁足球队等先后访布。1986 年 6 月和 1991 年 3 月，合肥市和布琼布拉市及青海省和基特加省分别建立友好城市和友好省关系。1999 年 7 月，布琼布拉市市长恩蒂扬肯迪耶访问合肥。2005 年 9 月，青海省副省长邓本太访布。2008 年 12 月，内蒙古自治区副主席刘新乐率团访布，并与布隆迪卫生部长举行了会谈。

1982 年 6 月，布隆迪总参谋长夏尔·卡扎察率军事代表团访华；中国人民解放军总参谋长助理韩怀智率军事代表团访布。1993 年 2 月，布隆迪国防部长莱昂尼达斯·马雷加雷格访华。1999 年 5 月，布隆迪国防部长阿尔弗雷德·恩库伦齐扎访华。2002 年 11 月，布国防部长万桑·尼永盖科访华。2003 年

6月，外交部非洲司司长杜起文访布。2004年，布隆迪争取民主阵线全国执行书记让—德迪约·穆塔巴齐（2月）、争取民族进步统一党副主席夏尔·恩迪蒂热（4月）、保卫民主力量总书记侯赛因·拉贾布分别访华（5月）；7月，布隆迪外交与合作部主管亚洲、非洲和拉美司司长塞莱斯坦·尼荣加博访华。2006年5月，布国防与老战士部部长热尔曼·尼约扬卡纳访华。

主要参考文献

（一）外文书刊

Prunier, Gérard (1995), *The Rwanda Crisis: History of a Genocide*, Hurst & Company, London, 1998.

Chrétien, Jean-Pierre, *The Great Lakes of Africa: Two Thousand Years of History*, N. Y. : Zone Books, New York, 2003.

Learthen Dorsey, *Historical Dictionary of Rwanda*, Scarecrow Press, 1994.

Johan Pottier, *Re-imagining Rwanda*, Cambridge University Press, 2002.

Mahmood Mandani, *When Victims Become Killers: Colonialism, Nativism, and the Genocide in Rwanda*, Princeton University Press, 2001.

Nigel Watt, *Burundi: biography of a small African country*, Hurst & Co, London, 2008.

Ellen K. Eggers, *Historical dictionary of Burundi*, second edition, The Scarecrow Press, Inc, London, 1997.

Thomas Patrick Melady, *Burundi: the tragic years*, Orbis Books, N. Y. Maryknoll, 1974.

McDonald & Gordon C, *Area handbook for Burundi*, For sale by the Supt. of Docs. , U. S. Govt. Print. Off. , Washington, 1969.

David Eller, *From Culture to Ethnicity to Conflict*, The University of Michigan Press, 1999.

Lisa H. Malkki, *Purity and Exile*: *Violence*, *Memory*, *and National Cosmology Among Hutu Refugees in Tanzania*, The University of Chicago Press, Chicago and London, 1995.

Adebayo Adedeji, ed. , *Comprehending and Mastering African Conflicts*, Zed Books, London & New York, 1999.

Jack David Eller, *From Culture to Ethnicity to Conflict*, The University of Michigan Press, 1999.

Economist Intelligence Unit, *Country Proflie* 2006, *Rwanda*.

Economist Intelligence Unit, *Country Proflie* 2006, *Burundi*.

Economist Intelligence Unit, *Country Report*, *Burundi*, *May*, 2007.

Rwanda Ministry of Finance and Economist Planning National Institute of Statistics of Rwanda, *Rwanda Development Indicators*, 2005.

Rwanda Ministry of Finance and Economist Planning: 2020 *Vision*, Draft 3.

IMF, Rwanda: 2008 Article IV Consultation, Fifth Review Under the Three-Year Arrangement Under the Poverty Reduction and Growth Facility, and Request for Waiver of Nonobservance of Performance Criterion-Staff Report; Staff Supplement and Statement; Public Information Notice and Press Release on the Executive Board Discussion; and Statement by the Executive Director for Rwanda, February 18, 2009.

IMF, *Rwanda*: *Poverty Reduction Strategy Paper*, March 6, 2008.

IMF, Burundi: First Review Under the Three-Year Arrangement Under the Poverty Reduction and Growth Facility-Staff Report; Press Release on the Executive Board Discussion; and Statement by the Executive Director for Burundi, March 11, 2009.

IMF, *Burundi: Selected Issues and Statistical Appendix*, August 2006.

UNDP, *National Human Development Report: Rwanda 2007*.

FAO, *Statistical Yearbook*, Country Profile, Rwanda.

Rwanda Ministry of Finance and Economic planning Statistics Department, *Gross Domestic Product by Kind of Activity*.

UNDP, *Human Development Report 2007/2008*.

National Bank of Rwanda, *Annual Report 2007*.

National Bank of Rwanda, *Economic Review* No. 2, Aug. 3, 2008.

Counstitution Of The Republic Of Rwanda And Its Amendments Of 2nd December 2003 And Of 8 December 2005.

Counstitution Of The Republic Of Burundi.

UNAIDS, *Rwanda Country situation analysis*, 2008.

UNAIDS, *Burundi Country situation analysis*, 2008.

UNCTAD, *World Investment Report 2008*.

WHO, *The World Health Report*, 2007, 2008.

Jane's sentinel security asessment: Central Africa, Jane's Information Group Limited, Coulsdon, Surrey, 1999.

（二）中文书刊

勒内·勒马尔尚：《卢旺达和布隆迪》，商务印书馆，1974。

葛公尚主编《万国博览·非洲卷》，新华出版社，1998。

葛佶主编《简明非洲百科全书》（撒哈拉以南部分），中国社会科学出版社，2000。

《世界军事年鉴》编委会：《2008 年世界军事年鉴》，中国人民解放军出版社，2008。

钱其琛主编《世界外交大辞典》，世界知识出版社，2005。

王晓民主编《世界各国议会全书》，世界知识出版社，2000。

中国外交部：《中华人民共和国条约集》（第 44 集），世界知识出版社，1999。

（三）网站

中华人民共和国外交部：http：//www. Fmprc. gov. cn。
中华人民共和国商务部：http：//www. moftec. gov. cn。
新华社：http：//www. info. xinhua. org。
中华人民共和国驻卢旺达大使馆经济商务参赞处：http：//rw. mofcom. gov. cn。
中华人民共和国驻布隆迪大使馆经济商务参赞处：http：//bi. mofcom. gov. cn。
卢旺达政府网站：http：//www. gov. rw。
布隆迪政府网站：http：//www. burundi-gov. bi。
联合国粮农组织：http：//www. fao. org。
联合国教科文组织：http：//www. unesco. org。
联合国贸发会：http：//www. uncatd. org。
联合国开发计划署：http：//www. undp. org。
世界银行：http：//www. worldbank. org。
国际货币基金组织：http：//www. imf. org。
美国中央情报局：http：//www. cia. gov。

《列国志》已出书书目

2003 年度

《法国》，吴国庆编著

《荷兰》，张健雄编著

《印度》，孙士海、葛维钧主编

《突尼斯》，杨鲁萍、林庆春编著

《英国》，王振华编著

《阿拉伯联合酋长国》，黄振编著

《澳大利亚》，沈永兴、张秋生、高国荣编著

《波罗的海三国》，李兴汉编著

《古巴》，徐世澄编著

《乌克兰》，马贵友主编

《国际刑警组织》，卢国学编著

2004 年度

《摩尔多瓦》，顾志红编著

《哈萨克斯坦》，赵常庆编著

《科特迪瓦》，张林初、于平安、王瑞华编著

《新加坡》，鲁虎编著

《尼泊尔》，王宏纬主编

《斯里兰卡》，王兰编著

《乌兹别克斯坦》，孙壮志、苏畅、吴宏伟编著

《哥伦比亚》，徐宝华编著

《肯尼亚》，高晋元编著

《智利》，王晓燕编著

《科威特》，王景祺编著

《巴西》，吕银春、周俊南编著

《贝宁》，张宏明编著

《美国》，杨会军编著

《国际货币基金组织》，王德迅、张金杰编著

《世界银行集团》，何曼青、马仁真编著

《阿尔巴尼亚》，马细谱、郑恩波编著

《马尔代夫》，朱在明主编

《老挝》，马树洪、方芸编著

《比利时》，马胜利编著

《不丹》，朱在明、唐明超、宋旭如编著

《刚果民主共和国》，李智彪编著

《巴基斯坦》，杨翠柏、刘成琼编著

《土库曼斯坦》，施玉宇编著

《捷克》，陈广嗣、姜琍编著

2005 年度

《泰国》，田禾、周方冶编著

《波兰》，高德平编著

《加拿大》，刘军编著

《刚果》，张象、车效梅编著

《越南》，徐绍丽、利国、张训常编著

《吉尔吉斯斯坦》，刘庚岑、徐小云编著

《文莱》，刘新生、潘正秀编著

《阿塞拜疆》，孙壮志、赵会荣、包毅、靳芳编著

《日本》，孙叔林、韩铁英主编

《几内亚》，吴清和编著

《白俄罗斯》，李允华、农雪梅编著

《俄罗斯》，潘德礼主编

《独联体（1991～2002）》，郑羽主编

《加蓬》，安春英编著

《格鲁吉亚》，苏畅主编

《玻利维亚》，曾昭耀编著

《巴拉圭》，杨建民编著

《乌拉圭》，贺双荣编著

《柬埔寨》，李晨阳、瞿健文、卢光盛、韦德星编著

《委内瑞拉》，焦震衡编著

《卢森堡》，彭姝祎编著

《阿根廷》，宋晓平编著

《伊朗》，张铁伟编著

《缅甸》，贺圣达、李晨阳编著

《亚美尼亚》，施玉宇、高歌、王鸣野编著

《韩国》，董向荣编著

2006 年度

《联合国》，李东燕编著

《塞尔维亚和黑山》，章永勇编著

《埃及》，杨灏城、许林根编著

《利比里亚》，李文刚编著

《罗马尼亚》，李秀环编著

《瑞士》，任丁秋、杨解朴等编著

《印度尼西亚》，王受业、梁敏和、刘新生编著

《葡萄牙》，李靖堃编著

《埃塞俄比亚 厄立特里亚》，钟伟云编著

《阿尔及利亚》，赵慧杰编著

《新西兰》，王章辉编著

《保加利亚》，张颖编著

《塔吉克斯坦》，刘启芸编著

《莱索托 斯威士兰》，陈晓红编著

《斯洛文尼亚》，汪丽敏编著

《欧洲联盟》，张健雄编著

《丹麦》，王鹤编著

《索马里 吉布提》，顾章义、付吉军、周海泓编著

《尼日尔》，彭坤元编著

《马里》，张忠祥编著

《斯洛伐克》，姜琍编著

《马拉维》，夏新华、顾荣新编著

《约旦》，唐志超编著

《安哥拉》，刘海方编著

《匈牙利》，李丹琳编著

《秘鲁》，白凤森编著

2007 年度

《利比亚》，潘蓓英编著

《博茨瓦纳》，徐人龙编著

《塞内加尔 冈比亚》，张象、贾锡萍、邢富华编著

《瑞典》，梁光严编著

《冰岛》，刘立群编著

《德国》，顾俊礼编著

《阿富汗》，王凤编著

《菲律宾》，马燕冰、黄莺编著

《赤道几内亚 几内亚比绍 圣多美和普林西比 佛得
　角》，李广一主编

《黎巴嫩》，徐心辉编著

《爱尔兰》，王振华、陈志瑞、李靖堃编著

《伊拉克》，刘月琴编著

《克罗地亚》，左娅编著

《西班牙》，张敏编著

《圭亚那》，吴德明编著

《厄瓜多尔》，张颖、宋晓平编著

《挪威》，田德文编著

《蒙古》，郝时远、杜世伟编著

2008 年度

《希腊》，宋晓敏编著

《芬兰》，王平贞、赵俊杰编著

《摩洛哥》，肖克编著

《毛里塔尼亚　西撒哈拉》，李广一主编

《苏里南》，吴德明编著

《苏丹》，刘鸿武、姜恒昆编著

《马耳他》，蔡雅洁编著

《坦桑尼亚》，裴善勤编著

《奥地利》，孙莹炜编著

《叙利亚》，高光福、马学清编著

2009 年度

《中非　乍得》，汪勤梅编著

《尼加拉瓜　巴拿马》，汤小棣、张凡编著

《海地　多米尼加》，赵重阳、范蕾编著

《巴林》，韩志斌编著

《卡塔尔》，孙培德、史菊琴编著

《也门》，林庆春、杨鲁萍编著

2010 年度

《阿曼》，仝菲、韩志斌编著

《华沙条约组织与经济互助委员会》，李锐、吴伟、
　金哲编著

图书在版编目（CIP）数据

卢旺达　布隆迪/于红，吴增田编著. —北京：社会
科学文献出版社，2011.1
（列国志）
ISBN 978 - 7 - 5097 - 1839 - 1

Ⅰ.①卢…　Ⅱ.①于…②吴…　Ⅲ.①卢旺达 - 概况
②布隆迪 - 概况　Ⅳ.①K942.7②K942.8

中国版本图书馆 CIP 数据核字（2010）第 218135 号

卢旺达（Rwanda）　布隆迪（Burundi）　·列国志·

编 著 者／于　红　吴增田
审 定 人／陈宗德　朱俊发

出 版 人／谢寿光
总 编 辑／邹东涛
出 版 者／社会科学文献出版社
地　　址／北京市西城区北三环中路甲 29 号院 3 号楼华龙大厦
邮政编码／100029
网　　址／http：//www. ssap. com. cn
网站支持／（010）59367077
责任部门／人文科学图书事业部　（010）59367215
电子信箱／bianjibu@ ssap. cn
项目经理／宋月华
责任编辑／宋培军　杨晓旭
责任校对／盖立杰
责任印制／郭　妍　岳　阳　吴　波

总 经 销／社会科学文献出版社发行部
　　　　　（010）59367081　59367089
经　　销／各地书店
读者服务／读者服务中心（010）59367028
排　　版／北京中文天地文化艺术有限公司
印　　刷／三河市尚艺印装有限公司

开　　本／880mm×1230mm　1/20
印　　张／14.5　字数／370 千字
版　　次／2011 年 1 月第 1 版　印次／2011 年 1 月第 1 次印刷

书　　号／ISBN 978 - 7 - 5097 - 1839 - 1
定　　价／45.00 元

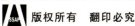

《列国志》主要编辑出版发行人

出　版　人　谢寿光

总　编　辑　邹东涛

项目负责人　杨　群

发　行　人　王　菲

编辑主任　宋月华

编　　　辑　（按姓名笔画排序）

　　　　　　孙以年　朱希淦　宋月华

　　　　　　宋培军　周志宽　范　迎

　　　　　　范明礼　袁卫华　黄　丹

　　　　　　魏小薇

封面设计　孙元明

内文设计　熠　菲

责任印制　岳阳　郭妍　吴波

编　　　务　杨春花

责任部门　人文科学图书事业部

电　　　话　(010) 59367215

网　　　址　ssdphzh_cn@sohu.com